U0944290

编委会名单
EDITORIAL
COMMITTEE
LIST

工业和信息化部“十二五”规划教材
“信息化与信息社会”系列丛书之
高等学校信息管理与信息系统专业系列教材

电子商务

（第2版）

李一军　主　编
闫相斌　叶　强　祁　巍　副主编

電子工業出版社
Publishing House of Electronics Industry
北京 • BEIJING

内容简介

本书介绍了电子商务基本理论、技术和方法，其具体内容包括电子商务概述、电子商务构成及对经济社会的影响、电子商务模式、电子商务支付、电子商务物流、电子商务的安全、网络营销、移动电子商务、Web 2.0 与在线用户创造内容、电子商务系统规划、电子商务网站设计。

本书既可以作为高等学校信息管理与信息系统、工商管理、公共事业管理等管理类专业本科生的教材，还可以作为政府管理部门、企事业单位经营管理人员了解掌握电子商务原理知识的参考用书。

图书在版编目（CIP）数据

电子商务 / 李一军主编. —2 版. —北京：电子工业出版社，2016.5
（“信息化与信息社会”系列丛书）
高等学校信息管理与信息系统专业系列教材
ISBN 978-7-121-28638-4

Ⅰ. ①电… Ⅱ. ①李… Ⅲ. ①电子商务－高等学校－教材 Ⅳ. ①F713.36

中国版本图书馆 CIP 数据核字（2016）第 083197 号

策划编辑：刘宪兰
责任编辑：张　京
印　　刷：北京盛通商印快线网络科技有限公司
装　　订：北京盛通商印快线网络科技有限公司
出版发行：电子工业出版社
　　　　　北京市海淀区万寿路 173 信箱　邮编　100036
开　　本：787×1092　1/16　印张：20.5　字数：524.8 千字
版　　次：2010 年 7 月第 1 版
　　　　　2016 年 5 月第 2 版
印　　次：2021 年 7 月第 5 次印刷
定　　价：68.00 元

凡所购买电子工业出版社图书有缺损问题，请向购买书店调换。若书店售缺，请与本社发行部联系，联系及邮购电话：（010）88254888，88258888。

质量投诉请发邮件至 zlts@phei.com.cn，盗版侵权举报请发邮件至 dbqq@phei.com.cn。

本书咨询联系方式：（010）88254694。

作 者 介 绍

李一军，教授，博士生导师，国家自然科学基金委员会管理科学部常务副主任。1991年获哈尔滨工业大学管理科学与工程专业博士学位；是德国科隆大学、美国夏威夷大学访问教授，教育部长江学者特聘教授，国务院学位委员会管理科学与工程学科评议组成员，教育部高等学校管理科学与工程类学科教学指导委员会副主任。主要教学与研究领域包括管理信息系统、电子商务、商务智能、决策支持系统等。主持完成了多项国家自然科学基金、国家863 计划及国防科学技术工业委员会、原信息产业部和交通运输部等的科研课题。发表学术论文 150 余篇，主编和参编著作、教材 10 余部。

第 2 版总序

信息化是世界经济和社会发展的必然趋势。近年来，在党中央、国务院的高度重视和正确领导下，中国信息化建设取得了积极进展，信息技术对提升工业技术水平、创新产业形态、推动经济社会发展发挥了重要作用。信息技术已成为经济增长的“倍增器”、发展方式的“转换器”、产业升级的“助推器”。

作为国家信息化领导小组的决策咨询机构，国家信息化专家咨询委员会按照党中央、国务院领导同志的要求，就中国信息化发展中的前瞻性、全局性和战略性的问题进行调查研究，提出政策建议和咨询意见。信息化所具有的知识密集的特点，决定了人力资本将成为国家在信息时代的核心竞争力。大量培养符合中国信息化发展需要的人才是国家信息化发展的一个紧迫需求，也是中国推动经济发展方式转变，提高在信息时代参与国际竞争比较优势的关键。2006 年 5 月，中国公布《2006—2020 年国家信息化发展战略》，提出“提高国民信息技术应用能力，造就信息化人才队伍”是国家信息化推进的重点任务之一，并要求构建以学校教育为基础的信息化人才培养体系。

为了促进上述目标的实现，国家信息化专家咨询委员会致力于通过讲座、论坛、出版等各种方式推动信息化知识的宣传、教育和培训工作。2007 年，国家信息化专家咨询委员会联合教育部、原国务院信息化工作办公室成立了“信息化与信息社会”系列丛书编委会，共同推动“信息化与信息社会”系列丛书的组织编写工作。编写该系列丛书的目的是，力图结合中国信息化发展的实际和需求，针对国家信息化人才教育和培养工作，有效梳理信息化的基本概念和知识体系，通过高校教师、信息化专家、学者与政府官员之间的相互交流和借鉴，充实中国信息化实践中的成功案例，进一步完善中国信息化教学的框架体系，提高中国信息化图书的理论和实践水平。毫无疑问，从国家信息化长远发展的角度来看，这是一项带有全局性、前瞻性和基础性的工作，是贯彻落实国家信息化发展战略的一个重要举措，对于推动国家的信息化人才教育和培养工作，加强中国信息化人才队伍的建设具有重要意义。

考虑到当时国家信息化人才培养的需求，各个专业和不同教育层次（博士生、硕士生、本科生）的需要，以及教材开发的难度和编写进度时间等问题，“信息化与信息社会”系列丛书编委会采取了集中全国优秀学者和教师，分期分批出版高质量的信息化教育丛书的方式，结合高校专业课程设置情况，在“十一五”期间，先后组织出版了“信息管理与信息系统”、“电子商务”、“信息安全”三套本科专业高等学校系列教材，受到高校相关学科专业师生的热烈欢迎，并得到业内专家与教师的一致好评和高度评价。

但是，随着时间的推移和信息技术的快速发展，上述专业的教育面临着持续更新、不断完善的迫切要求，日新月异的技术发展及应用变迁也不断对新时期的建设和人才培养提出新要求。为此，“信息管理与信息系统”、“电子商务”、“信息安全”三个专业教育需以综合的视角和发展的眼光不断对自身进行调整和丰富，已出版的教材内容也需及时进行更新和调整，以满足需求。

这次，高等学校“信息管理与信息系统”、“电子商务”、“信息安全”三套系列教材的修订是在涵盖第1版主题内容的基础上进行的更新和调整。我们希望在内容构成上，既保持原第1版教材基础的经典内容，又要介绍主流的知识、方法和工具，以及最新的发展趋势，同时增加部分案例或实例，使每一本教材都有明确的定位，分别体现“信息管理与信息系统”、“电子商务”、“信息安全”三个专业领域的特征，并在结合中国信息化发展实际特点的同时，选择性地吸收国际上相关教材的成熟内容。

对于这次三套系列教材（以下简称系列教材）的修订，我们仍提出了基本要求，包括信息化的基本概念一定要准确、清晰，既要符合中国国情，又要与国际接轨；教材内容既要符合本科生课程设置的要求，又要紧跟技术发展的前沿，及时地把新技术、新趋势、新成果反映在教材中；教材还必须体现理论与实践的结合，要注意选取具有中国特色的成功案例和信息技术产品的应用实例，突出案例教学，力求生动活泼，达到帮助学生学以致用的目的，等等。

为力争修订教材达到我们一贯秉承的精品要求，“信息化与信息社会”系列丛书编委会采用了多种手段和措施保证系列教材的质量。首先，在确定每本教材的第一作者的过程中引入了竞争机制，通过广泛征集、自我推荐和网上公示等形式，吸收优秀教师、企业人才和知名专家参与写作；其次，将国家信息化专家咨询委员会有关专家纳入各个专业编委会中，通过召开研讨会和广泛征求意见等多种方式，吸纳国家信息化一线专家、工作者的意见和建议；最后，要求各专业编委会对教材大纲、内容等进行严格的审核，并对每本教材配有一至两位审稿专家。

我们衷心期望，系列教材的修订能对中国信息化相应专业领域的教育发展和教学水平的提高有所裨益，对推动中国信息化的人才培养有所贡献。同时，我们也借系列教材修订出版的机会，向所有为系列教材的组织、构思、写作、审核、编辑和出版等做出贡献的专家学者、教师和工作人员表达我们最真诚的谢意！

应该看到，组织高校教师、专家学者、政府官员及出版部门共同合作，编写尚处于发展动态之中的新兴学科的高等学校教材，有待继续尝试和不断总结经验，也难免会出现这样或那样的缺点和问题。我们衷心希望使用该系列教材的教师和学生能够不吝赐教，帮助我们不断地提高系列教材的质量。

曲维枝
2013年11月1日

第 1 版总序

信息化是世界经济和社会发展的必然趋势。近年来，在党中央、国务院的高度重视和正确领导下，中国信息化建设取得了积极进展，信息技术对提升工业技术水平、创新产业形态、推动经济社会发展发挥了重要作用。信息技术已成为经济增长的“倍增器”、发展方式的“转换器”、产业升级的“助推器”。

作为国家信息化领导小组的决策咨询机构，国家信息化专家咨询委员会一直在按照党中央、国务院领导同志的要求，就信息化前瞻性、全局性和战略性的问题进行调查研究，提出政策建议和咨询意见。在做这些工作的过程中，我们愈发认识到，信息技术和信息化所具有的知识密集的特点，决定了人力资本将成为国家在信息时代的核心竞争力，大量培养符合中国信息化发展需要的人才已成为国家信息化发展的一个紧迫需求，成为中国应对当前严峻经济形势，推动经济发展方式转变，提高在信息时代参与国际竞争比较优势的关键。2006 年 5 月，中国公布《2006—2020 年国家信息化发展战略》，提出“提高国民信息技术应用能力，造就信息化人才队伍”是国家信息化推进的重点任务之一，并要求构建以学校教育为基础的信息化人才培养体系。

为了促进上述目标的实现，国家信息化专家咨询委员会一直致力于通过讲座、论坛、出版等各种方式推动信息化知识的宣传、教育和培训工作。2007 年，国家信息化专家咨询委员会联合教育部、原国务院信息化工作办公室成立了“信息化与信息社会”系列丛书编委会，共同推动“信息化与信息社会”系列丛书的组织编写工作。编写该系列丛书的目的，是力图结合中国信息化发展的实际和需求，针对国家信息化人才教育和培养工作，有效梳理信息化的基本概念和知识体系，通过高校教师、信息化专家、学者与政府官员之间的相互交流和借鉴，充实中国信息化实践中的成功案例，进一步完善中国信息化教学的框架体系，提高中国信息化图书的理论和实践水平。毫无疑问，从国家信息化长远发展的角度来看，这是一项带有全局性、前瞻性和基础性的工作，是贯彻落实国家信息化发展战略的一个重要举措，对于推动国家的信息化人才教育和培养工作，加强中国信息化人才队伍的建设具有重要意义。

考虑当前国家信息化人才培养的需求、各个专业和不同教育层次（博士生、硕士生、本科生）的需要，以及教材开发的难度和编写进度时间等问题，“信息化与信息社会”系列丛书编委会采取了集中全国优秀学者和教师、分期分批出版高质量的信息化教育丛书的方式，根据当前高校专业课程设置情况，先开发“信息管理与信息系统”、“电子商务”、“信息安全”

三个本科专业高等学校系列教材，随后再根据中国信息化和高等学校相关专业发展的情况陆续开发其他专业和类别的图书。

对于新编的三套系列教材（以下简称系列教材），我们寄予了很大希望，也提出了基本要求，包括信息化的基本概念一定要准确、清晰，既要符合中国国情，又要与国际接轨；教材内容既要符合本科生课程设置的要求，又要紧跟技术发展的前沿，及时地把新技术、新趋势、新成果反映在教材中；教材还必须体现理论与实践的结合，要注意选取具有中国特色的成功案例和信息技术产品的应用实例，突出案例教学，力求生动活泼，达到帮助学生学以致用的目的，等等。

为力争出版一批精品教材，“信息化与信息社会”系列丛书编委会采用了多种手段和措施保证系列教材的质量。首先，在确定每本教材的第一作者的过程中引入了竞争机制，通过广泛征集、自我推荐和网上公示等形式，吸收优秀教师、企业人才和知名专家参与写作；其次，将国家信息化专家咨询委员会有关专家纳入各个专业编委会中，通过召开研讨会和广泛征求意见等多种方式，吸纳国家信息化一线专家、工作者的意见和建议；最后，要求各专业编委会对教材大纲、内容等进行严格的审核，并对每一本教材配有一至两位审稿专家。

如今，我们很高兴地看到，在教育部和原国务院信息化工作办公室的支持下，通过许多高校教师、专家学者及电子工业出版社的辛勤努力和付出，“信息化与信息社会”系列丛书中的三套系列教材即将陆续和读者见面。

我们衷心期望，系列教材的出版和使用能对中国信息化相应专业领域的教育发展和教学水平的提高有所裨益，对推动中国信息化的人才培养有所贡献。同时，我们也借系列教材开始陆续出版的机会，向所有为系列教材的组织、构思、写作、审核、编辑、出版等做出贡献的专家学者、教师和工作人员表达我们最真诚的谢意！

应该看到，组织高校教师、专家学者、政府官员及出版部门共同合作，编写尚处于发展动态之中的新兴学科的高等学校教材，还是一个初步的尝试。其中，固然有许多的经验可以总结，也难免会出现这样或那样的缺点和问题。我们衷心地希望使用系列教材的教师和学生能够不吝赐教，帮助我们不断地提高系列教材的质量。

曲维枝

2008 年 12 月 15 日

第 2 版序言

在移动计算、物联网、云计算等一系列新兴技术的支撑下，网络生活、社交媒体、协同创造、虚拟服务等新型应用模式持续拓展着人类创造和利用信息的范围与形式。这些日新月异的技术与应用模式的涌现，使得全球数据量呈现前所未有的爆发式增长态势。同时，数据复杂性也急剧增加，其多样性（多源、异构、多模态和富媒体等）、低价值密度（信息不相关性和高“提纯”难度等）、实时性（流信息和连续商务等）特征日益显著。可以说我们已经进入“大数据”时代。数据已经渗透到每一个行业和领域，成为国家宏观调控和治理，社会各行各业管理和技术应用的基础和要素。

大数据时代的管理喻意可以从两个方面来概括，即“三个融合”和“三新”。“三个融合”指 IT 融合（信息技术与社会生活及企业业务的密不可分性）、内外融合（企业外部数据与内部数据整合的重要性）和价值融合（企业“造”与“用”价值创造的模式创新性）。这三个融合意味着：①越来越多的传统管理和决策成为基于数据分析的管理和决策（如数字化生存、数据运营、深度业务分析（Business Analytics，BA）核心能力等）；②用户/公众创造内容（UGC/PGC）（如评论、口碑、商誉、舆情和社会网络等）成为企业活动的重要关注点；③企业的价值创造过程日益体现出“无形围绕有形”的互动（如“服务围绕产品”的业务拓展方式等）。而“三新”则指大数据时代催生的新模式、新业态和新人群。这意味着：①现有企业需要升级转型（如数据驱动的精益管理和模式创新等）；②新兴业态在诞生和发展（如赛博空间生活和众包等）；③信息社会中“移民”和“原住民”的多样化生存（如新型客户关系、新式企业文化和新颖行为特点等）。大数据时代管理喻意的上述两个方面反映了大数据时代管理理论和实践的变化特征，其中前者主要体现管理领域和视角上的变化，后者则主要体现管理主体和方式上的变化。

在中国信息化与工业化、城镇化和农业现代化同步发展的背景下，展望中国信息化发展的未来，信息技术应用将持续呈现出在物联网和智慧城市建设、云平台和大数据分析、新兴电子商务应用、企业信息化新拓展、绿色信息化路径等领域的主流现象和发展趋势，也为高等学校“信息管理与信息系统”专业建设和人才培养在新形势下带来新的挑战和机遇。

“信息管理与信息系统”作为一个快速更迭、动态演进的学科专业，必须以综合的视角和发展的眼光不断对自身进行调整和丰富，以适应新时代前进的步伐。高等学校信息管理与信息系统专业系列教材第 2 版的修订，就是希望通过更为系统化的逻辑体系和更具前瞻性的内容组织，帮助信息管理与信息系统专业相关领域的学生及实践者更好地理解现代信息系统在“造”（技术）和“用”（管理）维度上的分野和统一，掌握相关的基础知识和基本技能（特别包括企业进行数据运营、利用深度业务分析（BA）构建核心竞争能力方面的基础知识和技能）。

本次对高等学校信息管理与信息系统专业系列教材的修订，在基本保留第1版主要内容的框架基础上，仍然强调把握领域知识的“基础、主流与发展”的关系，并体现“管理与技术并重”的领域特征。同时，在整个系列和相关教材内容中，从领域发展与知识点的角度，以不同程度和形式反映新技术时代的特点（如云计算和大数据这一新型计算模式）、IT 应用特征（如移动性、虚拟性、个性化、社会性和极端数据）、信息化拓展（如两化深度融合和企业外部数据分析）、新兴电子商务应用（如移动商务、社会化商务和O2O）、搜索方法与服务（如关键词搜索与营销、信息检索与匹配）、IT 战略与管理（如服务管理、伙伴管理、业务安全管理和连续商务管理）等。我们希望通过系列教材专业编委会的共同努力，第2版系列教材能够成为高等学校信息管理与信息系统专业及相关专业学生循序渐进地了解和掌握专业知识的系统性学习材料，成为大数据环境下从业人员及管理者的有益参考资料。

本系列教材的编写和修订得到了多方面的帮助与支持。在此，我们感谢国家信息化专家咨询委员会及高等学校信息管理与信息系统专业系列教材编委会专家们对教材体系设计的指导和建议，感谢教材编写者在时间和精力上的大量投入及所在单位给予的大力支持，感谢参与本系列教材研讨和编审的各位专家、学者的真知灼见！同时，我们对电子工业出版社在本系列教材整个出版过程中所做的努力深表谢意！

由于时间和水平有限，第2版系列教材在内容上肯定存在不足和不尽如人意之处，恳请广大读者批评指正。

高等学校信息管理与信息系统
专业系列教材编委会
2013年12月于北京

第 1 版序言

日新月异的技术发展及应用变迁不断给信息系统的建设者与管理者带来新的机遇和挑战。例如，以 Web 2.0 为代表的社会性网络应用的发展深层次地改变了人们的社会交往行为及协作式知识创造的形式，进而被引入企业经营活动中，创造出内部 Wiki（Internal Wiki）、预测市场（Prediction Market）等被称为“Enterprise 2.0”的新型应用，为企业知识管理和决策分析提供了更为丰富而强大的手段；以“云计算”（Cloud Computing）为代表的软件和平台服务技术，将 IT 外包潮流推向了一个新的阶段，像电力资源一样便捷易用的 IT 基础设施和计算能力已成为可能；以数据挖掘为代表的商务智能技术，使得信息资源的开发与利用在战略决策、运作管理、精准营销、个性化服务等各个领域发挥出难以想象的巨大威力。对于不断推陈出新的信息技术与信息系统应用的把握和驾驭能力，已成为现代企业及其他社会组织生存发展的关键要素。

2008 年中国互联网络信息中心（CNNIC）发布的《第 23 次中国互联网络发展状况统计报告》显示，中国的互联网用户数量已超过 2.98 亿人，互联网普及率达到 22.6%，网民规模全球第一。与 2000 年相比，中国互联网用户的数量增长了 12 倍。换句话说，在过去的 8 年间，有 2.7 亿中国人开始使用互联网。可以说，这样的增长速度是世界上任何其他国家所无法比拟的，并且可以预期，在今后的数年中，这种令人瞠目的增长速度仍将持续，甚至进一步加快。伴随着改革开放的不断深入，互联网的快速渗透推动着中国经济、社会环境大步迈向信息时代。从而，中国“信息化”进程的重心，也从企业生产活动的自动化，转向了全球化、个性化、虚拟化、智能化、社会化环境下的业务创新与管理提升。

长期以来，信息化建设一直是中国国家战略的重要组成部分，也是国家创新体系的重要平台。近年来，国家在中长期发展规划及一系列与发展战略相关的文件中充分强调了信息化、网络文化和电子商务的重要性，指出信息化是当今世界发展的大趋势，是推动经济社会发展和变革的重要力量。《2006—2020 年国家信息化发展战略》提出要能“适应转变经济增长方式、全面建设小康社会的需要，更新发展理念，破解发展难题，创新发展模式”，这充分体现出信息化在中国经济、社会转型过程中的深远影响，同时也是对新时期信息化建设和人才培养的新要求。

在这样的形势下，信息管理与信息系统领域的专业人才，只有依靠开阔的视野和前瞻性的思维，才有可能在这迅猛的发展历程中紧跟时代的脚步，并抓住机遇做出开拓性的贡献。

另一方面，信息时代的经营、管理人才及知识经济环境下各行各业的专业人才，也需要拥有对信息技术发展及其影响力的全面认识和充分的领悟，才能在各自的领域之中把握先机。

因此，信息管理与信息系统的专业教育也面临着持续更新、不断完善的迫切要求。中国信息系统相关专业的教育已经历了较长时间的发展，形成了较为完善的体系，其成效也已初步显现，为中国信息化建设培养了一大批骨干人才。但我们仍然应该清醒地意识到，作为一个快速更迭、动态演进的学科，信息管理与信息系统专业教育必须以综合的视角和发展的眼光不断对自身进行调整和丰富。本系列教材的编撰，就是希望能够通过更为系统化的逻辑体系和更具前瞻性的内容组织，帮助信息管理与信息系统相关领域的学生及实践者更好地掌握现代信息系统建设与应用的基础知识和基本技能，同时了解技术发展的前沿和行业的最新动态，形成对新现象、新机遇、新挑战的敏锐洞察力。

本系列教材旨在体系设计上较全面地覆盖新时期信息管理与信息系统专业教育的各个知识层面，既包括宏观视角上对信息化相关知识的综合介绍，也包括对信息技术及信息系统应用发展前沿的深入剖析，同时还提供了对信息管理与信息系统建设各项核心任务的系统讲解。此外，对一些重要的信息系统应用形式也进行了重点讨论。本系列教材主题涵盖信息化概论、信息与知识管理、信息资源开发与管理、管理信息系统、商务智能原理与方法、决策支持系统、信息系统分析与设计、信息组织与检索、电子政务、电子商务、管理系统模拟、信息系统项目管理、信息系统运行与维护、信息系统安全等内容。在编写中注意把握领域知识上的“基础、主流与发展”的关系，体现“管理与技术并重”的领域特征。我们希望，这套系列教材能够成为相关专业学生循序渐进地了解和掌握信息管理与信息系统专业知识的系统性学习材料，同时也成为知识经济环境下从业人员及管理者的有益参考资料。

作为普通高等教育“十一五”国家级规划教材，本系列教材的编写得到了多方面的帮助和支持。在此，我们感谢国家信息化专家咨询委员会及高等学校信息管理与信息系统专业系列教材编委会专家们对教材体系设计的指导和建议；感谢教材编写者的大量投入及所在各单位的大力支持；感谢参与本系列教材研讨和编审的各位专家、学者的真知灼见。同时，我们对电子工业出版社在本系列教材编辑和出版过程中所做的各项工作深表谢意。

由于时间和水平有限，本系列教材难免存在不足之处，恳请广大读者批评指正。

高等学校信息管理与信息系统
专业系列教材编委会

第 2 版前言

电子商务是互联网时代的产物，电子商务的出现带动了传统贸易模式的转型，不仅改变了企业本身的生产、运营、管理方式，也为人们的生活带来了方便、快捷的全新体验，更重要的是对整个社会的生产、生活和交易方式造成了深刻的影响。近年来，电子商务的整体发展方式趋向于全球化、融合化、移动化。技术进步推动了电子商务应用场景和方式的不断丰富，电子商务与传统商务的进一步融合促进了电子商务商业模式的创新，使得电子商务与传统产业的结合更加紧密。技术的不断进步和商业模式的不断创新也推动了中国电子商务的发展从量变到质变的转变，其制约中国电子商务发展的网络基础设施建设、网络信息质量、商品质量、物流和信用体系等问题也逐步得到解决，电子商务应用与社会经济的融合更加深入。

目前，中国电子商务市场进入纵深发展阶段，移动电子商务平台的建立与完善，逐步推动了电子商务从 PC 端向移动端的渗透，移动电子商务成为了拉动电子商务市场发展的新引擎。电子商务的飞速发展离不开宏观政策、经济、社会和技术的良好环境，2014 年，国家及各地方政府纷纷出台政策支持电子商务的可持续、健康发展，电子商务市场交易规模达到 13.4 万亿元，交易额增长率持续快速增长。有关数据显示，截至 2015 年 6 月，中国网民规模达到 6.68 亿人，网络购物用户规模达到 3.74 亿人，手机网络购物用户规模达到 2.70 亿人，增长迅速。

电子商务的蓬勃发展，促进了新的电子商务技术、商业模式和应用的产生，而这些变化也为电子商务的专业教学和研究提出了新的要求。针对这样一个快速发展的领域，在学习其主要理论、技术和方法时需要保持开放和探索的态度，灵活地运用电子商务的基础理论和方法分析电子商务领域的新现象、新问题，才能紧随电子商务的发展趋势，加深对相关知识的理解和认识。本教材内容涵盖了目前电子商务领域的主要理论、技术和方法，包括电子商务概述、电子商务构成及对社会经济的影响、电子商务模式、电子商务支付、电子商务物流、电子商务的安全、网络营销、移动电子商务、Web 2.0 与在线用户创造内容、电子商务系统规划、电子商务网站设计。

本书由李一军提出编写大纲，具体编写分工如下：第 1 章由李一军编写，第 2 章、第 4 章由李一军、闫相斌编写，第 3 章由祁巍编写，第 5 章由邵真编写，第 6 章、第 7 章由李一军、叶强编写，第 8 章由邹鹏编写，第 9 章由张紫琼编写，第 10 章、第 11 章由祁巍编写。

全书由李一军统稿。

由于时间和水平有限，书中难免存在不足之处，恳请广大读书批评指正。

编著者

2016 年 2 月

第 1 版前言

电子商务作为互联网最重要的应用，自 20 世纪 90 年代中期产生以来，得到了迅猛发展，深刻影响了国家、政府、各类型组织的管理和运行模式，改变了人类社会的生产、生活和交易方式。进入 21 世纪以来，电子商务呈现出全球化、融合化、移动化和泛在化的发展趋势。电子商务与传统商务的结合更加紧密，新技术不断推动电子商务的发展，过去不适合采用电子商务的产品和业务流程逐渐被电子商务化。电子商务已成为推动社会、经济、生活和文化进步的重要动力和工具。尽管我国电子商务发展不是一帆风顺的，但曾经制约我国电子商务发展的网络基础设施、物流瓶颈、信用体系的建立等问题正在逐步得到解决。当前，我国已进入电子商务高速发展时期，据中国互联网信息中心调查数据显示，截至 2009 年 12 月 31 日，我国网民规模达到 3.84 亿人，网络购物市场交易规模达到 2500 亿元人民币。自 2009 年以来，受国际金融危机影响，我国多数行业都遭受了不同程度的冲击，但电子商务却逆势上扬，成为危机背景下经济增长的一个亮点。

电子商务的动态、发展特性，决定了不断有新的电子商务技术、模式和应用产生。这些变化为电子商务的教学、研究和人才培养提出了新的要求。在这样一个快速发展的领域，学习其基本知识、理论和方法时必须保持开放和探索的态度，去应用电子商务的基本理论和方法主动分析电子商务中的新现象、新问题，才能加深对电子商务的理解和认识。本教材内容涵盖了电子商务领域的主要理论、技术和方法，包括电子商务概述、电子商务管理、电子商务模式、电子商务的技术基础、网络营销、电子商务的安全、电子商务支付、电子商务物流、电子商务智能、电子商务系统规划、电子商务网站设计等内容。

本书由李一军提出编写大纲，具体编写分工如下：第 1 章、第 2 章由李一军、闫相斌编写，第 3 章由荣毅虹编写，第 4 章由闫相斌、邹鹏编写，第 5 章、第 6 章由李一军、叶强编写，第 7 章、第 8 章由卢涛编写，第 9 章由陈李刚、邹鹏编写，第 10 章、第 11 章由祁巍编写。全书由李一军统稿。

在本书的编写过程中得到了许多专家、学者的帮助和支持，衷心感谢国家信息化专家咨询委员会和丛书编委会的曲维枝主任、周宏仁副主任、清华大学的陈国青教授。大连理工大学的杨德礼教授审阅了全书并提出了很好的意见和建议，在此一并表示感谢。同时，我们特别感谢电子工业出版社及刘宪兰编辑在本书出版发行中所做的工作。

由于时间和水平有限，书中难免存在不足之处，恳请广大读者批评指正。

编著者

目　　录

第1章 电子商务概述

引言

中国南方航空股份有限公司（以下简称"南航"）是中国最大的航空运输企业之一。2000年3月28日，南航率先在国内推出了首张电子客票。当时国内还没有建设电子客票系统的经验，国际上有关的电子客票标准也还未具备，南航按照自己的标准建设电子客票系统，并通过网上销售系统进行销售。2005年，南航根据国际航空运输协会（IATA）的电子客票标准，搭建了南航的电子客票系统，实现了与中国民航信息集团公司订座系统的实时连接。

传统纸质机票需要印刷、销售、运输、存档等环节，另外还需进行销售渠道的建设和维护。与纸质机票相比，电子客票不仅避免了纸质机票制造、发放管理等带来的费用，还加快了结算的流程处理，使南航能更迅速地获得销售及承运收入数据，从而可以更快地制定和调整策略，及时应对市场的变化。电子客票还可以省略配送环节，使销售部门的销售成本进一步降低，并给南航带来机票"直销"的市场机会，这将为南航节省大笔支付给代理商的佣金。据测算，相对于纸质机票，一张电子机票至少可给南航节约20元的成本。

电子机票在降低航空公司成本的同时也在为消费者带来方便，避免了丢失纸质机票给旅客和南航带来的麻烦，使旅客的出行更为方便和快捷，旅客更改路线也变得简而易行，还能提供各种自助服务功能选择。电子客票与其他酒店、旅游、租车等产品的打包销售，使南航能够涉足其他服务领域，不再是单一机票服务的提供者，通过提供"一站式"的服务，扩大了南航机票的市场份额。2004年，南航成功推出了"电子客票+旅游"的亲情速递产品；2005年，成功推出了自助值机服务，充分体现了电子客票在简化商务中所发挥的重大作用。

（来源：中国民航报　2005年12月14日，第016版）

本章重点

- 电子商务的概念
- 电子商务的特征和类型
- 电子商务的产生和发展
- 电子商务与传统商务的对比与融合
- 电子商务对传统价值链的影响
- 电子商务的优点和局限
- 电子商务的发展现状及趋势

1.1　什么是电子商务

1.1.1　电子商务的概念

商务是涉及买卖商品的事务。一切买卖商品和为买卖商品服务的相关活动都是商务活动。电子商务通过互联网进行商品和服务的买卖。关于电子商务目前还没有统一的定义，从不同角度看待电子商务会有不同的形式。

从通信的角度看，电子商务是信息、产品或服务、支付等通过计算机网络等通信设施进行传输的过程。

从业务过程的角度看，电子商务是应用技术手段自动化业务交易和工作流的过程。

从服务的角度看，电子商务是一种帮助企业和客户，提高产品质量、服务效率和质量的工具。

从互联网的角度看，电子商务提供了在互联网上买卖产品和服务的能力。

以上的描述从不同的角度来讲都是正确的，电子商务侧重于探索和利用新的商务机会，通过各种通信网络，提高商业交易的执行效果。也就是用尽可能少的成本，产生更大的商业价值。这些提高可能包括更好的绩效，更高的质量、更高的客户满意度、更突出的企业决策能力；降低了成本，产生了更好的经济效率；更快的交易速度等。电子商务通过利用各种互联网络提高交易的效率和交易的满意度。

电子商务是指通过计算机和通信技术进行商品和服务买卖的所有活动的统称。一些人认为"商务"（Commerce）指的是商业伙伴之间的交易活动，限制了电子商务含义的范围，因此许多人士使用电子业务（E-Business）这个术语。电子业务是电子商务的广义含义，除了买、卖商品和服务外，还包括客户服务、自动销售，供应链管理，电子支付系统，与商务伙伴之间的合作、企业内部的网上活动、电子交易等。基于上述分析，电子商务（E-Commerce）是电子业务（E-Business）的一部分，然而很多场合下，人们对两者并没有做明确区分。

电子商务从产生到现在虽然时间不长，但是发展迅速，正在以越来越快的速度显著地改变着各种传统贸易活动的内容和形式。电子商务不仅包含那些集中的、为了获取利润的买卖的交易，还包括支持获取利润的活动。这些活动包括：商品和服务需求的产生，提供销售支持和客户服务或者对交易双方提供通信便利条件，用以支持销售、采购、招聘、计划及其他活动的业务流程等。

1.1.2　电子商务的特征

电子商务在全球各地通过计算机网络完成各种商务活动、交易活动、金融活动和相关的综合服务活动。它与传统的商务活动有着较大的区别，具体表现为以下特征。

1）虚拟性

电子商务的贸易双方，从贸易磋商、签订合同到支付等无须当面进行，均可以通过计算机网络完成，整个交易完全虚拟化。对卖方来说，可以通过网站销售产品，而买方则可以通过虚拟现实、网上聊天等新技术将自己的需求信息反馈给卖方。通过信息的相互交换，最终签订电子合同，完成交易并进行电子支付，整个交易都在虚拟的环境中进行。

2）全球性

全球性指由于电子商务是在互联网环境下，经济活动也扩展到全球范围内进行，把空间因素和地理距离的制约降低到了最小限度，不再受国家地域的限制。依托互联网，可以将商品与服务传递到世界各地。电子商务塑造了一个真正意义上的全球市场，打破了传统市场在时间、空间和流通上存在的各种障碍。

3）低成本性

企业运营成本包括采购、生产和市场营销等成本。首先，通过网络收集信息可以减少公司的采购步骤。其次，企业生产成本的降低可以通过减少库存、缩短产品周期体现出来。最后，电子商务可以降低企业的营销费用，网上营销使企业可以直接与供应商、用户进行交流，消费者则可以直接从生产厂家以更低的价格买到放心的产品。

4）高效性

由于互联网将贸易中商业报文标准化，使商业报文能在世界各地短时间内完成传递并使计算机自动处理，同时原料采购、产品生产、需求与销售、银行汇兑、货物托运等环节均无须工作人员干预即可在最短的时间内完成。在传统的商务中，用信件、电话和传真传递信息必须有人的参与，每个环节需要花不少的时间，有时由于人员合作及工作时间的问题，会延误传输时间，失去最佳的商机。电子商务克服了传统商务中存在的费用高、易出错、处理速度慢等缺点，极大地缩短了交易时间，使整个交易非常快捷与方便。

5）互动性

互联网本身的双向沟通特性，使得电子商务的交易模式由传统的单向传播（指消费者被动地接受企业的产品或服务）变为互动沟通。一方面，企业可以利用这一特性为每位客户制定专门的网站服务，使每位客户都会有满意的购买经历，让客户享受个性化的购买服务。另一方面，客户将面临更多的购买选择，可以按自己的兴趣要求主动搜索网站，选择自己喜欢的商品。

1.1.3　电子商务的类型

20 世纪末，商务模式开始广泛出现于电子商务领域的研究中。同一类商务模式通常有一些共同的特质。基于不同的分类标准和分类对象，出现了许多不同的商务模式分类框架。根据不同的角度，可以将电子商务按照交易对象、开展电子交易的范围和使用网络类型进行分类。

1．按照交易对象分类

按照交易对象分类，电子商务可以分为以下五种类型。

1）企业与消费者之间的电子商务，即B2C（Business to Consumer）

B2C是人们最熟悉的一种类型，大量的网上商店利用互联网提供双向交互通信，完成在网上进行购物的过程。随着互联网技术的发展，这类电子商务的发展异军突起。由于这种模式节省了客户和企业双方的时间和成本，大大提高了交易效率，节省了各类不必要的开支，因而得到了人们的认同，获得了迅速的发展。

2）企业与企业之间的电子商务，即B2B（Business to Business）

B2B是指有业务联系的企业之间相互用电子商务将关键的商务处理过程连接起来，形成在网上的虚拟企业圈。在企业间电子商务中，参与者是企业或其他形式的组织。这种电子商务系统具有很强的实时商务处理能力，使企业能以一种安全、可靠、简便、快捷的方式进行企业间的商务联系活动和达成交易。

3）消费者与消费者之间的电子商务，即C2C（Consumer to Consumer）

消费者与消费者之间的电子商务指个人之间通过互联网进行的产品购买与销售活动，消费者与消费者之间通过互联网进行交易，如淘宝、拍拍等网站平台所提供的交易服务。

4）对等电子商务，即P2P（Person to Person）

P2P电子商务即指应用P2P技术的电子商务。P2P是指点对点网络，又称对等网络。在该网络中，每个对等点既是服务者，又是消费者，他们均匿名地进行点对点的直接交流，并能自由地退出、加入网络，每个对等体均没有明确职责，无法监督、管理整个P2P网络。P2P网络技术的实现形式是软件，人们在该网络中直接连接到其他计算机，实现彼此之间的数据共享和交换，使得从事P2P电子商务的企业连接用户不需要通过公共服务器就能共享文件和计算机资源。从事P2P电子商务的企业主要帮助个人向其他网络用户提供信息。对等软件技术已能实现版权音乐、视频和图像文件的共享，但这种做法有违数字版权法。目前对于从事P2P电子商务的企业来说，其挑战就在于要建立切实可行的、合法的商业模式，使得企业能够获得利润。

5）企业与政府之间的电子商务，即B2G（Business to Government）

B2G是指企业与政府之间的电子商务，即政府通过网络进行采购与招标，快捷、迅速地为企业提供各种信息服务；企业通过网络进行税务申报、办理证照、参加政府采购，以及对政府工作的意见反馈等；政府向企事业单位发布各种方针、政策、法规、行政规定等，也即政府与企业间的各项事务都可以覆盖在企业与政府之间的电子商务中，包括政府采购、税收、商检、管理条例发布等。在此类电子商务中，一方面，政府作为消费者，可以通过互联网发布自己的采购清单，公开、透明、高效、廉洁地完成所需物品的采购；另一方面，政府对企业宏观调控、指导规范、监督管理的职能通过网络以电子商务的方式更能充分、及时地发布。借助于网络及其他信息技术，政府职能部门能更及时、全面地获取所需信息，做出正确决策，能迅速、直接地将政策法规及调控信息传达于企业，起到管理与服务的作用。

2. 按照开展电子交易的范围分类

1）本地电子商务

本地电子商务指利用本地区或者本城市的信息网络实现的电子商务活动。本地电子商务利用互联网、企业内联网或专网将电子商务信息系统、银行金融机构电子信息系统、保险公司信息系统、商品检验信息系统、税务管理信息系统、货物运输信息系统及本地区 EDI 中心系统等联系在一起，交易的范围比较小，具有较强区域性和本地化特征。

2）区域电子商务

区域电子商务指在本国范围内进行的网上电子交易活动。其交易的地域范围较大，对软/硬件和技术要求较高，需要在全国范围内实现商业电子化和自动化，实现金融电子化，而且交易各方需具备一定的电子商务知识、经济能力、技术能力和管理能力。

3）全球电子商务

全球电子商务指在全世界范围内进行的电子交易活动，参加电子交易的各方通过网络进行贸易。其中涉及有关交易各方的相关系统，如买方国家进出口公司系统、海关系统、银行金融系统、税务系统、运输系统、保险系统等。全球电子商务业务内容繁杂，数据来往频繁，要求电子商务系统具有严格、准确、安全、可靠的特性。全球电子商务客观上要求要有全球统一的电子商务规则、标准和商务协议。

3. 按照使用网络类型分类

按照使用网络类型的不同，电子商务可分为以下四种形式。

1）EDI 商务

EDI（Electronic Data Interchange），即电子数据交换，EDI 商务是一种利用计算机进行商务处理的方式。在基于互联网的电子商务普及应用之前，曾是一种主要的电子商务模式。EDI 商务将商业或行政事务按照一个公认的标准，形成结构化的事务处理或文档数据标准格式，实现从计算机到计算机的电子传输。EDI 商务是一种主要应用于企业与企业、企业与批发商、批发商与零售商之间的商务。相对于传统的订货和付款方式，EDI 商务大大节约了时间和费用，有较好的安全保障、严格的登记手续和准入制度、多级权限的防范措施，实现了包括付款在内的全部交易工作计算机化，在大型企业、跨国公司之间有较广泛的应用。近年来，随着 Internet 的迅速普及，基于互联网的、使用可扩展标识语言 XML 的 EDI，即 Web-EDI，正在逐步取代传统的 EDI。

2）互联网电子商务

互联网电子商务（Internet Electronic Commerce）是指在 Internet 开放的网络环境下，买卖双方在任何可连接网络的地点间进行各种商务活动，实现两个或多个交易者间的生产资料交换及所衍生出来的交易过程、金融活动和相关的综合服务活动的一种的商业运营模式。它不包括企业内部的电子商务、企业间基于 VPN 等技术建立的不完全开放网络的电子商务。它是电子商务概念的子集，是外部化的电子商务，其商务对象可以是全球所有互联网用户。互联网商务以互联网信息技术为基础，通过互联网，在网上实现营销和购物服务。它突破了传统商业生产、批发、零售及进、销、存、调的流转程序与营销模式，真正实现了少投入、低成本、零库存和高效率，避免了商品的无效转移及搬运，从而实现了社会资源的高效运转。消费者可以不受时间、空间、厂商的限制，广泛浏览，充分比较，模拟使用，力求以最低的价格获得最为满意的商品和服务，特别是 Internet 全球联网的属性，使在全球范围内实行电子商务成为可能。

3）内联网电子商务

内联网（Intranet）电子商务是指企业将其内网有限度地向已有的或潜在的商业供应链伙伴开放，以实现电子商务的协调使用。内联网电子商务通常是一个企业进行电子商务的第一步，它使得客户可在线填写需求表格，与制造商、经销商交流交易信息。发展内联网电子商务的基础是设立企业内联网系统，内联网是在 Internet 基础上发展起来的企业内部网，是在原有局域网上附加一些特定的软件，将局域网与互联网连接起来，从而形成的企业内部网络。内联网可以运用防火墙手段构造安全网站，防止外界访问者未经授权的进入。

4）外联网电子商务

外联网（Extranet）电子商务是在企业已有的互联网商务基础上扩展而成的，它完全采用互联网技术，但有着比互联网商务更小而精准的商务对象。企业借助外联网商务来与上下游协作厂家建立更加紧密的伙伴关系。外联网将 Internet 的组网技术应用到企业间进行网际互联，克服过去专用增值网络的专用性和复杂性的缺点，采用标准化的协议和通用软件实现企业间的互联，同时它还通过防火墙（Firewall）隔断外联网与其他无业务往来的信息交换。一般在外联网中，允许网内可以访问外部的互联网信息，但不允许非法和身份不明的访问者进入内网。因此这种模式是一种半封闭的企业间电子商务模式。企业进行外联网连接，由于是近似封闭式的，因此网内之间信息传输比较安全。同时，由于联网的企业是业务合作单位和合作伙伴，因而可以通过联网实现信息共享和共同发展的目的。

1.2　电子商务的产生和发展

1.2.1　互联网与信息技术

互联网起源于冷战时期，早期的雏形是美国军用计算机网（ARPANET），由美国国防部高级研究计划局于 1969 年底建立。ARPANET 的初衷是帮助美国军方研究人员通过计算机交换信息，目的是能够在网络的一部分遭受攻击时，网络的其他部分仍然正常通信。1982 年，ARPANET 与 MILNET 等几个计算机网络合并后，采用了 TCP/IP 协议，以便在不同机型和不同网络之间顺利地通信。至此，互联网初步形成。

从互联网诞生之后，计算机网络和 Internet 在 20 世纪 70 年代得到了迅速的发展，许多企业开始依赖电子数据交换实现业务处理的自动化。当时，企业借助文字处理技术，在内部实现单证的自动化处理。EDI 在这些自动化“孤岛”之间建立起连接，形成了新的商务模式，即“无纸贸易”。EDI 是以电子形式在异构系统之间进行的数据交换，以支持商务处理标准化。它提供一系列标准的信息和格式，企业用这些标准的信息和格式传送成批的请求，如订购产品、接收货物、付账等，这些都以电子化的形式进行。

Internet 迅速发展起来后，其低成本对各种企业具有巨大的吸引力。人们开始考虑借助 Internet 进行 EDI。这大大降低了 EDI 的使用成本，但并没有改变其标准缺乏灵活性和可扩展性的缺点。进入 20 世纪 90 年代，随着 Web 的诞生，许多企业开始采用 Web 系统来开展电子商务。

上述各类技术的发展为电子商务的产生和发展奠定了技术基础，促进了电子商务的产生和发展。

1.2.2 电子商务的产生

电子商务是随着互联网技术的产生而发展起来的。尽管许多人认为可以将最早在银行业之间应用的电子资金转账和企业间使用的电子数据交换看作一种电子商务的形式。但真正意义的电子商务开始于 20 世纪 90 年代。

电子商务经历了由局部的、在专用网上的电子交易到开放的、基于 Internet 的电子交易过程。早在 20 世纪 60 年代，人们就开始了用电报报文发送商务文件的工作。70 年代人们又普遍采用方便、快捷的传真机来替代电报，但传真缺乏传送声音和复杂图形的能力，也不能实现相互通信。同一时间，在专用网络技术的发展下，一些大公司、金融机构开始采用了电子资金转账（Electronic Fund Transfer，EFT）技术进行交易资金的划拨。随后出现的电子数据交换将商业或行政事务处理中的报文数据按照公认的标准，形成结构化的报文数据格式，并将这些报文数据由专有网络在计算机之间进行传输。EDI 被认为是电子商务的早期形式，或 B2B 的早期电子商务活动。但是，无论是 EFT 方式，还是 EDI 方式，企业所从事的商业活动在当时仅限于在封闭的系统中进行运作，与今天所描述的电子商务相比，仅是电子传输技术在商业领域内的早期应用。Internet 的出现使得传统的电子商务从专有网络、电话网络扩大到了 Internet，它为电子商务的发展提供了强有力的工具和广阔的发展空间。

1.2.3 电子商务的发展

电子商务的发展历程基本可以按时间划分为以下四个阶段。

1）酝酿起步阶段（1960—1994 年）

电子商务的起源可以追溯到 20 世纪 60 年代。当时 EDI 技术的开发，引起许多国家的注意。到 70 年代末和 80 年代初，美国、英国和西欧一些发达国家逐步开始采用 EDI 技术进行贸易，形成涌动全球的“无纸贸易”热潮。到 1992 年底，全世界 EDI 用户大约有 13 万户，市场业务额约 20 亿美元。

20 世纪 90 年代以来，随着网络、通信和信息技术的突破性发展，Internet 在全球爆炸性地增长并迅速普及，使得现代商业具有不断增长的供货能力、客户需求和全球竞争三大特征。在这一趋势下，基于 Internet、以交易双方为主体、以银行电子支付和结算为手段、以客户数据为依托的全新商务模式——电子商务出现并发展起来。

2）迅速膨胀阶段（1995—2003年）

1996年12月16日，联合国第85次全体会议通过了第51/162号决议，正式颁布了《贸易法委员会电子商务示范法及其颁布指南》，规范了电子商务活动中的各种行动，极大地促进了世界电子商务的发展，并为各国电子商务立法提供了一个范本。1997年7月1日，美国政府发表了“全球电子商务框架”文件，提出了开展电子商务的基本原则、方法和措施。该文件第一次将Internet的影响与200年前的工业革命相提并论，极大地推动了美国和世界电子商务的发展。这一年，通过Internet形成的电子商务交易额达到26亿美元。

1998年，IBM、HP等跨国公司相继宣布该年度为“电子商务年”，得到了众多信息技术公司和商务公司的响应。在1997—2003年，投资者投入1000多亿美元创建了12000多家互联网公司，电子商务的发展得到了迅速膨胀。

3）稳步发展阶段（2004—2009年）

由于盲目乐观和非理性情绪的影响，互联网经济空前膨胀。进入21世纪，互联网经济遭到第一次沉重的打击。在2000年开始的低迷期中，有5000多家互联网公司倒闭或被并购。美国纳斯达克指数暴跌，网络股的价值缩水严重。一时间，众多的注意力集中在互联网经济的泡沫上，尤其是作为电子商务典范的美国亚马逊公司经营情况的恶化，8848等电子商务公司的倒闭，更加大了人们对电子商务的恐惧心理，似乎电子商务已经走到崩溃的边缘。然而，网络泡沫破裂以后，电子商务并没有从此一蹶不振，而是在总结经验教训的基础上走上了一个新的发展阶段。这个阶段的主要特征是用信息化手段对传统的商务活动进行改造，以效益为目标构建各种电子商务的应用，并在业务模式上不断创新。据行业调查公司We-Mergers统计，2000—2003年，又有2000多亿美元投入进来，收购处于困境中的电子商务公司或者开办新的互联网公司，这些逐渐追加进来的投资为互联网企业带来了恢复生机的机会。与此同时，各国政府也相继推出了各种鼓励政策，继续支持电子商务的发展。由于网民数量的增加，尽管当时媒体和投资者对互联网企业的前景并不看好，但是企业与消费者之间的电子商务销售额却在不断增长。2003—2009年，经历过互联网泡沫之后，电子商务已经成为一种国际化的商务活动，在全球普遍展开，以更为稳健的步伐发展。

4）纵深发展阶段（2010至今）

2010年以来，随着智能移动终端（智能手机和平板电脑）的大量使用和社交网络平台的广泛发展，电子商务迎来了纵深化发展的阶段。智能手机和平板电脑的大量使用为人们提供了强大的设备支持，使得他们能够更方便地在线上与企业互动。同时，随着移动电话网络的高速扩散，买卖双方随时随地都能通过移动通信网络建立联系，电子商务逐渐向移动化方向渗透。社交网络平台的广泛发展为企业发布广告和促销信息提供了新途径，中小企业越来越多地参与在线销售、采购和融资活动，这样便构建起了一个丰富的网络电子商务生态系统。然而，随着网上交易的客户量增多，成交频次增多，企业收集到其网上客户的信息数据量变得越来越庞大，且高度复杂，难以分析，同时跟踪技术在B2B电子商务领域和企业业务流程管理中进行整合运用的需求也日益增加，这些都为全世界的电子商务企业提供了新的发展机遇与挑战。

1.3　电子商务与传统商务

1.3.1　传统商务及其局限性

1. 传统商务活动

商务活动是至少有两方参与的有价物品或服务的协商交换过程，它包括买卖各方为完成交易所进行的各种活动。在电子商务产生以前，一直进行传统的商务活动。

1）*买方*

买方的第一项工作是确定需要，并寻找能够满足这些需要的产品或服务。在传统商务中，买方可以通过参考产品目录、请教朋友、阅读广告等方式寻找需要的产品或服务。当买方确定了产品或服务之后，就要选择一个可以提供这种产品或服务的卖方。一旦买方选择了一个卖方，双方就开始谈判，谈判内容可以很简单，也可以很复杂。简单的零售交易活动可能只是顾客走入商店、选择商品，然后付清货款。复杂的谈判包括交易的很多内容，如交货日期、运输方法、价格、质量保证和付款条件、产品交付或服务提供时进行检验的细节问题等。买方认为收到的货物满足双方议定的条件时，根据约定的方式支付货款。买卖完成后，买方可能还要就质量担保、产品更新和维护等问题同卖方接触。

2）*卖方*

对于买方完成的每一项业务，卖方都有一个相应的业务与之对应。卖方通常进行市场调查来确定潜在顾客的需要。一旦卖方确定了顾客的需要，就要开发出能够满足顾客需要的产品和服务，并让潜在顾客知道这种新的产品或服务已经存在。卖方要开展多种广告和促销活动，与顾客及潜在顾客沟通关于产品或服务的信息。一旦顾客对卖方的销售活动有了回应，双方就开始对交易的条件进行谈判。谈判成功后，卖方就要向买方交付货物或提供服务，并向买方提供销售发票，买方需要根据约定的要求进行付款。销售活动结束后，卖方常常要为产品和服务提供持续的售后服务。

3）*业务活动与业务流程*

不管是从买方还是从卖方的角度来看，每个商务过程都包含了大量不同的业务活动。例如，买方在安排所购商品的运输时，常常需要运输公司的运输服务，而运输公司往往并不是销售产品的公司，在交易中这项服务的购买也属于买方安排运输活动的一部分。也有一些业务活动由企业的内部员工来完成，也就是商务活动还包括内部员工对业务活动的协调和管理。商务活动的每个过程都可能有多项活动，企业在进行商务活动时开展的各种业务活动通常被称为业务流程。资金转账、发出订单、寄送发票和运输商品等都是业务流程的例子。传统的业务流程基本上是通过手工来完成的。

2. 传统商务的局限性

在传统模式下，商务活动往往采取面对面直接交易或纸面交易的方式来进行，支付一般有支票和现金两种方式，资金流的传递较慢，相对于电子商务中交易信用卡、电子支票、电子现金等支付形式存在过程烦琐，效率差的局限。交易的过程基本上是以直接或间接的物理交换或物理接触来完成。在传统交易过程中，人们在商场选择一件商品，付现金购买；按照样品订购货物，签订合同，按合同规定进行交货和付款结算；填写保险单，上报财务报表等，无论是面对面直接交易，还是通过信函、传真等纸面方式进行交易，都是一种物理方式，这是传统商务的运作特点。正是由于这些特点，使传统商务具有信息不宜获取、耗费时间长、花费高、库存和产品积压、生产周期长、客户服务手段有限等局限性。

1.3.2　电子商务与传统商务的对比

尽管电子商务和传统交易的目的都是通过销售产品和服务来产生利润，但是其方法是不同的。在电子商务中，可能没有实体的商店，网络和通信技术起到了主要的作用。大多数情况下，买家和卖家看不到对方。电子商务渠道和传统渠道这两种渠道，目前在运作过程、商务主体、商品流转机制以及所涉及的地域范围和商品范围等方面有着显著的不同。

1）运作过程不同

传统商务的交易过程中的实务操作由交易前的准备、贸易磋商、合同与执行、支付与清算等环节组成。其中交易前的准备就是交易双方都了解有关产品或服务的供需信息后，就开始进入具体的交易协商过程。交易协商实际上是交易双方进行口头协商或书面单据的传递过程。书面单据包括询价单、订购合同、发货单、运输单、发票和验收单等。合同与执行过程，在传统商务活动中，交易协商过程中通过双方意向选择形成基本的商务交易意向，在协商后，为保障交易的顺利执行，双方一般通过签订商务合同来保障商务的运行。最后是支付过程，传统的商务活动的支付一般通过现金、转账两种方式。

电子商务的运作过程虽然也有交易前的准备、贸易的磋商、合同的签订与执行，以及资金的支付等环节，但是交易具体使用的运作方法是完全不同的。在电子商务的模式中，交易前的准备、交易的供需信息一般都是通过网络来获取的，这样双方信息的沟通具有快速和高效率的特点；交易的协商过程是将书面单据变成了电子单据并且实现在网络上的传递；合同的签订与执行在电子商务环境下，其网络协议和电子商务应用系统的功能保证了交易双方所有的交易协商文件的正确性和可靠性，并且在第三方授权的情况下具有法律效应，可以作为在执行过程产生纠纷的仲裁依据；而资金的支付一般采取网上支付的方式。

2）商务主体不同

传统商务中制造商是商务中心，而在电子商务环境下，销售商是商务的主体。在传统商务下，制造商负责组织市场的调研、新产品的开发和研制，最后也是由制造商负责组织产品的销售，可以说一切活动都是离不开制造商。但是在电子商务环境下，是由销售商配合销售环节，包括产品网站的建立与管理，网页内容的设计与更新，网上销售的所有业务及售后服务的设计、组织与管理等，制造商就不再起主导作用。

3）商品流转机制不同

传统商务下的商品流转是一种“间接”的流转机制。制造企业所生产出来的商品大部分都经过一系列的中间商，才能到达最终用户手中。这种流转机制无形中给商品流通增加了许多无谓环节，也增加了相应的流通、运输、存储费用。电子商务的出现使得每一种商品都能够建立最直接的流转渠道，制造厂商可把商品直接送达到用户，还能从用户那里得到最有价值的需求信息，实现无阻碍的信息交流。

4）所涉及的地域范围和商品范围不同

传统商务所涉及的地域范围和商品范围是有限的，而随着 Internet 的推广与普及，特别是各类专业网站的出现，电子商务所涉及的地理范围和时间则是无限的，是超越时空的。

通过以上阐述不难看出，传统商务与电子商务之间，既有共同点，也有不同之处，两者之间的关系主要表现在以下几个方面：

（1）电子商务的物流系统可以建立在传统商务的物流系统的基础上，这样会更充分发挥物流资源的利用率；

（2）电子商务的客户可能就是传统商务的客户群，从某种意义上说电子商务是传统商务的发展；

（3）电子商务的许多活动可以沿袭传统商务中的活动方式进行操作，并对它们加以改进或延伸，使之能够适应新的商务条件。最后，传统商务的已有销售渠道、信息网络等也可为电子商务所用。

表 1.1 比较了电子商务与传统商务。

表 1.1　电子商务与传统商务的对比

行　为	传统商务	电子商务
产品信息发布	杂志、传单	网站、在线目录
商业沟通	常规信件、电话	电子邮件、网站等
检查产品可用性	电话、传真、信件	电子邮件、网站、外联网
订单生成	打印形式	电子邮件、网页
产品确认	电话、传真	电子邮件、网站、电子数据交换
付款	现金、纸质支票	电子资金转账、信用卡、电子支票、电子现金等
发票生成	打印形式	网页
产品配送	实体形式	实体形式、电子形式
客户服务	电话、传真	网站、电子邮件

1.3.3　电子商务与传统商务的融合

电子商务与传统企业呈融合发展趋势：一方面企业对电子商务的认知和使用程度正在进一步加深，习惯和理念正在形成；另一方面，仍然用互联网从业者经营电子商务平台的模式已经越来越难已体现出经营优势，国内现有的主流电子商务网站也需要加深与传统产业的融合才能有上升空间。

电子商务与传统商务的融合发展是指随着互联网经济时代的来临，互联网与信息化对传统电子商务的全面渗透，使得传统商务发展不再像以前那样可以完全脱离信息化与电子化而实现单独的传统业务发展模式，同时也不只是以电子商务为主营业务来实现平台经济式的双边经营模式，而是一种以传统商务为主要业务支撑，通过互联网的全面嵌入和信息化的整合升级，使得企业的传统业务开展模式逐渐实现电子商务化与传统商务并存发展的一种融合发展模式，在此基础上全面开展电子商务有利于企业的发展，并带来新的利润增长源。

电子商务与传统商务融合发展式的运营模式既强调电子商务运营的全新商务模式变革，又强调传统商务模式和经销渠道的网络化运营，是集虚拟化、信息化和实体化为一体的现代化电子商务运营模式，这种模式的存在更有助于帮助企业提升核心竞争优势。

1. 融合的好处

相对于完全的传统商务及新创的纯电子商务而言，实现电子商务与传统商务融合发展具有多方面的好处，主要表现在如下几个方面。

1）信誉推广方面

传统企业通过长期的经营，其自身已经逐渐积累起相当的信用优势与品牌优势，这使得其发展电子商务几乎可以不用耗费过多精力和资源在品牌建设和推广方面；与此同时，电子商务高效及互动性强的特点能将企业原有的信誉和口碑迅速扩散开来，形成口碑效应。在信息经济与知识经济逐渐扩大化和渗透化的时代，通过网络渠道，消费者更容易对已有良好口碑的商品和品牌产生先入为主的印象，从而使其获得先发优势。

2）物流配送方面

传统企业多年的经营积累已经拥有自身较为成熟的采购和销售渠道，但一般而言，由于地理位置因素和时效限制等原因，企业的采销渠道体系建设往往面临诸多约束；而电子商务虽然鲜有本土化的采销体系，但却能够把中间环节的空间因素和地理距离的制约降低到最小限度，不再受国家地域的限制。传统商务与电子商务的结合，可以使本土商业依托互联网去塑造一个真正意义上的全球市场，打破传统市场在时间、空间和流通上都存在的各种障碍。

3）顾客忠诚度方面

顾客忠诚是指消费者对某一品牌或企业产品的消费信赖，能够基于这些企业的信誉与品牌形象等，实现重复购买和首选消费。传统商业通过其多年的经营积累了大量的顾客资源，这一资源在电子商务起步阶段能够帮其节省大量的品牌推广资源和费用；与此同时，电子商务元素的加入让这一商务过程紧跟市场的发展要求和步伐，以其易用性和便捷性提高原有顾客的满意度，使其成为一个更为忠诚的顾客。

4）社会网络优势

企业社会网络是指一个企业所处的网络环境和全方位立体化的利益相关者，既包括供应商、竞争者、物流商、服务者、银行等直接利益相关者，同时还包括消费者、政府等间接利益相关者。在一定程度上，一个企业所处的社会网络及在这种社会网络中所处的地位，有助于帮助企业实现社会网络竞争优势的积累。传统企业在这方面能够有效帮助其在自身所处社会网络中实现基于共同利益基础上的多方合作，完成整个电子商务的社会网络布局。

5）企业运营优势

传统企业长期优势资源和知识的积累，使得传统企业在运营管理方面积累了大量的经验和资本，包括物质资本、人力资本、财力资本等，同时对于产品和服务的运营有着丰富的运营经验，若能同时吸收电子商务模式下新的企业管理思维，利用其网络技术优势打破时间空间的限制，将大幅度提升企业运营管理绩效。

因此，传统企业将电子商务与传统商务进行融合发展，一方面能够将电子商务这种新型交易模式和经营方式优先嵌入企业运营的流程中，实现价值链的全环节价值创造与利润增长；同时还能够充分发挥传统企业自身的经营和积累优势，实现更稳妥和快捷的发展。

2. 融合的形式

（1）传统企业独立建电子商务网站，是典型的 B2C 直销模式。

（2）传统企业与电子商务平台运营商合作经营行业电子商务网站，是“B2B2C”（Business to Business to Customer）模式，一种新的网络通信销售方式。这里第一个 B 指广义的卖方（即成品、半成品、材料提供商等）；第二个 B 指交易平台，即提供卖方与买方的联系平台，同时提供优质的附加服务；C 即指买方。卖方不仅仅是企业，可以包括个人，即一种逻辑上的买卖关系中的卖方。这一般是知名度不那么高的企业，借助比较著名的电子商务平台来实现业务增长。

（3）传统企业在第三方电子商务平台开网店或拓展渠道，是“B2B2C”的模式。这是中国很多中小企业开展电子商务的做法。B2B2C 电子商务平台将企业、个人用户的不同需求完全整合在一起，缩短了销售链。

（4）网店线下建实体店。实体店的建构与网络的销售相辅相成，形成优势互补，能达到品牌影响力最大化。“线上线下”立体渠道的融合，符合产业未来的发展趋势。

1.4　电子商务与价值链

1.4.1　电子商务对传统价值链的影响

随着 Internet 技术的发展和电子商务的广泛应用，传统企业的经营活动价值链结构发生了革命性的变化，电子商务对价值链的构造产生了重要影响。

1. 电子商务对采购环节的影响

在传统商务中，企业的物资或劳务采购是非常复杂的。首先，企业要翻阅资料查找并选择相应产品的供应商，并将详细计划和需求信息传送给供应商，如果供应商反馈的样品满足要求，买方就会发出一份标有具体产品数量的采购单，然后供应商通知买方采购订单已收到并确认可以满足。当产品由供应商发出时，买方接收到通知和产品的发货单，买方会计部门核对发货单和采购订单后付款。在实际过程中，很多单据会有临时变动，这将增加企业采购过程的复杂性。

实行电子商务后，采购作业在网上进行，大大降低了采购费用。大量的手工操作系统转向采用固化工作流程和 Internet 协议的电子商务系统，在反应速度、服务改进及在减少劳动力和材料成本方面都产生了明显的收益。

其影响主要体现在如下几个方面：

（1）提高采购工作效率。

（2）流程变革带来的效益。例如，直接完成发票录入、验收货物等工作。

（3）较少有纸质文件流转，因而提高了处理信息的效率并减少了差错。

（4）提高了业务人员的素质。

（5）提高了基础管理工作水平。

2. 电子商务对产品设计和生产管理环节的影响

在传统的企业生产过程中，有很多固定开支，如设备的折旧、大部分公用设施和建筑费用及大部分管理和监督费用等。如果将产品的设计、生产完工到投入市场的周期缩短，产品的固定开支就能降低，产品的成本也随之降低，在同样的时间里可以生产出更多的产品，会给企业带来更多的效益。

电子商务的运用建立了生产企业与供应商和客户之间的电子联系，使企业直接收集与处理客户信息成为可能，企业的产品由企业独立设计转为“用户+企业设计”，使产品的设计和生产管理更好地满足市场和客户的个性化需求，并且能够更快地投放到市场中去。

电子商务对产品设计和生产管理环节的影响主要体现在如下几个方面：

（1）改变生产方式，以顾客的需求拉动生产；

（2）提高了信息和资金等的转移速度，缩短了生产与研发的周期；

（3）减少了企业库存，提高了库存管理水平；

（4）加强了企业、生产商及消费者之间的联系，提高了工作效率。

3. 电子商务对销售和服务的影响

电子商务的产生和迅速发展对企业销售和服务活动产生了重要的影响。销售是企业营销活动的最后一个环节，通过销售，产品和服务最终到达客户手中，企业得以实现利润。电子商务对该方面的影响主要有：

（1）电子商务利用网络技术手段，可有效降低企业的交易成本。

（2）使企业的经济活动突破了时间和空间的限制，增加了销售对象和扩展了企业产品的销售范围，并减少了对中间商的依赖。

（3）可以提供个性化的定制产品和服务，使企业“一对一”地提供产品和服务成为可能。

（4）能全方位地展示产品，促进顾客理性购买，提高了用户的满意程度。

4. 电子商务对辅助活动部分的影响

辅助活动部分的许多环节也可以通过电子商务在网络上完成，如在人力资源管理领域，企业可以依靠自身的网站，或通过网上人才市场招聘工作人员；通过网络评估员工的绩效；利用远程教育系统，对异地员工进行培训和教育，以节省开支和提高培训效率。在财务领域，员工可以通过网络了解自己的工资状态和报销费用等。在技术开发领域，分布在不同地点的技术人员可以通过网络协同工作，完成产品的开发过程。

总之，随着电子商务的不断发展和广泛应用，电子商务已经影响到企业整个组织的结构模式。组织结构的改变必然使组织内部的流程发生变化，随着网络技术的发展和经济全球化的趋势，传统价值链必须进行重新构造以满足网络环境下的市场需求。

1.4.2　电子商务价值链

1．虚拟组织

企业的价值活动存在于各个环节，在社会分工越来越细和产品生产日趋全球化的条件下，产品从原材料到最终完成往往要经历多个厂家的供应、生产和销售环节。在这个流程中，产品以不同的形态，如原材料、毛坯、初级产品、组装产品等，从一个厂家流向另一个厂家，流经的路径呈链状形态，这一状态称为供应链，它包含了将物品从原材料转变为产品并最终送达用户的一切活动。产品流经的厂家就是供应链上的结点，结点之间存在着物流、资金流和信息流，价值活动就存在于这些物流、资金流和信息流的流动过程中。在电子商务环境下，处于供应链不同环节的企业像一个企业内部的不同部门一样主动、默契地协调工作，形成一条敏捷供应链。在这条供应链上，各个企业根据产品生产销售的需要而组成一个虚拟组织，当产品的生命周期结束时，虚拟组织可能重组或解体。

虚拟组织的本质，是利用现代信息传输和处理技术把分散在各成员企业中的人力、资产等资源动态地连接起来，从而使自身成为一种有机的、能自适应的，甚至能自我繁育的企业网络组织。企业走向虚拟经营，借助和利用外部的力量为自己服务，而本身的组织规模并没有扩大。借助于虚拟经营，企业能够有效整合企业的外部资源，完成自身难以达到的目标。

2．电子商务虚拟价值链

在电子商务时代，物理的市场地域转变为虚拟的市场空间。虚拟市场以信息为基础，弱化了生产者必须通过市场地域获得资源、进行生产的限制，改变了消费者必须通过市场地域使用或享受产品或服务的状况。1995 年，哈佛商学院的 Jefferu F.Rayport 等提出了虚拟价值链的观点，认为企业在由资源组成的物质世界和由信息组成的虚拟世界两个领域中进行竞争。物质世界由看得到、摸得着的资源组成；而虚拟世界由信息组成，并可以进行电子商务和创造新的价值。虚拟价值链通过对信息的收集、组织、选择、合成和分配而创造价值。与传统的在市场场所中利用物质资源不同，在市场空间中，企业通过对信息的加工和利用来为顾客创造无形价值。物质增值活动构成了传统价值链，与此相对应的信息增值活动则构成虚拟价值链。在传统价值链模型中，企业对信息的收集、加工与利用所形成的信息流，是服务于实物产品的生产与流转，只作为辅助活动，其本身并不创造价值。而随着电子商务的发展，信息本身具有的可再生性和传递效应极大地释放出来而衍生出更多价值，企业的竞争越来越多地体现在更有效的信息增值活动上。相对于传统的企业位于物理价值链上的战略环节而言，电子商务时代的网络信息特性，使企业更多生存在由多条虚拟价值链整合、交叉构成的价值创造的微战略环节上。虚拟价值链上的企业也可以进行资源的互补与信息的共享，并根据各成员企业的独特性构造不同核心能力。

多数虚拟价值链是构建在传统价值链的基础上，通过强化每一作业环节的信息收集、加工和处理而形成；但也可以在不存在传统物质价值链的情况下，单独构建某些信息产品的虚拟价值链，比如提供某类产品市场咨询信息的虚拟价值链。一般情况下，虚拟价值链与传统价值链可以相互补充，共同服务于企业战略，提高企业的竞争能力。在虚拟价值链环境下，具有知识优势的企业最可能领航整个价值链，成为虚拟价值链的核心企业。

基于此，电子商务价值链是指电子商务环境下各实体在进行产品和服务的设计、开发、生产、推广及售后等一系列价值创造和价值增值活动过程中形成的价值链。电子商务价值取决于由供应商、制造商和消费者组成的各种价值链的活动，取决于这些当事人交易信息流的大量流动。在电子商务中，信息扮演着战略性角色，虚拟价值链的活动总是围绕着信息开展。可以将虚拟价值链看成是由搜集、组织、选择、综合、分配信息组成的。当虚拟价值链为消费者、供应商、制造商提供信息通道从而使大部分交易变得透明时，实体价值链活动履行了订购、装备成品和提供服务的过程。电子商务的价值链不在于技术本身，而在于它所依附的商业模式，以及信息技术与传统商业模式的结合。具体商业模式的运用和价值的获得最终取决于人们对信息技术的利用程度，包括信息的收集、分析、传输和共享。

1.5 电子商务的优点和局限

1.5.1 电子商务的优点

企业对电子商务感兴趣是因为电子商务可以为企业带来利润。正如电子商务可以增加卖主的销售机会，它也增加了买主的购买机会。企业在采购时可以利用电子商务找到新的供应商和贸易伙伴。在电子商务中，讨价还价和交易条款的传递都十分便捷。电子商务提高了企业间信息交换的速度和准确性，降低了交易双方的成本。例如，在销售时采用电子商务，企业可以降低询价、报价和确定现货等业务活动的成本。

与传统商务相比，电子商务给买主提供了更多的选择，因为买主可以考虑更多卖主的产品和服务。买主每天 24h 都可以与卖主接触。有些买主在决定购买时喜欢得到大量的信息，有些买主则只需要较少的信息。电子商务可以使顾客根据自己的需要决定获得信息的多少。

在电子商务环境下，买主不必等上好几天才能收到寄来的产品目录，甚至不用等几分钟的传真，他们可以通过互联网立即得到所需的信息。有些数字化产品（如软件、音像或图片等）甚至可以直接通过互联网传送，这样就减少了买主等待送货的时间。在线传送数字化产品不仅节约了成本，同时还提高了销售额。例如，美国大部分个人软件，多是直接从网上购买、下载，极大地降低了销售成本。

电子商务的好处可以惠及整个社会，如互联网可以安全、迅速、低成本地实现税收、退休金和社会福利金的电子结算。另外，比起支票结算，电子结算更容易进行审计和监督，这可以有效地防止欺诈和盗窃。由于电子商务可让人们在家工作，因而交通拥挤和环境污染也可以得到缓解。电子商务还可以将产品或服务送达边远地区。例如，不管人们住在哪里，也不管他们何时学习，他们都可以通过远程教育学习知识、获得学位。

由于大量地运用了通信网络，电子商务使信息可以传播得更加广泛，使实际的贸易更接近于理想贸易，客户和供应商都降低了成本。其中，客户降低了获取供应商供给信息的成本；供应商降低了与大量客户沟通其产品信息的成本，可以接触到大量的参与者。通过连接到互联网，每个人都可以参与电子商务。表 1.2 列出了电子商务的一些优点。

表 1.2　电子商务的优点

卖　方	买　方
增加销售机会	广阔的商品选择性
减少销售成本	提高信息和产品的搜寻效率
每周 7day，每天 24h（24/7）的全球市场空间	每周 7day，每天 24h（24/7）的全球市场空间
在全世界范围内找到更精确的市场定位	直接面向销售者
通过客户化定制，为买方提供个性化产品	能够获得针对性的商品信息和服务
改善客户关系	通过电子社区与买者和其他买者互动
提高信息交换的速度和准确性	使数字产品和信息迅速交付
……	……

1.5.2　电子商务的局限

电子商务也存在一些局限性，但电子商务的大部分局限性是由于关键技术的不成熟造成的。在互联网上开展业务会使一些企业面临许多困难。例如，企业用来完成传统业务的数据库和交易处理软件很难与电子商务软件有效兼容，企业需要克服技术上的困难和花费改造的成本。除了上述技术和软件方面的问题，很多企业在实施电子商务时还会遇到文化和法律上的障碍。一些消费者不愿在互联网上发送信用卡号码，也担心从未谋面的网上商店过于了解自己的隐私。还有些消费者不愿改变购物习惯，他们不习惯在计算机屏幕上选购商品，而愿意到商场亲自购物。电子商务所面临的法律环境也充满了模糊，甚至互相矛盾的法规。在很多情况下，政府立法机构跟不上技术的发展。表 1.3 列举了一些电子商务的局限。随着越来越多的企业和个人认识到电子商务所能带来的好处，电子商务的这些局限性将会逐步得到解除。另一方面，电子商务企业也在采取各种措施试图消除阻碍电子商务发展的障碍。

表 1.3　电子商务的局限

卖　方	买　方
技术迅速变化，企业必须应付技术不停变化的挑战	使顾客不敢购买商品，存在安全和隐私顾虑
电子商务的初期投资巨大，增加了成本	对电子商务的不了解和对网站的不信任，阻碍了购买意愿
系统集成困难，利用现有的应用系统和数据库很难将 Internet 与电子商务软件整合在一起	不能接触和感知实际商品
存在安全和可靠性问题	对于非纸质介质和非面对面教育缺少信任
全球性问题，如语言、文化、道德和法律等	全球性问题，如语言、文化、道德、法律等
……	……

1.6　电子商务的发展现状

中国电子商务保持了持续快速发展的良好态势，电子商务发展的内生动力和创新能力日益增强，正在进入密集创新和快速扩张的新阶段。

1）电子商务整体发展势头迅猛，对经济贡献日益显著。

根据中国电子商务研究中心统计数据，从交易规模来看，自 2009 年以来中国电子商务整体保持了快速发展的势头，每年以 7%～9%的 GDP 的 2～3 倍的速率增长。2014 年底，中国电子商务市场交易规模达 13.4 万亿元，同比增长 31.4%，电子商务已进入了规模发展阶段。从对经济的贡献来看，2009 年以来，中国电子商务对经济贡献作用日益凸显，从 2009 年的 10.9%增长为 2014 年的 29.9%，增长近 1.7 倍，已成为引领中国经济发展的中坚力量。

2）市场份额变化明显，网络零售市场贡献逐年稳步增长

从市场结构来看，由于企业之间的电子商交易额较大，B2B 市场仍是中国电子商务的主力市场，其 2014 年市场交易额已突破 8 万亿元大关，达 8.2 万亿元，占总体电子商务市场规模的 80.4%。但几年来，受全球经济放缓、国内经济发展减速的大环境影响，很多企业面临库存压力，采购意愿下降，促使 B2B 市场份额萎缩明显。另一方面，随着物联网、宽带、无线网络等新技术的普及和应用，电子商务的价格优势和便利性凸显，使以消费交易为特点的生活服务业交易有很大比重从传统商务向电子商务转移，使得近年来网络零售市场份额明显提升，市场规模比重从 2009 年的 7%提升为 2014 年的 8.5%，增长近 1.6 倍。

3）网购规模快速发展，网络零售市场交易集中度高

从市场规模来看，网购规模发展迅猛，对零售市场的贡献日益显著。截至 2014 年 12 月，中国网络零售市场交易规模达 28211 亿元，较 2013 年的 18851 亿元同比增长 49.7%。

4）行业分布差异较大

首先，从区域分布来看，中国电子商务发展具有明显的区域差异，其经济发展水平较高的几大省，具有较为完善的电子商务配套产业，且政府重视程度高、扶植力度大，经济及人口聚集条件优越，大部分电子商务服务企业都集中于此；其次，在行业分布方面，与人们生活关系密切的纺织、服装、家电、数码产品等行业的电子商务平台更受欢迎，其中所占比重位于前两位的分别是纺织服装和数码、家电行业，两者所占比例分别达 14.32%和 10.35%，以家电、数码、服装配饰、家居百货为代表的商品，引领了网购发展新潮流。

5）电子商务企业分布集中度高，区域发展不平衡显著

从中国目前现状来看，电子商务服务企业的区域分布并不均衡，近 78%的企业集中分布在排名前 10 的省市，其中广东省（13.2%）、江苏省（12.8%）、北京市（11.4%）、上海市（10.0%）、浙江省（9.2%）五省市占据近半壁江山，电子商务企业分布集中度很高。这是因为电子商务的发展极度依赖于区域基础设施建设和信息化水平，所以东南沿海及经济发达地区的电子商务规模较大，而中、西部地区的电子商务发展相对滞后。

1.7　电子商务的发展趋势

电子商务已经渗入社会生活的方方面面，成为人们生活的一部分，并逐渐走向成熟与理性。近年来，Web 2.0、移动互联网、云计算、物联网等一系列新技术与应用的出现，进一步驱动了电子商务的模式创新，为电子商务注入了新的活力，使电子商务的发展呈现出如下趋势。

1）社会化电子商务

早期，电子商务的发展离不开人们的口耳相传，正因如此，电子商务自诞生之日起，便天生具有“社会化”的特征。而这种“社会化”的特征在社交网络、微博等社会化媒体的驱动下显得更为突出。社会化媒体与电子商务的结合，所形成的社会化电子商务（social commerce）已经开始崭露头角。社会化电子商务的切入点在于通过在线人际互动来进行商务活动，除了常见的直接人际关系互动（如社交网络）之外，基于信息（如兴趣）、位置等的间接人际互动也格外重要。

2）移动电子商务

目前手机已经超越台式计算机成为网民上网的第一大终端。在手机这一移动终端开始普及时，便出现了移动商务的雏形。尤其是近年来智能手机的大量出现和价格越来越低，再加上手机的移动性等优势，使移动商务得到了快速发展。

中国移动商务发端于早期的彩铃、图片、铃声下载等移动增值业务，经历了企业级应用、在线商务等阶段。如今，新一代无线通信技术及二维码、LBS、社会化媒体等应用的出现，为移动电子商务的发展注入了新动力。移动电子商务不再仅仅是传统电子商务的一种补充形式，而是逐渐发展成为一种与传统电子商务相对独立的在线商务模式。

3）垂直化与平台化并进

回顾电子商务的发展历程，会发现垂直化与平台化始终在齐头并进，如亚马逊等从单一的图书音像平台发展成为销售各种类别商品的电子商务巨头。与此同时，大型电子商务平台也在对市场进行细分，推出垂直化平台。由于其专业性等优势，垂直化电子商务平台更容易为用户提供高质量的服务，从而获得用户的认可。此外，垂直化电子商务能够避免与平台化电子商务的正面冲突。未来电子商务的发展仍将是垂直化与平台化并存的趋势。

4）线上与线下融合

电子商务发展至今，一个显著的特点是线上与线下的界限在逐渐模糊，呈现出相互融合之势。传统企业走向线上，线上企业开始关注线下电子商务。越来越多的传统企业开始接触线上销售，尝试开辟新的销售渠道，比如推出网购平台、通过 C2C 网站、论坛、微博等平台试水网络销售等。此外，地方政府也在大力推动传统企业上网，以此拉动内需和振兴地方产业发展。与此同时，由于电子商务并没有完全覆盖全部人群，因此线上企业也开始关注线下市场的开拓。

5）泛在化

近年来，传感器、无线射频、智能感知等技术与应用得到了迅猛的发展，且在互联网基础之上逐渐演化出新一代网络应用——物联网（The Internet of things）。物联网扩展了网络节点的类型，将所有物品纳入网络节点，并彼此之间能够进行信息交互，进而形成一个“无处不在”的网络环境，即所谓的“泛在”（Ubiquitous）。泛在网络（物联网）的出现，为电子商务模式、应用上的创新与发展带来了契机。泛在化电子商务的应用可能包括商品的自动识别、面向消费者的个性化营销与推荐、智能谈判议价、基于位置的商务等。探索泛在网络环境下电子商务的模式创新，将掀起电子商务发展的新一轮浪潮。

6）国际化

电子商务自诞生之日便具有国际化的特性，在很大程度上克服了地理空间对商业的限制。在全球经济一体化进程日益加快的今天，“国外电子商务走进来、国内电子商务走出去”的电子商务国际化趋势日趋明显。

本章小结

本章介绍了电子商务的相关概念和定义，对电子商务的特征进行了简要概括，并从四个不同的维度对电子商务的类型进行了划分。从互联网与信息技术的发展开始，简要介绍了电子商务的产生及发展路径，并将电子商务与传统商务进行了对比，介绍了电子商务打破传统商务局限性的特点，并对两者的融合进行了详细讨论。本章还详细讨论了电子商务价值链，介绍了电子商务对传统价值链的影响，并阐述了电子商务价值链的具体特点。最后，本章整体论述了电子商务的优/缺点及其发展现状，并对电子商务的发展趋势进行了展望。

问题与讨论

1. 简述电子商务的概念、特征和类型。
2. 电子商务的产生和发展经历了哪几个阶段？
3. 电子商务与传统商务有何异同？它们未来的发展趋势如何？
4. 简述电子商务对传统价值链的影响。
5. 结合本文介绍的电子商务的优点和局限，试结合实际讨论当前中国电子商务的发展优势与劣势，及其可能的发展趋势。

案例：中国石油天然气股份有限公司

中国石油天然气股份有限公司（简称“中国石油”）是中国最大的油气生产和销售商，也是世界最大的石油公司之一。中国石油为了应对中国加入 WTO 后所面临的全球化竞争压力，选择了与 IBM 等国际领先的 IT 厂商合作，全面推广电子商务，以促进企业的持续重组，降低生产经营成本，加强管理，提高核心竞争力。

中国石油电子商务项目的总体目标是创立和运营一个国际一流的、以中国石油天然气行业为主要对象的 B2B 电子交易平台（“能源一号网”），以进一步促进中国石油业务流程的优化，提高企业的整体效益。根据公司的实际情况，中国石油确定了从物资采购入手开展电子商务的方案，这样不仅可以从根本上解决在长期计划经济体制下和当前企业实行分散采购中普遍存在的种种弊端，增强物资采购的透明度，降低成本；同时还可促使企业进一步转换经营机制，变革传统的管理流程和管理方式，以增强在国际市场的竞争力。

中国石油计划将“能源一号网”建设成一个开放的、共享的平台，逐渐向其他相关企业，如海油、中石化和中国化工开放，提供服务，并逐步和国际上一些知名的能源行业、石油/石化行业平台链接。经过近六个月的慎重的考评，2001 年 4 月，中国石油最终选择了 IBM 作为整个 B2B 能源一号网 B2B 项目的服务提供商，并选择了 IBM 的全球合作伙伴 Ariba 作为项目的软件供应商。经过三个多月的紧张实施，至 2001 年 7 月，“能源一号网”网站如期开通。“能源一号网”系统主要具备电子采购、电子销售和电子市场三大功能，也包括对供应商和客户的管理。根据物资的不同分类和市场特性，电子采购系统分为目录式采购、谈价议价采购、网上招标采购和反向拍卖采购四种功能模块；电子销售系统分为目录式销售、协商式销售、竞价式销售和拍卖式销售四种功能模块；电子市场为多家买方和多家卖方提供了目录式交易、协商式交易、招投标交易、撮合式交易和拍卖五种交易模式。

从 2002 年 1 月 21 日系统正式投入运行至 11 月底，实现网上交易额 150 亿元，其中电子采购交易额 92 亿元。仅以石油专用管材为例，由于实现了统一的批量采购，中国石油每年就能节省直接采购成本近 2 亿元。实践表明，电子采购不但极大地提高了谈价、议价的效率，还最大限度地避免了商业谈判中影响最终结果的人为因素，在给供应商施加无形压力的同时，使采购方完全占据了谈判的主动。以西气东输管道项目的网上采购为例，在通过在线实施的交易过程中进行全封闭招标，由于供应商之间没有任何信息的交流，不知道竞争对手的表现，出现了非常有利于采购方的情况，最后通过对订单进行分割，中国石油使综合成本下降了 16.7%，直接节约了采购成本 1.2 亿元。

该系统平台搭建完成之后，最繁重的工作重要的是推广和应用。中国石油分别为中国石油用户、物资供应商等组织多次培训，培训人数累计达 3300 多人。同时还在网站上设计了推广和培训的栏目，将培训的资料、推广的手册及常见问题的解答信息等都放到了“能源一号”网站上。这些工作为“能源一号网”B2B 系统的高效运行奠定了坚实的基础。

“能源一号网”的成功的主要原因是中国石油电子商务来源于具体业务需求，B2B 模式既可以帮助企业实现供应链的整合，同时还解决了网站自身的发展问题。中国石油每年大约有 500 亿元左右的采购工作量和 2450 多亿元的销售工作量，项目一开始就解决了交易量的问题。这种模式既可以帮助中国石油采购业务的整合，又可以让“能源一号网”不出现生存问题，从而更好地为用户提供服务和支持。

（案例来源：中国石油通信网 http：//www.oilnews.com.cn）

思考题：

1. 通过几个方面总结中国石油电子商务为其带来的好处？讨论电子商务还会为其带来哪些利益，为获取这些利益，中国石油需要做出哪些努力？

2. 中国石油选择 B2B 电子商务平台进行电子商务建设的原因是什么？该电子商务平台取得成功的主要原因是什么。

3. 访问中国石油“能源一号网”网站，了解其具体功能，指出网站的优点和存在的不足之处。

参考文献

[1] Ngai E W T, Wat F K T. A literature review and classification of electronic commerce research[J]. Information & Management, 2002, 39(01):415–429.

[2] Ravi Kalakota, Andrew B. Whinston Electronic commerce: a manager's guide- 1997 – 4.

[3] Bidgoli H. Electronic Commerce: Principles and Practice[J]. Electronic Commerce Principles & Practice, 2001.

[4] 黄晓涛. 电子商务导论. 北京：清华大学出版社，2005.

[5] 周宏仁. 信息化概论. 北京：电子工业出版社，2009.

[6] 杨坚争. 电子商务基础与应用. 北京：西安电子科技大学出版社，2008.

[7] Gary Schneider, Electronic Commerce, 11th edition. Cengage Learning, 2015.

[8] 邵家兵.电子商务. 北京：高等教育出版社，2006.

[9] AP Rocha，E Oliveira. Electronic Commerce: a technological perspective. The Future of the Internet. 1999.

[10] 中国电子商务研究中心. 2014 年度中国电子商务市场数据监测报告[R]. 2014.

[11] 中国电子商务研究中心. 2014 年度中国网络零售市场数据监测报告[R]. 2014.

[12] 乐俊杰. 探讨中国电子商务发展现状. 消费电子，2015.

[13] Yu Zhang，Jing Bian，Weixiang Zhu. Trust fraud: A crucial challenge for China’s e-commerce market. Electronic Commerce Research and Applications. 2012.

[14] 王威，张思遥. 我国电子商务发展现状及趋势分析. 中国科技博览，2013, (27): 502-502.

[15] Alev M Efendioglu，Vincent F Yip. Chinese culture and e-commerce: an exploratory study. Interacting with Computers. 2004，16(1):45-62.

[16] 蔡燕聪. 我国电子商务发展现状，问题与对策研究. 中国商贸. 2012，5:061.

[17] 吴小龙，黄少锋，饶道洪. 电子商务亟待发展草根经济急需培育——关于广昌县加快电子商务发展的调研报告. 林区教学，2014,07(07).

[18] 邓顺国，宗乾进. 未来电子商务发展趋势展望. 电子商务，2013,08:9-10.

第 2 章 电子商务构成及对经济社会的影响

引言

电子商务的构成主要包括市场结构、基础设施、支撑技术和商务环境等方面，随着社会经济的发展，电子商务的构成发生了深刻的变化。与此同时，电子商务的发展为信息和网络技术创造了更大的需求和供给，改变了传统的贸易运作方式，极大地便利了以图像、文字、语音为媒体的非物质性商品的传输，在给人们生活带来改变的同时，也对整个社会经济产生了重大的影响。

本章重点

- 理解电子商务的市场结构
- 理解电子商务基础设施的相关概念
- 掌握电子商务的支撑技术
- 了解电子商务环境
- 了解电子商务对社会生活形态产生的变革

2.1　电子商务市场结构

在如今的数字化经济中，电子商务市场扮演着重要的角色，它促进了信息、商品、服务及支付的交换，并为买卖双方、市场中介甚至整个社会带来巨大的商业价值。电子商务市场是电子商务交易行为发生的主要地点。电子商务市场是一个虚拟的市场，买家和卖家在电子市场中“见面”并开展不同类型的交易。电子商务市场的功能主要表现在三个方面：① 为买卖双方发生交易搭建桥梁；② 促进信息、商品、服务的交换及交易支付；③ 提供制度性基础设施（如法律及规章制度）以保证市场的有效运行。电子商务市场的功能和现货市场一样，但计算机系统使得电子市场变得更加有效，它可以为买卖双方提供更多更新的信息及多种多样的服务。

电子商务参与主体，指以营利为目的，借助计算机技术、互联网技术与信息技术实施商事行为并因此而享有权利和承担义务的法人、自然人和其他组织。广义的电子商务主体，既包括商事主体，也包括消费者、政府采购人等非商事主体；狭义的电子商务主体，则仅指电子商务中的商事主体，即电子商务企业、组织和个人。电子商务参与主体的组成包括参与电子交易过程的机构、团体及个人。除了参与交易的客户、供应商之外，还包括银行、支付机构、认证中心和配送机构等。

市场结构指的是某一市场中各种要素之间的内在联系及其特征，包括市场供给者之间、需求者之间、供给和需求者之间及市场上现有的供给者、需求者与正在进入该市场的供给者、需求者之间的关系。在电子商务时代，由于网络交流平台的普及，消费者对于商品的选择面会更广，而卖家也同样拥有了更多的交易选择，因此商品的市场结构会发生改变。

电子商务市场活动贯穿于电子商务产品及服务从生产到消费的全过程，电子商务产品及服务的供方、需求方及商品本身决定着市场的类型和性质。从网络商品的类型出发，可以把电子商务市场区分为产品型市场和服务型市场两大类。

（1）产品型电子商务市场指物理世界中以数字信息的方式将产品呈现在网络上供人们了解和选购的市场，最终要通过现实世界的物流运输的方式将产品送到消费者的手中。这类市场是将商场中提供的各种商品，通过图片、语音、文字说明等多媒体信息放在网络上。

（2）服务型市场是指无须通过物流公司运送，仅通过网络的传递就可以将数字产品或娱乐、服务等送到消费者手中的市场，其涉及产品如计算机软件、可以直接下载的数字化资料、音乐、电影，以及信息咨询服务及游戏等。

2.2　电子商务的基础设施

电子商务基础设施是指企业向电子商务转型的完整 IT 基础架构，其主要包括电子商务所运用的软件、硬件和网络系统。互联网是电子商务最重要的基础设施，除了这种彼此连接的网络系统外，电子商务基础设施还要提供整合的硬件和软件环境，包括数据库软件、网络交换器、集线器、加密硬件和软件、多媒体支持工具和 WWW 等硬件、软件及服务等，通过系统管理，支持用户的多种应用。电子商务基础设施具体可分为网络基础设施、信息传播的基础设施、信息处理的基础设施、商业贸易服务的基础设施。

1）网络基础设施

网络基础设施主要是指电子商务的硬件，即实现电子商务底层的基本设施。网络基础设施主要指信息传输系统，包括远程通信网、有线电视网、无线通信网和 Internet 等。这些网络都可以为电子商务提供信息传输，但是目前应用最广的是 Internet，其主要硬件包括电话设备、调制解调器（modem）、集线器（hub）、路由器（routers）、数字交换机和有线电视等。

2）信息传播的基础设施

信息传播的基础设施主要涉及信息传播的工具和方式，是电子商务信息传播的主要工具。Internet 使用 HTTP（超文本传输协议）作为传递信息的一种工具，它以统一的界面在多种不同环境下显示非格式化的多媒体信息。每一个按该协议建立的文档都包含可供用户进一步检索的超级链接，这种超级链接可以链接到文本文件，还可以链接到图形图像、语音和影视视频等文件。目前，大部分的网民可以在各种终端和操作系统下通过 HTTP 统一资源定位器（URL）找到所需要的信息。在信息传播过程中其提供了两种数据交流方式：一种为非格式化的数据交流，如 FAX（传真）和 E-mail（电子邮件）方式，这种交流方式的对象是人，需要人的参与；另一种为格式化的数据交流，如 EDI（电子数据交换）方式，此种交流方式的对象一般是计算机，不需要人的干预，基本上可以实现自动化。

3）信息处理的基础设施

网络上传播的内容包括文本、图片、语音、图像等。但网络本身并不知道传递的是语音还是文字，它把它们一视同仁地视为 0 和 1 组成的串。对于这些串的解释、格式编码及还原是由一些用于消息传播的硬件和软件共同实现的，它们位于网络基础设施的上一层，即信息处理的基础设施。网上信息的传递和发布、面向电子商务的基础设施的建设和电子商务应用等，都需要应用以计算机软件技术和数据库技术为主体的信息处理技术。

电子商务的信息处理技术主要以 Web 平台为基础，以 HTML（Hypertext Marked Language，超文本链接语言）和 XML、Java、ActiveX 的形式将信息发布在 WWW 上，开发面向电子商务的系统平台。数据库技术是电子商务中信息收集、存储、传递和发布的基础，数据库管理系统（DBMS）是其核心。企业可以利用网上主页在 Internet 上发布各类商业信息，客户可借助网上的检索工具迅速地找到所需商品信息。一个复杂的 Web 服务器可以向一个特定的查询者提供符合其个人习惯的目录，一个 Web 网站所能完成的功能比任何用户登记卡所能做到的更好、更持久，它能够捕捉和分析用户行为，用来完成未来规划、掌握动态的市场情况。

4）商业贸易服务的基础设施

商业贸易服务的基础设施主要用以实现标准的网上商务服务，以方便网上交易。这个层次是所有企业、个人进行贸易时都会使用到的服务，其主要包括商品目录/价目表的建立、电子支付、商业信息的安全传送、认证买卖双方的合法性方法等。对电子商务来说，消息的传播要适合电子商务的业务要求，必须提供安全和认证机制来保证信息传递的可靠性、不可篡改性和不可抵赖性，且在有争议的时候能够提供适当证据。

2.3 电子商务的支撑技术

2.3.1 互联网

互联网是用一个共同的协议族把多个网络连接在一起，而形成的全世界范围内网络资源共享和信息交换的计算机互联网络。互联网能够提供多种服务，如 E-mail、购物、娱乐、即时通信等。互联网从其产生至今，已有近 50 年的历史，其从雏形到正式形成经历了 ARPAnet、NSFnet、Internet 三种形态。1994 年初，中国正式接入全球互联网，可以全方位地访问 Internet。

1. 互联网的组成

互联网主要由计算机硬件、通信协议和计算机软件三部分组成。

1）计算机硬件

互联网中的主要计算机硬件有网络适配卡（Network Adapter）、调制解调器（Modem）、中继器（Repeater）、集线器（Hub）、网桥（Bridge）、路由器（Router）、网关（Gateway）及通信的线缆。这些硬件设备是网络信号传输的物质基础。

2）通信协议

通信协议是一组规定和约定的集合。两台计算机在通信时必须约定好本次通信做什么，是进行文件传输，还是发送电子邮件；怎样通信，什么时间通信等。通信协议在网络中的作用就像生活中语言的语法。语法不同让我们无法交流，在计算机中，通信双方要遵从相互可以认同和接受的协议（相同或兼容的协议）才能进行通信，目前的 Internet 是以 TCP/IP 协议族作为基础的，任何计算机连入网络后只要运行 TCP/IP 协议，就可访问 Internet。

3）计算机软件

计算机软件可使通信协议实现。如果通信协议是语言中的语法，按照语法的要求去正确表达人们的意愿，这就是计算机软件去做的事情了。当然，这里计算机软件包括的内容比较广泛，从操作系统级的硬件驱动到应用层的应用软件，都是计算机软件。

2. 互联网的主要概念

互联网由一些复杂的技术实现，理解互联网需要掌握它的基本概念。下面介绍与互联网相关的主要概念。

1）数据交换技术

在交换通信网中实现数据传输，数据交换技术是必不可少的。常用的数据交换方式有电路交换、报文交换和分组交换。一个通信网的有效性、可靠性和经济性直接受网中所采用的交换方式的影响，下面对这几种技术作简单的介绍。

（1）电路交换。电路交换（Circuit Switching ）是一种直接的交换方式，它为一对需要进行通信的装置之间提供一条临时的专用通道，该通道既可以是物理通道又可以是逻辑通道。在今天的公用电话中，电路交换是占统治地位的技术。电路交换通信过程包括电路建立、数据传送和电路拆除三个阶段。

（2）报文交换。对较为连续的数据流（如语音），电路交换是一种易于使用的技术。目前，数据通信广泛使用报文交换。在报文交换网中，网络节点通常为一台专用计算机，备有足够的外存储器，以便在报文进入时，进行缓冲存储。节点接收一个报文后，报文暂时存放在节点的存储设备之中，等输出电路空闲时，再根据报文中所指定的目的地址转发到下一个合适的节点，如此往复，直到报文到达目标终端。

（3）分组交换。分组交换（Packet Switching）也称包交换，它不像报文交换那样以报文为单位进行交换和传输。分组交换是一种将报文分割成具有统一格式、一定长度的“报文分组”，按存储转发方式进行的一种数据交换方式。分组交换网络是分组交换节点的分布集合。分组是一组包含数据和呼叫控制信号的二进制数，这些数据、呼叫控制信号及可能附加的差错控制符是按规定的格式排列的，然后把它作为一个整体加以转接。

2）TCP/IP

TCP/IP 作为 Internet 的核心协议，通过近 20 多年的发展已日渐成熟，并被广泛应用于局域网和广域网中。作为迄今为止发展最为成熟的互联网协议系统，TCP/IP 包含许多重要的基本特征，这些特征主要表现在逻辑编址、路由选择、域名解析、错误检测和流量控制及对应用程序的支持等几个方面。

协议是对数据在计算机或设备之间传输时的表示方法进行定义和描述的标准。TCP/IP 是由一些交互性的模块组成的分层次的协议族，其中的每个模块都提供特定的功能。TCP/IP 如图 2.1 所示。

Telnet	FTP	SMTP	HTTP	…	DNS	…	应用层
TCP　UDP　SCTP							传输层
IP							网络层
Ethernet		Token Ring		……			网络接口层

TCP/IP协议的结构层次

图 2.1　TCP/IP 协议

（1）应用层：应用层处在 TCP/IP 分层结构中的顶层，用户调用应用程序来访问 TCP/IP 互联网络，以享受网络上提供的各种服务。应用程序负责发送和接收数据。每个应用程序可以选择所需要的传输服务类型，并把数据按照传输层的要求组织好，再向下层传送，包括独立的报文序列和连续字节流两种类型。

（2）传输层：传输层的基本任务就是提供进程之间的通信服务，这种通信又叫端到端通信。传输层既要系统地管理数据信息的流动，又要提供可靠的传输服务，以确保数据准确而有序地到达目的地。为了达到这个目的，传输层协议软件工作时需要进行协商，让接收方回送确认信息及让发送方重发丢失的分组数据。在传输层与网络层之间传递的对象是传输层分组。

在传输层，TCP/IP 定义了传输控制协议（Transmission Control Protocol，TCP）、用户数据报协议（User Datagram Protocol，UDP）和流控制传输协议（SCTP）三个协议。其中，传输控制协议向应用层提供全部的运输层服务；用户数据报协议是一种不可靠的、无连接的进程到进程的协议；流控制传输协议对新的应用（如 IP 电话）提供支持，它是一个把 UDP 和 TCP 的优点合并起来的运输层协议。

（3）网络层：网络层主要处理机器之间的通信问题，它接收传输层请求，传送某个具有目的地址的信息分组。在网络层，TCP/IP 支持网络互联协议（Internet Protocol，IP），而 IP 又由 ARP、RARP、ICMP 和 IGMP 四个支撑协议组成。

IP 所提供的服务通常被认为是无连接的和不可靠的传输。所谓无连接的传输，是指在没有确定目标系统已做好接收数据准备之前就发送数据。事实上，在网络性能良好的情况下，按 IP 定义传送的数据能够完好无损地到达目的地。IP 提供了最基本的传输功能，使得用户能够很容易地增加对某种应用所需的功能。

地址解析协议（ARP）用来把 IP 地址与其物理地址联系起来。在具体的物理网络中，如在局域网中，在一条链路上的每一个设备都是用物理地址或站地址来标示的，而物理地址通常是写在网络接口卡（NIC）中的。当结点的 IP 地址为已知时，可以用 ARP 找出其物理地址。

逆地址解析协议（RARP）允许主机在仅知道其物理地址时用来发现其 IP 地址。当计算机第一次连接到网络上时，或当无盘计算机在启动时，就要用到 RARP。

网际控制报文协议（ICMP）是主机和路由器使用遵循的一种机制，用来把数据报出现的问题以发送通知的方式反馈给发送器。

网际组管理协议（IGMP）用于把一份报文同时传送给一组接收者。

（4）网络接口层：处于 TCP/IP 协议层的底层，负责接收 IP 数据报，并把数据报通过选定的网络发送出去。该层包含设备驱动程序，也可能是一个复杂的使用自己的数据链路协议的子系统。在物理层和数据链路层，TCP/IP 并没有定义任何特定的协议，它支持所有标准的和专用的协议。TCP/IP 只定义了网络接口层作为物理层与网络层的接口规范。这个物理层可以是广域网，如 X.25 公用数据网；可以是局域网，如 Ethernet、Token-Ring 和 FDDI 等。任何物理网络只要按照这个接口规范开发网络接口驱动程序，都能够与 TCP/IP 集成起来。

3）IP 地址

IP 地址就是给每个连接在 Internet 上的主机（或路由器）分配一个在全世界范围内唯一的 32 位的标识符，相当于通信时每个计算机的名字。IP 地址由 32 个二进制位表示。为了表示方便，通常将每个字节用于其等效的十进制数字表示，每个字节间用圆点“.”分隔。例如，IP 地址可以是 10000000 00001011 00000011 00011111 或者是 128.11.3.31。

IP 地址可分为 A、B、C、D、E 五类。每一类地址都由两个固定长度的字段组成，其中一个字段是网络号，它标示主机（或路由器）所连接到的网络，而另一个字段是主机号，它标示该主机（路由器），如图 2.2 所示。

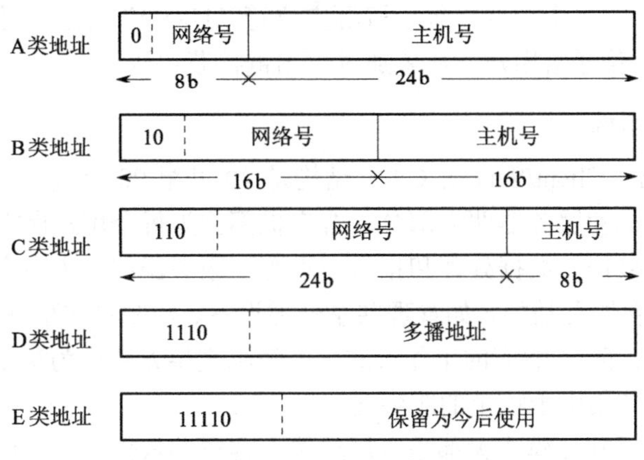

图 2.2　IP 地址分类

4）域名和统一资源定位符（URL）

计算机网络中利用 IP 地址唯一标识一台计算机，但是一组 IP 地址数字很不容易记忆，因此人们会为网上的服务器取一个有意义又容易记忆的名字，这个名字就叫域名。例如，一般使用者在浏览“哈尔滨工业大学”这个网站时，都会键入 www.hit.edu.cn，而很少有人会记住这台服务器的 IP 地址是什么，www.hit.edu.cn 就是“哈尔滨工业大学”的域名。

统一资源定位符（URL）是对从 Internet 上得到的资源的位置和访问方法的一种简洁的表示。URL 给资源的位置提供一种抽象的识别方法，并用这种方法给资源定位。只要能够对资源定位，系统就可以对资源进行各种操作，如存取、更新、替换和查找其属性。

URL 的一般形式是：<URL 的访问方式>://<主机>:<端口>/<路径>。

对于万维网的网站的访问要使用 HTTP 协议。HTTP 的 URL 的一般形式为：

http://<主机>:<端口>/<路径>

例如，哈尔滨工业大学的 URL 为http://www.hit.edu.cn。

2.3.2　Web 技术

Web 中文称为万维网，英文全称为“World Wide Web”，是建立在客户机与服务器模型之上，以 HTML 超文本标记语言和 HTTP 超文本传输协议为基础，能够提供面向各种 Internet 服务的、一致的用户界面的信息浏览系统。Web 是 Internet 上最重要、最常用的服务，正是 Web 简化了 Internet 的操作难度，方便了信息的传播。通过 Web，可以访问分布在世界各地的包含各种信息的网页。

1. Web 的产生与发展

Web 是英国人蒂姆·伯纳斯-李（Tim·Berners-Lee）1989 年在欧洲量子物理实验室

CERN（the European Laboratory for Particle Physics）发明的。Web 是一个由许多互相链接的超文本文档组成的系统，通过互联网进行访问。在这个系统中，每个有用的事务，称为“资源”，并且由一个全局“统一资源定位符（URL）”标示，这些资源通过超文本传输协议（HTTP）传送给用户，后者通过单击链接获得资源。

2. Web 技术结构

客户机/服务器（Client/Server, C/S）结构是 20 世纪 90 年代成熟起来的技术，它将应用程序分为客户机和服务器两大部分。客户机部分为每个用户所专有，负责执行前台功能，如管理用户接口、数据处理和报告请求等；服务器部分由多个用户共享其信息和功能，负责执行后台服务功能，如管理共享外部设备、控制对共享数据库的操纵等。C/S 模式的主要特点是：请求/响应的工作方式，以消息交换方式作为交换方式，是基于过程的服务访问，其服务集中于特定的服务器。

传统的 C/S 应用软件模式大都是两层结构。客户端软件一般由应用程序及相应的数据库连接程序组成，服务器常采用高性能的 PC、工作站或小型机，并采用数据库系统，如 Oracle、Sybase、Informix 或 SQL Server。这种模式的不足表现在 Server 必须是活动的，客户端的应用程序严格依赖于服务器端数据存储和组织方式，应用接口的异构性严重影响了系统间的互操作，许多相同的功能被多次重复开发等。

三层 C/S 应用模式是为解决上述问题被提出来的，它在客户机和服务器中间引入了应用层，将应用逻辑移到应用层实现，而客户端弱化为一个图形用户接口，这样就形成了客户端用户界面层、中间业务逻辑层和后端数据库服务器层，成为了一个“瘦客户机”，三层 C/S 技术结构如图 2.3 所示。

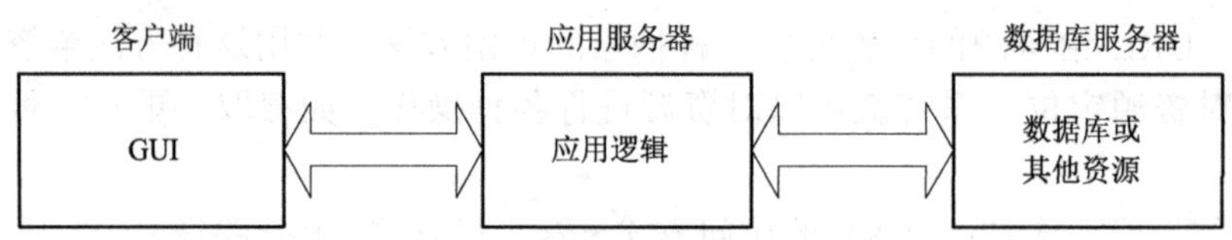

图 2.3　三层 C/S 技术结构

随着 Internet 技术和 Web 技术的广泛应用，C/S 结构已无法满足人们的需要。典型 C/S 体系的缺点包括：客户端程序设计复杂；开发成本高，对客户端配置要求较高；软件维护和升级困难；数据安全性不好；使用单一服务器且以局域网络为中心的 C/S 体系结构难以扩展到大型企业广域网或 Internet。于是基于浏览器/服务器（Browser/Server, B/S）的系统应运而生。在这种结构下，用户工作界面通过 WWW 浏览器来实现，极少部分业务逻辑在前端（Browser）实现，主要业务逻辑在服务器端（Server）实现。采用 B/S 结构后，在客户端只需安装一个通用的浏览器即可，因而不再受具体操作系统和硬件的制约，实现了跨平台的应用，且客户机可以与相互配合的多个服务器组相连接以支持各种应用服务，而不必关心这些服务器的物理位置。

B/S 结构如图 2.4 所示。

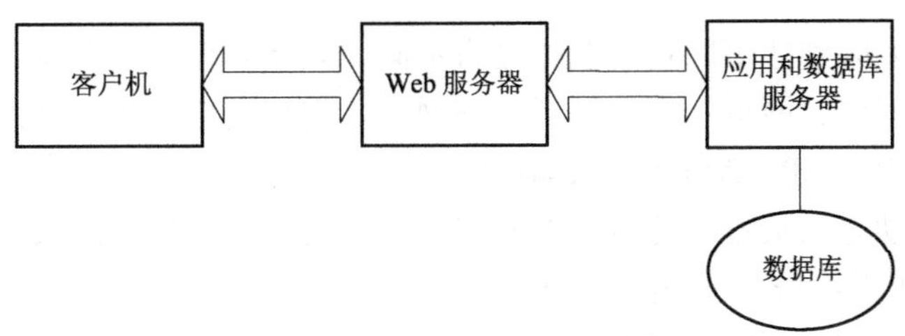

图 2.4　B/S 结构

B/S 模式是一种以 Web 技术和 Internet 协议为基础的新型的信息系统平台模式。把传统 C/S 模式中的服务器分解为一个数据服务器与一个或多个应用服务器及 Web 服务器组成的三层结构或多层结构的客户机/服务器体系。

第一层客户机是用户与整个系统的接口。客户的应用程序可精简到一个通用的浏览器。网页允许用户在网页提供的申请表上输入信息提交给后台，并提出处理请求。第二层 Web 服务器将启动相应的进程来响应这一请求，并动态生成一串 HTML 代码，其中嵌入处理的结果返回给客户机的浏览器。如果客户机提供的请求包括数据的存取，Web 服务器还需与数据库服务器协同完成这一处理工作。第三层数据库服务器的任务类似于 C/S 模式，负责协调不同的 Web 服务器发出的 SQL 请求，以及管理数据库。

3. Web 浏览器

Web 浏览器作为一个解释的应用程序，主要用来浏览网页文件。目前的网页一般是用超文本标记语言（HTML）编写的。它是 Web 上的专用表述语言，由具有一定语法结构的标记符和普通文档组成。HTML 可以规定网页中信息陈列的格式，指定需要显示的图片，指定超文本链接对象，嵌入其他浏览器支持的描述型语言等。HTML 语言的源文件是纯文本文件，可以使用任何文本编辑器来进行编辑。

Web 浏览器运行主要步骤为：

（1）通过 HTTP 协议连接 Web Server。

（2）解释执行由 HTML 语言编写的文档，即浏览网页。它可以使用户读取或浏览 HTML 文件，也可以使用户利用每个文件上附加的超文本链接标记从一个 HTML 文件转移到另一个 HTML 文件，以实现信息资源的共享和传递。

（3）将执行结果显示在屏幕上。目前比较有影响的浏览器包括 IE 浏览器、Firefox 浏览器、遨游浏览器和 Google 浏览器等。

4. 网页技术

网页（Web Page），是网站中的一页，通常是 HTML 格式（文件扩展名为.html 或.htm 或.asp 或.aspx 或.php 或.jsp 等）。网页通常能够提供文字、图像等内容，供浏览者访问。网页需要使用网页浏览器来阅读。

网页目前主要分为静态网页和动态网页，与之对应的分别是静态网页技术和动态网页技术。静态网页是指没有后台数据库、不含程序和不可交互的网页，在某个服务器上等待用户访问。运行于客户端的程序、网页、插件、组件，属于静态网页，如 html 页、Flash、JavaScript、VBScript 等。动态网页是指按用户的需求在服务器上动态组织的网页。

这两种网页的主要区别在于网页的制作语言不同，以及其程序是否运行在服务器端。在服务器端运行的程序、网页、组件属于动态网页，它们会根据访问者请求返回不同的网页，如 ASP、PHP、JSP、ASP.net、CGI 等。

静态网页和动态网页各有特点，网站采用动态网页还是静态网页主要取决于网站的功能需求和网站内容的多少。静态网页，适用于一般更新较少的展示型网站。反之一般要采用动态网页技术来实现。静态网页是网站建设的基础，静态网页与动态网页之间并不矛盾，为了网站适应搜索引擎检索的需要，即使采用动态网站技术，也可以将网页内容转化为静态网页发布。一般的网站采用静态与动态结合的原则。

5. Web 服务

1）Web 服务的定义

Web 服务技术这种业界范围倡议的背景框架是一个面向服务的体系结构（Service-Oriented Architecture，SOA）。W3C Web Services Architecture 小组对 Web 服务（Web Services）的定义是：Web 服务是由 URI 标识的软件应用程序，其接口和绑定可以通过 XML 构件进行定义、描述和发现，Web 服务支持通过基于 Internet 的协议使用基于 XML 的消息与其他应用程序进行交互。

这个定义包括下面三方面的含义[8]：

（1）Web 服务是使应用程序在 Internet 上互相通信的技术。

（2）Web 服务设计的初衷是平台无关性和语言无关性，也是最直接的好处之一。

（3）Web 服务只是提供一个接口，余下的工作则需要程序员在他们各自擅长的开发平台上使用不同的编程语言来实现。

2）Web 服务的体系结构

Web 服务是采用标准协议（如 WSDL、UDDI 等）实现的一种面向服务的架构，Web 服务的体系结构如图 2.5 所示。通过它能够创建服务的抽象定义，实现具体服务，发布并查找服务，进行服务实例选择，以及实现对可操作服务的使用。

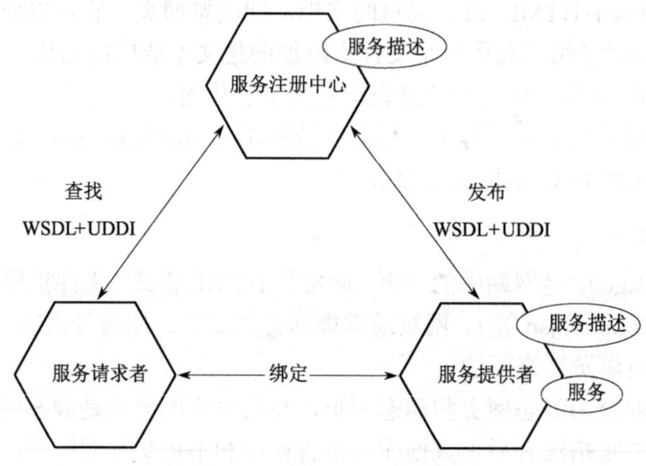

图 2.5　Web 服务的体系结构

3）Web 服务的组成协议

Web Service一个最基本的目的就是提供在各个不同平台的不同应用系统的协同工作能力，可用编程的方法通过 Web 来调用这个应用程序。Web 服务的目标是将软件转化为一种通过 Web 订阅模式使用的服务。在 Web 服务模式下，软件将运行于 Web 服务器而非用户的 PC 中。这样，从理论上说，用户就能够通过 PC、移动电话、掌上电脑或任一接入互联网的设备，访问各种类型的应用与服务，并能够自动实现应用与服务的实时更新与升级。

Web 服务的组成协议有：

（1）简单对象访问协议（Simple Object Access Protocol，SOAP）；

（2）Web 服务描述语言（Web Services Description Language，WSDL）；

（3）通用描述、发现和集成（Universal Description，Discovery and Integration，UDDI）。

SOAP 以可扩展标记语言（Extensible Markup Language，XML）形式提供了一个简单、轻量的用于分散或分布式环境汇总交换结构化和类型化信息的机制。XML 是一种简单的数据存储语言，使用一系列简单的标记描述数据，而这些标记可以用方便的方式建立。一个典型的 SOAP 请求过程为：信息在经过 SOAP 封装后通过 HTTP 协议在网络上传输，而数据的格式就是 XML。SOAP 也可以用 SMTP 或 XMPP 和消息传递方式实现。

WSDL是一个 XML 格式的文档，用以描述服务端口访问方式和使用协议的细节。它将 Web 服务描述定义为一组服务访问点，客户端可以通过这些服务访问点对包含面向文档信息或面向过程调用的服务进行访问。WSDL 首先对访问的操作和访问时使用的请求/响应消息进行抽象描述，然后将其绑定到具体的传输协议和消息格式上，以最终定义具体部署的服务访问点[9]。

WSDL 描述如何与一个 Web 服务通信。在 WSDL 定义中，允许不同类型的通信（绑定），它可以用来开发 Web 服务。为了实现这个目的，用户可以通过 Web 服务门户发布自己的 Web 服务，使其他人能找到并使用它，这就需要使用下面提到的 UDDI。

UDDI 建立了一个平台独立、开放的框架，通过 Internet 来描述服务和发现业务，并且整合业务服务。UDDI 是一套基于 Web、分布式的、为 Web 服务提供的信息注册中心的实现标准规范，同时也包含一组使企业能将自身提供的 Web 服务进行注册，以使别的企业能够发现的访问协议的实现标准[10]。

许多电子商务企业向外界提供 Web 服务，如 Amazon、Ebay 和 Google 等。

2.3.3　EDI 技术

自从计算机技术开始使用，人们就一直探索用电子手段来代替传统的纸质信息记录和信息传输方式，增加信息的传递速度，降低人工干预的程度，减少出错的机会。电子数据交换（Electronic Data Interchange，EDI）就是模拟传统的商务单据流转过程，对整个贸易过程进行了简化的技术手段。EDI 最初是在 20 世纪 60 年代开发的，用于提高企业的反应时间，消除可能的录入错误。EDI 的应用主要来自两个方面：一方面是大企业想与自己的供应商和客户建立电子数据交换和联系；另一方面就是有些行业已经形成了非常成熟的供应链网络，通过实施 EDI 改善整个行业的整体社会效率。

1. EDI 概念及构成

1）EDI 的概念

EDI 是一种利用计算机进行商务处理的方式。在基于互联网的电子商务普及应用之前，曾是一种主要的电子商务模式。从一般的交易过程看，传统的贸易过程通常是参与贸易的有关各方通过电话、传真和邮递等方式进行贸易磋商、签约和执行。有关的贸易文件的制作和传输也要通过人工来进行处理和邮寄。一个贸易过程要经过如银行、海关、商检、运输等环节，含有同样交易信息的不同文件要经过多次重复的处理才能完成。这就增加了重复劳动量和额外的开支，并增加了出错的机会。同时由于邮寄的延误和丢失，常常给贸易双方带来意想不到的损失。

EDI 是将贸易、运输、保险、银行和海关等行业的信息，用一种国际公认的标准格式，形成结构化的事务处理的报文数据格式，通过计算机通信网络，使各有关部门与企业之间进行数据交换与处理，并完成以贸易为中心的全部业务过程。EDI 包括买卖双方的数据交换、企业内部的数据交换等。

美国国家标准局 EDI 标准委员会对 EDI 的解释是：“EDI 指的是在相互独立的组织机构之间所进行的标准格式、非模糊的具有商业或战略意义的信息的传输。”

联合国 EDIFACT 培训指南认为，“EDI 指的是在最少的人工干预下，在贸易伙伴的计算机应用系统之间的标准格式数据的交换。”

国际数据交换协会的 EDI 手册上，对 EDI 的解释是：“EDI 是使用认可的标准化的和结构化的计算机处理的数据，从一个计算机到另一个计算机之间进行的电子传输。”

总结上述权威机构对 EDI 的论述，可以从以下五方面来理解 EDI：

（1）EDI 是计算机系统之间所进行的电子信息传输；

（2）EDI 是标准格式和结构化的电子数据的交换；

（3）EDI 是由发送和接收者所达成一致的标准和结构所进行的电子数据交换；

（4）EDI 是由计算机自动读取而无须人工干预的电子数据交换；

（5）EDI 是为了满足商业用途的电子数据交换。

EDI 应用计算机代替人工处理交易信息，大大提高了数据的处理速度和准确性。与传统的信息传递方式不同，为使商业运作的各方计算机能够处理这些交易信息，各方的信息必须按照事先规定的统一标准进行格式化，才能被各方的计算机识别和处理。

2）EDI 的构成

构成 EDI 系统的三个要素是：EDI 软件和硬件、通信网络、数据标准化。EDI 的交易报文处理如图 2.6 所示。

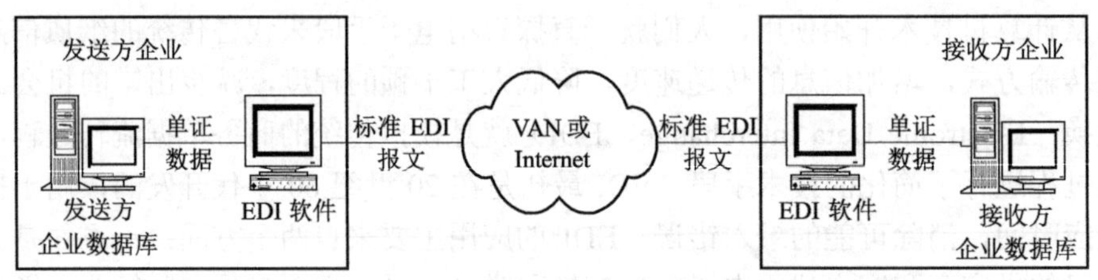

图 2.6　EDI 的交易报文处理

一个部门或企业要实现 EDI，首先必须有一套计算机数据处理系统；其次，为使本企业内部数据比较容易地转换为 EDI 标准格式，须采用 EDI 标准；另外，通信环境的优劣也是关系到 EDI 成败的重要因素之一。

（1）数据标准。EDI 标准是由各企业、各地区代表共同讨论、制订的电子数据交换共同标准，可以使各组织之间的不同文件格式，通过共同的标准，获得彼此之间文件交换的目的。

EDI 标准是整个 EDI 中最关键的部分，由于 EDI 是以实现商定的报文格式形式进行数据传输和信息交换，因此一次制定统一的 EDI 标准至关重要。EDI 标准主要分为基础标准、代码标准、报文标准、单证标准、管理标准、应用标准、通信标准和安全保密标准等几个方面。

（2）EDI 软件及硬件。实现 EDI，需要配备相应的 EDI 软件和硬件。虽然 EDI 标准具有足够的灵活性，可以适应不同行业的不同需求，但由于每个公司都有其自己所规定的信息格式，因此当需要发送 EDI 电文时，必须用某些方法从公司的专有数据库中提取信息，并把它翻译成 EDI 的标准格式进行传输，这就需要 EDI 相关软件的帮助。EDI 软件具有将用户数据库系统中的信息，译成 EDI 的标准格式，以供传输交换的能力。

① 转换软件。转换软件可以帮助用户将原有计算机系统的文件，转换成翻译软件能够理解的平面文件（Flat file），或是将从翻译软件接收来的平面文件，转换成原计算机系统中的文件。

② 翻译软件。将平面文件翻译成 EDI 标准格式文件，或将接收到 EDI 标准格式文件翻译成平面文件。

③ 通信软件。将 EDI 标准格式的文件外层加上通信信封（Envelope），再送到 EDI 系统交换中心的邮箱（Mailbox），或由 EDI 系统交换中心内取回接收到的文件。

EDI 硬件主要包括计算机、通信线路、连网设备等。

（3）通信网络。通信网络是实现 EDI 的手段。EDI 通信方式有多种，第一种方式点对点方式，这种方式只有在贸易伙伴数量较少的情况下使用。但随着贸易伙伴数目的增多，即多家企业直接通过计算机通信时，会出现由于计算机厂家不同、通信协议相异及工作时间不易配合等问题，造成困难。为了解决这些问题，许多应用 EDI 公司逐渐采用第三方网络与贸易伙伴进行通信，即以增值网络（VAN）方式进行通信。它类似于邮局，为发送者与接收者维护邮箱，并提供存储转送、记忆保管、通信协议转换、格式转换、安全管制等功能。因此通过增值网络方式传送 EDI 文件，可以大幅度降低相互传送资料的复杂度和困难度，提高 EDI 的效率。

2．Internet 上的 EDI

Internet 是全球网络结构，可以扩大参与交易的范围。相对于私有网络和传统的增值网络来说，Internet 可以实现世界范围的连接，花费很少。Internet 为数据交换提供了许多简单而且易于实现的方法，用户可以使用 Web 完成交易。Internet 与 EDI 的联系，为 EDI 发展带来了生机，基于 Internet 的 EDI（简称 Internet EDI）成为新一代的 EDI。

20 世纪 90 年代中期，很多企业已经开始提供 Internet 的 EDI 服务。这种新型的 EDI 提供了很多超出传统 EDI 的服务，能帮助贸易伙伴实现更多的信息交换。Internet 为 EDI

在企业的推广，特别是中小企业的应用创造了很好的条件。Internet 上的 EDI 是开放的，各方贸易伙伴可以用其代替昂贵的专线和拨号连接。

基于 Internet 的 EDI 与传统的封闭式 EDI 相比，有以下特点：

（1）更加节省投资和运营成本。EDI VANS（增值网服务商）是按照每一笔生意或每千字节来收取费用，而 Internet 的链接一般只需要每月付固定的费用。由于投资和运营成本相对减少，因而相对进入障碍减少。因此，以 Internet 为基础的 EDI 吸引了不少中小企业，这样 EDI 交易伙伴的范围就相应扩大了。

（2）使得电子商务的参与形式多样化。以 Internet 为基础的 EDI 使得企业可以与贸易伙伴通过电子邮件进行谈判交流。随着网速的提高，可视会议、网上即时交流等将逐步代替国际长途电话，在有些情况下可以代替面对面的谈判。

（3）比传统 EDI 的接入灵活方便、速度快。以 Internet 为基础的 EDI 是用 Internet 传输交易信息，所以网络接入方便，可以通过专用网，也可以通过电话线直接接入。不像传统 EDI 网络接入需要特殊的传输协议和接入方式，传输速度也快了许多。

基于 Internet 的 EDI 在应用上的主要障碍包括安全性较差及较弱的网络运营的可靠性和缺乏第三方验证问题。Internet 是开放的信息传输网络，企业信息虽被加密，但安全性仍然是要考虑的重大问题。且因 Internet 的使用者与日俱增，网络运营中的传输出现故障或信息丢失现象常会发生，使得公共网络无法提供完善的服务保证。此外，缺乏第三方认证也是一个大问题。EDI 的交易属于商业合同，有必要提供第三方认证服务来证实交易信息，基于 Internet 的 EDI 在这方面也存在局限性[12]。

2.3.4 商务智能技术

1）*数据库*

数据库技术是研究数据库的结构、存储、设计、管理和使用的一门技术。数据库技术的用途主要是进行事务处理、批处理、决策分析等各种数据处理工作。其主要用途划分为操作型处理和分析型处理（或信息型处理）两大类。操作型处理也叫事务处理，是指对数据库联机的日常操作，通常是对一个或一组纪录的查询和修改，主要为企业的特定应用服务，这种应用注重响应时间、数据的安全性和完整性；分析型处理则用于管理人员的决策分析，经常要访问大量的历史数据，针对这种技术的应用逐渐演化出数据仓库技术。

数据库技术是计算机处理与存储数据的最有效和最成功的技术。计算机网络的特点是资源共享，广泛应用的网络数据库实现了数据资源的共享。网络数据库以后台数据库为基础，加上一定的前台程序，通过浏览器完成数据存储和查询等操作。一个网络数据库就是用户利用浏览器作为输入接口，输入所需要的数据，浏览器将这些数据传送给网站，网站再对这些数据进行处理。例如，将数据存入数据库或者对数据库进行查询操作等，最后网站将操作结果传回浏览器，通过浏览器将结果告知用户。

在电子商务中，每一笔交易都在虚拟网络中完成，用户通过网络数据库方便地查询交易方的商品和服务等信息，就如同在商店里浏览商品一样。网络数据库就如同商场中供商品存放的货架，方便把商品展示出来，只不过数据库中记载的是商场中产品的信息，而不是实体，商品实体还是储存在商家的物流和配送中心。

2）数据仓库

数据仓库就是面向主题的、集成的、非易失的（稳定性）、随时间不断变化（时变的）的数据集合，用以支持经营管理中的决策制定过程。数据仓库中的数据是面向主题的，与传统数据库不同，主题是一个在较高层次上将数据归类的标准，每一个主题对应一个宏观的分析领域；数据仓库的集成特性是指在数据进入数据仓库之前，必须经过数据加工和集成，这是建立数据仓库的关键步骤，即要统一原始数据中的矛盾之处，还要将原始数据结构进行从面向应用向面向主题转变；数据仓库的稳定性是指数据仓库反映的是历史数据的内容，而不是日常事务处理产生的数据，数据经加工和集成进入数据仓库后基本是不修改的；数据仓库是不同时间的数据集合，它要求数据仓库中的数据保存时限能满足进行决策分析的需要。数据仓库的建立并不是要取代数据库，它要建立在一个较全面和完善的信息应用的基础上，用于支持高层决策分析，而事务处理数据库在企业的信息环境中承担的是日常操作性的任务。

电子商务活动中产生了大量关于产品销售情况、客户行为与消费模式等有价值的信息，对这些数据的综合分析与处理能够使企业了解产品的利润情况、客户的偏好等信息，有助于企业开发出更好的产品和更好地满足客户需求。要实现这一目的，就需要建立数据仓库，并在其基础上应用数据挖掘技术对存储在数据仓库中海量的数据进行分析和挖掘。通过分析获得的信息可以用来更好地了解客户行为，加强与客户的沟通并提供个性化服务，从而创造更大的价值。

3）数据挖掘

数据挖掘出现于 20 世纪 80 年代后期，它融合了人工智能、数据库技术、模式识别、机器学习、统计学和数据可视化等多个领域的理论和技术，是通过深入分析大量数据来揭示有意义的新的关系、趋势和模式的过程。数据挖掘是数据库中知识发现（KDD）的核心步骤，产生于应用，且面向于应用。数据挖掘的任务就是发现隐藏在数据中的模式，其可以发现的模式一般分为描述型模式和预测型模式两大类。描述型模式是对当前数据中存在的事实做规范描述，刻画当前数据的一般特性；预测型模式则是以时间为关键参数，对时间序列型数据，根据其历史和当前的值去预测其未来的值。

2.3.5　搜索引擎技术

随着 Internet 的迅猛发展及网络信息的大量增加，用户在浩瀚的信息海洋里寻找需要的信息的难度日益增加。搜索引擎正是为了解决这个问题而出现的。它根据一定的策略、运用特定的计算机程序搜集互联网上的信息，在对信息进行组织和处理后，为用户提供检索服务。

按照信息搜集方法、服务提供方式和系统结构的不同，搜索引擎系统可以分为机器人搜索引擎、目录式搜索引擎、元搜索引擎和信息检索 Agent；还可以按照自动化程度分为人工与自动引擎；按照是否有智能分智能与非智能引擎；按照搜索内容分为 FTP 搜索引擎、文本搜索引擎、语音搜索引擎、图形搜索引擎和视频搜索引擎等。

搜索引擎的工作大致可以分为搜集信息、整理信息、接受查询、反馈结果等阶段。

一般搜索引擎由搜索器、分析器、索引器、检索器和用户接口等五个部分组成，如图 2.7 所示。

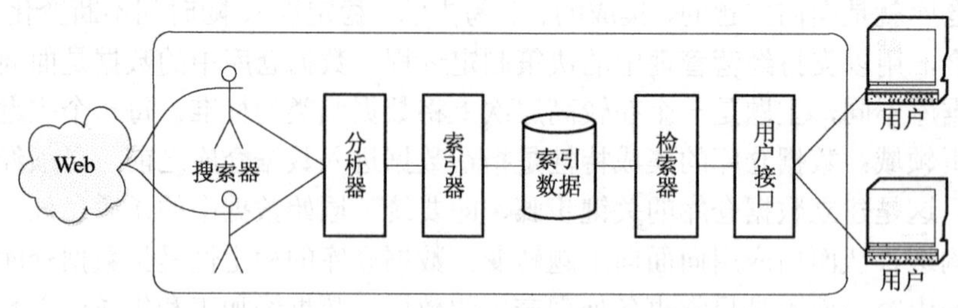

图 2.7 搜索引擎的组成结构

1）搜索器

由于 Web 信息的大容量，分布性和动态性，保持全面而又最新的资料收集是影响搜索引擎性能的重要方面。搜索器是一个机器人程序 Robot （也称为 Spider、crawler 或 wander），可自动地在互联网中搜集信息下载到本地文档库。

2）分析器

分析器用于对本地文档库进行分析以便用于索引。文档分析技术包括分词、过滤和转换等。在分词时，大部分系统从全文中抽取词条，也有部分系统只从文档的某些部分（如标题等）抽取词条。分词后通常要使用禁用词表来去除出现频率很高的无义词条。另外需要对词条进行单/复数转换，去除词缀，转换同义词等工作。

3）索引器

索引器的功能是理解搜索器所搜索的信息，从中抽取出索引项，将文档表示为一种便于检索的方式并存储在索引数据库中，生成文档库的索引表。索引器采用的文档表示方法有多种，如矢量空间模型、布尔模型和概率模型等，且索引表一般使用某种形式的倒排表，由索引项查找相应的文档。

4）检索器

检索器的功能是根据用户的查询在索引库中找出相关文档，进行文档与查询的相关度评价，返回相关度符合某一阈值的文档集合。其检索方法有：① 基于关键词的检索；② 基于概念的检索；③基于内容的检索。

5）用户接口

用户接口的作用是为用户提供可视化的查询输入和结果输出界面，提供用户相关性反馈机制。在输出界面中，搜索引擎将检索结果展现为一个线性的文档列表，其中包含了文档的标题、摘要、所在 URL 等信息。用户需要逐个浏览以寻找出所需的文档。

2.3.6 其他技术

电子商务还涉及一些其他支撑技术，如基于位置服务的电子商务通过全球卫星定位系统和地理信息系统实现，电子商务的信息处理技术包括决策支持系统、群决策支持系统等，还有通信技术、多媒体技术、云计算技术，电子商务安全技术、网上支付系统和现代物流系统。其中，电子商务安全技术、网上支付系统和现代物流系统在后续章节中将详细地介绍，这里主要介绍通信技术、多媒体技术和云计算技术。

1）通信技术

通信技术是把消息从一地有效地传递到另一地，即消息传递的过程所涉及的相关技术。通信技术涉及很多领域，主要包括光通信技术及设备、无线通信技术及设备、计算机技术、多媒体通信技术、通信网技术、电路与系统、运营支撑系统、通信电子技术等。根据传输介质的不同，通信技术可分为有线通信技术和无线通信技术两大类；根据传输信号类型的不同，通信技术又可分为模拟通信技术和数字通信技术。

通信技术的发展为电子商务活动的实施提供了可能。通信设备的布置使得各终端可以进行有效互联，买卖双方的信息可以进行有效的传送，为进行商务活动提供信息保障。

2）多媒体技术

多媒体技术是一种把文本（Text）、图形（Graphics）、图像（Images）、动画（Animation）和语音（Sound）等形式的信息结合在一起，并通过计算机进行综合处理和控制，能支持完成一系列交互式操作的信息技术。多媒体技术的特点主要有集成性、控制性、交互性、非线性、实时性、信息使用的方便性及信息结构的动态性等。

在电子商务活动中，企业可以利用媒体编辑技术，通过各种视觉、听觉和交互的媒介把商品和服务信息更好地传达给客户。企业利用多媒体技术制作具有艺术内涵、让人流连忘返的电子商务网站，将会更好地吸引客户访问，为客户的进一步交易创造条件。网页中交易产品的陈列若利用先进的多媒体技术，能够使顾客对产品进行更好的感知，促进其在线销售。

3）云计算

云计算是以数据为中心、数据密集型的超级计算，在数据存储、数据管理、编程模式等多方面具有自身独特的技术。电子商务企业可在数据存储、管理与分析等方面采用云计算技术。企业的数据运算使用没有边际和上限困扰的云计算来承载，其聚合信息效应能充分涵盖企业业务流。云计算的数据存储技术主要有谷歌的非开源的可扩展的分布式文件系统（Google File System，GFS）和 Hadoop 开发团队开发的 Hadoop 分布式文件系统（Hadoop Distributed File System，HDFS）。电子商务企业可以根据自身特点选择适合的数据存储技术。

2.4　电子商务环境

2.4.1　法律和税收

1. 电子商务的法律环境

电子商务实质上是用先进的信息技术改造传统商业的一次革命，它的健康发展离不开完善的法制。企业将经营拓展到互联网上经营，同样面临相应的法律问题。网上经营的公司将面临更多的法律问题。首先，网络把公司的经营范围延伸到传统的国界之外，使公司变成一个国际化的企业，这就要求公司比在一个地区内经营的企业遵守更多的法律。其次，相对于传统的经营方式来说，网上沟通的速度更快和互动性更强，对于那些触犯法律或违背道德标准的网上公司会面临许多顾客和其他利益相关者迅速和强烈的反应。

在网络虚拟市场中进行的电子商务活动是一种全新的交易环境，电子商务中的商品的买卖都是通过全开放的互联网实现的，是在虚拟的网络环境完成的。安全的公平的电子交易，需要建立适应网上交易环境的法律保障体系，包括建立与电子商务有关的全球性和全国性的统一标准和规范，建立安全认证体系、数字签名法等以建立网络信任。需要建立完善的电子交易过程保障制度、电子商务法律责任制度及争端解决机制、个人隐私保护制度、网络消费者权益保护制度、网络高科技犯罪的惩罚制度等。

2. 电子商务对税收的冲击

电子商务具有跨国界、流动性、隐蔽性和匿名性等特点。在电子商务环境下，越来越多的交易都被无纸化操作和匿名交易所代替，不涉及现金，无须开具收支凭证，作为征税依据的账簿、发票等纸制凭证正在逐渐消失。由此会引发一些新的税收问题。

1）对税收中性原则和公平原则的冲击

税收中性原则和公平原则要求征税时不应影响企业在电子商务交易方式与传统交易方式之间的经济选择，对互联网上的电子商务与传统贸易取得的相似的经济收入同样征税，不能因贸易方式不同而有所不同。但是现行税制是以有形贸易为基础制定的，从事“虚拟”网络贸易的企业可以轻易避免纳税义务，导致从事互联网贸易的企业税负明显低于传统贸易企业的税负，使得人们在交易时对贸易方式的选择具有趋向性，违背了税收中性原则和公平原则。

2）对税收效率原则的冲击

在电子商务交易中，产品或服务的提供商可以免去中间人，如代理人、批发商、零售商等，而直接将产品提供给消费者。中间人的消失，将会使税收征管复杂化，本来可以从少数代理人取得大额的税收，现在却将更多无经验的纳税人加入到电子商务中来，变成了向广大的消费者各自征收小额的税收，这将加大税务机关工作量，提高税收成本，影响税收的效率优先原则。

3）电子商务对税收征管的冲击

电子商务交易的方式采用无纸化，所有买卖双方的合同，作为销售凭证的各种票据都以电子形式存在，交易与匿名支付系统连接，其过程和结果不会留下痕迹作为审计线索。现行税务登记依据的基础是工商登记，建立在税务登记、查账征收和定额征收基础之上，这种面对面的操作模式在电子商务时代显然不能适应实际需要，电子商务具有虚拟化、无形化、随意化、隐匿化，也没有先经过工商部门的批准，因此无法确定纳税人的经营情况，给税收征管带来前所未有的困难。

4）电子商务对国际税收管辖权的冲击

国家税收管辖权的问题是国际税收的核心，目前世界上大多数国家都实行来源地税收管辖权和居民税收管辖权政策，由此引发的国际重复课税通常以双边税收协定的方式来免除。但是随着电子商务的出现，跨国营业所得征税就不仅仅局限于国家税收管辖权的划分与两国间的协调问题了，而更多的是由于电子商务对交易场所、提供服务和产品的使用地难以决断的问题上，从而也就使收入来源地税收管辖权失去了应有的效益。

2.4.2　信任与隐私

1. 电子商务信任

电子商务的发展需要一个诚信的环境。随着国内相关基础设施的改善，原来阻碍电子商务发展的“瓶颈”，如电子支付、物流配送等已得到很大改善，而诚信的缺失则成为当前电子商务发展的最大障碍。近年来，中国在电子商务信任方面仍存在诸多问题，如网络欺诈、虚假信息、假冒伪劣商品、售后保障不完善和消费维权困难等。

1）网络欺诈

网络欺诈是网民在网络购物时最常见的问题。电子商务经营者实施的网络欺诈行为主要是利用网络交易的虚拟性、间接性特征，发布虚假的或者不完整的商品信息诱导网上购物者，诈骗网上购物者的购物款。电子商务交易急需建立更加可信、可靠的网络环境。

2）虚假信息充斥网络

在网络这一新兴媒体中，发布信息不再像传统媒体那样会受到很多的制约，而且由于网络的虚拟特点，一般消费者即使在觉察到信息的错误，也很难向发布信息者追究，甚至根本就不知道网络企业的地址。因此，一些网络企业便表现得肆无忌惮，在网上发表各种各样的虚假信息，或者制造出各种各样的虚假新闻，以此来吸引消费者或创造所谓的点击率，从而扩大自己的商业影响，谋求经济效益。这种高度自由化的垃圾信息的出现，阻碍了正常的电子商务信息的传播，扰乱了健康的电子商务网络信息环境，进而在一定程度上影响了消费者对电子商务的信任感。

3）假冒伪劣商品泛滥

电子商务虽然在诸多方面对传统商业交易有所改进，但电子商务交易双方无法面对面完成交易，消费者不能亲自对商品试用鉴别，这就使得消费者很难及时分辨商品的真假、质量的好坏等，也为假冒伪劣商品的泛滥提供了机会。在市场还不很成熟时期，假冒伪劣商品的泛滥，导致许多消费者对电子商务望而却步。

4）售后服务难言满意

目前市场上对网站经营者和网购商家在网购售后服务的责任归属上还没有统一的标准，传统商业大部分的产品售后服务是由厂家提供的，但在电子商务交易中，由于时间、地域等问题经常产生的推诿和延误，不能提供等同于线下店面等值的售后服务，使用户感受到售后服务的不便，从而影响了购物体验。

5）消费维权困难重重

因为电子商务交易的虚拟性、匿名性、时空分离（支付与配送的时间分离、顾客与商家之间的空间分离）等特征，一旦发生消费纠纷，使得侵权方难找到，侵权证据难掌握，侵权责任难认定，侵权赔偿难落实，维权困难重重。

上述这些问题说明电子商务的发展必须高度重视信任问题。

2. 电子商务隐私问题

隐私权是现代社会当中一项非常重要的权利。随着电子商务的应用和普及，网络交易过程中通过互联网对个人数据的收集、利用、传输、公开和出售也由此达到了前所未有的程度。网络隐私权的保护问题已经成为互联网时代社会信息化的最大困扰之一。计算机信息网络技术的发展使得网络空间的个人隐私权受到前所未有的严峻挑战。强化对网络空间的个人数据和隐私权的法律保护，已成为国际社会网络立法的当务之急。

网络经济活动中的隐私权有其不同于一般隐私权的特点。日常生活中对于公民隐私权的侵犯一般出于行为人个人的主观恶意，对权利人造成的损害主要体现在精神方面，表现为主观精神痛苦，一般不涉及财产内容。由于精神痛苦是一种主观感受，难以明确界定，给隐私权立法保护带来一定困难。但在网络经济活动中，隐私内容具有经济价值，经营者侵权的动因一般都是从赢利目的出发。对于消费者而言，隐私权受侵害的后果除了造成精神上的痛苦，如消费者的个人形象可能受到侵害，还可能导致消费者财产上的损失或不得益，如将用户的个人身份证号码、信用卡账号透露给第三者，更可能导致消费者的巨额损失。另外，隐私权客体的范围扩大，包括了传统经济活动下不属于隐私的内容，即消费者不想让别人知道的一切个人信息都属于信息时代网络活动中隐私权的内容，如姓名、性别和年龄等。

2.5 电子商务与社会生活形态的变革

电子商务作为一种新兴商务活动，给社会生活带来一场史无前例的革命。而其影响将远远超出商业活动的本身，对社会的生产和管理、人们的生活和就业、政府职能、法律制度及教育文化都会带来巨大的影响[14]。

2.5.1 电子商务对社会经济的影响

电子商务作为一种新兴的商业模式，正在快速发展，并对社会经济产生了巨大影响。电子商务是 Internet 技术发展日益成熟的直接结果，网络本身具有的开放性、全球性、地域性、低成本和高效率的特点已成为电子商务的内在特征，并使得电子商务已超越了作为一种新的贸易形式所具有的价值。它不仅改变了企业本身的生产、经营和管理，而且对传统的贸易方式带来了巨大的冲击，带动了经济结构的变革，对现代经济活动产生了巨大的影响。

1）电子商务促进了经济增长模式的改变

电子商务首先使经济模式由物质资源密集型转向信息资源密集型，这一转变促使生产要素重新配置和组合。其次，商务模式由封闭型转向开放型。作为网络经济代表的电子商务，波及范围广，辐射作用强，这样就使许多服务业具有转移性，许多社会性服务行业信息化、便捷化。再次，电子商务的出现促使经济的市场由实物市场转向虚拟市场，消费者与企业可以通过网络建立联系，并随时进行交易。

2）电子商务促进了经济信息化的进程

国民经济信息化是指以信息作为基本的生产要素，提高物质、能源的使用效率和劳动、资本的投入产出效益。具体来说，国民经济信息化就是通过对信息技术的推广、渗透，以及电子商务的应用来实现信息经济。在电子商务运营过程中，企业能够运用现代信息网络技术开展商务活动，这对企业信息化水平提出了新的要求，实现了企业的经济结构战略性调整，推进了国民经济信息化的进程。

3）电子商务促进了第三产业结构的调整

电子商务的发展与产业结构的调整相伴随，其中对第三产业的影响最大。电子商务促使以服务为主的新行业如网络交易中心、电子商场、电子商务咨询、信息服务公司的产生，并且促进了原有行业的变化，尤其促进了传统行业与电子商务的融合。电子商务的出现使得第三产业内部结构不断更新调整，对第三产业的发展及结构的变化都产生了深远的影响，与此同时也使得第三产业在国民经济中总的规模及比重不断提高。

4）电子商务促进了商务活动和企业经营运作方式的改变

电子商务的商业模式不同于传统商务活动，不再需要交易双方直接见面，而是在计算机网络平台上开展商务活动，商家与顾客的联系都在网上进行，为交易双方提供了方便、快捷的体验。在网络经济时代，企业所面临的将是顾客需求和购买行为的全新变化，所以企业需要全面转向以顾客为中心新的思维方式，要考虑从最终客户的角度来重新设计作业的流程，而传统的经营运作方式已无法满足这种要求。为了保持竞争优势，越来越多的企业开始发展电子商务，这也给企业商务活动和传统的经营运作方式带来了改变[18]。

2.5.2　电子商务对组织的影响

电子商务与政府、企业等组织关系密切。政府的相关政策将直接影响电子商务的发展，反过来。电子商务的发展也在一定程度上影响了政府机构的职能，转变了政府行为。在电子商务时代，当企业应用电子商务进行生产经营，银行力争实现金融电子化，以及消费者实现网上消费的同时，将同样对政府管理活动提出新的要求，电子政府将随着电子商务的发展而成为一个重要的社会角色。

1．对政府的影响

1）电子商务影响了政府的政策导向

电子商务具有全球性的特点，一切商务活动均建立在互联网上，其结果必然带来贸易环境的开放。因此，一个国家要发展市场经济，要发展电子商务，就必须施行开放政策，但这些与保护民族工业、保证信息安全和保护个人隐私等问题都有一定的矛盾，需要采取相应措施、制定相关的法律和政策来予以解决。

2）电子商务促进了政府部门机构的业务转型

电子商务的发展需要政府部门对企业的电子商务交易活动进行监管与支持，在这个过程中，政府部门要适应电子商务环境，面临着相应的业务转型。例如，工商管理部门在电子商务环境下需对各类企业的经营活动进行管理，由于被管理对象已经集成到电子商务系统中，工商管理部门无法像从前一样来监督企业活动，必须加入至企业的电子商务交易活动中才能完成相关的工作。同样，国家税务部门也必须在电子商务环境下进行相关的业务转型，才能完成对电子商务交易活动的征税工作。政府部门作为管理者加入电子商务，可以更及时准确地获得企业信息，更严密地监督企业活动，并可以采用相应的技术手段进行执法，从而维护正常的经济秩序。同时，政府行政部门也通过网络为社会提供了更加便捷、高效率、高质量的服务。

3）电子商务促进了政府新职能的产生

在电子商务活动中，一切商务活动均在网上进行，交易的双方都无法确认对方的身份，如何取得对方的信任和保证电子交易的安全则是电子商务中最关键的问题。在网上确定对方的身份，一般采用第三方认证的方法。认证机构就是这样的第三方，它是一个权威机构，专门验证交易双方的身份。这一角色应该由政府承担或指定相关部门机构来担当，它必须具备法律效力和权威性，才能进行电子商务活动的仲裁，使得各方信誉得以保证。

2. 对企业的影响

1）电子商务改变了企业的市场运作模式

电子商务的普遍应用，将促使经济由迂回经济向直接经济过渡，即由以依靠中间物、分离生产与消费、浪费资源为特征的工业经济向依靠网络、使生产与消费直接接触，人、资源、环境可持续发展为特征的网络经济过渡。其实质就是减少中间费用、库存和流动资金，使生产“直达”消费。买卖双方可以通过互联网完成看样品、谈判、签合同、付款等交易环节。通过电子商务的运营模式，企业可以运用现代信息网络技术开展国际合作和交流，实现企业的经济结构战略性调整，对于提高企业自身社会竞争力和企业品牌产生深远的影响[16]。

2）电子商务优化了企业的商业结构

传统商业存在的全部基础就是生产者和消费者在时间和空间的距离，商场的作用则是充当他们中间的桥梁。商场是物质流和信息流汇聚的中枢。在工业经济中，缺少离开了传统商业作为中介，生产和消费既不方便又缺乏效率。但在网络经济下的电子商务中，商场存在的根本理由被动摇了。越来越多的企业或厂家可以在互联网上拥有自己的网上主页，大量地发布产品信息和价格信息，不通过中介直接与消费者进行交易，大大降低了双方的交易成本。因此，传统中介业将受到影响，并将大批消亡，资源流向新兴产业，促进了在电子商务环境下以服务为主的新兴产业的产生和兴起，如网络交易中心、电子商场、电子商务咨询服务公司、电子商务应用软件开发公司等。

3）电子商务调整了企业的行业结构

电子商务促使以服务为主的新行业产生，如网络交易中心、电子商场、电子商务咨询服务公司、电子商务应用软件开发公司等。他们的人员构成有年轻化、高素质、跨学科和跨专业几个特点，且大都是工商管理、金融财经、信息管理或计算机网络专业的综合人才。

4）电子商务实现了企业的跨国管理

电子商务使得跨国管理成为现实。由于电子商务系统的建立，使得大规模的跨国组织、跨地区的商业活动成为可能。许多企业纷纷扩大营业范围和规模，组织跨地区、跨国界的商业活动，以降低成本和抢占市场份额。一些大的连锁巨商如麦当劳、沃尔玛等，都建立了自己的网上商店，调整传统的商业结构和布局，以适应新的经济发展。

5）电子商务促进了企业的生产经营活动

电子商务的使用降低了企业的交易成本和采购成本，减少了企业库存，在缩短企业生产周期的同时增加了企业的交易机会。网络的开放性和全球性使得电子商务不受时空的限制。企业必须能够连续不断地为世界各地的客户提供技术支持和销售服务，这种不间断的运作也给企业提供了更多的交易机会，推动了企业的发展。

2.5.3　电子商务对个人的影响

电子商务对个人的生活方式、教育方式、工作方式、消费模式等方面产生了巨大的影响。

1）生活方式

信息技术的发展和电子商务的出现，彻底改变了人们的生活方式。消费者可以通过互联网在虚拟商城中随时随地进行购物，完善的电子支付体系和物流网络也保证了购物的安全和便捷。除此之外，人们还可以通过互联网进行机票和酒店的预订、制定旅游计划、预约用车等。O2O 营销模式的出现也使得电子商务连接了线上与线下，消费者可以通过 O2O 平台享受更加优惠的服务，为人们带来更加便捷、舒适的生活方式。

2）教育方式

远程教育打破了时间和空间的限制，交互式的网络多媒体技术给人们的教育带来了很大的方便，数字化的课堂让很多没有时间的专业学生和在职的工作人员的教育问题得到解决。远程教育使得人们通过互联网就能学习各种知识，且被人们广泛接受。电子商务的出现促进了远程教育的发展，像选课、支付、评价都可以在远程教育平台上一站式完成，也改变了远程教育的商业模式，解决了远程教育的运营问题，进一步提高了远程教育的质量和普及程度。

3）工作方式

电子商务的出现产生了大量的工作机会，也使得计算机与网络办公成为可能。个体卖家或企业工作人员可以通过互联网进行商品信息的发布、提供咨询服务、确认交易信息，并通过互联网，远程管理仓库库存、预约快递上门取货，售后服务等问题也可以通过互联网进行解决。电子商务改变了传统的工作方式，通过互联网，商家可以完成交易的各个环节而不受时间和空间的限制，实现方便快捷的远程办公。

4）消费模式

在传统商务中，消费者和商家需要面对面进行交易，而电子商务的出现，使得消费者可以避免将时间花费在商场选择、排队等待上。通过互联网，消费者能够全面了解商品信息，通过电子商务购物平台可以对市场中的商品质量和价格进行整体把握，减少了购物信息不对称的现象。而在线购物系统、电子支付、送货上门等都给消费者们带来了便利。

总而言之，电子商务以电子化的交易手段代替传统商务，深刻地改变了人们生活的各个方面。电子商务不仅为人们提供了更加方便、快捷的购物体验，也在潜移默化中改变了人们的消费观念，并且逐渐渗透到工作、娱乐、教育等其他方面。

本章小节

本章对电子商务的市场结构、基础设施、支撑技术、商务环境，以及电子商务对社会生活形态的变革进行了系统描述。在市场结构中分析了电子商务市场中的参与主体、结构类型和特征，以及电子商务市场活动和分类，然后分析了电子商务的基础设施，并对互联网技术、Web技术、EDI技术、商务智能技术、搜索引擎技术等做了介绍，最后介绍了电子商务环境、法律与税收及信任与隐私，并阐述了电子商务对社会经济、组织、政府、企业和个人的影响。

问题与讨论

1. 电子商务的市场结构有哪几种，并列举其参与主体。
2. 电子商务的基础设施有哪些？
3. 简述电子商务的支撑技术。
4. 在电子商务环境下，税收发生了哪些变化？
5. 电子商务的发展对个人产生了哪些方面的影响？

案例：亚马逊公司——技术树立优势

亚马逊（Amazon.com）公司是美国最大的在线零售商，成立于1995年，总部设在华盛顿州西雅图。亚马逊公司是全球电子商务的成功代表，它的成功显示了网络给传统销售业带来的挑战和互联网的巨大机遇。

在电子商务市场上，完善的客户服务、改善用户体验及在新的领域中获得持续的收入，都依赖于先进的信息技术。传统的零售业最重要的因素是场所，而对亚马逊公司来说，最重要的因素是技术。先进的信息技术使亚马逊公司在零售业脱颖而出。亚马逊公司在产品的创新、质量和价格控制等方面应用了大量信息技术。它以低廉的价格、安全的交易环境、全方位的优质服务、完善的用户反馈机制吸引了全球的企业和消费者，并一直致力于持续创新，长期投资于各个技术领域，包括销售平台、跟踪管理发货、网站建设、Web服务、数字创新等。以下分析了亚马逊公司应用的一些主要信息技术。

精美的网页制作。亚马逊公司书店的销售主页整洁清晰，功能丰富。完美地结合了动态页面和静态页面制作技术，不仅使用户体验舒适、愉悦，而且保证了页面信息的不断变化。它的主页每天更新各类推荐产品和畅销前十的图书信息等，这些技术极大方便了用户购买。先进的多媒体技术，使客户再挑选商品时，能更加清晰地辨别商品。

智能推荐系统。用户的每一次浏览、搜索和购买都会被系统记录下来，这些数据支撑着亚马逊公司的用户推荐系统，使用户在浏览商品时，能够得到相关产品的推荐，并非常容易地发现感兴趣的商品。

搜索引擎技术。在网站上方便找到想购买的商品对客户来讲十分重要。亚马逊公司提供了多种可供客户自由选择的全方位搜索方法。用户不仅可以按照购买的类别分类搜索，亚马逊公司还提供了一系列的如畅销书目、得奖音乐、最上座的影片等的导航器服务。亚马逊公司网站上的任何一个页面都提供了分类搜索设置以及在各分类下更深层的高级搜索条目，使用户可以方便地进行搜索，引导用户选购。技术提供的便利性增加了用户购买的乐趣。

快速订购。良好的客户服务是扩大网上销售量的关键，亚马逊公司为此提供了多种特殊的服务。最为典型的有“一点通”（One－Click）设计，任何人在亚马逊公司够买过商品的客户，都可以选择开通“一点通”功能，下次再买其他商品时，只需单击欲购之物，网络系统就会自动帮客户完成余下的全部程序，其中支付信息、产品的投递地址等都由系统自动完成。

用户评论。亚马逊公司还在网上提供了一个类似于 BBS 的客户论坛，吸引客户了解市场动态和引导消费市场。在客户论坛上，读者可以畅所欲言，对热门话题展开讨论。亚马逊公司也可以用一些热门话题，挑起公众的兴趣，引导和刺激消费市场。此外，它们还开办网上俱乐都，通过俱乐部稳定原有的客户群体，积极吸纳新的客户群。通过对公众话题和兴趣的分析把握市场的需求动向，从而经销用户感兴趣的产品。

及时响应的电子邮件系。亚马逊公司对客户发来的 E-mail 回复速度很快。亚马逊公司在收到顾客订单以后，立即会给客户发一封 E-mail 邮件加以确认；在寄出客户所订的物品后，再发一封 E-mail 给顾客，并在邮件上附带物品的记录号，用户可以凭借该号码方便地跟踪物品的传递状态。

语音搜索。智能手机问世后，亚马逊公司也推出了自己的移动终端，为方便用户搜索，其采用了语音搜索技术，免去了用户键入关键词的烦琐，用户只需对着手机用语音就可以完成商品搜索。

快速配送，送货上门。亚马逊公司快速的送货时间，也是其受到顾客广泛好评的重要原因之一。亚马逊公司通过先进的物流规划系统，能够更加快速地找到货源，并快速配送到客户手中。亚马逊公司提供多种配送方式，客户可以根据需要进行选择，如果客户愿意，许多商品可以在第二天送到客户手中。

应用技术进行产品创新。当其他 B2C 同行仍在为追求运营利润和规模苦苦奋斗时，亚马逊公司已经提前为未来开始布局。电子书就是亚马逊公司的一项创新产品，亚马逊公司从 1995 年 7 月起开始销售平装和精装书，12 年后革命性地引进了 Kindle 电子书，到 2010 年 7 月份，电子书的销售额已经超过了精装书，6 个月后，又超过了平装书而一跃成为亚马逊公司网站最受欢迎的图书形式。引进 Kindle 后不到 4 年时间，其销售额就远远超过了纸质书。亚马逊公司投入巨资，用以维持亚马逊公司在电子书、音乐及数字出版上的领先优势。同时亚马逊公司推出的电子书阅读器具有无线网络下载的功能，用户通过 Kindle 可以订阅《时代》周刊等多种期刊，而费用仅为购买纸质刊物的几分之一。从 30 万台第二代 Kindle 发售不到 2 个月便一举售空，到如今的 Kindle Fire、Kindle Paperwhite 和 Kindle Voyag 的不断更新和广受欢迎，都充分展示了技术创新给亚马逊公司带来的收益。

亚马逊公司还应用了拍卖技术、价格比较技术等信息技术，并不断创新，向用户提供更为多样化的服务和更好的购买体验，全方位地满足网上顾客的需求。无论是通过技术提高运营效率、为其他公司提供外包平台的服务，以及视频流媒体、在线音乐商店等相关技术的开发，还是在“云计算”领域，亚马逊公司都走到了竞争对手的前列。

思考题：

1. 访问亚马逊公司网站，指出案例中提及的技术，说明亚马逊公司还有哪些方面需要改进？需要实施哪些技术？

2. 比较 www.amazon.com 和 www.jd.com，指出其使用体验的区别，并说明哪种技术差异决定了使用体验的区别？

3. 亚马逊公司在中国并没有获得如它在全球取得的成就，请思考：电子商务如何本土化和实施不同的技术。

参考文献

[1] Barry M L, Vinton G C, David D C, et al. The past and future history of internet. February 1997/Vol. 40, No. 2 COMMUNICATIONS OF THE ACM.

[2] E-commerce business , technology, society. Kenneth c. laudon.

[3] 谢希仁. 计算机网络. 7 版. 北京：机械工业出版社，2013.

[4] 沈林兴，张淑平. 程序员教程. 3 版. 北京：清华大学出版社，2011.

[5] 特班. 电子商务. 7 版. 北京：机械工业出版社，2014.

[6] （美）福罗赞（Forouzan.B.A.）. TCP\IP 协议族（第 4 版）(世界著名计算机教材精选）. 谢希仁，译. 北京：清华大学出版社，2011.

[7] 沈林兴，张淑平. 程序员教程. 3 版. 北京：清华大学出版社，2011.

[8] 赵乃真. 信息系统设计与应用. 2 版. 北京：清华大学出版社，2009.

[9] 郝卫东，杨扬，王先梅，等. 网络环境下的电子商务与电子政务建设(十一五高等学校应用型规划教材). 北京：清华大学出版社，2006.

[10] 方美琪，刘鲁川. 电子商务设计师教程.北京：清华大学出版社，2005.

[11] 郝兴伟. Web 技术导论（高等学校教材.计算机应用）. 2 版. 北京：清华大学出版社，2009.

[12] 邵兵家，电子商务概论. 3 版. 北京：高等教育出版社，2011.

[13] 张万民等. 新编电子商务概论. 北京：北京大学出版社，2012.

[14] 余荣妹. 电子商务的发展对社会生活的影响. 商场现代化，2007，34.

[15] 杜蓉. 电子商务与社会经济的互动影响分析. 商场现代化，2005，25:101.

[16] 廖晓淇. 大力发展电子商务 推进国民经济和社会信息化. 中国流通经济，2007，21(3):4-6.

[17] 何德旭，姚战琪. 中国产业结构调整的效应，优化升级目标和政策措施. 中国工业经济，2008(5):46-56.

[18] 毕秀英. 试论电子商务对社会经济的影响. 商业经济，2006，2:048.

第3章 电子商务模式

引言

电子商务的成功实施不仅依靠企业，还依靠企业内部及整个供应链的协作。网络经济时代，企业赖以生存的供应链逐渐演化为动态的、客户驱动的虚拟价值链。虚拟价值链是驱动企业电子商务转型与价值创造的动力。电子商务的核心问题是电子商务模式问题，电子商务模式是分析、理解和把握电子商务的关键点。从商务生态系统来看，企业的发展离不开伙伴的协同，即电子商务模式创新的群体性，而创新的模式能否成功地实施，最终需要价值链的参与者协同规划、管理、重整和集成跨组织流程等。商业需求和信息技术的发展是相互促进的，信息技术的发展将为电子商务带来新的发展机遇，移动商务模式是比较典型的一种。

本章重点

- 电子商务模式的概念
- 电子商务模式的理论基础
- 基于虚拟价值链的电子商务模式
- 信息技术驱动的电子商务模式
- 移动商务模式
- 电子商务模式组合

3.1 电子商务模式概论

3.1.1 电子商务模式的定义

对于电子商务模式的定义问题，国内外学者进行了很多研究。对于电子商务模式，研究者较早以宏观角度入手，其中比较典型的研究包括：Michael Rappa 认为电子商务模式是一个企业开展业务并以此使企业生存下来的方式，是说明企业如何在行业价值链中定位而获利的一种方式；Chesbrough 等则指出电子商务模式提供了一个转变框架，以技术的一些特性为输入，通过市场和顾客消费，转化为价值和利润，主要突出了在新技术商业化中电子商务模式发掘潜在价值并盈利的功能；Petrovic 将电子商务定义为商业系统的运行逻辑，为企业创造价值并隐于真实流程之后。还有一些学者对电子商务模式进行了相对较具体的解释，Afuah 等指出电子商务模式是公司运用其资源向顾客提供比竞争对手更大的价值并由此获利的一种手段；Osterwalder 等提出电子商务模式是创造价值并将相应的价值传送给一个或几个顾客群，形成伙伴关系网络，并获得持续性价值流的过程，是战略与流程之间的联系纽带，是企业战略的架构蓝图和流程的实施基础。

除了上述对于电子商务模式的定义研究以外，还有一些学者从电子商务的组成要素方面对其进行定义。Paul Timmers、Peter Weill 等认为基于网络和信息技术的电子商务模式能够体现企业产品、信息和资金流的体系，能够描述（如客户、供应商和合作伙伴等）参与者的角色、价值链中的定位、主要获益及收入方式等，即电子商务模式能够利用信息技术的变革，在多个参与者合作的基础上形成高效流畅的物流、信息流和资金流体系结构，最终指导企业如何获得更多的利益，为企业带来竞争优势。Linder、Osterwalder 和 Afuah 等则明确阐述了电子商务模式的要素分析主要集中在以下 6 个方面：目标顾客和市场、顾客获得的价值、企业在价值网中的位置及关系、成本收益分析、组织结构、流程。其中目标顾客和市场是指企业应选择哪一块或几块细分市场作为目标市场，涉及市场定位和目标客户群的获得；顾客获得的价值则是企业向顾客提供的产品、服务或相关信息；企业在价值网中的位置及关系关注的则是在价值链或价值网中的定位及网络中与其他企业的关系；成本收益分析说明企业进行市场活动的成本和收益，如何保证获利；组织结构是指企业内部的部门或机构架构；流程则说明企业如何组织活动，协调内部系统和外部合作伙伴，充分调动内外部的资源，完成预定的战略目标。有关目标顾客及市场、顾客获得的价值和成本收益分析 3 个要素，传统的商务模式和电子商务模式差别不大，而其余 3 个要素，即企业在价值网中的位置、组织结构和流程则受到电子信息技术的影响，而产生了相应的变化，这也是电子商务模式和传统商务模式的区别。

综上所述，对于电子商务模式的定义主要包括以下两种。

（1）从整体上把握，给出了一个宏观的定义，内容包括电子商务模式在企业中的作用、地位及关系等。

（2）将电子商务模式细分为各个基本组成元素，也称为组件。这些基本元素的有机组合形成了电子商务模式。

对上述国外学者的研究内容的总结，可以得出电子商务的定义，如表 3.1 所示。

表 3.1　电子商务的定义

	Paul Timmers	Peter Weill	Linder	Osterwalder	Afuah	Chesbrough
目标顾客及市场	—	顾客的角色	—	顾客关系	范围	市场细分
顾客获得的价值	产品、服务、信息流	产品流、服务流	价值主张	产品创新	顾客价值	价值主张
企业在价值网中的位置关系	各参与者及其角色	合作者、供应商的角色及关系	渠道、Internet 下的商业关系	基础设施管理	相关活动	价值网定位
成本收益分析	收入来源、潜在利益	主要参与者利益、现金流	定价收入	财务状况	定价、收益来源、持续性	成本结构、潜在收益
组织结构	—	—	企业组织形式	基础设施管理	实施	—
流程	信息流	—	商业流程	—	相关活动	企业资源

从表 3.1 中可以看出，国外学者对电子商务模式应该涵盖的基本要素并没有达成共识，Timmers、Osterwalder、Linder 等给出的电子商务模式的定义中并没有涉及所有的 6 个要素。通过对国外学者对电子商务模式的概念内涵的比较分析，本书对电子商务模式做出了如下总结：电子商务模式是确定目标市场及目标顾客后，通过企业组织结构及企业定位，运用网络信息技术，与其他合作者共同合作整合相关业务流程，最终满足顾客需求，为企业带来利润的一种方式。电子商务模式的关键点是指出价值的创造过程和在此过程中不同参与者所扮演的角色和收益来源。

3.1.2　电子商务模式的理论基础

电子商务模式的形成借鉴了很多相关领域的理论与思想，包括客户关系管理理论、网络营销、供应链管理和价值网等。随着网络技术及信息技术的发展，虚拟价值链作为价值链理论与供应链管理理论的扩展和补充，是电子商务模式发展的基本理论。

1. 价值链

最早提出价值链的是哈佛商学院教授 Porter，他将价值链定义为原材料经过一系列价值增值活动后转化成满足顾客需求的产品和服务的过程，其中一系列活动之间是相互紧密衔接的，而且每项活动都强调对顾客的增值，所以整个价值链也可以看成一条价值增值链。为了更好地了解价值增值的过程，过程中的一系列活动可以分成两大类：基本活动和辅助活动。基本活动是指那些在价值链中可以直接创造价值的活动，包括采购、生产、销售、服务、物流等。辅助活动则是指那些支持价值创造的活动，包括了企业基础设施、企业人员及技术研发等。但无论是基础活动还是辅助活动，都是实际存在的，可能存在于企业内部也可能存在于企业边界。

2. 虚拟价值链

随着信息技术的发展及商务电子化的普及，企业的运营已经突破了时空的限制，

Raport 等以此为基础提出了虚拟价值链的概念，他认为任何一个企业的运营竞争都是在两个不同的世界中进行的：一种是看得见、摸得着的有形资源的世界，称为市场场所；另一种是由各种信息构成的虚拟世界，借助一定的信息技术产生一种新的价值创造场所，即市场空间。这两个世界通过不同的价值链开展价值创造活动：市场场所通过实际的采购、生产、销售等活动组成的物理价值链创造价值；市场空间则通过信息的收集、综合、组织、综合和发布等活动组成的虚拟价值链创造价值。

电子商务使更多的业务信息通过网络传播和共享。就价值链中信息和物流的关系而言，信息流控制着物流的方向、流速和流量，因此物理价值链上的各个活动也对应着网络虚拟空间里的各种活动，它们主要是一些信息的加工活动，由各种信息系统辅助完成。这些信息加工互动构成了另一条物理价值链-虚拟价值链。

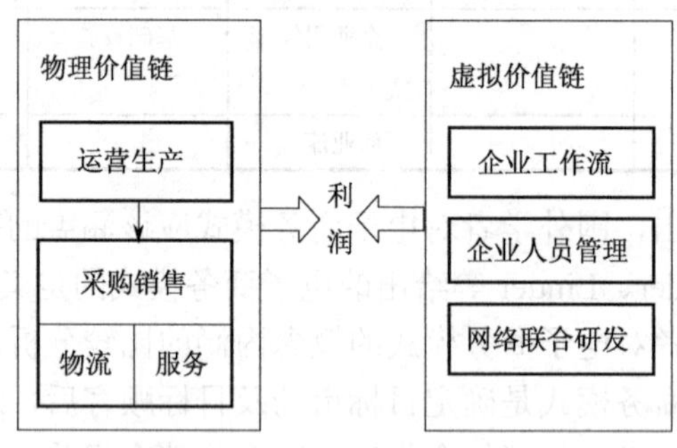

图 3.1　虚拟价值链

如图 3.1 所示，企业的利润由两部分组成：由物理价值链的活动创造的利润和由虚拟价值链的活动创造的利润，并且物理价值链的各项活动与虚拟价值链的各项活动是相互对应的，但两种价值增值的机理存在一定的差异：虚拟价值链中的信息加工是电子商务的产物，在此过程中可以派生出多种电子商务模式。企业通过充分利用先进的信息技术，对虚拟价值链上的各类信息进行收集、组织、选择、综合、分析和发布，可以帮助提高物理价值链上各项活动的工作效率、服务水平和合作能力等，实现企业的额外价值增值。

虚拟价值链的价值增值还包括对物理价值链上各项活动的优化或增减等，随着虚拟价值链上信息的收集、组织等活动可以淘汰一批没有增值前景的中间商，并且可以在买卖双方中间派生出信息中间商。另外，随着市场竞争的加剧，物理价值链之间的竞争升级为虚拟价值链之间的竞争。在虚拟价值链之间的竞争中，可以根据价值增值的要求，提出物理价值链上不能增值或增值不大的活动，而且会使物理价值链缩短、细化，呈现价值网的形态。虚拟价值链的优势还在于利用互联网和信息系统升级物理价值链上的活动效率，也可能产生新的模式，物理价值链的其他活动也可以通过网络改变价值创造过程。因此，物理价值链和虚拟价值链是一种相辅相成的关系，虚拟价值链补充了物理价值链对企业创造价值的解释能力，并提供了新的战略思维。

3. 价值网

上述价值链的概念是针对单个企业的价值增值活动而言的，但随着电子商务的发展，企业的价值链将呈现虚拟化和网络化的特点。传统的线性价值链将转化为网状的模式，企业价值创造的方式也不再局限于传统的价值链，价值网已经成为企业电子商务模式分析与设计的重要理论工具。价值网以网络和信息系统为手段，通过快速精准地收集网上的各种信息，与包括供应商、分销商及顾客在内的参与者之间进行信息分享，通过信息连接、协调和控制各项活动，使价值链上所有成员密切地合作，快捷、可靠和高效地创造更多的价值。在产品规格、竞争模式、属性、增值速度、规模等方面对传统价值链及价值网进行对比，如表 3.2 所示，价值网能够有效地对新商业环境中的企业进行分析与设计，为企业规划适合的电子商务模式提供很好的指导。价值网可以利用互联网和信息系统的潜力，加强网上各参与者的协同合作，将顾客需求和价值网紧密结合起来。在价值网中，各种参与者作为价值网集成者创造价值，在价值网上一个行业的经营者通过创造出具备较强竞争力的品牌后可以成为产品价值网的核心企业，逐渐成为虚拟价值网的管理者。价值网集成者通过网络、信息系统与价值网内的各个角色进行及时的交流，成为信息的集散中心，从而提高价值网的有效性，进而形成一种新的价值增值方式。

表 3.2　价值链与价值网属性比较

传统价值链	价　值　网
产品单一	顾客需求导向
长期及线性竞争	网络化、合作性及系统化
刚性、不可改变	敏捷、可伸缩性
反应缓慢	流动性大
大规模模拟	数字化
商务模式的部分设计	一种新的商务模式设计

3.1.3　电子商务模式的重要性

成功的电子商务模式可以帮助企业获得以下优势：首先，可以帮助企业改进原有重要流程或特性，以此提高运作效率、降低成本；其次，电子商务模式对企业业务带来创新型的突破，为企业带来新的价值等。在一定的内外部环境下，第一种优势可以转化为另一种优势。如随着网络应用的普及、企业服务意识的增强及服务流程的创新，带来的网络服务、服务挽留系统等都将是比较成功的电子商务模式。

电子商务模式形成的竞争优势不是静态的，会随着时间的推移而改变，竞争优势也很难长时间地保持，如竞争对手的模仿或模式创新。电子商务模式对于传统企业的重要性主要是通过电子商务对传统商业活动的冲击表现出来的。淘宝、天猫、京东等电子商务平台的构建给传统的零售业带来了很大的冲击，打破了传统的零售市场模式，为用户提供给了“货比三家”的机会。电子商务模式对于新兴的互联网企业也具有重要的意义。随着阿里巴巴、京东等互联网企业在纳斯达克上市，为互联网企业的发展及电子商务模式的创新带来了更大的契机。企业只有确定明确的目标顾客和市场，才能实现企业的价值，获得企业自身发展所必需的赢利。

企业、流程及组织结构等作为电子商务模式的主要组成要素，在电子商务环境下，这些因素之间的关系都发生着改变。首先，随着互联网性能、网络技术的发展，企业可以很方便地与其他企业形成虚拟联盟，可以消除地理、时间上的限制，提高合作能力，提升效率等。例如，宝洁及沃尔玛之间的合作联盟，通过电子商务将价值链上下游企业转变为利益相关的战略共同体；企业内部流程的自动化提高了工作效率，降低了成本，并通过梳理相关流程改善了原有的工作模式和运作机制，较高层次的流程变革是组织之间流程的连接和整合，通过有效的 IT 能力的配置重构业务网络，其中众多参与者共享 IT 基础设施，从而改变企业之间的商业关系，扩大企业在网络中或领域中的业务范围；电子商务模式中的组织结构要素也随着电子商务的发展而演化。信息技术减少了信息的迟滞，提高了决策的速度和准确性，使得决策可以集中。另外，由于信息技术也增强了业务人员的处理能力，使得决策可以在信息来源处就分布化，减少了中层管理人员，使组织层次扁平化、网络化和分权，协调机制也向柔性、有利于创新的方向发展。

3.2　基于虚拟价值链的电子商务模式

电子商务模式的基础和关键之一在于商务模式的分类框架。最初的分类标准是参与电子商务的主体，主要有企业-企业、企业-消费者、政府-企业和消费者及消费者-消费者等商务模式。上述分类很难揭示利润来源和创造过程，为了完整地分析电子商务模式分类框架，通过虚拟价值链进行分类，探讨此框架下的电子商务模式。

3.2.1　基于虚拟价值链的模式分类框架

企业希望为客户提供更好的产品或服务，以提高竞争优势、优化流程，强化增值性的活动，摒弃那些不能为客户增加价值的活动。从这种角度上来说，关注企业的流程，关键在于那些能够为顾客带来价值的活动。企业之间竞争的加剧，客户对产品的要求也不再局限于价格和质量，客户的需求日益多样化和个性化。传统的企业，特别是制造企业讲究“大而全”，关注原材料、零部件采购、生产制造、物流配送和销售等各个环节。众多的活动环节使得管理的难度加大，成本也难以控制，组织结构相对比较僵化，难以适应企业环境激烈的变化，更难满足客户多样化的需求。面对上述挑战，最好的生存方法就是用市场链的协同方式进行合作创新，实现双赢。在这种背景下，企业之间的界限逐步模糊，企业需要建立起更加广泛和紧密的联系，甚至可能与企业的竞争对手采取某种竞争加合作的方式。传统的企业逐渐演化为多个合作伙伴组成的虚拟企业，企业的价值链也相应地虚拟化。此外，客户需求的多样化和个性化也要求企业在不同的供应链扮演几种角色以获得竞争优势，形成复杂的价值网。

企业的 IT 基础设施在价值链虚拟化过程中发挥着重要的作用。借助 Internet 和各种管理信息系统，企业既能处理内部的运营信息，也能将客户、供应商和合作企业紧密联系起来，实现信息的及时访问和共享，组成一个虚拟的关系整合网络。这促进了企业在网上开展各项业务活动，促进协同商务的发展。企业的增值活动也发生了一些明显的变化，主要可以分为几个部分：价值活动可能按照外包或其他形式由第三方来完成，产品不仅局限于物理形式，也可能是以数字形式存在的内容等。企业的增值活动表现也发生了很大程度的变化：增值活动不仅存在于企业内部，也来自不同企业之间的合作。价值的创造不仅来源于传统的价值链。信息的收集、综合、分析和发布也成为创造价值的主要来源。企业之间的合作协调、信息的交流共享日益依赖于企业的 IT/IS，最终形成了虚拟价值链。

图 3.2 是电子商务模式的分类框架，揭示了企业战略、电子商务模式、业务流程和信息技术之间的关系，其中电子商务模式、业务流程和应用模式共同组成企业的经营架构，展现企业战略和远景。电子商务模式是企业在当前市场环境下赖以盈利的方式，规定企业的具体运作；战略是公司在行业中的长远目标和定位，强调独特的、难以被模仿的能力，取得持续的成功电子商务模式要支持战略实现并且要适应战略的变化。也就是说，业务流程从属于电子商务模式，电子商务模式决定业务流程，业务流程要适合企业相应的电子商务模式的高效运作；另外，电子商务模式服务战略，战略决定电子商务模式。因此电子商务模式是连接企业战略和业务流程的桥梁，这说明电子商务模式介于企业战略和企业业务流程之间，体现了战略制定和战略实施的一体化。商务模式不同，则相关的业务流程也不同。应用模式为电子商务模式和业务流程提供定制的企业应用解决方案，支撑企业内部及企业之间流程的高效运作，不同的商务模式对基础设施、技术系统和应用组件的要求也是不一样的。电子商务模式的设计包括企业在互联网时代的价值定位、运作范围、利润获取、战略控制和实施等要素，既涉及相关战略的规划，也需要考虑这些战略的具体实施方法、核心能力培养。

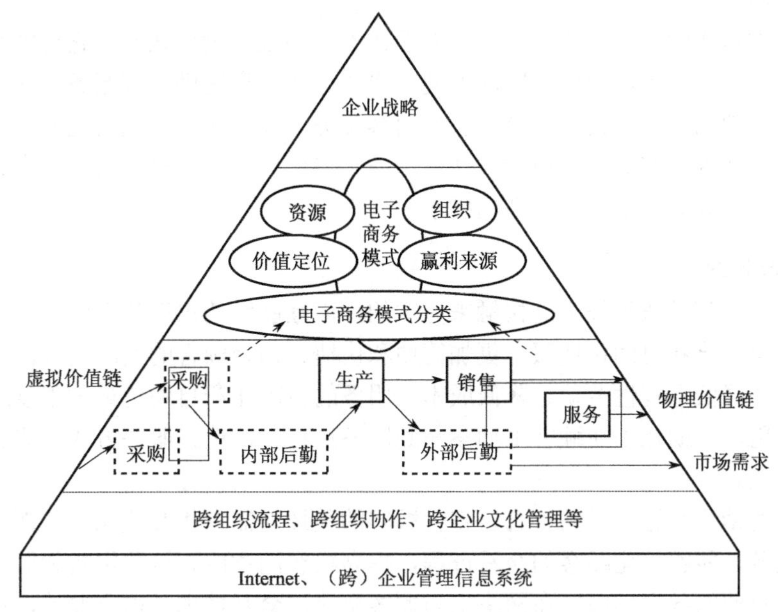

图 3.2　电子商务模式分类框架

电子商务时代，价值链上除了实体物流等活动外，大多数商务活动都可以放在网上进行。在此分类框架下，电子商务模式的分类是以虚拟价值链中的活动为参考的，不同的活动和活动组合可能派生出不同种类的具体电子商务模式。

3.2.2 基于虚拟价值链的电子商务模式

客户需求的日益多样化、个性化促使企业更多地强调企业之间的合作互动。合适的电子商务模式能够最大限度地利用信息技术，帮助协调和整合多个企业之间的合作，形成高效流畅的业务流程，为参与企业带来更大的利益。选择适合企业的电子商务模式的关键就在于分析虚拟价值链上的活动或活动之间的组合机制。这就需要重新考虑虚拟价值链，仔细分析企业最擅长的增值活动，通过研究活动之间的可能协调整合甚至重组方式的差异来分析不同的电子商务模式。图 3.2 所示的分类框架实际上就是以虚拟价值链的功能整合方式为标准的，不仅确定了企业在虚拟价值链中的位置，也说明了企业与其合作伙伴的关系。基于上述思考，下面在电子商务模式分类框架的基础给出几种典型增值活动的协调整合方式。

1. 电子采购

传统的采购流程需要很多环节，诸多的环节降低了采购效率，而企业利用信息系统和互联网，收集内部的采购需求，转化、合并需要采购的物品订单，通过互联网向外界发布。多个企业相互合作，将各自的采购活动联合起来，形成共同的在线采购平台（如汽车行业虚拟交易市场），提高采购的透明度及效率，降低采购成本。

2. 网络销售

价值链虚拟化的一个趋势就是产品的形式不再局限于物理状态，它可能是数字内容等虚拟的形式。企业可以利用互联网方便、快捷地向客户提供内容服务，如百度地图，提供各城市的地图查询、公交选择等多项内容服务。互联网已经成为企业向顾客发送信息、娱乐和其他内容产品的低成本和通用的销售渠道。网络销售的另外一个趋势是能直接面向顾客，充分满足他们的个性化要求。

3. 网络服务

传统的服务都是依靠线下的接触来完成的，而互联网的出现让企业能够有机会将服务电子化。自动化和自助化使服务更加简便和快捷、切合顾客的实际需要。同时服务电子化也能大幅降低重复性劳动、降低成本。服务的自动化和自助化最大限度地减少了人工成本的耗用，自助化则让顾客主动参与到服务过程中，选择服务方式、服务内容、服务时间和地点。

将相关的销售和服务活动整合，将使顾客的关怀与需求相互联系，从而为顾客提供一整套的服务，能够简化顾客的交易过程，提高顾客满意度。这些销售和服务活动可能属于一个大企业的各个部门。在网络上与顾客交流，交互性也是很重要的，这也能体现互联网的优势，如百度、阿里巴巴、淘宝、京东等。

除此以外，还可以包括基础设施共享、网络研发、后期活动整合等。以上分析了虚拟价值链上的主要活动可能形成的电子商务模式。

每一种活动都可能派生出一些具体的电子商务模式。目前出现的电子商务模式都与虚拟价值链的某种或多种活动有关。不同的活动组合方式意味着不同的电子商务模式，每一种组合方式对应为相应的电子商务模式，如表 3.3 所示。因为 Internet 的整合性，价值链中的不同活动组合在一起开展电子商务，其价值要比将各活动电子商务化简单相加的价值总和要大。

表 3.3　基于虚拟价值链的电子商务模式

电子商务模式	定　义	战 略 目 标	案　例
直接面向顾客	绕过传统的销售渠道直接向顾客提供产品或服务	● 企业绕过分销渠道直接面向顾客； ● 使企业拥有更高的利润率和更广的市场前景及更多的顾客信息； ● 为顾客提供更大的选择范围、更低的价格和更个性化的服务	DELL 公司：通过网络直销向顾客销售计算机等设备
内容提供商	通过网络直接向客户提供信息产品服务	● 通过网络能够以较低成本获取企业提供的有价值的信息内容； ● 客户拥有更多的选择、更低的价格、更个性化的服务； ● 提供更多专业化的知识	新华网、中评网专为读者出售经济学、社会学、政治学等领域著名华人学者的论文和著作
整体企业	把一个大企业中各个事业部提供的各种服务进行整合，为顾客提供一个企业级的单接触点	● 具有多个事业单元企业为某些顾客实行单接触点； ● 通过实际时间或兴趣领域组织，使得顾客能够了解企业所提供的全部服务； ● 作为对不同事业单元服务的指标器，以整体的战略指导各个事业单元； ● 帮助顾客标识需求以选择和获得由多个不同事业单元提供的服务	海尔的多事业部产品统一销售、订单处理和配送等
信息中介	通过集中买卖方的信息提供给供给商与客户进行直接交易的虚拟场所	● 缩短价值链，使供应商与客户直接进行交易； ● 通过集中交易双方的信息，快速扩展市场的范围； ● 降低进入市场的门槛	淘宝网、eBay 等
联合研发	将研发链的相关参与者进行信息整合，使继承者能够加强对研发网中活动的可控制，加强协调处理研发事务的能力	● 通过对研发网的各个层次的信息进行集成，以加快研发的速度； ● 拥有强势品牌； ● 对合作伙伴的能力有更好的掌握	Ford、上海贝尔：通过网络系统协调世界各地不同的研发单位协同完成飞机各项技术的攻关，成为研发网集成者
共享采购平台	在企业的采购端，将多个竞争者整合到一起，共享采购信息及采购平台的基础设施	● 通过提高采购规模，增强议价能力，降低采购成本； ● 满足供应商对多个商户有单接触点的要求； ● 降低基础设施建设、维护成本； ● 降低寻找与开发供应商的成本	COVISINT：由 GM、Ford 和 Daimler Chrysler3 大汽车公司组建的共享采购平台

续表

电子商务模式	定　义	战略目标	案　例
共享销售平台	将多个参与者的销售平台整合到一起，共享销售平台的基础设施	● 增加销售机会，降低销售成本； ● 满足客户对多个供应商有单接触点的要求； ● 降低基础设施建设、维护费用； ● 及时获得并共享行业信息； ● 联合实力相当的竞争对手以对抗其他的竞争对手	上海爱姆意机电设备公司：将国内数家著名机电产品生产商共享于一个销售平台
全服务提供商	在某一个领域内直接或通过与写作者联盟为顾客提供全程的服务	● 通过把企业自己的与选定的第三方提供者的产品和服务进行集成，在某一领域满足目标顾客群的全部需求； ● 顾客选择的集成服务能得到比选择单个产品与服务供应商更多的价值	艺龙网、携程网：为商务和旅行人员提供全面的解决方案
价值网集成者	将价值链的上下游厂商的生产与运营信息进行集成、分析，从而加强集成者对价值网的控制与彼此之间的协同	● 通过对价值网的各个层次的信息进行集成，提高信息的透明度，加强价值网的控制与协同能力； ● 掌握合作伙伴的经营现状与经营能力，更好地协调与控制整个价值链上的营销活动，提高市场的反应速度； ● 直接掌握顾客数据，把握市场需求	日本7-11：通过网络、信息系统集成与掌握整个价值网中上下游企业的信息，为客户提供服务
虚拟社区	为拥有共同兴趣的顾客创建一个在线虚拟社区，并为它们提供相应的服务	● 建立一个拥有共同兴趣的会员社区； ● 随着社区的发展，获取逐步增加的回报； ● 利用网络的外部性将虚拟社区作为其他模式的补充	39健康社区、天涯社区
供应商管理库存系统	主要应用在供应商与其分销商之间，供应商为准确掌握实际需求，将分销商的库存纳入管理范围	● 供应商通过库存信息简介了解需求信息； ● 供应商根据库存信息决定分销商的订货点及订货量，以此为依据指导并安排生产活动	P&G对Walmat的库存管理；联想的供应商管理库存
联合管理库存	供应链供需双方在共享库存信息的基础上，以顾客为中心，共同制订统一的生产计划与销售计划	● 解决供应链各节点的库存因格子管理导致的需求变动现象； ● 供需双方同时参与，共同制订库存计划	富基软件公司在百盛集团信息系统基础上开发了efuture ONE SCM系统

3.3　移动商务模式

Internet将全球紧密联系成“地球村”，基于Internet的电子商务被广泛应用。移动技术也取得了长足进步，移动商务也随之兴起。处于不同地域的人希望能够在任何时间、任何地点、任何情况下交流，移动技术的发展使得这种愿望成为可能，日益便利的设备和服务价格则进一步促进了移动方式的广泛应用，移动商务模式逐渐受到越来越多的关注。基于移动技术的商务目前还没有统一的名字，常见的称谓包括移动商务、移动电子商务和无限电子商务。移动商务也没有通用的定义，一般将基于 Internet 的电子商务定义移植到无线环境下，将其定义为通过移动电信网络进行的交易，或通过连接公共和专用网络采用文本和数据方式去使用移动终端，实现通信、交易和娱乐。具体来讲，移动商务是通过手机、掌上电脑和笔记本电脑等终端进行的商务活动，它是移动通信网和 Internet 的有机结合，主要提供银行业务、交易、订票、购物、博彩和娱乐等方面的服务，具有便捷、灵活、安全和个性化的特点。

3.3.1　移动商务模式框架

随着移动通信技术的迅速发展，移动商务也逐渐被接受，企业的运营方式和商务模式面临着新的机遇和选择。在这种环境下，如何采用合适的商务模式、如何在移动商务中拓展业务机会，是很多企业关注的问题，也逐渐成为移动商务研究关注的主题。在研究移动商务模式的过程中，以 Pateli 对电子商务模式的研究为参考依据，结合移动商务的特点，通过以下几种方法对移动商务模式进行分析：移动商务的背景和特征、移动商务模式的基本概念、移动价值链、移动商务的模式分类和总结、移动商务的模式采用和创新及移动商务模式评价等。

1．移动商务的背景和特征

移动服务具有明显的网络效应，即正面的外部性，网络运营商往往对需要巨额投资的基础设施等重要资产实行垄断，与开放的 Internet 环境形成鲜明的对比。当然，移动行业也在逐步打破这种垄断，接触管制，引入竞争，吸引更多的参与者。3G、4G 网络时代对移动商务模式带来了更大的竞争空间。

2．移动商务价值链

移动商务价值链在技术、法律和环境等方面面临着巨大变革，价值链逐渐被拆分和重构，并且逐渐演化为价值网。综合对移动价值链的研究，可以将参与者分为用户、内容和服务相关、技术相关及其他等 4 类，如表 3.4 所示。

表 3.4　移动价值链参与者分类

分　类	参 与 者
用户	个人用户、商业用户等
内容/服务相关	网络运营商、内容提供商、内容综合商、应用提供商、应用开发商、服务提供商和无线门户等
技术相关	设备提供商、网络提供商、基础设施提供商和中间件/平台提供商等
其他	法律机构、政府等

3．移动商务模式的分类

按照传统的根据用户类型和市场细分的分类方法，可以将移动商务模式分成 B2C、C2C 和 B2B 等，然而此分类难以具体地分析模式的运行过程。类似电子商务模式的分类，目前对移动电子商务模式的分类也不太明确，出现多种标准的分类方式。如 Ballon 等根据服务的特征分类，总结了荷兰电信市场的 4 种商务模式：语音通信、SMS 服务、移动运营商整合 WAP 服务和移动办公服务。也有研究者从细分市场、价值定位和收入来源 3 个方面将现有的商务模式分成 4 种基础的移动商务模式：移动通信、基于定位的服务、无线网络和移动员工支持。与分析整个行业的商业模式不同，Macinnes 等主要侧重于移动游戏行业，从合作关系的紧密程度分成通道、通道-销售、门户和完全门户等 4 类商务模式。

3.3.2　移动商务价值链

移动商务包含两个不同的行业：移动通信承载着服务和多媒体、内容、应用软件服务的有机组合，要将这两个行业融合起来会引起诸多方面关系的重新调整，使得运营商不可能也没有必要单独承担所有的内容和服务的提供，因此价值链中增添了移动门户、内容开发商、应用开发商、终端提供商、网络设备提供商和移动运营商等角色。其中移动运营商主要承担网络搭建、网络服务、运营及接入服务和最终用户的沟通等职能。

1. 内容开发商

内容开发商包括内容提供商和内容集成商。内容提供商负责原始信息的收集。由于移动设备自身的特点——小屏幕、小键盘、小容量、电池供电、易丢失和易损坏，致使移动商务中的内容不能是 Internet 网站的简单复制，而应该以用户需求为出发点，提供精简信息。内容集成商对信息进行加工处理，包括信息聚集、信息包装等，通过重新组织信息产生更贴近用户需求的、有新意的内容。

2. 应用开发商

应用开发商负责开发有前景的移动商务服务，它以从内容提供商处获得的内容为输入，以移动网络技术为基础，结合用户需求进行加工处理，实时开发移动商务服务。目前典型的有信息浏览服务、商务服务、电子通信服务和娱乐服务等。

3. 网络设备提供商

网络设备提供商负责网络设备，使得网络能够传送移动业务，包括通信服务器、空中接口、路由器、交换机、WAP 网关、无线 WLAN 调制解调器和无线网络适配器等。网络技术的革新往往由网络设备提供商驱动。

4. 终端提供商

终端提供商包括硬件、软件提供商，分别对应于终端设备提供商和终端软件提供商。终端设备提供商负责提供移动终端设备，包括笔记本电脑、掌上电脑、智能手机等。

5. 移动运营商

移动运营商主要负责提供移动网络和移动业务，充当移动网络提供商和业务提供商的角色，在移动价值链中处于重要地位。作为移动网络提供商，移动运营商主要负责提供无线网络，保证网络质量。

6. 移动门户

移动门户是开展移动商务的基础，是信息、服务的集成商，是用户接入无线网的接口，在一定程度上控制用户在互联网上获得的内容或服务，其最大特点是为用户提供个性化、本地化服务。移动门户结合用户信息，如个人简历、文化背景、以往行为、职业和所在地为用户定制个性化服务，本地化服务也属于其中的一种。

3.3.3　移动商务与基于 Internet 的电子商务

相对基于 Internet 的电子商务而言，移动商务可以真正使任何人在任何时间、任何地点得到方便的信息和服务，无线通信服务将改变公司开展业务的方式。

移动商务价值链相对于基于 Internet 的电子商务价值链有着明显的差别，如移动环境中移动运营商处于绝对控制地位，而 Internet 是自由市场；移动价值链上的参与者采用横向合作而不是纵向合作；移动价值链上的参与者往往通过共同投资等方式紧密联系，而不是 Internet 环境下的松散合作。但作为电子商务的扩展，移动商务具有更广阔的发展空间，能利用最新的移动技术和各种各样的移动设备，派生出很多更有价值的商务模式。随时随地的信息交流为企业带来了更多的商机，它们努力寻求与移动通信的最佳接入点，因而产生了一些新的移动商务模式。

1．移动商务是基于 Internet 的电子商务的补充

鉴于移动商务和电子商务技术、客户基础、价值主张和收入来源等方面的差异，鉴于移动终端、网络带宽和通信费用的原因，不能简单地把电子商务的成功应用模式应用在移动商务中。

表 3.5　移动商务模式的优势

比对内容	基于 Internet 的电子商务	移动商务
终端移动性	位置固定	可移动
地理定位	弱	可地理定位
终端用户身份识别	不可识别	可识别
服务传递	通过 Internet 上网的人群	移动手机用户
与位置相关服务	弱	提供与位置相关的服务
服务范围	全球市场	全球市场
服务时间	24 小时	24 小时
商业成本削减	降低了搜索、推广、客户服务和交易等的成本	降低了搜索、推广、客户服务和交易等的成本；提高了移动办公效率

2．移动商务的特点

移动商务目前在 B2C 领域发展迅速，但在为企业提供及时、准确的市场信息服务的 B2B 领域的发展要落后于 B2C 市场。随着亚马逊等大型企业的成功，电子商务日益深入人心，人们开始关注移动商务这个电子商务模式的发展。其中无线客户关系管理、销售管理和其他企业应用将使得企业无论在收入和办公效率方面都有所收获。

目前，移动电子商务根据发生对象主要分为 M2M 类、B2B 类、B2C 类、C2C 类，最主要的实现方式是短信、手机上网、无线射频技术。虽然源自电子商务，但从移动互联网角度评判，却非简单的“互联网业务移动化”，因为现代科技催生的新技术使移动电

子商务具备了更广阔的空间，移动电子商务对用户诉求的响应主要包括以下几个方面：

（1）即时性，移动电子商务尤其适用于瞬息万变的商务活动与商业交易；

（2）移动性，商务活动不受空间限制；

（3）便利性，可简化商业交易过程，如在超市、加油站、公交系统中的手机支付；

（4）私人性，可承担更多的私人身份类业务，如手机银行、手机登机牌等。

目前，移动电子商务模式出现了多种分类方式。传统上通常根据用户类型和市场细分的分类方式将移动商务模式分为 B2B、B2C 和 C2C 等，但此分类难以具体分析移动商务模式的运行过程。在服务的特征和市场分析的基础上，总结了 4 种移动商务模式，即语音通信、SMS 服务、移动运营商整合的 WAP 服务和移动办公服务。还有研究把移动商务模式分为移动通信、基于定位的服务、无线网络和移动员工支持。此外，还可根据产业链主导进行分类。

移动电子商务的商业模式按产业链主导方主要分为五类。

模式一：互联网企业核心模式。这种方式是传统电子商务的接入移动化，如用户使用手机上网形式登录淘宝、阿里巴巴等网站并进行订单处理等。

模式二：移动运营商核心模式。移动运营商同众多商业服务商产生联系，并通过平台集成商的系统开发，一方面使用户的终端内置特制卡，一方面搭建移动支付运营平台。在此模式下，移动运营商直接与用户联系，不需要银行参与。

模式三：平台集成商核心模式。由平台集成商自主发展商业服务商，建设与维护业务平台，同时向多个运营商提供业务接入服务。

模式四：运营商银行联盟核心模式。这是相对普遍的模式，银行和移动运营商发挥各自的优势，移动运营商发展商业服务商并通过平台集成商进行系统开发，银行提供移动支付安全和信用管理服务，两者形成战略联盟。

模式五：银行核心模式。银行开发业务平台，用户通过短信等模式与银行直接产生联系，该模式主要适用于手机银行业务，如中国工商银行的手机银行业务。

通过对比，可以考虑采取以移动运营商核心模式为主、运营商银行联盟核心模式与互联网企业核心模式为辅的形式，发挥各种模式的积极意义，协同发展。

3.4 信息技术驱动的电子商务模式

互联网时代，利润和价值从过时的商务模式流向那些能更好地满足客户偏好的商务模式。因此企业需要不断完善这些商务模式，最大限度地满足客户的要求，其中信息技术始终扮演着重要的使能器角色，脱离信息技术的支持，对顾客的快速响应和个性化服务就成为空中楼阁。

3.4.1 信息技术驱动电子商务的发展

分析电子商务实施的过程后，总结了不同的发展阶段模型，其中比较有代表性的是电子商务成熟度模型和电子商务演化概念模型。电子商务演化概念模型是加州大学 Glazer 教授和 IBM 的咨询顾问在大量的调查研究基础上提出的，他们将电子商务的发展分成 3 个层次，不同层次的企业有着不同的特征。Glazer 教授最后总结了成熟的电子商务企业的 4 个特征：遍及组织地快速共享客户信息，比其他企业更多地使用网络和客户交互、有一个高度交互的网站及使用信息技术来领导行业。

这两种模型表明企业开展电子商务是一个逐渐成熟的过程。在电子商务发展的不同阶段，企业的组织结构、业务流程等电子商务模式要素发生了不同的变革，所利用的信息技术也有明显的差异。即在电子商务的不同发展阶段，企业的组织结构、业务流程和信息技术融合方式各不相同，导致不同的电子商务模式出现。

（1）实施电子商务的尝试阶段：原有的业务流程没有很大的改变，往往只利用网站提供信息发布和简单的网上交易功能；进一步地，企业原有的业务流程不再满足运营的要求，需要进行改进甚至重组，与客户、供应商及相关企业的联系更加紧密，需要利用信息技术有效地整合前后台系统，紧密联系客户和供应商等；企业无缝整合相关流程，开始改变行业流程，对信息技术的覆盖范围和结合深度有了新的要求；进入持续改进阶段后，信息技术能够支持组织结构和业务流程不断完善，企业之间甚至行业的流程效率逐步提高。信息技术的应用也面临着相应的变革，它不仅能够整合企业内部，也能够紧密联系客户、供应商和联盟企业，与业务流程的结合程度逐步提高，信息技术应用的广度和深度显著变化，如图 3.3 所示。

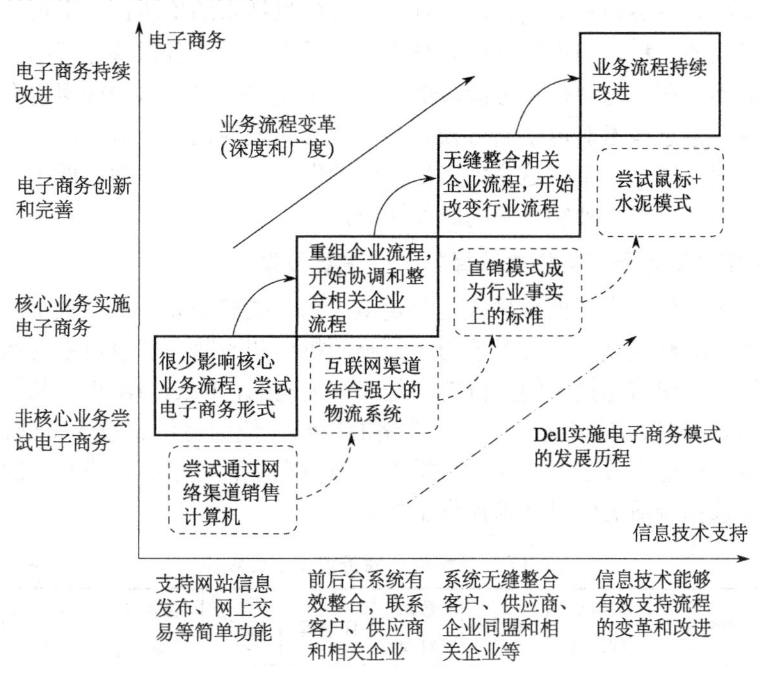

图 3.3　信息技术驱动的电子商务

（2）实施和完善电子商务的过程：电子商务完善的方式也分为两种——逐渐演化策略和相对激进策略。关于逐渐演化，企业首先从非核心的业务尝试新的模式，不断摄入和完善，同时逐步完善信息技术基础，最终过渡到核心业务和流程。而对于相对激进，企业需要用信息技术来改变企业的核心业务流程，实现从一个阶段到另一个阶段的过渡。企业可以根据不同的环境和不同的阶段选择适合的方法。

3.4.2　信息技术与电子商务模式的关系

电子商务不断成熟，信息技术贯穿业务流程，扩展到客户、供应商、联盟甚至竞争对手，应用更为广泛和深入，企业会降低成本、扩大市场及实现规模与范围经济等，而保持这种竞争优势需要商务模式的不断创新。商务模式的创新又需要新技术或采用新的方式应用现有技术。事实上，企业选择不同的电子商务模式，所需要的信息技术支持也可能是迥异的。一个简单的网上交易模式可能仅需要一个网站和订单处理功能，而这显然不能满足价值网集成者的要求。如果缺乏相应的信息技术特别是网络的支持，就不能迅速、准确地采集、获取和分析多个来源的信息，进而流畅地将信息分发到多个供应链成员。

1. 信息技术是电子商务模式演化的动力

这是信息技术影响电子商务模式的主要方面。电子商务本身是在 Internet 的驱动下产生和发展起来的，信息技术也是企业网络就绪的基本条件之一。从许多优秀的企业电子商务发展历程来看，信息技术是企业电子商务转型的催化剂。不同的电子商务模式是信息技术发展到一定程度与业务创新相整合的产物。从提高效率到建立新市场，创造新的增值方式；从产品和市场的转型，业务流程、组织结构转型，价值链重组到行业转型；从新技术采纳获得竞争优势，进而制定行业标准，后来者的跟进，到技术持续创新带来了竞争优势保持。商务模式的创新，无处不体现信息技术的价值。从中可以看出信息技术转变商务模式的历程。但也应该注意技术创新的艰辛，而且保持先行的竞争优势是一个动态、持续的过程，与现代商务脱离的单纯追求先进信息技术的应用也会导致信息悖论。具体来说：信息技术对电子商务模式创新的影响表现在两个方面：一方面，应用现有信息技术对商务进行变革，这是大多数企业的做法；另一个方面，敢于采用新技术，勇当行业的领先者，尽管独领风骚的时间比较短。

2. 信息技术是电子商务模式选择的一个重要因素

企业应该采用何种电子商务模式是制定电子商务战略需要考虑的关键问题，也涉及多方面的因素：战略规划和核心竞争力、面临的机遇和威胁、竞争对手的运营模式和信息技术能力等。其中信息技术的支持能力是非常关键的，Peter Weill 等从信息技术基础设施角度分析信息技术对实施电子商务战略的影响，他们将信息技术基础设施分成 10 种不同的服务，通过调查多家企业，分析不同服务在多种电子商务模式中的重要程度和应用，对企业选择合适的信息技术提供了参考。

表 3.6　各种电子商务模型基础设施

原 子 模 型	应用基础设施	通信	数据管理	IT 管理	安全	结构与标准	渠道管理	IT 研发	IT 教育
直接面向顾客模型	2	1	1	2	3				
价值网集成者模型	1	1	1		3	1	2		
整体企业模型	2	1	2	1	3			1	
研发网集成者模型	1	1	1		3	2	1	1	
全服务提供商模型	1	1	3	1	3		1	2	
虚拟社区模型	1			2	3			1	1

注：1、2 和 3 分别代表重要、非常重要和必要

实施电子商务模式，往往意味着业务流程发生明显的变革，这就要求信息技术做相应的改变，以做到匹配。充分利用信息技术，通过与供应链伙伴协作设计新的商务模式，以更快的速度满足消费者的要求，这是电子商务模式与传统商务能够抗衡的基础，信息技术需要支撑新的业务流程和新的组织结构的变化，还需要发现流程改进的机会，因此，企业实施电子商务战略需要认真考察信息技术，结合业务流程及组织结构的变革与其形成合适的信息技术支持。反之，如果忽略信息技术，那么可能对企业战略发展产生很大的影响。

3．信息技术促进电子商务模式延伸与扩展

实施电子商务是一个长期的过程，客户需求、竞争对手的压力、环境变化及新技术的促进，要求企业不断提高业务流程的运行效率、完善原有的电子商务模式。一些研究表明，处理上述问题有常见的两种方法：一种方法是延伸，即在原电子商务模式基础上不断改进业务流程，寻找新的渠道和方式来满足客户的需求，侧重于电子商务模式的改进，为了延伸电子商务模式，企业往往需要对原有的信息系统进行升级，整合更多的功能；另一种方法是扩展，即探索新的商务模式和机会，对原有的电子商务模式创新。企业往往结合两种方法不断完善电子商务模式，信息技术变革不但能够促进电子商务模式的延伸，还能为模式扩展提供新的机遇和渠道。电子商务模式扩展离不开信息技术的变革。

4．信息技术投资可能限制电子商务模式的完善

信息技术应用日益广泛，带来的机会也难以估量，因此近年来信息技术逐渐受到人们的关注。Jeanne W.Ross 等在调查了多家企业信息化的基础上，从战略目标（短期盈利、长期增长）和技术视角（共享基础设施、商业应用）两个维度分析得到转变、更变、流程改进和试验等 4 种信息技术投资的方法。这 4 种方法和电子商务模式完善的方式是一致的，更新和流程改进实现了电子商务模式的延伸，而试验和转变则为模式扩展提供了支持和新的途径。然而，信息技术的进一步革新往往基于原有的信息技术投资，受到原有信息技术基础的限制，在一定程度上对电子商务模式的延伸和扩展产生了负面影响。

5．信息技术对电子商务模式影响的持久性

信息技术在电子商务实施的过程中扮演着重要的角色，是电子商务模式实施的基础和使能器，缺乏信息技术的支持，电子商务模式不能顺利地实施；另外，企业的信息技术优势往往很难保持很久，这是因为信息技术具有高度的可复制性和延展性，随着普遍应用而逐渐变为日常型投入。如 DELL 的网上销售系统曾经有明显的技术优势，然而这种优势随着技术的广泛应用会逐渐逊色。当 DELL 的技术优势随着信息技术的普遍应用而不再明显的时候，DELL 的竞争力又是否也随之丧失呢？答案是否定的，究其背后的原因，技术优势只是企业竞争力的一个方面，高效的供应链管理水平，对客户需求的迅速满足及与供应商的良好关系等多种因素保证了 DELL 在竞争中胜出。DELL 的经验表明，在实施电子商务的过程中，需要准确把握信息技术的作用：一方面，信息技术作为电子商务模式的基础和使能器，能够促进电子商务的延伸和扩展；另一方面，由于自身的特性，信息技术的优势往往容易复制，实施电子商务战略不能仅关注信息技术的完善。

企业不能简单地将信息技术和电子商务模式割裂开来，既要注意到信息技术投资的基础和使能作用，也要认识到信息技术变革对业务流程、组织结构等方面的影响。很多企业电子商务成功的经验充分说明了这点。

准确把握信息技术对电子商务模式的影响，对于企业实施电子商务是非常关键的。这要求企业既要深刻认识到信息技术的重要作用——电子商务模式实施的基础和使能器，又要注意到实施电子商务模式绝不仅是信息技术的简单投入，业务流程的改进、客户满意度的提高，组织结构的变革及组织之间关系的调整等多个方面也是值得关注的。企业不能将信息技术和电子商务模式割裂开来，要将两者结合起来考虑，利用信息技术改变原有的商务模式，更好地满足客户的需求，不断完善电子商务模式，形成并保持明显的竞争优势。

3.4.3 信息技术和电子商务模式的对应

保证信息技术和商务模式的对应是非常关键的问题，这是因为合适的信息技术驱动原有运营模式的变革，帮助企业形成明显的竞争优势。而不合适的信息技术对战略发展有明显的反作用，在某些极端的情况下将成为负担，影响企业的运营。Henderson 和 Venkatraman 的战略一致性模型探讨了企业战略与信息技术战略保持一致的方法，为研究信息技术和电子商务模式的对应提供了参考。在战略一致性模型的基础上，可以总结得到电子商务模式驱动方式、信息技术使能方式和技术采用模型等几种对应方式。

1. 电子商务模式驱动方式

企业高层决定发展战略，确定电子商务模式，然后根据电子商务模式对业务流程、组织结构等多个方面的变革要求，规划和实施合适的信息系统。很多企业采用这种方式实施电子商务模式，有很多比较成熟的分析方法，如关键成功因素法等。需要指出的是，信息技术的规划和实施不能局限于电子商务模式的现有要求，需要结合电子商务模式的发展预期，尤其是那些关系长期盈利和基础设施方面的信息技术规划，更要具有前瞻性。

2. 信息技术使能方式

企业要关注最新的信息技术和发展趋势，分析其对战略发展的影响，要考虑利用最新的信息技术来提高客户满意度和业务流程效率，实施新的电子商务模式。电子商务模式驱动方式要求企业利用信息技术满足电子商务模式的需求，从而保证信息技术和电子商务模式发展相一致。而信息技术使能方式则要求企业能够把握信息技术的最新动向和发展趋势，考虑利用最新信息技术的影响，实施新的电子商务模式，实现信息技术和电子商务模式的对应。这两种方式并没有明显的优劣之分，企业应根据自身情况选择合适的方式，使得信息技术能够匹配电子商务模式。考虑到电子商务模式成熟需要经历一个长期的过程，企业在不同阶段可能采用不同的方式相互协作，保证信息技术和电子商务模式对应发展，促进电子商务模式逐渐成熟。

3. 技术采用模型

有关信息技术对电子商务模式实施和变革的影响，从技术采用模型的视角研究哪些因素影响电子商务在企业中的应用和扩散，引起了许多学者的关注。这种电子商务采用模型不仅包含组织内外部环境变量，还考虑了电子商务本身的技术特征，以便全面地分析哪些因素对企业电子商务应用与实施有显著的正面影响。电子商务模式作为业务流程、应用系统和组织结构的复杂融合，企业信息技术能力对电子商务模式的创新和实施的影响是不能低估的——这里的信息技术能力包括信息技术基础设施、信息技术人力资源及与信息技术相关的无形资源——企业在信息技术持续应用过程中形成的信息技术资源内化的知识资源、顾客导向和协同效应，以及信息技术使能的组织柔性。

3.5 电子商务模式组合与创新

目前，产业整合及企业调整的大趋势预示着未来只具有单一产品优势或技术优势的企业将面临严重的生存危机，互联网经济正向网上模式整合，向线上线下整合方向发展。一个成功的商业模型是集中基本模型的有机组合，可以把不同的模型组合在一起作为它的 Web 商业策略的一部分。商业模型在 Web 上迅速发展，新的和引人注目的变化在未来都是难以预料的。

3.5.1 信息技术和电子商务模式组合

电子商务经过不断的探索和完善，已经有一些成功的模式得到了广泛的认可，包括内容提供商、直接面向顾客、全服务提供商、中介、共享交易平台、价值网集成者、虚拟社区、整体企业和直接面向供应商等。这些模式各有自己的特色，单独应用在企业的电子商务中能取得非常好的效果，给企业的发展壮大注入新的活力。同时，不同的模式在收入来源、战略目标和客户关系等方面都不尽相同，在某方面具有相对优势，因此采用某种模式的企业在现实的竞争环境中能获得该方面的优势。但是企业在发展的过程中要面对时刻变化着的外部环境，竞争对手也在不断改进竞争策略，仅拥有单一方面的竞争优势仍显单薄，企业必须挖掘多方面的竞争优势，以获得市场的领先地位。换句话说，单一的商业模式只能在特定的时期提供足够的利润来源，不可能成为支持企业长远发展的核心动力，何况有些模式很难单独生存，大多数模式还要面对传统的竞争者。企业实现电子商务多元战略，除直接采用多种模式外，也可以采用收购或加盟的方式。最近一段时间，有关互联网的收购案比较多，并购的动机是整合渠道、技术、客户、品牌和资金等模式要素。通过战略联盟等方式促进业务的融合——融合经济模式，增强企业核心竞争力也似乎成为互联网的一种趋势。例如视频播放网站土豆及优酷的合并，以及阿里巴巴对其合并的并购等行为。

（1）大多数电子商务模式有互补性。

不同的电子商务模式专注的优势领域是不同的，因此难免会在其他方面的能力上有所缺失。将不同的模式组合在一起，利用一种模式的优势弥补另一种模式的弱势，能增强抵抗市场风险的能力，增强创新的能力。例如，阿里巴巴并购优酷土豆的案例，阿里巴巴通过并购优酷和土豆完善自身的生态链，形成较为完整的市场生态环境。

（2）电子商务模式的组合可提高企业的综合竞争优势。

综合各模式在不同领域内的优势，能形成一个更有竞争力的电子商务模式，比使用单一电子商务模式的企业有更强的适应性。

（3）电子商务模式组合可开拓新的收入来源。

不同的电子商务模式有不同的收入来源，将模式合理地组合在一起，企业能获得更多种类的收入来源，或者对原有收入有促进性作用。

从价值链的角度看，各种模式发挥作用的价值活动是不一样的，有的模式是作用在采购活动中的；有的模式是作用在企业基础设施上的；有的模式是作用在生产过程中的；有的是作用在销售活动中的；有的模式是作用在服务活动中的。将没有冲突的各个价值活动上的电子商务模式组合在一起，可以提高整条价值链的集成性、高效性，并使其增值。

不同的电子商务模式各有特点和优势，在组合电子商务模式时需要充分利用互补性，将互补的模式组合在一起发挥促进性的作用，要避免将互斥的模式组合，以免发生冲突，造成企业电子商务应用的失败。

不同电子商务模式之间的组合有一定的规律可循。但是无论模式之间如何组合，都不能给电子商务应用带来冲突，冲突的模式组合只能使组合后的电子商务应用遇到相互抵触而无法开展。由于电子商务模式之间能力需求特征不同，可能会导致这两种模式组合时产生冲突，使得模式间组合难以协同。电子商务模式之间还可能在销售渠道上产生冲突，如在信息中介与直接面向顾客两种电子商务模式之间，如果一家生产商想同时采用这两种电子商务模式，那么产品的价格就会在顾客与中介之间产生矛盾。因此探讨电子商务模式之间的组合与协同关系对于企业选择电子商务模式具有重要的参考价值。即便是互补的模式，在某些方面整合时也会有一定的麻烦。

基于能力需求特征、渠道管理和信息管理等多种因素的分析，可以得到电子商务之间组合的基本类型，如表 3.7 所示。

表 3.7　电子商务模式之间的组合与冲突

	直接面向顾客	内容提供商	信息中介	整体企业	研发网集成者	共享采购平台	共享销售平台	全面服务提供商	价值网集成者	虚拟社区
直接面向顾客		×	!	√	○	!	×	○	○	√
内容提供商			○	○	!	○	○	○	×	○
信息中介				√	○	○	!	√	!	○
整体企业					√	○	!	○	○	○
研发网集成者						○	○	√	√	○
共享采购平台							○	!	○	○
共享销售平台								!	○	○
全面服务提供商									○	√
价值网集成者										√
虚拟社区										

注：×表示明显冲突；○表示中性；！表示可能冲突；√表示明显协调

总之，随着技术与商务环境的不断变化，将会创造出更多的电子商务模式，表 3.7 所列的电子商务模式并不能覆盖企业所有可能存在的电子商务模式。不同电子商务模式作用的范围是不同的，合理的模式组合能充分利用组合中各模式的作用，形成全面的电子商务应用，帮助企业全面地发展电子商务，赢取市场竞争优势。

3.5.2　电子商务模式创新

对于一个企业来说，成功的电子商务模式能够为其提供独特的价值，随之而来的就是其他企业的模仿。所以，企业的电子商务模式必须随着目标客户的需求、市场现状及竞争情况进行创新，对于电子商务模式来说，创新是必要的课题。目前出现的电子商务创新大致包括以下 3 种：第一种是传统商务模式的自动化，对于企业而言并没有任何创新性；第二种是在原来电子商务模式的基础上增加新的相关功能，这种创新无法从根本上改变原有的电子商务模式；第三种是借助 Internet 环境，创造符合网络环境的特有的电子商务模式，如价值链集成者模式。虽然成功的电子商务模式会招来同行的模仿，但相同类型的电子商务模式对于不同企业的具体实施也会存在一定的差别。企业通过一种电子商务模式实现长期的盈利在网络信息时代是非常困难的，究其原因主要是 Internet 为电子商务模式的传播提供了快速通道，技术创新的成果也很难维持。这就要求企业不能安于现状，需要对电子商务模式进行及时的创新。

本章小结

本章首先提出电子商务模式的基本概念、理论基础。在此基础上，对电子商务模式进行深入探讨，给出基于虚拟价值链的电子商务模式、移动商务模式、信息技术渠道的电子商务模式的定义、分类框架及电子商务模式的组合相关问题。通过学习本章，读者能够了解并掌握常见的电子商务模式及虚拟价值链、信息技术等技术在电子商务发展过程中的作用等，有助于了解电子商务模式发展问题。

问题与讨论

1. 试举例说明几种常见的电子商务模式。
2. 简述虚拟价值链及价值网。
3. 简要叙述基于虚拟价值链的电子商务分类框架。
4. 阐述信息技术与电子商务模式的关系。
5. 举例说明与信息技术相关的电子商务模式。
6. 简述移动商务模式分类框架。
7. 举例说明电子商务模式的组合。

案例：电子商务模式对比分析

11 月 11 日在 2009 年前只不过是一个普普通通的日子，但从 2009 年开始，特别是自 2012 年以来，它却成为一个标志性节点，一个网络卖家、平台供应商和物流企业的必争之地。“双十一”即指每年的 11 月 11 日，由电子商务为代表，在全国范围内兴起的大型购物促销狂欢日。从 2009 年开始，每年的 11 月 11 日，以天猫、京东、苏宁易购为代表的大型电子商务网站一般会进行一些大规模的打折促销活动，以提高销售额。天猫在 2009 年的销售额为 0.5 亿元，但在 2015 年仅 1 分 12 秒天猫“双十一”的交易额就超过了 10 亿元，“双十一”全天的交易总额达 912.17 亿元，其中无线交易额为 626.42 亿元。2014 年 11 月 11 日京东官方微博宣布，“双十一”期间三天销售额为 25 亿元，2015 年京东更是打出了狂欢 11 天的促销策略，净收入为 441 亿元，同比增长 52%，其中移动渠道完成订单量占总订单量的 52%，包括手机客户端、手机 QQ 购物、微信购物及微店。

1. 天猫

天猫（见图 3.4）作为阿里巴巴旗下一个综合性购物网站，通过整合数千家品牌商、现货、生产商，为商家和消费者提供一站式解决方案。提供 100%品质保证的商品、7 天无理由退货的售后服务及购物积分返现等优质服务。

图 3.4　天猫网站

交易平台：天猫商城与淘宝共享流量，用户通过淘宝网站或天猫官网的方式登录天猫商城。

支付方式：天猫支持支付宝支付，包括了支付宝账号支付及蚂蚁花呗支付，其中蚂蚁花呗属于网络信用卡，可以为用户提供线上消费支付功能。

物流方式：包括商家自己选择的快递公司也可以选择淘宝推荐的物流配送。

手机客户端：天猫商城提供单独的手机应用也可以通过淘宝手机应用登录到天猫

商城。

营销策略：天猫在“双十一”期间通过与湖南卫视联手打造的“双十一”狂欢夜晚会利用传统媒体及网络媒体通过发放代金券等形式进行宣传造势。

2. 京东

京东商城（见图3.5）是中国B2C市场最大的3C网购专业平台。先后组建了上海及广州全资子公司，将华北、华东和华南三点连成一线，使全国大部分地区都覆盖在京东商城的物流配送网络之下；同时不断加强和充实公司的技术实力，改进并完善售后服务、物流配送及市场推广等各方面的软/硬件设施和服务条件。

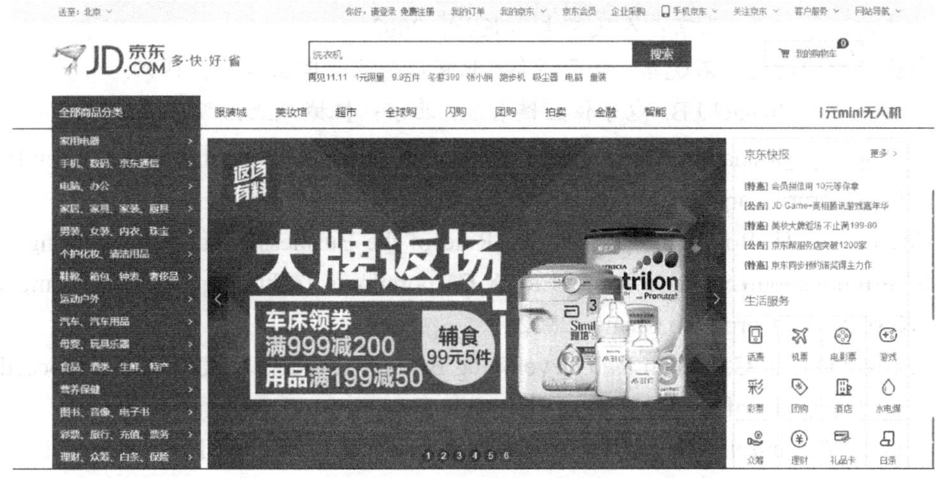

图3.5 京东商城

物流配送：京东将信息部门、物流部门和销售部门垂直整合。京东在物流配送方面，能够使用京东自营快递的则使用京东自营快递。京东的自营快递已经可以覆盖中国大多数地区。在京东自营物流无法抵达的地区，则转发第三方快递。京东在全国的几个地方建成了物流集散中心和仓库。在京东购买的物品都会在接收地附近的仓库发货。

收费标准：普通会员、钻石级会员。

购物总额满99元免运费，购物总额不满99元，需要交纳6元运费。

上门自提：上门自提是京东商城推出的一项服务。当订购的货品抵达收件方所在城市之后，可以到京东商城指定的自提点领取。

自助式提货点：自助式提货点是京东商城最新推出的一项服务。京东商城的快递员把购买的商品放到提货柜里，顾客自己领取。

支付方式有货到付款、在线支付、分期付款、上门自提、公司转账及邮局汇款等。

配送方式：可以选择配送时间，工作日以及休息日等。

手机客户端：京东不仅拥有自己的手机应用，还与腾讯形成战略合作，在腾讯QQ、微信等平台建立购物通道。

营销策略：京东在“双十一”与天猫一样采用狂欢夜晚会的形式派发了购物红包。

思考题：

1. 从虚拟价值链角度，分析天猫和京东商城的电子商务模式。
2. 通过对比两个电子商务平台采取的策略，分析其电子商务模式的组合及创新。

参考文献

[1] 赵卫东. 电子商务模式. 上海：复旦大学出版社，2006.

[2] 吴叔平. 电子商务价值链与赢利模式. 上海：上海远东出版社，2006.

[3] 大卫.波维特，约瑟夫.玛撒，R.柯可.克雷默. 价值网——打破供应链数据挖掘利润. 仲伟俊，等，译. 北京：人民邮电出版社，2002.

[4] 高媛，欧阳志明，石晓军. 电子商务. 北京：企业管理出版社，1999.

[5] Charles CP, Michael J B. 电子供应链管理. 北京：机械工业出版社，2002.

[6] Michael R. Managing the Digital Enterprise-business Models in the Web.Http://ditigalenterprise.org/models/models.html.

[7] Chesbrough H, Rosenbloom R S. The Role of the Business Model in Capturing Value from Innovation:Evidence from XEROX Corporation's Technology Spin-off Companies. Industrial and Corporate Change,2002.

[8] Petrovic O,Kittl C,Teksten R D.Developing Business Models for E-business.Proceedings of the International Conference on Electronic Commerce.Vienna,Austria,2001.

[9] Linder J C,Cantrell S. Changing Business Models:Surveying the Landscape.Institute fro Strategic Change,Accenture,2000.

[10] Afuah A,Tucci C.Internel Business Models and Strategies.New York:McGraw-Hill International Editions,2001.

[11] Osterwalder A,Pigneur Y. An E-business Model Ontology for Modeling E-business. Proceedings of the 15th Bled Electronic Commerce Conference-eReality:Constructuring the eEconomy.Bled,Slovenia,2002.

[12] 王刊良. 基于分类的企业电子商务模式创新方法. 系统工程理论与实践，2003.

[13] 曾庆丰. 企业电子商务转型研究：基于能力的视角. 上海：复旦大学博士论文，2005.

[14] 徐迪，翁鱼奕. 商务模式及其创新研究. 商务时代，2004.

[15] Ballon P,Helmus S,R van de Pas.Business models for Nest-generation Wireless Services.Http://www.stb.tno.nl/site/uploads/STB-01-49_1.pdf.

[16] Waters R.Rival Views Emerge of Wireless Internet.Financial Times,March 1,2000.

[17] 伯纳德利.奥托德，马克.哈蒙德. 商务智能：信息—知识—利润. 北京：电子工业出版社，2002.

[18] Peter W,Vitale M.Place to Space:Migrating to E-business Models.Boston: Harvard Business School Press, 2001.

[19] 曾庆丰，黄丽华，赵卫东. 基于价值网的医药行业电子商务模式研究. 科学导报，2005.

第 4 章
电子商务支付

引言

根据中国网民和手机网民对各类应用的使用数据[11]，2015 年 6 月使用网上支付的用户规模达到 3.59 亿人次，网民使用率为 53.7%，半年增长率为 17.9%。而 2015 年上半年，手机支付、用户规模达到 2.76 亿人次，半年度增长率为 26.9%。网络交易类应用在中国市场经过多年的发展，已经进入稳速增长期，虽然用户规模增速逐渐放缓，但仍然保持着较高的增长率，其中网上支付的增长最为明显。与此同时，由于移动互联网技术的发展和智能手机的普及，并且移动端快速、便捷的特点更加符合网民的消费需求，网民的消费行为逐渐向移动端倾斜。电子支付是电子交易过程中最核心、最关键的环节，也是电子交易的基础条件，没有电子支付，电子交易只能停留在电子合同阶段。近年来，随着网络支付和移动支付的普及及第三方支付平台的出现和发展，中国电子支付市场获得了快速发展。作为电子商务交易的重要部分，本章将从概念、工具、类型等方面对电子支付进行系统的介绍，并阐述中国电子商务市场中常用的支付方式。

本章重点

- 电子支付的概念与特点
- 电子支付的工具
- 电子支付的类型
- 网上银行
- 第三方电子支付

4.1　电子支付概述

随着互联网的普及和发展，电子商务已经成为贸易活动中不可或缺的重要部分，并且在总交易额中所占的比重日渐加大。在一些电子商务交易模式中，如 B2B、B2C 或 C2C，一般情况下，双方并不相识，而且交易过程的完成是在网上实现。传统支付方式的指令需要通过面对面的手工处理，或者邮政、电信部门的传递，有着结算成本高、凭证传递时间长、在途占用资金量大等劣势，不能满足电子商务的交易需求。在这样的背景下，电子支付体现出了突出的优势。

4.1.1　电子支付的含义

根据中国人民银行发表的第 23 号《电子支付指引（第一号）》公告，“电子支付是指单位、个人直接或授权他人通过电子终端发出支付指令，实现货币支付和资金转移的行为”。具体来说，电子支付是指以金融电子化网络为基础，以商用电子化设备和各类交易卡为媒介，以计算机技术和通信技术为手段，将数据存储在银行的计算机系统中，并通过计算机网络电子信息传递的形式实现货币支付和资金转移的一种支付方式，它是以电子方式完成交易的各种支付方式的总称。从基本形态上看，电子支付是电子数据的流动，它以金融专用网络为基础，发送方通过支付命令将商业银行中的资金划入受益者开户方银行，用来支付受益方的一系列转移过程。

电子支付按支付指令的传输通道，可分为卡基支付（银行专用网络）、网络支付（互联网）、移动支付（移动通信网络）和电话支付（固定电话网络）。按指令发起方式，可分为网络支付、电话支付、移动支付、销售点终端交易、自动柜员机交易和其他电子支付，其中最主要的是网络支付和移动支付。按电子支付的方式，可分为充值卡支付、银行与邮政货款支付、网上银行、第三方支付及电话支付。按发展的不同阶段，可分为银行利用计算机处理银行之间的业务、银行计算机与其他行业的计算机之间资金的结算、利用网络终端向客户提供各项银行服务、利用银行销售点终端（POS）向客户提供自动扣款服务和随时随地通过互联网进行直接转账结算，即网上支付。

电子支付的结算是支付清算组织提供的，支付清算组织通过建立支付平台连接电子商务中的交易双方、电子商务企业与银行。这类支付清算组织可以分为两类：一类是电子商务企业自身作为支付中介自行建立支付平台，直接连接银行网关，实现资金转移；另一类是第三方支付清算组织，是由独立于电子商务企业和银行的第三方机构提供的电子支付平台。

电子支付相比于传统的支付方式有以下特点。

（1）电子支付通过数字流转完成信息传输，电子支付的各种支付方式都是采用数字化的方式进行款项支付的；而传统的支付方式则是通过现金的流转、票据的转让及银行的汇兑等物理实体的流转来完成款项支付的。

（2）电子支付的工作环境基于一个开放的系统平台，即互联网；而传统支付则是在较为封闭的系统中运作的。

（3）电子支付需要先进的通信手段，如互联网、移动通信；而传统支付使用的则是传统的通信媒介。电子支付对软/硬件设施的要求很高，一般要求有连网的微机、相关的软件及其他一些配套设施；而传统支付则没有这么高的要求。

（4）电子支付具有方便、快捷、高效、经济等优势，用户只需拥有一台上网的个人计算机，便可足不出户，在很短的时间内完成整个支付过程。

（5）电子支付的费用低，仅相当于传统支付费用的百分之几。

由于以上电子支付的优势，使得金融机构体系和消费者、商家开始摒弃传统的支付方式，采用更加安全、可靠、简便的电子支付。相对于传统支付方式，电子支付在目前的交易背景下成为重要的支付手段。

4.1.2　电子支付系统

1. 电子支付系统的概念与特点

随着电子商务的快速发展，传统的支付结算方式在电子商务环境中暴露出运行速度和处理效率较低的缺点，不能满足电子商务的支付需要，与电子商务匹配的电子支付系统应运而生。电子支付系统是把新型支付工具（包括电子现金（E-Cash）、信用卡（Credit Card）、借记卡（Debit Card）、智能卡（Smart Card）等）的支付信息，通过网络安全地传送到银行或相应的处理机构，来实现电子支付的系统，它是一个综合了金融机构、认证机构、支付工具和安全技术的大系统。电子支付系统是电子商务系统的重要组成部分，建立完善的支付系统具有重大意义，通常需要同时满足以下几点。

（1）以计算机技术和通信技术为支撑，进行存储、支付和流通；

（2）集储蓄、信贷和非现金结算等多种功能为一体；

（3）可广泛应用于生产、交换、分配和消费领域；

（4）使用安全、可靠、简便；

（5）无柜台支付，通常需要经过银行专用网络。

电子支付系统是实现网上支付的基础，电子支付系统的发展方向是兼容多种支付工具，但目前的各种支付工具之间存在较大差异，分别有自己的特点和运作模式，适用于不同的交易过程。因此，当前的多种电子支付系统通常只是针对某一种支付工具而设计的，Mondex 系统、First Virtual 系统和 FSTC 系统是目前使用的几种主要的电子支付系统。

2. 电子支付系统的基本构成

基于互联网的电子支付系统由客户、商家、认证中心、支付网关、客户银行、商家银行和金融专用网络七部分组成，电子支付系统的基本构成如图 4.1 所示。

1）客户

客户一般指利用电子交易手段与企业或商家进行电子交易活动的单位或个人。它们通过电子交易平台与商家交流信息，签订交易合同，用自己拥有的网络支付工具进行支付。

2）商家

商家指向客户提供商品或服务的单位或个人。在电子支付系统中，它必须能够根据客户发出的支付指令向金融机构请求结算，这一过程一般是由商家设置的一台专门的服务器来处理的。

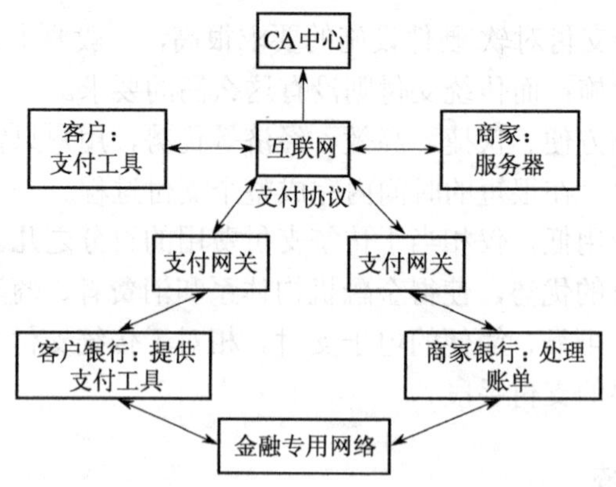

图 4.1　电子支付系统的基本构成[14]

3）认证中心

认证中心（CA 中心）是交易各方都信任的公正的第三方中介机构，它主要负责为参与电子交易活动的各方发放和维护数字证书，以确认各方的真实身份，保证电子交易整个过程安全、稳定地进行。

4）支付网关

支付网关是完成银行网络和 Internet 之间的通信、协议转换和进行数据加、解密，保护银行内部网络安全的一组服务器。它是互联网公用网络平台和银行内部的金融专用网络平台之间的安全接口，电子支付的信息必须通过支付网关进行处理后才能进入银行内部的支付结算系统。

5）客户银行

客户银行是指为客户提供资金账户和网络支付工具的银行，在利用银行卡作为支付工具的网络支付体系中，客户银行又被称为发卡行。客户银行根据不同的政策和规定，保证支付工具的真实性，并保证对每一笔认证交易的付款。

6）商家银行

商家银行是为商家提供资金账户的银行，因为商家银行是依据商家提供的合法账单来工作的，所以又被称为收单行。客户向商家发送订单和支付指令，商家将收到的订单留下，将客户的支付指令提交给商家银行，然后商家银行向客户银行发出支付授权请求，并进行它们之间的清算工作。

7）金融专用网络

金融专用网络是银行内部及各银行之间交流信息的封闭的专用网络，通常具有较高的稳定性和安全性。

3．电子支付系统的功能

不同的电子支付系统具有不同的功能，通常要求电子支付系统具备以下功能。

（1）对交易各方的认证。

为了保证电子交易能够安全进行，电子支付系统需要能够对参与交易的各方身份的真实性进行认证，具体的方式是通过认证机构向交易各方发放数字证书，使用数字签名和数字证书证实交易各方身份的真实性。

（2）对支付信息进行有效加密。

电子支付系统需要符合一定安全等级的要求，其中包括对支付信息进行加密。根据安全级别，电子支付系统采用对称密钥或公开密钥技术对传输的信息进行加密，并采用数字信封技术加强数据传输的安全性，防止被未被授权的第三方获取支付信息。

（3）保证支付信息的完整性。

为保证传输的信息完整无误，电子支付系统需要能够将原文用数字摘要技术加密后传送给接收者，接收者就可以通过数字摘要来判断所接收的消息是否完整无误。

（4）保证业务不可否认性。

由于电子商务的交易流程一般通过网络或移动通信等技术实现，可能会出现交易纠纷。电子支付系统必须在交易过程中能够生成或提供充分的证据，通过数字签名和数字信封技术分别使发送方和接收方不能否认发送、接收的信息，当交易出现纠纷时，能够防止交易双方否认已经发生的交易。

（5）能够处理电子商务交易的多边支付问题。

电子商务交易涉及用户、商家和银行等多方，交易各方需要准确地得到所需的业务信息才能完成交易，并且出于信息安全的考虑也需要防止交易各方得到其他参与者的信息。电子支付系统需要能够处理这种电子商务交易中的多边问题，可以通过双重签名等技术来实现。

4．电子支付系统的分类

电子支付系统按照时间的先后可以分为预支付（Pre-paid）系统、即时支付（Instant-paid）系统和后支付（Post-paid）系统。

1）预支付系统

预支付系统是目前银行和在线商店首选的支付方式之一。预支付指的是先付款，之后才能购买到相应的商品和服务。对于卖方而言，他们要求顾客预先支付，这样就可以有效地利用顾客预先支付的资金，并且不需要支付利息，同时又能保证卖方的欺诈行为。预支付系统的工作方式就像真实商店中购物一样，顾客用现金支付所需购买商品的金额，然后才得到所需的商品。一般来说，预支付系统是通过将电子货币保存到智能卡上或硬盘中的方式来工作的。这些保存了电子货币的文件称为虚拟钱包。

2）即时支付系统

即时支付系统是指在交易发生的同时，在买方收到商品时，将钱从银行账户中转入卖方。即时支付系统由于其时效性，实现起来比较复杂，而且要求即时支付系统必须直接访问银行的内部数据库，同时其安全措施也比其他支付系统更加严格。基于互联网的即时支付系统是在线支付的基本模式。

3）后支付系统

后支付系统是指允许顾客在购买商品之后再进行付款。例如信用卡支付系统，在现实生活中的交易和网上交易过程中，都是最为普遍、最典型的后支付系统。该系统是一种“延时付款”的支付系统，特点是通过银行提供消费贷款完成网上支付。将信用卡的账号和密码发送给银行直接进行网上支付，其结构和业务流程适合 B2C 模式和小额的 B2B 模式。

4.2 电子支付的工具

4.2.1 银行卡

银行卡是由银行发行，供客户办理存取款业务的新型服务工具的总称。银行卡包括信用卡、借记卡、支票卡、自动出纳机卡、记账卡等。银行卡支付是金融服务的常见方式，电子商务中，在网络环境下通过 SET 协议进行网络直接支付，具体方式是用户网上发送银行卡号和密码，加密发送到银行进行支付，在支付过程中会验证用户、商家和付款要求的合法性。银行卡类的电子商务支付工具主要包括信用卡和借记卡；从银行卡的介质的角度看，目前智能卡在电子商务中也有重要的应用。

1. 信用卡

信用卡，又称贷记卡，是发卡银行给予持卡人一定的信用额度，持卡人可在信用额度内先消费后还款的信用凭证。信用卡是电子支付中常用的工具之一，目前信用卡支付主要有 4 种方式：无安全措施的信用卡支付、通过第三方代理人的支付、简单信用卡加密及 SET 信用卡。

1）无安全措施的信用卡支付

持卡人通过网络向卖家订货，信用卡信息通过电话、传真等非网络方式传送，或者通过互联网传送但是没有任何安全措施，卖家和银行之间使用各自现有的银行商家专用网络授权来检查信用卡的真伪。这种方式存在一定的风险，首先买家有可能否认购买行为，并且，无安全措施的信用卡信息传输可能导致信息被盗取。

2）通过第三方代理人的支付

通过第三方代理人的支付能够在一定程度上增加银行卡事务处理的安全性，在这种支付方式中，卖家看不到买家的信用卡信息，避免信用卡信息因在网上多次公开传输而被盗取。

3）简单信用卡加密

简单信用卡加密支付方式会将被买家输入浏览器或其他电子商务设备的信用卡信息简单加密，安全的作为加密信息通过网络从买家向卖家传递，采用的加密协议包括 SHTTP、SSL 等。

4）SET 信用卡

安全电子交易（SET）协议是由 VISA 国际卡组织等机构推出的，采用 SET 信用卡支付方式是指交易各方之间的信息传递都使用 SET 协议，以保证信息的安全性。

2. 借记卡

借记卡可以通过网络和 POS 机消费或通过 ATM 进行转账和取款。借记卡不具有信用额度，因此不能透支，使用借记卡进行消费或转账、取款时资金直接从储蓄账户划出，并且借记卡在使用时一般需要密码。因此，相对于信用卡，借记卡具有低风险、低运营成本等优势。

使用借记卡进行交易时，一般涉及 4 个参与者：持卡人、商家、金融机构及地区性或全国性的银行卡组织。借记卡的主要用途包括，在指定的特约商店购物消费、在各成员银行存取现及在 ATM 上存取现金，目前很多银行都提供借记卡网上支付的功能。

3. 智能卡

智能卡是带有微处理器的 IC 卡，由于智能卡已逐渐成为 IC 卡的主流，因此在现实生活中人们提到的 IC 卡通常指智能卡。银行卡信息的载体，也就是介质，按照发展经历可分为 4 个阶段，塑料卡、磁卡、IC 卡和激光卡，目前银行卡的主要介质是 IC 卡，激光卡尚在实验阶段。20 世纪 70 年代中期，法国 Roland Moreno 公司采取在一张信用卡大小的塑料卡片上安装嵌入式存储器芯片的方法，率先开发成功 IC 存储卡。经过 20 多年的发展，产生了具有处理能力的智能卡，即在塑料卡上安装嵌入式微型控制器芯片的 IC 卡，已由摩托罗拉和 Bull HN 公司于 1997 年研制成功。

智能卡与 ATM 卡的区别在于两者分别是通过嵌入式芯片和磁条来储存信息的，但由于智能卡存储信息量较大，存储信息的范围较广，安全性也较好，因而逐渐引起人们的重视。目前，智能卡的应用已经扩展到金融、商业、交通、医疗保险、身份识别等各个领域。

在电子支付中，智能卡可以用于建立电子钱包、电子存折等，下载用户安全加密算法。卡内存储器可建立通用的文件目录，芯片内根目录下建立的密钥文件中包括持卡人账户信息文件、私钥文件、持卡人口令文件、口令解锁密钥等。因此，智能卡大多用于身份识别，用作加密、解密和支付工具。由于智能卡具有便携、抗干扰能力强、信息容量大、安全性高和成本低的优点，非常适合电子商务的交易背景，在电子商务中的应用前景十分广泛。

首先是在安全存储方面。在电子商务中，数字证书、签名私钥等重要数据需要可靠的介质来储存。由于智能卡具有保密程度高、可靠性强、携带方便等特点，成为安全存储介质的最佳选择，非常适合个人用户使用；并且智能卡使用软件加密技术对重要数据进行保护，更加安全可靠，能够显著提高电子商务交易的安全性。其次是在身份认证方面。数字证书可以对个人、组织、设备等各种元素进行身份标识，将数字证书放在智能卡中就相当于电子身份证，卡内数据不可能被非法篡改。最后，就是在电子支付方面，智能卡同时作为银行卡和安全的存储介质，既可以存储电子现金、数字证书、签名密钥、信用卡账号等敏感数据，又可以用于在线支付。

4.2.2　电子钱包

电子钱包是电子商务交易中网络购物用户常用的一种支付工具，尤其是在小额购物或购买小商品时，本质上是用于让用户进行电子交易和储存交易记录的计算机软件。在电子钱包中可以存放用户的银行卡账号、电子现金、身份证书及个人信息，一个电子钱包中可以存放不同发行银行的多种银行卡，通常装在电子钱包中的银行卡也需要申请数字证书。电子钱包一般具有以下功能。

（1）管理电子安全证书，包括电子安全证书的申请、存储和删除等操作。

（2）个人资料管理。用户可以通过电子钱包的用户端软件在其服务器中存储个人资料，并且进行个人资料的修改和删除。

（3）网上付款。用户可以利用电子钱包进行电子支付，只需在电子钱包中选择用于支付的银行卡或电子现金，确认支付即可。

（4）保障电子交易的安全。进行 SET 交易时能够识别用户身份并发送交易信息，保证了交易的安全。

（5）保存交易记录。电子钱包能够保存每一笔交易记录以备日后查询，持卡人在进行网上购物时，卡户信息（如账号和到期日期）及支付指令可以通过电子钱包软件进行加密传送和有效性验证。

电子钱包由两部分组成：安装在用户个人计算机上的电子钱包客户端和安装在银行或第三方金融机构的电子钱包服务器。在电子钱包内只能添加电子货币，即装入智能卡（IC 卡）、电子现金、电子零钱、安全零钱、电子信用卡、在线货币、数字货币和网络货币等。使用电子钱包时，可以将电子钱包通过有关的电子钱包的应用软件安装到电子商务服务器上，利用电子钱包服务系统就可以把自己电子钱包内各种电子货币上的数据输入进去。

电子钱包的在线支付流程如下：

（1）用户通过互联网在网上商店中挑选产品，挑选好后确认购买；

（2）如果该网上商店支持用户所安装的电子钱包，电子钱包客户端将自动激活，显示登录窗口，供用户输入用户名和密码；

（3）用户在电子钱包中选择用于支付的银行卡或电子现金等，并确认支付信息；

（4）用户的订单与支付指令通过电子钱包客户端安全地传送到电子钱包服务器，并由电子钱包服务器和和商家服务器建立安全的 SET 通信；

（5）电子钱包服务器返回支付响应给电子钱包客户端；

（6）支付完成，商家向用户提供相应的商品或服务，并且电子钱包服务器会将交易数据记录下来。

除支付系统外，在电子商务服务系统中设有电子货币和电子钱包的功能管理模块，叫作电子钱包管理器，用户可以用它来改变保密口令或保密方式，用它来查看自己银行账号上的收付往来的电子货币账目、清单和数据。并且，电子商务服务系统中还有电子交易记录器，用户可以通过查询记录器查询全部交易记录。

4.2.3 电子现金

电子现金又称数字现金，是一种以数据形式流通的货币，它把一定金额的现金转换成一系列的加密序列数，通过这些序列数来表示现实中各种金额的市值，通过使用某些电子化方法可以将该数据直接转移给支付对象，从而实现货币的支付。在使用时，用户只要在开展电子现金业务的银行开设账户并存钱，就可以在接受电子现金的商店购物了。电子现金在电子商务交易中起着与普通现金同样的作用，对电子商务交易的完成至关重要。出于功能和安全性的考虑，电子现金应具备以下性质：

（1）独立性，电子现金的安全性不能只靠物理上的安全来保证，必须通过电子现金自身使用的各项密码技术来保证电子现金的安全；

（2）不可重复花费，电子现金只能使用一次，重复花费可以轻易地被检查出来；

（3）匿名性，即使综合银行和商家的信息也不能对电子现金进行跟踪，通过电子现金的支付数据无法将用户和支付行为联系到一起，从而隐蔽电子现金用户的购买历史；

（4）不可伪造性，用户不能伪造电子现金，包括两种情况：一是用户不能凭空制造有效的电子现金；二是用户从银行提取 N 个有效的电子现金后，也不能根据提取和支付这 N 个电子现金的信息制造出有效的电子现金；

（5）可传递性，用户能将电子现金像普通现金一样在用户之间任意转让，且不能被跟踪；

（6）可分性，电子现金不仅能作为整体使用，还应能被分为更小的部分多次使用，只要各部分的面额之和与原电子现金面额相等，就可以进行任意金额的支付；

（7）方便性，电子现金完全脱离实物载体，使得用户在支付过程中不受时间、地点的限制，使用更加方便；

（8）成本低，电子现金的发行成本、交易成本都比较低，而且不存在运输成本。

简单来说，开通电子现金服务就在银行卡上叠加了一个电子现金账户，账户可以通过银行进行管理，在刷卡时可以选择使用银行卡账户或电子现金账户。但是，电子现金的性质和现金一样，不记名、不挂失，能够在付款时实现不需要密码的快速支付，类似于公交 IC 卡，因此一般用于小额支付。例如，银联闪付（Quick Pass）是银联的非接触式支付产品，在标记有“闪付”的 POS 机上可以通过各银行发行的 IC 卡或手机使用电子现金进行无密码快捷支付。

根据其交易的载体，可以将电子现金系统分为基于账户的电子现金系统和基于代金券的电子现金系统。电子现金系统根据电子现金在花费时商家是否需要与银行进行联机验证，分为联机电子先进系统和脱机电子现金系统。根据一个电子现金是否可以合法地支付多次，将电子现金分为可分电子现金和不可分电子现金。常见的电子现金应用系统有 E-Cash、World Pay 和 Cyber Coin。

虽然电子现金具有许多优点并得到了广泛的应用，但是仍存在以下问题：

（1）流通受到限制，目前接受电子现金的商家比较有限，使得电子现金不能像真正的现金一样流通广泛；

（2）运行成本高，电子现金的应用对软/硬件技术的要求都很高，银行也需要建立大型的数据库存储发行的电子现金的序列号和电子现金的使用记录，这使得电子现金的应用成本增加；

（3）存在使用风险，一方面，如果用户的硬盘损坏，电子现金将丢失且无法恢复；另一方面，电子伪钞的出现会给银行和用户带来更大的使用风险；

（4）发行的监管问题，从技术上，企业也可以发行电子现金，如果企业对电子现金的发行量不进行有效的控制，甚至会在国家层面造成影响。

4.2.4　电子支票

电子支票也称数字支票，是一种借鉴纸张支票转移支付的优点，利用数字传递将钱款从一个账户转移到另一个账户的电子付款形式，主要用于大额资金的传输。这种电子支票是将传统支票的全部内容电子化和数字化，形成电子版的标准格式，在用户、银行间的计算机网络上以密码的方式进行传递，多数使用公用关键字加密签名或个人身份证号码（PIN）代替手写签名，能够自动对数字签名进行审核和确认。用电子支票支付，事务处理费用较低，而且银行也能为参与电子商务的商户提供标准化的资金信息，故而可能是最有效率的支付手段。电子支票的优势如下。

（1）电子支票非常适合在线电子支付。电子支票支持新的结算流，可以自动审核和验证交易各方的数字签名，增强了每个交易环节的安全性，并且能够与基于 EDI 的电子订货集成来实现结算业务的自动化。

（2）电子支票的使用方式与传统支票基本相同，用户能够很快接受这种电子支付工具而不需要学习。电子支票保留了纸制支票的基本特征和灵活性，在此基础上加强了纸制支票的功能，易于理解，能得到迅速推广。

（3）安全、可靠，降低用户风险。电子支票通过使用数字证书、数字签名、加密技术及唯一电子支票号码检验技术的方式来保证用户资金的安全；并且可以在收到支票时验证付款者的签名和资金状况，避免收到空头支票或无效支票，降低了风险。

（4）降低时间和人力、物力成本。首先，电子支票能够在任何时间、地点通过计算机网络进行传输，显著提升了支票的传递速度，大大缩减了支票的在途时间，降低用户的在途资金损耗；并且，电子支票的整个处理过程实现了自动化、网络化，在一定程度上降低了银行的处理成本，节省人力、物力。

使用电子支票进行网上支付时，用户使用电子支票簿来代替传统的支票簿，电子支票上的签名采用的是数字签名技术，并通过认证中心鉴别用户的身份。电子支票的支付流程与传统支票类似，其基本支付流程如下：

（1）付款人和收款人达成交易协议并选择使用电子支票进行支付；

（2）付款人利用电子支票簿产生电子支票，并通过互联网将电子支票传送给收款人；

（3）收款人验证付款人签名，验证无误后将电子支票进行背书，并发送给收款人银行进行索付；

（4）收款人银行在经过认证后把电子支票发送给自动清算所的资金清算系统，兑换资金进行清算；

（5）自动清算所向付款人银行申请兑换支票，并把兑换得到的资金发送到收款人的收款银行；

（6）收款人银行向收款人发出款项到账通知，资金入账。

从电子支票的基本支付流程中可以看出，电子支票和电子现金的架构类似，最大的不同在于电子现金需要其发行机构对所发行的电子现金进行担保，而电子支票则需要付款人为其开出的电子支票进行担保。因此，付款人在电子支票上的数字签名和发行机构在电子现金上的数字签名都非常重要。

4.2.5　其他电子支付工具

除上述电子支付工具之外，还有电子零钱、安全零钱、在线货币、数字货币、微支付等电子支付工具。这些电子支付工具的共同特点是将现金或货币电子化和数字化，方便其在网络中的传输、支付和结算，实现电子支付。

4.3　电子支付的类型

4.3.1　网络支付

网络支付也称网络支付与结算，是指以金融电子化网络为基础，以商用电子化工具和各类交易卡为媒介，采用现代计算机技术和通信技术为手段，通过计算机网络特别是互联网，以电子信息传递形式来实现货币的流通和支付。网络支付是电子支付的一种形式，它基于电子支付和互联网，也是电子支付的一个最新发展阶段。广义地讲，网上支付是以互联网为基础，利用银行所支持的某种数字金融工具，发生在购买者和销售者之间的金融交换，实现从买者到金融机构、商家之间的在线货币支付、现金流转、资金清算、查询统计等过程，由电子商务服务和其他服务提供金融支持，是基于互联网的电子商务的核心。

1．网络支付的基本功能

（1）认证交易双方、保障支付安全。在电子商务交易中，需要对参与交易的各方身份的有效性进行认证，通过认证机构或注册机构向参与各方发放数字证书，以证实其身份的合法性。网络支付需要能够使用数字签名和数字证书等实现对电子商务交易各方的认证，以保障支付安全。

（2）加密信息流。对于支付信息，网络支付可以采用单密钥体制或双密钥体制进行加密和解密，对于支付中的数据传输，可以采用数字信封、数字签名等技术加强其保密性与完整性，防止未被授权的第三者获取信息的真正含义。

（3）确认支付电子信息的真伪。为了保护数据不被未授权者建立、嵌入、删除、篡改、重放等，完整无缺地到达接收者一方，在网络支付中可以使用数据摘要技术。

（4）保证交易行为和业务的不可否认性。对于电子商务交易中可能产生的纠纷，必须保证对相关行为或业务的不可否认性。因此，网络支付系统必须在交易的过程中生成或提供足够充分的证据来迅速辨别交易纠纷中的是非，可以用数字签名等技术来实现。

（5）处理电子商务交易业务的多边支付问题。电子商务的支付结算牵涉客户、商家和银行等多方，传送的交易信息与支付指令信息必须连接在一起，因为商家只有确认了某些支付信息后才会继续交易，银行也只有确认支付才会提供支付；并且为了保证信息安全，交易各方不能读取交易中其他环节所需的信息。网络支付系统需要具备处理多边支付问题的能力，这种多边支付的关系能够借用系统提供的诸如双重数字签名等技术来实现。

2．网络支付的特征

通过与传统支付方式的比较，可以看出网络支付具有下列特征。

（1）网络支付是采用先进的技术通过数字流转来完成信息传输的，各种支付方式都是采用数字化的方式进行款项支付的；而传统的支付方式则是通过现金的流转、票据的转让及银行的汇兑等物理实体流转来完成款项支付的。

（2）网络支付的工作环境基于一个开放的系统平台（即互联网）；而传统支付则是在

较为封闭的系统中运作的。

（3）网络支付使用的是最先进的通信手段，而传统支付使用的则是传统的通信媒介。网络支付对系统的软/硬件要求很高，一般需要有接入互联网的个人计算机、相关软件、服务器及其他一些配套设施，而传统支付则没有这么高的要求。

（4）网络支付具有方便、快捷、高效、经济的优势。网络支付可以完全突破时间和空间的限制，用户只要拥有一台上网的个人计算机，就可以随时随地进行网络支付。并且，网络支付的手续和过程并不复杂，能够提高交易的支付效率，在很短的时间内完成整个支付过程。由于节省了相当的人力、物力，网络支付的支付成本仅相当于传统支付的几十分之一，甚至几百分之一。

3. 网络支付的流程

网络支付体系借助银行提供的支付工具和支付系统及金融专用网的支持，参与方包括用户、网商、银行，还有可能包含第三方电了支付组织。目前，基于互联网平台的网络支付一般流程如下。

（1）用户连接到互联网，通过浏览器在网上浏览商品，在确定所选择的货物后，用户填写网络订单并选择应用的网络支付结算工具，如银行卡、电子钱包、电子现金、电子支票或网络银行账号等。接下来，客户机对相关订单信息（如支付信息）进行加密，在网上提交订单。

（2）商家服务器对用户的订单信息进行检查、确认，并把相关的、经过加密的客户支付信息发送给支付网关，直到得到银行专用网络的银行后台业务服务器的确认，从银行等电子货币发行机构验证得到支付资金的授权。

（3）银行验证确认后，通过建立起来的经由支付网关的加密通信通道，给商家服务器回送确认及支付结算信息，为进一步的安全，给用户回送支付授权请求（也可没有）。

（4）银行得到用户传来的进一步授权结算信息后，把资金从用户的银行账户转到商家的银行账户，借助金融专用网进行结算，并分别给商家、用户发送支付结算成功信息。

（5）商家服务器收到银行发来的结算成功信息后，给用户发送网络付款成功信息和发货通知。

综上，这就是一次典型的网络支付结算流程，商家和用户可以分别借助网络查询自己的资金余额信息和交易明细，以进一步核对。

4.3.2　移动支付

随着移动智能终端的普及，以及移动互联网的兴起，移动支付作为一个潜力巨大的市场，正在逐渐打开，移动支付的创新也正在加速。移动支付除了具备传统互联网支付的所有功能之外，由于移动终端便于随身携带及具备即时身份识别功能，加之互联网支付本身具备便捷、低成本等优势，其集合了转账汇款及线下实时支付的功能。因此，移动支付不仅在很大程度上摆脱了银行网点的约束，也具备了替代现金支付的潜力，移动互联网支付也成为互联网支付领域发展最快的区块。

从发展路径上看，移动支付主要有两大代表方式：一是以 NFC 为代表的近端支付；

二是远程支付。近端支付的网络相对封闭，账户介质与读写终端数据交互，地域特性和保护性强，通过蓝牙、红外、声波等短距离通信技术让手机终端与收款终端实现交互。远程支付则通过远程通信技术完成支付，一点接入网络、数据集中处理，在技术解决方案方面，条形码支付、二维码支付、语音支付、指纹支付、声波支付等创新也层出不穷。

1. 移动支付概述

移动支付又称无线支付、手机支付，是允许用户使用其移动终端（通常是手机）对所消费的商品或服务进行账务支付的一种服务方式，具有随时随地、方便快捷、安全等诸多优点。它将用户的手机号码和银行账号进行绑定，通过手机短信、语音等操作方式，随时随地为手机用户提供移动的个性化金融服务和快捷的支付渠道。移动支付将其终端设备的便携性和电子支付的自主性相结合，而庞大的移动用户和银行客户规模优势又是移动支付发展的良好基础。整个移动支付价值链包括移动运营商、支付服务商、应用提供商、设备供应商、系统集成商、商家和终端用户。

按照欧洲银行标准化协会在 TR603（European Committee for Banking Standards, “Business and Functional Requirements for Mobile Payments”）的定义，可按照支付金额的大小和地理位置的远近对移动支付业务进行分类。

1）按支付金额划分

微支付：支付金额低于 2 欧元的情况下，一般划归为微支付类型。

小额支付：支付金额介于 2~25 欧元之间的称为小额支付。

大额支付：支付金额在 25 欧元以上的则为大额支付。

将移动支付按照交易金额进行分类，主要是出于对风险的考虑。交易金额不同，风险程度也不一样，因此，小额支付和大额支付有不同的发展侧重点。微支付、小额支付注重交易的方便性和迅速性，大额支付则更注重交易的安全性，因此，大额支付需要有可靠的金融机构进行交易鉴权，而小额支付使用移动网络本身的 SIM 卡鉴权机制就足够了。

2）按地理位置划分

远程支付：远程支付可以不受地理位置的约束，独立或依托网上购物、电话购物、银行业务等环境，以银行账户、手机话费或虚拟预存储账户为支付账户，以短信、语音、WAP 等方式提起业务请求，一般用于购买数字产品、订购天气预报、订购外汇牌价等银行服务、代缴水电费、为购买的现实商品付款等。

近端支付：利用 NFC（Near Field Communication，近距离通信技术）、红外线、蓝牙、射频识别（RFID），使得手机和自动售货机、POS 终端、汽车停放收费表等终端设备之间实现本地化通信。真正用手机完成面对面（Face-to-Face）的交易。

远程支付和近端支付是移动支付最具代表性的两种支付方式。不同距离的支付，技术实现方式也不同，远程支付的主要技术实现方式有 SMS、WAP、IVR、K-java/BREW、USSD（Unstructured Supplementary Service Data，非结构化补充服务数据业务）等；近距离移动支付的主要技术实现方式有红外、NFC、射频识别等，如表 4.1 所示。

表 4.1　不同距离移动支付技术实现方式

分类	技术实现方式	优　势	劣　势
远程支付	SMS	业务实现简单	安全性差，操作烦琐、交互性差、响应时间不确定
	IVR	稳定性较高，实时性较好，系统实现相对简单，对用户的移动终端无要求，服务提供商可以很方便地对系统进行升级并不断提供新的服务	服务的操作复杂，耗时较长，通信费用相对较高，不适用于大额支付
	WAP	面向连接的浏览器方式、交互性强	响应速度较慢、需要终端支持、终端设置较为复杂、支付成本高、不适合频繁小额支付
	K-Java/Brew	可移植性强、网络资源消耗与服务器负载较低、界面友好、保密性高	需要 WAP 推动网关，需要终端支持，需要为不同终端编译不同的版本支持
	USSD	可视操作界面、实时连接、交互速度较快、安全性较高、交易成本低	需要终端支持、通信运营商的支持，有地域差异
近端支付	红外	成本较低、终端普及率高、不易被干扰	传输距离有限、信号具有方向性
	NFC	安全性高、速度快、存储量大	成本高、基础设施投入大、需要终端支持
	射频识别	易于操控、识别速度快、数据容量大、使用寿命长、能够实现动态实时通信	成本高、安全性不够强、技术标准不统一

3）按支付账户的性质划分

按照支付账户的性质，移动支付可以分为银行卡支付、第三方支付账户支付、通信代收费账户支付。银行卡支付就是直接采用银行的借记卡或贷记卡账户进行支付的形式。

第三方账户支付是指为用户提供与银行或金融机构支付结算系统接口的通道服务，实现资金转移和支付结算功能的一种支付服务。第三方支付机构作为双方交易的支付结算服务的中间商，需要提供支付服务通道，并通过第三方支付平台实现交易和资金转移结算安排的功能。

4）按支付的结算模式划分

即时支付是指支付服务提供商将交易资金从买家的账户即时划拨到卖家账户。一般应用于“一手交钱一手交货”的业务场景（如商场购物），或应用于信誉度很高的 B2C 及 B2B 电子商务。

担保支付是指支付服务提供商先接收卖家的货款，但并不马上支付给卖家，而是通知卖家货款已冻结，买家收到货物并确认后，支付服务提供商将货款划拨到卖家账户。支付服务商不仅负责资本的划拨，还要为不信任的买卖双方提供信用担保。担保支付业务为开展基于互联网的电子商务提供了基础，特别是对于没有信誉度的 C2C 交易及信誉度不高的 B2C 交易。

5）按用户账户的存放模式划分

在线支付是指用户账户存放在支付提供商的支付平台上，用户消费时，直接在支付平台的用户账户中扣款。

离线支付是用户账户存放在智能卡中，用户消费时，直接通过 POS 机在用户智能卡的账户中扣款。

2. 移动支付的商业模式

按照运营主体的不同，目前移动支付商业模式主要有以下三类：以移动运营商为运营主体的移动支付业务、以银行为运营主体的移动支付业务和以独立的第三方为运营主体的移动支付业务。

1）移动运营商为运营主体

当移动运营商作为移动支付平台的运营主体时，移动运营商会将用户的手机话费账户或专门的小额账户作为移动支付账户，用户所发生的移动支付交易费用全部从用户的话费账户或小额账户中扣减。这种运营模式的特点是：能够直接与用户发生关系，不需要银行参与，技术实现简便；并且运营商需要承担部分金融机构的责任，如果发生大额交易，将与国家金融政策发生抵触；但是无法对非话费类业务出具发票，税务处理复杂。

2）银行为运营主体

在以银行为主体的移动支付中，银行通过专线与移动通信网络实现互联，将银行账户与手机账户绑定，用户通过银行卡账户进行移动支付。银行为用户提供交易平台和付款途径，移动运营商业只为银行和用户提供信息通道，不参与支付过程。当前中国大部分提供手机银行业务的银行（如招商银行、广发银行、工行等）都有自己运营的移动支付平台。这种运营方式的特点是：各银行只能为本行用户提供手机银行服务，移动支付业务不能实现跨行互联互通；除此之外，各银行都要购置自己的设备并开发自己的系统，因而会造成较大的资源浪费；并且对终端设备安全性的要求很高，用户需要更换手机或 STK 卡。

3）独立的第三方为运营主体

移动支付服务提供商（或移动支付平台运营商）是独立于银行和移动运营商的第三方经济实体，也是连接移动运营商、银行和商家的桥梁和纽带。通过交易平台运营商，用户可以轻松实现跨银行的移动支付服务。这种运营方式的特点是：该业务模式下移动运营商、银行和第三方之间权责明确，提高了商务运作的效率；平台运营商简化了其他环节之间的关系，但在无形中为自己增加了处理各种关系的负担；在市场推广能力、技术研发能力、资金运作能力等方面，都要求平台运营商具有很高的行业号召力。

这三类商业模式各有优/缺点，以移动运营商为运营主体的移动支付存在于移动支付的早期阶段，只局限于小额支付。目前，以第三方为运营主体的移动支付商业模式，由于其功能全面、支持多种支付工具、用户体验效果较好等优势，成为移动支付市场的主流。在移动支付业务产业价值链中，移动运营商、银行和第三方机构拥有各自不同的资源优势，只有彼此合理分工、密切合作，建立科学的移动支付业务运作模式，才能推动移动支付业务的健康发展，实现共赢，为用户带来更加方便、安全的支付体验。

3. 移动支付的典型应用

技术的进步驱动了电子支付应用场景和方式的不断丰富。随着移动互联网技术的发展和应用水平的提升，扫码支付、刷卡支付、信用卡还款、生活缴费、红包等应用场景应运而生；与此同时，由于生物认证技术的发展，网络支付领域出现了指纹识别支付和人脸识别支付等应用方式。应用场景和方式的丰富顺应了网络支付平台化的发展思路，促进了网上支付商业模式和变现途径的创新。目前，国内主流的移动支付方式包括手机银行和第三方移动支付平台。

1）手机银行

手机银行也称为移动银行，是利用移动通信网络及终端办理相关银行业务的简称。作为一种电子货币与移动通信相结合的崭新服务，手机银行业务不仅可以使人们在任何时间、任何地点处理包括电子支付在内的多种金融业务，而且丰富了银行服务的内涵，使银行能够为客户提供更加便利、高效而又安全的服务。

2）第三方移动支付平台

第三方移动支付是第三方支付平台基于移动终端的应用。目前国内主要的第三方平台移动支付包括微信支付和支付宝手机客户端。微信支付是集成在微信客户端的支付功能，用户可以通过手机完成快速的支付流程。微信支付以绑定银行卡的快捷支付为基础，向用户提供安全、快捷、高效的支付服务。用户只需在微信中关联一张银行卡，并完成身份认证，即可将装有微信 APP 的智能手机变成一个全能钱包，之后即可购买合作商户的商品及服务，用户在支付时只需在自己的智能手机上输入密码，无须任何刷卡步骤即可完成支付，整个过程简便流畅。目前微信支付已实现刷卡支付、扫码支付、公众号支付、APP 支付，并提供企业红包、代金券、立减优惠等营销新工具，满足用户及商户的不同支付场景。

支付宝手机客户端是支付宝官方推出的集手机支付和生活应用为一体的手机软件，通过加密传输、手机认证等安全保障体系，让用户随时随地实现淘宝交易付款、手机充值、转账、信用卡还款、买彩票、水电煤缴费等功能。支付宝手机客户端能够实现和支付宝电脑版相同的功能，支持账户余额、快捷支付、消费信贷产品支付等支付方式。

4.3.3 电话支付

电话支付是电子支付的一种线下实现形式，是指消费者使用电话（固定电话、手机）或其他类似电话的终端设备，通过银行系统从个人银行账户里直接完成付款的方式。电话支付的优势包括：交易安全、成本较低、操作简便、业务扩展性强等特点。在电话支付中，终端与电话支付平台通过 PSTN 网络连接，满足银行卡交易对网络安全的需要；并且对磁道信息、密码等数据使用 PSAM 卡进行加密操作，因此在网络和信息方面都具有较高的安全性。电话支付对报文进行 MAC 校验，保证报文的完整与不被篡改，具有信息完整性。除以上两点之外，电话支付以菜单和操作提示信息引导用户完成业务，交互性强、操作简单、用户界面友好。与同类产品相比，电话支付的终端具有较大的成本优势，运营维护成本较低；并且业务加载无须对终端和平台进行改造，承载业务内容丰富，具有较好的灵活性和可扩展性。

电话支付具有很大的潜力，但仍存在一些问题，主要体现在如下几个方面。

（1）应用内容有待丰富。电话支付目前的应用相对缺乏，除自助金融业务、水电煤等传统支付业务外，有特色的、能吸引用户使用的业务不多，不能有效满足用户需要。

（2）业务规模需进一步扩大。对普通用户来说，电话支付还是一种新兴的支付方式，应通过营销模式创新和业务模式创新，从业务品牌、应用拓展、市场细分、渠道发展、终端促销推广等多个角度推动业务发展，扩大业务规模。另外，可以通过电信运营商和金融机构的客户资源细分用户群，明确业务需求，发展潜在用户，并通过每月用户消费数据的分析，采取措施，提高用户业务使用频率。

（3）盈利模式的探讨。目前各方的利润主要来自通信费用、功能使用费、代理佣金、银行卡手续费等几方面。而用户使用电话支付业务需要特定的电话支付终端，业务发展初期的业务运营成本包括终端补贴、平台建设、运营维护、宣传营销等。这就需要在扩大用户规模、增加规模效益的同时，探讨电话支付业务新的盈利模式，拓宽盈利渠道。

4.4　网上银行

越来越激烈的竞争环境使得银行不得不对传统的线下服务方式进行思考和改变，新兴的网上银行正是银行传统服务方式与互联网平台的结合，具有方便、快捷、低成本的优势，是商业银行发展的新趋势。目前，中国商业银行已经开展了各式各样的网上银行服务，基本满足了用户的需求。艾瑞咨询的一项调查显示，2014 年中国电子支付用户网上银行支付的渗透率达到 49.8%，说明在发展迅速的电子支付市场，网上银行支付也成为最主要的支付方式之一。

4.4.1　网上银行与网上银行支付

网上银行（Internet Banking）又称网络银行、在线银行，是银行业务在网络上的延伸，它利用数字通信技术，以互联网为基础的交易平台和服务渠道，在线为客户办理结算、查询、对账、行内转账、跨行转账、信贷、投资理财等传统服务项目，使客户可以足不出户就能够安全、便捷地管理活期和定期存款、支票、信用卡及个人投资等。网上银行也称为“3A 银行”，“3A”的含义是：可以使客户在任何时间（Anytime）、任何地点（Anywhere）、以任何方式（Anyhow）享受银行提供的金融服务。网上银行系统一般由客户机前台子系统、银行后端业务处理子系统、支付密码管理子系统、通信子系统和保密子系统组成。

网上银行支付是电子支付中网络支付的一种形式，是指直接通过登录网上银行进行支付的支付方式。用户只需要为自己的银行账户开通网上银行功能，就能通过网络进行在线支付。并且，这种支付方式直接通过银行卡进行支付，支付时完全是在银行的网上银行界面输入信息并验证支付密码的。因此，网上银行支付具有稳定易用、安全可靠的优点。

4.4.2　网上银行的优势

网上银行由于是以互联网为基础的高科技银行服务手段，与传统的银行服务体系相比，具有服务质量高、运营成本低、突破时间和地域限制及金融服务多元化的优势。

（1）服务质量高。网上银行快捷、高效的服务更能满足用户多样化的需求。随着各种金融服务产品的出现，金融市场的竞争越来越激烈，用户对服务的要求也更加重视效率和体验。相对于传统银行服务，用户可以通过网上银行随时随地对银行账户进行操作，节约了交通、排队等候的时间，减少了银行服务的中间环节，提供大范围、全天候、实时的服务，提高了银行的服务质量。

（2）运营成本低。网上银行的广泛应用极大地降低了银行的运营成本。推广网上银行，可以使得银行在保持原有业务处理量不变的情况下，减少固定网点数量和工作人员数量，并且网上银行实现了交易和业务的无纸化办公，极大地节省人力物力，降低了银行的运营成本，提高了银行的竞争力。

（3）突破时间和地域限制。传统银行的服务受到营业时间和网点覆盖面积（也就是时间和地域）两方面的限制，因此为了保证服务质量，银行往往需要大量开设网点，以保证覆盖面积。而网上银行不受时间和地域的限制，用户可以通过互联网，在任何时间、任何地点享受网上银行提供的优质服务。

（4）金融服务多元化。传统银行所提供的服务，无论是分行、ATM 还是电话语音，都无法像网上银行一样提供多元化的信息与服务。网上银行不仅可以使个人或企业通过网络实时地进行信息查询、在线支付，还可以实现在线理财、企业集团服务、网络转账、国际收支申报等多元化的金融服务。

4.4.3 网上银行提供的服务产品

网上银行在电子商务中的应用主要表现为，利用互联网的优势，为客户提供基于互联网的全新的服务产品，这些服务主要包括以下内容。

（1）信息服务。通过网站发布储蓄利率、国际金融信息、外汇市场行情等信息，为客户提供必要的软件与数据下载服务，如网上个人银行专业版软件。

（2）银行业务项目。网上银行提供的银行业务项目包括储蓄业务、信用卡业务、在线查询账户余额、交易记录、转账业务和网上支付等。

（3）投资理财。网上银行向客户提供国债、股票、基金、期货等金融理财产品。各大银行将传统银行业务中的理财助理转移到网上，通过网络为客户提供理财的各种解决方案，从而极大地扩大了商业银行的服务范围，并降低了相关的服务成本。

（4）外汇交易。许多银行已开通国际业务、外汇储蓄业务，在此基础上为客户提供网上外汇交易业务。

（5）企业银行。企业银行服务是网上银行服务中最重要的部分之一。其服务品种比个人客户的服务品种多，也更为复杂，对相关技术的要求也更高，所以能够为企业提供网上银行服务是商业银行实力的象征。企业银行服务包括对企业多个账户（总账户与分账户）的管理、提供账户余额查询、交易记录查询、转账、在线支付各种费用、透支保护、储蓄账户与支票账户资金自动划拨、商业信用卡等。部分网上银行还为企业提供贷款业务。

（6）其他金融服务。各大商业银行的网上银行还通过自身或与其他金融服务网站联合的方式，为客户提供多种金融衍生产品和特色服务，如银证转账、保险、抵押贷款和按揭等，以扩大网上银行的服务范围。

总体来说，网上银行已经不局限于传统的银行产品和服务，作为重要的支付中介，网上银行已经成为保险公司、证券公司、基金等金融机构的合作伙伴。这些金融机构通过网上银行销售金融产品，拓宽自身的销售渠道。网上银行除了收取这些服务的佣金之外，还能因为金融机构拓宽销售渠道而获得报酬。

4.5　第三方支付

4.5.1　第三方支付概述

第三方支付是电子商务发展的需要。电子商务交易离不开电子支付，而传统的银行支付方式只具备资金的转移功能，不能对交易双方进行约束和监督；另外，支付手段也比较单一，交易双方只能通过指定银行的界面直接进行资金的划拨，或者采用汇款方式；交易也基本全部采用“款到发货”的形式。在整个交易过程中，无论是在货物质量、交易诚信还是退换要求等方面，都无法得到可靠的保证，交易欺诈行为也时有发生。于是，第三方支付应运而生。

在第三方支付模式中，买方选购商品后使用第三方平台提供的账户进行货款付款，并由第三方通知卖家货款到账、要求发货；买方收到货物，并检验商品进行确认后，就可以通知第三方付款给卖家，第三方再将款项转至卖家账户上。第三方支付作为目前主要的网络交易手段和信用中介，在网上商家和银行之间建立起了连接，实现第三方监管和技术保障的作用。

第三方支付具有以下显著的特点。

（1）支付手段多样且灵活。第三方支付平台提供一系列的应用接口程序，将多种银行卡支付方式整合到一个界面上，负责交易结算中与银行的对接，使网上购物更加快捷、便利。消费者和商家不需要在不同的银行开设不同的账户，可以帮助消费者降低网上购物的成本，帮助商家降低运营成本；同时，还可以帮助银行节省网关开发费用。

（2）除了资金传递功能外，还能对交易双方进行约束和监督。例如，如果出现交易纠纷，第三方支付会对交易进行调查并对违规方进行处理。

（3）为网络交易提供保障。第三方支付平台本身依附于大型的门户网站，且以与其合作的银行的信用为信用依托，因此第三方支付平台能够较好地突破网上交易中的信用问题，有利于推动电子商务的快速发展。

4.5.2　第三方支付平台的概念与分类

第三方支付平台是具备一定实力和信誉保障的独立机构，采用与各大银行签约的方式，提供与银行支付结算系统接口的交易支持平台。发展初期，第三方互联网支付平台更多地是作为支付网关，为客户提供支付接口。随着平台技术的完善及用户的积累，目前以支付宝为代表的第三方支付平台自身已形成相对独立、与银行功能类似的结算账户体系。以支付宝为例，一方面，平台功能日趋完善，能为客户提供大额收付款、多层级交易自动分账和一对多批量付、转账汇款、机票订购、火车票代购等一系列支付服务；另一方面，随着支付宝账户的日渐普及，其用户可在很大程度上通过支付宝内部账户体系实现资金的收付，而无须通过银行账户体系。

1. 根据企业的运营模式分类

根据第三方支付企业的运营模式，大致可以将其分为两种类型：一类是独立的第三方支付企业，另一类是非独立的第三方支付企业。

1）独立的第三方支付企业

独立的第三方支付企业是指没有自己的电子商务交易网站，仅提供支付产品和支付系统解决方案运营平台的第三方支付企业。平台前端为网上用户和消费者提供多种支付方法，并相应地在后端联系着与各种支付方法相对应的银行的电子接口。第三方支付企业负责与各银行之间账务的清算，并为签约用户提供订单管理和账户查询等增值服务，如快钱、Webmoney、Paymat、易宝支付等都是独立的第三方支付企业。

2）非独立的第三方支付企业

非独立的第三方支付企业是指依托自身的 C2C、B2C 等电子商务交易网站发展起来的既能满足自身实时支付需求，又为其他用户提供专业化的支付产品和服务的第三方支付企业。这种类型的第三方支付平台通常由大型的电子交易平台独立开发或与其他投资人共同开发，通过与各大银行合作，为买卖双方提供支付及中介担保等增值服务。美国 eBay 的 PayPal、阿里巴巴的支付宝、腾讯的财付通等都采用了此类运营模式。

支付宝是非独立的第三方支付企业在国内的典型代表，支付宝成立于 2004 年，是阿里宝宝的关联公司。最初，支付宝用于淘宝网的交易安全保障，是第三方支付平台。随着用户的增多及功能的需求，2004 年支付宝独立为浙江支付宝网络技术有限公司。随着电子商务的普及和淘宝网的发展，到 2012 年支付宝用户已突破 8 亿。支付宝致力于为中国电子商务提供“简单、安全、快速”的在线支付解决方案，同时与众多银行保持着良好的合作关系。目前，支付宝是国内最大的第三方支付平台，其业务范围也逐步覆盖了整个 C2C、B2C 及 B2B 领域。除了基本的网购支付功能外，支付宝相继推出了机票行业、网游行业、公共事业缴费、保险行业等一系列行业解决方案，还基于平台推出了一些互联网理财和消费信贷产品。

2. 根据系统的支付流程分类

根据支付流程的不同，第三方支付平台可分为三类：账户型支付模式、网关型支付模式和多种支付手段结合模式[12]。

1）账户型支付模式

账户型支付平台一般由电子交易平台参与开发，并与各大银行建立合作关系，凭借公司本身的信誉作为交易双方的中间担保。在这种模式中，交易双方都需要在第三方平台设立账户。在付款人发出支付请求时，第三方平台将交易资金转移到自己的账户，然后通知收款人可以发货；在付款人收到货物并确认收货后，第三方平台将资金从账户转移到收款人账户；典型的账户型第三方支付平台包括支付宝、财付通等。

2）网关型支付模式

支付网关是指连接银行内部金融专用网络和互联网公用网络的一组服务器。在网关型支付模式中，第三方支付平台只作为支付通道将付款人发出的付款请求发送给银行，银行完成转账后再将信息发送给第三方平台，支付平台根据银行消息通知收款人并与收款人进行账户结算。在支付过程中，付款人的资金直接进入银行账户，由支付平台与收款人银行进行结算，不存在虚拟账户，快钱是典型的网关型第三方支付平台。

3）多种支付手段结合模式

多种支付手段结合模式指第三方支付平台利用网络支付、移动支付、电话支付等多种方式提供支付服务。相比于计算机，该模式更加倾向于其他终端的操作，拉卡拉是典型的第三方支付平台。

4.5.3　第三方支付平台的支付方式

目前，主流的第三方支付平台给用户提供多种支付方式，包括网上银行支付、账户余额支付、快捷支付和消费信贷产品支付等。其中，账户余额支付、快捷支付和消费信贷产品支付为第三方支付平台特有的支付方式，并且这些支付方式均可以通过第三方支付平台的手机客户端应用于移动支付中。

1. 账户余额支付

账户余额支付是指，用户首先向第三方平台账户中充值，再使用账户余额直接进行支付的支付方式。第三方平台支持的账户充值方式几乎包括了所有的电子支付方式。

2. 快捷支付

快捷支付是指用户不需开通网银，直接通过输入卡面信息即可便捷、快速地完成网络订购商品、账号充值的支付。传统的支付方式存在诸多限制，如必须开通网银、操作步骤烦琐等，不能满足高速发展的电子商务市场的需求，因此第三方支付平台推出了快捷支付，为用户提供更加快速、流畅的体验。

快捷支付产品主要有以下特点。

（1）可跨终端、跨平台、跨浏览器支付。能够支持PC、手机、电话、平板电脑、电视等终端，支持多种浏览器。

（2）操作方便，只需要银行卡信息、身份信息及手机就能支付，无须使用U盾等。

（3）没有大量的页面跳转，减少了被钓鱼的可能性。

（4）使用门槛低，只要有银行卡，无须开通网银、无须安装网银控件、无须携带U盾或口令卡等。

（5）支付成功率高。

虽然快捷支付具有可跨平台、操作简单、无须开通网银、支付成功率高、速度快等优势，并且提供了一定的安全保障，但快捷支付的安全问题仍不能忽视。首先，从性质上而言，快捷支付归第三方支付企业管理，快捷支付不通过网银、无须密码，直接就能从账户中转钱，所以交易过程并不受银行保护，一旦出现问题，也只由第三方支付企业负责，所以安全性没有网上银行高。除此之外，第三方支付平台容易被病毒入侵，盗取用户密码。快捷支付默认与银行卡或信用卡绑定，容易被不法分子利用。

3. 消费信贷产品支付

在不断完善支付结算这一基础性功能的情况下，第三方支付机构逐步介入资金托管、金融产品销售、基金投资、P2P 等金融领域，金融属性不断增加。第三方支付平台拥有庞大的账户体系，具备供需双方市场平台优势，通过搭建投融资平台，介入信贷领域，提供消费信贷产品支付方式。用户开通成功后，被平台授予透支额度，可以使用信贷产品进行支付。如果按时还款，第三方支付平台将不收取任何费用，用户也可以选择分期付款，平台会适当收取利息。

4.5.4 第三方支付平台的监管

第三方支付机构的服务是一种新的信用创造，它一方面可以节省货币，降低机会成本；另一方面也使其商业性结构面临更大的支付风险。金融系统是“多米诺骨牌效应”最为典型的经济系统之一。任何对机构无力兑现的怀疑都会引起连锁反应，骤然出现的挤兑狂潮会在很短的时间内使金融机构陷入支付危机，这又会导致公众金融信心的丧失。金融市场对风险是极其敏感的，任何一方面监管的疏忽都有影响整个市场稳定的可能性。第三方支付服务无论是作为支付业还是作为信用担保业都是金融市场的组成部分，对其进行有效监管是保证经济稳定运行的必要条件。

2010 年，中国人民银行先后发布《非金融机构支付服务管理办法》、《非金融机构支付服务管理办法实施细则》等规章制度，明确其对非金融机构支付服务的监管职责，并从准入资质、审批程序、客户备付金管理、监督管理及过渡期等方面进行全面规范。依法有序开展非金融机构支付业务的行政许可，切实加强非金融机构规范与可持续发展，研究建设非金融机构监测系统，充实对非金融机构支付业务的现场和非现场监督检查手段，严肃支付服务市场纪律。

2015 年 7 月中国人民银行发布了《非银行支付机构网络支付业务管理办法（征求意见稿）》，并向社会公开征求意见。该办法从客户管理、业务管理、风险管理与客户权益保护、监督管理和法律责任等方面出发，进一步加强了对第三方支付机构的监管。规范第三方支付业务，防范支付风险，保护当事人的合法权益，营造更加健康的网络支付环境。

本章小结

电子支付是电子商务的核心内容，本章首先从电子支付、电子支付系统的概念和特点入手，系统地阐述了电子支付的支付工具和支付类型。其中，电子支付工具包括银行卡、电子钱包、电子现金和电子支票等。根据指令的发起方式对电子支付进行分类，常见的支付类型包括网络支付、移动支付和电话支付，本章分别对这三种支付类型的概念、技术、功能和支付流程进行了详细的介绍。网上银行作为商业银行发展的新趋势提供了网上银行支付服务，在本章中进行了介绍；除此之外，还对第三方支付的概念、特点和典型应用进行了介绍。

问题与讨论

1. 试举例说明什么是电子支付，并讨论相对于传统支付方式电子支付有哪些优势。

2. 电子支付系统的基本构成是怎样的，包含哪几部分。

3. 电子支付的工具包含哪些？简要说明各自的特点并结合实际举几个例子。

4. 比较网络支付、移动支付和电话支付的概念和特点，并分析目前移动支付市场快速发展的原因。

5. 结合网上银行支付和第三方支付的概念与特点，讨论第三方支付目前超过网上银行支付成为中国用户规模最大的支付方式的原因。

6. 根据央行对第三方支付平台的监管政策，你认为对第三方支付平台进行监管的重点是什么？

案例：微信与支付宝的支付之争

2013 年 8 月 5 日，随着微信 5.0 版的上线，微信支付正式面世，相比于 2003 年问世的支付宝，时间上晚了不少。但微信初期便接入当当、易迅、优酷等多家企业。支付宝也不甘落后，与银泰共同推出当面付。二者不断抢占线下资源，加速与线下百货的合作。目前接入支付宝的品牌包括家乐福、沃尔玛、7-11 等，有 70 多个，而微信支付线下门店接入总数也已超过 15 万，可谓平分秋色。

2013 年 12 月，万达影城、金逸影城相继进驻支付宝钱包公共服务平台，并开启线下自助机声波购票的新功能。在万达与支付宝合作的前一天，微信也上线了电影票购买服务，截止到 2014 年 6 月，微信合作影院超过 2000 家。

2013 年 12 月，支付宝和快的打车在出租市场推广移动支付功能；次年 1 月，滴滴打车和微信支付宣布合作；2015 年 6 月 18 日，滴滴快的打通双平台，可兼容支付宝与微信支付。2015 年 6 月，支付宝与微信分别与虹桥机场和浦东机场达成战略合作，用户可在手机端查询航班信息、值机甚至航班延误保险的赔付等。8 月 12 日，微信于首都机场开展微信支付优惠活动，业内人士猜测或许是在模仿支付宝春节期间在全国各大交通枢纽派发红包的行为。

2014 年春节，支付宝推出“发红包”和“讨彩头”功能；2015 年 1 月 26 日，微信推出公众账号“新年红包”，但反响明显是微信更胜一筹。2 月 2 日，支付宝联合新浪微博推出微博支付功能，除夕当夜送出一亿元现金红包；微信则傍上春晚，据统计央视春晚微信摇一摇互动总量达 110 亿次。而且双方斗争似乎格外激烈，2 月 4 日下午，支付宝增加了支付红包在微信和 QQ 的分享入口，但仅仅几个小时后，这个功能就被微信封杀了。

2014 年 5 月，支付宝推出“未来医院计划”，用户可在线挂号、缴费及查询信息。截至 2015 年 5 月初，已有六家三甲医院与支付宝开战了此项合作，支付宝预计 2015 年年底全国加入“未来医院”的医疗机构数量将超过 100 家。2015 年 5 月左右，由北京市卫生计生委、北京市医院管理局联合北京银行共同发起的“京医通”推出微信服务号，正式接入微信智慧医疗体系并首先在北京世纪坛医院试点运营，同样可支持挂号费、检验费、医药费的支付。

时尚领域对支付宝和微信来说还算是新大陆，不过距离被攻陷也不太远了。2015 年 6 月，微信支付签下化妆品及保健品零售商香港莎莎，不过仅仅两个月就传来莎莎"移情"的消息——在全港 100 多家门店推行支付宝支付。微信快马加鞭，最近又与快时尚品牌热风（hot wind）达成合作，但支付宝早在 2013 年就已经签下了美特斯邦威，在门店推行"当面付"。下一步或许还会有更多的时尚连锁品牌加入进来。

据公开数据显示，截至 2015 年 4 月，支付宝钱包活跃用户现已超过 2.7 亿，在当时的移动支付市场占据了 80%以上的市场份额。当前，已有 2 亿个用户通过微信绑定银行卡。可以预见，随着钱包、影院、电子商务、旅游、医疗等领域的接入，对接了社交场景的微信支付在便利性上会对支付宝构成极大的威胁。当然，两者可能会在不同的领域展开各自的发展，支付宝依附于商业，微信支付依附于日常生活。但从双方已展开大战的情况来看，双方都有接入对方领域的计划，在只有一部智能设备的前提下，谁更能贴近生活谁就将占有巨大的优势。

（原标题：马化腾 vs 马云 微信干翻新浪微博后又挑战支付宝，来源：搜狐财经，有删节）

思考题：

1. 目前，微信和支付宝在电影、交通、医疗、时尚等领域中大力推广自己的移动支付产品，谈谈在不同领域中移动支付的应用场景和效果。

2. 微信和支付宝各自的优势是什么？基于不同的优势，微信和支付宝应该分别采取怎样的推广策略？

3. 你同意作者"在只有一部智能设备的前提下，谁更能贴近生活谁就将占有巨大优势"的观点吗，为什么？

参考文献

[1] 肖英. 电子商务. 北京：北京航空航天大学出版社，2011.
[2] 刘宏. 电子商务概论. 北京：清华大学出版社，2009.
[3] 穆炯，许佳丽. 电子商务概论. 北京：清华大学出版社，2011.
[4] 汤兵勇. 电子商务原理. 北京：化学工业出版社，2012.
[5] 李晓燕，李福泉，代丽. 电子商务概论. 西安：西安电子科技大学出版社，2011.
[6] 彭媛，唐建军，涂传清. 电子商务概论. 北京：北京理工大学出版社，2011.
[7] 刘克强. 电子交易与支付. 北京：人民邮电出版社，2007.
[8] 穆炯. 电子商务概论. 北京：人民邮电出版社，2004.
[9] 帅青红. 电子支付与安全. 成都：西南财经大学出版社，2009.
[10] 马刚，李洪心. 电子商务支付预结算. 大连：东北财经大学出版社，2009.
[11] CNNIC. 第 36 次中国互联网络发展状况统计报告. 2015.
[12] 祝凌曦，陆本江. 电子商务安全与支付. 北京：人民邮电出版社，2013.

[13] 刘建国，郭强，石珂瑞. 电子商务安全管理与支付. 上海：立信会计出版社，2011.
[14] 中国电子商务协会,《第三方电子支付实践与探索》编委会. 第三方电子支付探索与实践. 北京：中国标准出版社，2008.
[15] 周苏. 电子商务概论. 北京：科学出版社，2008.

第5章 电子商务物流

引言

进入21世纪以来，中国物流产业持续升温，发展势头迅猛，物流作为提升市场竞争力的关键因素，在促进国民经济的发展和企业经济效益的提高方面发挥着极其重要的作用，已受到中国理论界和实业界的高度重视。与此同时，电子商务的飞速发展引发了交易方式的创新，特别是流通模式的变革，向传统的物流业提出了新的挑战。在电子商务的发展过程中，作为支持有形商品网上商务活动的物流，已经成为有形商品网上交易活动能否顺利进行的一个关键因素。在电子商务的背景下，如何构建一个有效的、合理的、畅通的物流体系，以保证电子商务的顺利发展，已经成为全世界企业关注、探索和实践的热点。

本章重点

- 电子商务物流的概念
- 电子商务物流的模式
- 电子商务物流的基本技术
- 电子商务物流系统设计
- 电子商务物流的发展趋势

5.1 电子商务物流概述

5.1.1 物流的概念

物流（Logistics）这个概念最早于 1915 年由阿奇•萧（Arch Shaw）在《市场流通中的若干问题》一书中提到，他从经济学的角度指出物流的重要性，并称“物流是与创造需求不同的一个问题，物质经过时间和空间的转移，会产生附加价值”。

第二次世界大战中，美国军队及其盟军的军事物资装备的制造、采购、运输、战前配置与调运、战争中的补给与养护等活动需要作为一个整体进行统一布局，以使补给的效率更高、费用更低、服务更好。为此，美军建立了“Logistics Management”（当时译为后勤管理，现译为物流管理）理论，使得物流理论和方法得到不断的发展和完善，系统的物流管理理论得以形成。

随着供应链管理思想的出现，美国物流界对物流的认识更加深入。1998 年，美国物流管理协会对物流的定义是：“物流是供应链流程的一部分，是为了满足客户需求而对商品、服务及相关信息从原产地到消费地的高效率、高效益的正向和反向流动及储存进行的计划、实施与控制过程。”上述概念不仅把物流纳入了企业间互动协作关系的管理范畴，而且要求企业在更广阔的背景上来考虑自身的物流运作，进一步拓展了物流的内涵与外延，其强调物流是供应链的一部分，强调有效流动、运输可见性、库存可见性及信息管理在物流中的应用。

物流的概念于 20 世纪 60 年代至 80 年代引入欧洲、日本和中国，不同的国家和地区从不同的角度给出了物流的定义，如表 5.1 所示。

表 5.1　物流的概念和来源

物流的定义	定 义 来 源
物流是为了满足消费者需要而进行的从起点到终点的原材料、中间过程库存、最终产品和相关信息有效流动和存储计划、实现和控制管理的过程	联合国物流委员会
物流是供应链流程的一部分。物流是为了满足消费者需求而进行的对货物、服务及相关信息从起始地到消费地的有效率与效益的流动与储存的计划、实施与控制的过程	美国物流管理协会
物流是在一个系统内对人员或商品的运输、安排及与此相关的支持活动的计划、执行与控制，以达到特定的目的	欧洲物流协会
物流是将实物从供应者物理性移动到用户的这一过程的活动，一般包括输送、保管、装卸及与其有关的情报等各种活动	日本工业标准
物流是指物品从供应地向接收地的实体流动过程。根据实际需要，将运输、储存、装卸、搬运、包装、流通加工、配送、信息处理等基本功能实施有机结合	中国国家标准《物流术语》

尽管各国对物流的定义表述不尽相同，但是从以上定义我们可以分析得出：

（1）物流强调一体化的管理。物流是对物资资料从供应商到最终消费者的整个流通过程中所涉及的相关活动（运输、存货、流通加工、配送、仓储和包装等）的计划、执行与控制，强调活动之间的有机结合。

（2）物流和信息流是密不可分的。物流的各个环节如运输、存货、流通加工、配送、仓储和包装都伴随着信息的流动，实时准确的信息传递和反馈能够提高整个供应链条的物流效率。

（3）物流注重效率和效益的统一。物流的最终目的是如何能够更快地满足客户的需求并实现企业的盈利目标，而费用的最低化与反映服务水平的订货周期、可获得性、准时性等指标之间存在着不可避免的矛盾。因此物流服务的重点在于如何能够在提高配送效率的同时，尽可能地降低物流成本，以实现效率和效益的统一。

5.1.2　电子商务物流

电子商务物流就是根据物质资料实体流动的规律，应用管理的基本原理和科学方法，依靠计算机、互联网、移动互联网、短信距离通信技术等电子化手段，对电子商务物流活动中的可利用资源进行计划、组织、协调和控制，实现物流商务运作过程，以实现各项物流活动的最佳配合，降低物流成本，提高物流效率和经济效益。

相对于传统的物流模式，电子商务下的物流呈现出了以下特点。

1）以顾客信息为中心

传统物流活动的实质是以商流为中心，其运动方式是紧紧伴随着商流而来的。在传统的物流供应链中，由于受到通信手段和管理模式的限制，信息流和物流都是逐级传递的，物流和供应信息是从供应商到制造商再到分销商最后到顾客，而需求信息则是由顾客逐级传到供应商。由于供应链中各企业对于不同需求的反应时间不同，企业在需求生产的前期，如果不能迅速生产或过多生产，往往会失去市场机会或导致积压库存。

在电子商务环境下，物流是以“顾客的需求信息”为中心进行运作的，信息来源于顾客，再通过互联网实时传递给上游的分销商、制造商和供应商，如图 5.1 所示。信息决定了物流的运动方向和运作方式。供应商可以根据顾客的实际需求及时安排发货计划，制造商能够根据顾客需求信息及时安排生产计划，而分销商能够根据需求信息制订销售计划。供应链上的各节点企业可以通过网络准确地掌握来自于顾客的需求信息，并实现对物流的实时控制。

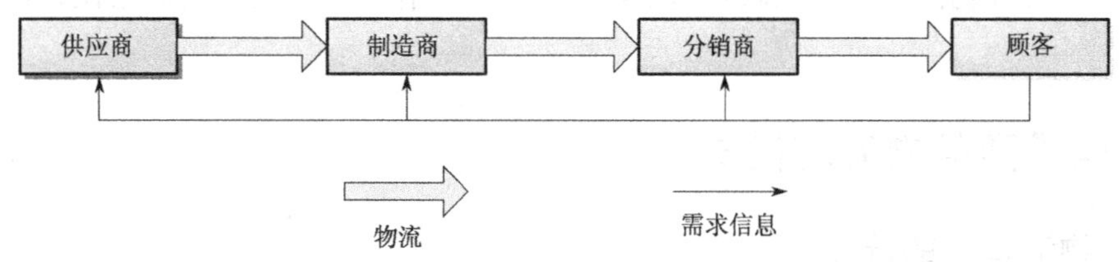

图 5.1　电子商务环境下的供应链

2）虚拟化

电子商务出现以前，对物流的概念只停留在简单的运输、配送等活动上，而随着电子商务的兴起和发展，传统的物流观念已经大为改观。首先，电子商务为现代物流创造了一个虚拟的运动空间。在电子商务的状态下，物流的各种职能及功能可以通过虚拟化的方式表现出来。在虚拟的状态下可以通过各种组合方法寻求物流的最优合理化，使商品实体在实际的运动过程中达到效率最高、距离最短、用料最省、时间最少的目的。

3）柔性化

柔性化源自生产领域，是为了实现“以顾客为中心”的理念而提出的，它是指通过采用计算机控制和管理及加工中心之间的自动导向车或传送带，使多品种、小批量生产取得类似大批量生产的效果。柔性生产系统成就了大规模定制生产，满足了用户多变的个性化需求。但是要真正做到柔性化，即真正地根据消费者需求的变化来灵活调节生产工艺，则需要提供生产后勤保障的物流系统实现柔性化，即要求物流系统能够提供“多品种，小批量，多批次，短周期”的物流服务，而柔性化的物流正是适应生产、流通与消费的需求而发展起来的一种新型物流模式。

4）多功能一体化

物流服务需求的多功能一体化是电子商务环境下物流业呈现出来的另一个显著特点。传统的做法是将物流分割成包装、运输、仓储、装卸等若干个独立的环节，分别由不同的企业独立完成。在电子商务时代，物流发展到集约化阶段，一体化的配送中心不仅提供仓储和运输服务，还必须开展配货、配送和各种提高附加值的流通服务项目。

电子商务下的物流要求物流提供全方位的服务，把整个物流活动看作一个完整的系统，通过统筹协调、合理规划使物流服务尽可能的多样化，来更好地满足客户的需求，使物流成为连接生产企业与用户的重要环节。企业追求的是全面系统的综合效果，通过从供应商到消费者供应链的综合运作，使物流达到整体的最优化。在配送中心里，对进口商品的代理报关业务、暂时储存、搬运和配送，以及必要的流通加工，从商品进口到送交消费者的手中将逐渐实现一条龙服务。

5）协同合作

电子商务的发展也改变了物流企业的经营方式。在传统经济活动中，物流企业之间依靠提供优质的服务和降低物流费用等方式互相竞争，而在电子商务时代，企业不仅需要以较低的物流费用提供高质量的服务，更需要从社会的角度来实行系统的组织和管理，以打破传统物流分散的状态。这就要求企业在组织物流的过程中，除了考虑本企业的物流组织和管理，还要考虑全社会的整体系统，要求企业具有较强的宏观决策能力和协同管理能力。促使物流企业相互联合起来，通过协同合作，实现物流的高效化、合理化和系统化。

5.2 电子商务物流的模式

5.2.1 物流模式的选择

企业在开展电子商务中进行物流模式的选择时，除了可选取传统的自营模式外，也可以考虑选择规范的第三方物流模式，或寻找理想的合作伙伴建立物流联盟。企业在进行物流决策时，应根据自己的需要和资源条件选择最合适的物流模式。一般来说，大中型企业由于实力较雄厚，有能力建立自己的物流系统，制订合适的物流需求计划，保证物流服务的质量，还可以利用过剩的物流网络资源拓展外部业务（为别的企业提供物流服务），可以选取企业自营的物流模式。相对大中型企业，小企业由于受到人员、资金和管理等资源的限制，更应该把主要资源用于核心的业务上，把物流管理交给第三方专业的物流公司或与合作伙伴建立物流联盟。

下面对目前常见的四种物流模式——企业自营模式、物流联盟模式、第三方物流模式及第四方物流模式进行详细介绍。

5.2.2　企业自营模式

自营物流是在电子商务刚刚萌芽时期形成的物流管理模式，是指电子商务企业自行组建物流配送系统，经营管理企业的整个物流运作过程。在自营模式下，企业也会向仓储企业购买仓储服务，向运输企业购买运输服务，但是这些服务都只限于一次或一系列分散的物流功能，而且是临时性的纯市场交易的服务，物流公司并不按照企业独特的业务流程提供独特的服务。

如果企业有很高的顾客服务需求标准，物流成本占总成本的比重较大，而企业自身的物流管理能力较强，一般应采用自营的物流管理模式。自营模式能够使企业对物流系统运作的全过程进行有效的管理和控制，保证原材料采购、仓储、生产制造、销售等供应链上各业务环节的紧密配合，并且能够根据客户的需求信息快速地调整自己的经营战略，有利于企业在市场环境下降低库存水平、缩短交货周期、提高市场的反应率和顾客服务的质量，最终提高整体供应链的运营效率，降低运营成本。

由于自营物流所需的投入非常大，因此并不适合所有的企业。一般来说，资金实力雄厚且业务规模较大的传统商务公司可以选择自营的物流模式，如互联网零售企业京东通过自建物流体系，保证货物能够在顾客下单后当日或隔日就送达目的地，有效地提高了顾客满意度。而快餐连锁行业的龙头麦当劳公司为保证每天把汉堡等保鲜食品及时、准确地运往中国各地进行供货，也组建了自己的物流货运公司。同时，自营物流需要较强的物流管理能力，建成之后需要工作人员具有专业化的服务水平。这就迫切需要提高企业内部从事物流管理人员的专业化素质和物流管理能力，以应对物流管理过程中复杂的问题。

5.2.3　物流联盟模式

物流联盟是销售企业、生产制造企业、物流企业基于正式的相互协议而建立的一种物流合作关系，是介于自营和外包之间的一种物流模式。参加联盟的企业通过统一物流资源获取共同利益。同时，合作企业仍保持各自的独立性。企业间不完全采取导致自身利益最大化的行为，也不完全采取导致共同利益最大化的行为，只是在物流方面通过契约形成优势互补、要素双向或多向流动的中间组织。联盟是动态的，只要合同结束，双方就会变成追求自身利益最大化的单独个体。

物流联盟具有更低的风险，能够减少交易全过程、交易主体行为和交易特性等领域和环节中产生的种种交易费用，是一种节约交易费用的制度安排。在交易过程和交易主体行为方面，物流合作企业之间通过良好的沟通和协作降低搜索交易对象所产生的成本，通过提供个性化物流服务建立起来的相互信任能够减少风险，避免交易过程中产生的冲突；在交易特性方面，物流合作企业通过建立战略性的合作关系，有利于保持合作契约关系的连续性和稳定性。

为了取得比单独从事物流活动更好的效果，物流联盟需要在企业间形成相互信任、共担风险、共享收益的物流伙伴关系。组成物流联盟的企业之间具有很强的依赖性，物流联盟的各个组成企业明确自身在整个物流联盟中的优势及所担当的角色，内部的对抗和冲突减少，分工明晰，使供应商把注意力集中在提供客户指定的服务上，最终提高了企业的竞争能力和竞争效率，满足企业跨地区、全方位物流服务的要求。

在全球化的市场环境下，供应链已经成为一个动态的网络结构，企业需要根据自身的特点考虑是否与其他企业构建战略联盟关系，以实现快速变化的市场环境。一般来说，可以根据物流企业服务的范围和物流功能的整合程度这两个标准来选择合作的物流企业（物流服务的范围主要是指业务服务区域的广度、运送方式的多样性、保管和流通加工等附加服务的广度；物流功能的整合程度是指企业自身所拥有的提供物流服务所必需的物流功能的多少，包括基本的运输功能在内的经营管理、集配、配送、流通加工、信息、企划、战术和战略等各种功能）。

5.2.4 第三方物流模式

第三方物流（Third- Party Logistics，3PL 或 TPL）是由相对“第一方”发货人和“第二方”收货人而言的第三方专业企业来承担企业物流活动的一种物流形态，是独立于买卖之外的专业化物流公司，长期以合同或契约的形式承接供应链上相邻组织委托的部分或全部物流功能，为特定企业提供如商品运输、存储、配送和包装加工等全方位物流解决方案，以实现特定企业的产品或劳务快捷地向市场移动。

第三方物流注重与客户在长期合作的基础上建立长期的战略联盟关系，通过提供增值服务等方式巩固与客户的关系，与客户实现“共赢”。第三方物流不参与商品买卖，而是为顾客提供以合同约束的服务，通过与第一方或第二方的合作来提供其个性化、专业化的物流服务，在信息共享的基础上，实现优势互补，从而降低物流成本，提高经济效益。

第三方物流具有定制服务的特点，能够根据客户的个性化需求，以合同方式向客户企业提供具有定制特点的物流服务。通过为企业提供包括运输、仓储和加工、包装、重组等附加服务，使得企业能够将自身资源集中在核心业务上，有利于提高企业的自身竞争力。同时，第三方物流能够提供从生产到销售整个流通过程的一体化、全方位的物流服务，通过对货物进行加工、包装和重组等一系列工序，给客户带来更多的利润并创造更多的价值。

企业采用第三方物流模式对于提高经营效率具有重要作用。首先，第三方物流可以使企业不必把大批资金投入到物流的基础设施上，而投入到能产生高效益、高资金利润率的业务上去，能够有效地降低运营成本。其次，通过第三方物流，企业可以将非核心业务外包给从事该业务的专业公司，集中力量于自己的核心能力，以实现更为专业化的管理。例如，戴尔（Dell）公司通过将物流外包给联邦快递（FedEx），国内的当当网上书店通过把其配送业务委托给第三方物流公司，以保证将更多的资源投入到核心业务上，来提高竞争优势。第三方物流同样能够提高客户服务质量，通过与第三方物流公司进行供应链的优化组合，能够大大缩短产品的流通周期，加快物流配送的速度，并且在传统的运输、加工等服务基础上增加了物流咨询、市场调查与预测、库存控制等增值服务。通过这种快速、高质量的服务提升企业的信誉和形象，提高客户的满意度。

第三方物流目前已经被广泛应用于国内的企业中，具有广阔的发展前景。值得指出的是，第三方物流的发展离不开信息技术的发展。企业需要通过信息技术如 EDI（Electronic Data Interchange，电子数据交换）、条形码等技术实现订货、包装、保管、加工、流通和等各环节的自动化和一体化管理，以保证数据快速、准确地在供应链各个关键环节传递，提高供应链的运营效率。

5.2.5　第四方物流模式

第四方物流是由美国埃森哲咨询公司率先提出的，专门为第一方、第二方和第三方提供物流规划、咨询、物流信息系统、供应链管理等活动。第四方物流公司不需要从事具体的物流活动，也不需要建设物流基础设施，而是以其知识、智力、信息和经验为资本，为物流客户提供一整套的物流系统咨询服务，提供整个供应链的整合方案。

相对于第三方物流，第四方物流有众多优势。

1）对整个供应链及物流系统进行整合规划

如前面所述，第三方物流的优势在于运输、储存、包装、装卸、配送、流通加工等实际的物流业务操作能力，但在综合技能、集成技术、战略规划、区域及全球拓展能力等方面存在局限性，特别是缺乏对整个供应链及物流系统进行整合规划的能力。而第四方物流的核心竞争力就在于对整个供应链及物流系统进行整合规划，以降低客户企业的物流成本。

2）对供应链服务商进行资源整合

第四方物流作为有领导力量的物流服务提供商，可以通过其影响整个供应链的能力整合最优秀的第三方物流服务商、管理咨询服务商、信息技术服务商和电子商务服务商，为客户企业提供个性化、多样化的供应链解决方案，为其创造超额价值。

3）信息及服务网络优势

第四方物流公司的运作主要依靠信息与网络，其强大的信息技术支持能力和广泛的服务网络覆盖力是客户企业开拓国内外市场、降低物流成本所极为看重的，也是取得客户的信任、获得大额长期订单的优势所在。

4）人才优势

第四方物流公司拥有大量高素质、专业化、国际化的供应链管理人才和团队，可以为客户企业提供全面、卓越的供应链管理与运作，提供个性化、多样化的供应链解决方案，在解决物流实际业务的同时实施与公司战略相适应的物流发展战略。

综上所述，发展第四方物流可以降低物流资本投入、减少资金占用。通过第四方物流，企业可以大大降低在物流设施（如仓库、配送中心、车队、物流服务网点等）方面的资本投入，减少资金占用，提高资金周转速度，减少投资风险，降低库存管理及仓储成本。第四方物流公司通过其卓越的供应链管理和运作能力可以实现供应链“零库存”的目标，提高客户企业的库存管理水平，从而降低库存管理成本，提升企业的竞争优势。

5.3 电子商务物流的管理

5.3.1 电子商务物流的采购与供应商管理

采购是指在市场经济条件下，在商品流通过程中，各企业及个人为获取商品，对获取商品的渠道、方式、质量、价格、时间等进行预测、选择，把货币资金转换为商品的交易过程。采购是企业取得货物和服务的过程，是用户为取得能够满足自身需求的货物和服务而必须进行的所有活动。采购管理是指为了达成生产或销售计划，从适当的供应商那里，在确保质量的前提下，在适当的时间，以适当的价格，购入适当数量的商品所采取的一系列的管理活动。一个完整的采购管理包括了制订采购计划、供应商搜寻、签订采购合同、发出采购订单、采购入库和验收、供应商评价等几个主要环节。

网上采购是电子商务环境下的采购模式，也称电子采购。在电子商务的背景下，企业可以通过建立电子商务交易平台，在网上寻找供应商、寻找产品，并发布采购信息，然后通过网上比价、竞价签订电子采购订单，实现网上订货。在订单确认之后，通过网下的物流过程进行货物的配送，并在网上进行货款的支付，以完成整个采购交易的过程。网上采购进一步扩大了企业的采购范围，信息更加公开、透明，避免了传统采购过程中人为因素的干扰；同时，网上采购能够保证信息在企业和供应商之间进行实时传递，实现了信息传递的准确性和及时性，解决了传统采购中由于供需距离而导致的信息传递滞后的问题，减少了采购时间并降低了采购成本，极大地提高了采购的效率。

企业采购成本是产品总成本的重要组成部分，采购成本的降低可以快速、有效地降低生产成本，提高企业的经济效益，而优质的采购原材料可以保证产品的质量。因此，管理好企业的采购工作是保证产品质量和提高企业核心竞争力的重要保障。一般来说，采购管理应该实现以下目标：

（1）为企业提供所需的不间断的物流和服务，以保证企业正常运转；

（2）保证合理的库存水平，将存货和损失降低到最低限度；

（3）在保证产品供应数量的同时，确保每种物料的投入达到一定的质量要求；

（4）在确保产品质量满足各项要求的前提下，以最低的价格获得所需的物料和服务。

供应商的评价和选择是采购管理中一个重要的组成部分，包括企业自身需求分析、建立供应商评价标准、选择供应商等多个环节。首先，企业应该根据自己的产品需求、类型和特征，以及业务发展需求，来确认应该与哪些潜在的供应商建立合作伙伴关系；其次，企业应该建立供应商评价标准，从供应商的资质、水平、能力、产品价格、供应链稳定性及其综合实力等几方面，由企业内部专门的评价小组对潜在供应商进行完整的评估，以此来确定最优供应商的名单和数量；在此之后，企业应该与入选的供应商进行商谈，确认他们是否愿意与企业建立供应链合作关系，以此来确立最终的合作供应商名单。

在与供应商实施供应链合作关系的过程中，市场需求将不断变化。为快速地应对外部的市场环境，企业应该能够根据实际情况的需要及时建立供应商的选择和评价标准，通过与供应商结成战略联盟关系，强化供应链管理，降低企业库存，保证供货的及时性和准确性，从而获取长期的竞争优势。

5.3.2　电子商务物流的仓储与库存管理

仓储是对货物的储存，一般指从接受储存物品开始，经过储存保管作业，直至把物品完好地发放出去的全部活动过程，其中包括存货管理和各项作业活动。仓储的主要功能包括储存保管、调节供需、调节运输能力和配送流通加工等。仓储管理是为了充分利用仓库内的物资所进行的计划、组织、控制和协调的有效管理过程。一般来说，一个常见的仓储管理作业流程包括物资入库、物资保管和物资出库三个环节。

（1）物资入库：对入库物资进行接货、验收和办理入库手续。其基本要求是：清点物资的数量，验看物资的包装，检查物资的质量，合理地组织物资入库和办理入库手续。

（2）物资保管：在物资验收之后，将物资按指定位置进行堆码，以及日常的保管、检查和养护。物资保管是物资仓库管理的中心环节和经常性的业务工作。其基本要求是：根据入库物资的技术要求和包装特点，科学地进行堆码，合理地使用库存容量；建立科学和严格的养护制度，保证物资的质量完好，降低物资的自然损耗；正确记载和及时检查物资的动态。

（3）物资出库：根据物资经营部门开列的物资出库凭证所记载的物资编号、名称、规格、牌号和数量，进行记账、配货、复核、包装和交接，把物资发送到需用单位或发运部门。其基本要求是：按顺序发货，加强出库复核，做到数量准确、质量完好、包装牢固、标志清晰、交接清楚。

库存管理是企业的一项非常重要的内部管理活动，它的主要工作是控制企业的库存水平，保证适当的库存以维持生产和销售的正常进行。库存管理的目标是在保障供应的前提下，通过控制企业的库存水平，力求使库存物资的数量最少，提高物流系统的效率，以增强企业的竞争力。企业可以通过库存资金周转率、服务水平、缺货率和平均供应费用等四个指标来评价库存管理的效率。一般来说，合理化的库存水平需要考虑以下因素。

（1）库存时间：主要包括物资消耗和产品销售时间等。随着存储时间的增长，物资的有形及无形损耗加大，同时也会降低库存资金的周转率。因此在日常的库存管理中应该严格控制物资的销售时间。例如，超市一般用商品库存周期来控制资金的使用率，加强商品销售时间的控制。

（2）库存数量：库存的数量是确定库存合理化的另一个重要因素，包括市场需求量、产品再生产时间、交通运输条件、管理水平和设备条件等。物资过少会降低仓库的使用率，同时也会降低库存对生产和销售的供应能力，由于缺货而导致产品交付延迟容易降低客户的满意度；而物资过多会导致库存货物的过多积压，降低库存的资金周转率。因此企业应该根据市场需求量、产品生产时间和生产设备条件等方面的因素制定一个合理的库存量水平。

（3）库存结构：库存结构是指被存储物资的比例关系，包括存储物资的品种、规格、保质期等。库存的合理化管理是一个系统工程，不仅应该考虑库存的时间和数量，还应该考虑库存的结构，避免被存储物资比例失调。

零库存管理是一种特殊的库存管理概念，是在 20 世纪 60 年代由日本丰田汽车公司提出来的。零库存可以理解为库存物资的数量趋于或等于零（即近乎于无库存物资），是指物料（包括原材料、半成品和产成品）在采购、生产、销售等一个或几个经营环节中，不以仓库储存的形式存在，均处于周转状态。因此，零库存的关键不在于是否拥有库存，而在于产品的状态是存储还是周转。

实现零库存的方法主要包括委托营业仓库存储和保管物资、推行配套生产和分包销售的经营制度、实行看板供货制度。其中看板供货是丰田生产模式中的重要概念，指为了达到准时生产（Just in Time，JIT），控制现场生产流程的生产方式。准时生产方式中的拉式（Pull）生产系统可以使信息流程缩短，并配合定量、固定装货容器等方式，而使生产过程中的物料流动顺畅。准时生产方式的看板信息包括零件号码、品名、制造编号、容器形式、容器容量、发出看板编号、移往地点、零件外观等，旨在向前面的生产工序传达“何物，何时，生产多少数量，以何方式生产、搬运”等方面的准确信息，这种前者按后者需求生产的拉式制造流程不但大大降低了生产过程中库存和资金的积压，也相应地提高了生产活动的管理效率。

随着互联网技术的快速发展，库存管理已经从原有的传统管理发展到网络管理，通过网上订单管理和供应商管理，供应链上企业可以加强合作，减少信息传递过程中的失真。在电子商务的环境下，企业基于 Internet 网络与上游企业及下游客户紧密地联系在一起，生产商与供应商、客户之间的交流频率和效率极大地提高，信息的传递更加及时和准确，进一步降低了信息传输的成本，使得“零库存”成为可能。

5.3.3 电子商务物流的包装与流通加工管理

包装是为在流通过程中保护产品、方便储运、促进销售，按一定技术方法而采用的容器、材料及辅助物等的总体名称。也指为了达到上述目的而在采用容器、材料和辅助物的过程中施加一定技术方法等操作活动。因此，包装具有双重含义：一是静态的含义，指能合理容纳商品、抵抗外力、保护和宣传商品、促进商品销售的包装物，如包装材料和包装容器等；二是动态的含义，指包裹、捆扎商品的工艺操作过程。简言之，包装是包装物及包装操作的总称。

具体来讲，包装最基本的功能主要包括保护商品、促进销售、方便物流和方便消费等。从物流方面来看，包装的作用可以从其对运输、装卸搬运及保管等方面的影响来进行分析。

由于产品的多样性，包装的要求也不同，主要按以下方法分类。

（1）按包装目的分类：销售包装和运输包装。

（2）按包装形态分类：内包装和外包装。

（3）按包装使用次数分类：一次性包装、复用性包装。

（4）按包装的保护技术分类：防潮包装、防潮包装、防霉包装、防锈包装和危险包装。

包装方法是指包装操作时所采用的技术和方法，通过包装方法才能使销售包装件和运输包装体形成一个有机的整体，主要包括包装操作中置放、排列、加固、捆扎等一般方法，以及包装操作中所采用的各种技术，如缓冲、保鲜、防潮、防霉、防锈等特殊方法。包装的材料、容器和技法及外形设计都会对物流其他环节起到重要的作用。在电子商务的环境下，物流包装管理要实现合理化，应防止包装不足、包装过剩和包装污染，要从物流总体角度出发，用科学的方法确定最优包装，实现包装的标准化、绿色化、智能化和经济实用化。

流通加工管理是指物品在从生产地到使用地的过程中根据需要施加包装、分割、计量、分拣、组装、价格贴附、商品检验等简单作业的总称。流通加工是在商品流通中的一种特殊加工形式，是为了提高物流速度和物品的利用率，在商品进入流通领域后，按客户的要求进行的加工活动。

流通加工的作用主要包括提高原材料的利用率、提高效率、提高物流附加值、方便客户和充分发挥各种输送方式的效率等。

在电子商务的环境下，企业对流通管理的速度和质量提出了更高的要求。为实现流通加工管理的合理化，不仅要做到避免各种不合理的加工，使流通加工有存在的价值，而且要做到最优的选择。对是否设置流通加工环节、在什么地点设置、选择什么类型的加工、采用什么样的技术装备等，需要做出正确的选择，以避免各种不合理现象。流通加工管理的合理性主要取决于流通加工点设置的合理性、流通加工方式的选择、流通加工的作用和成本等方面。

5.3.4　电子商务物流的装卸与运输管理

装卸是指物品在指定地点以人力或机械装入运输设备或卸下。装卸是物流过程中针对保管货物和运输两端货物等的一系列处理活动，具体来讲，包括货物的装载、卸载、移动、货物堆码上架、取货、备货、分拣等作业，以及附属于这些活动的作业。

装卸搬运必然要消耗劳动，包括人工劳动和物化劳动。这些劳动消耗要以价值形态追加到电子商务装卸搬运的对象中，从而增加产品的物流成本。因此，应科学合理地组织装卸搬运工作，尽量减少用于装卸搬运的劳动消耗。在装卸搬运的实践中，最基本的装卸搬运合理化措施包括：

（1）充分利用货物自重进行少消耗的装卸搬运；

（2）充分利用机械设备的作业能力，实现“规模装卸搬运”；

（3）提高货物的装卸搬运活性指数；

（4）缩短搬运距离。

运输管理主要是为客户选择满足需求的运输方式，组织网络内部的运输作业，在规定的时间内使用专用设备将物品由一个地点运往目的地。运输影响着物流系统的其他构成要素，便利和可靠的运输服务是有效组织输入和输出物流的关键。运输管理具有“规模经济”效应，即随装运规模的增长，单位质量的运输成本降低。一般来说，基本的运输由铁路、公路、水路、航空、管道运输和联合运输等多种主要运输方式组成。联合运输指由两家以上运输企业或用两种以上运输方式共同将某一批物品运送到目的地的运输方式。联合运输实行一票到底、单一费率的方式。而货物联合运输是由多个联合运输经营人与各种运输方式、各区段的实际承运人订立分运或分包合同来完成的，各区段承运人对自己承运区段的货物负责。

运输管理具有产品空间转移和短时间产品存放两个基本功能。

（1）实现产品空间转移。商品运输可以创造出商品的空间效用和时间效用，并扩大商品的市场范围，同时，也保证商品价格的稳定性，促进社会分工的发展。

（2）短时间产品存放。从广义库存的概念讲，运输的过程本质上是处于动态库存状态，同时，对产品进行临时存放是一种特殊的运输功能，因此，在仓库有限的时候，利用运输车辆存放也是一种可行的选择。

在电子商务的环境下，为保证运输的合理化，应该合理布局生产力，恰当布置仓储中心和配送中心，合理规划运输路线，改善运输交通网络，并采取现代化的信息技术如条形码技术、全球定位系统（Global Positioning System，GPS）和移动通信技术来提升运输效率，以缩短产品的存放时间并提高产品的库存周转率。

5.3.5 电子商务物流的配送管理

根据《物流术语国家标准》中的定义，配送是在经济合理区范围内，根据用户要求，对物品进行拣选、加工、包装、分割、组配等作业，并按时送达指定地点的物流活动。配送系统将“配”和“送”有机结合起来，以物质为工作对象，以完成物质实体流动为目的。物流配送可使企业的经营活动更为经济、简便，以便更好地满足消费者需求，提高整个国民经济的运行效率，改善国民生活质量。

从实现物流活动主体的角度来考虑物流配送的实现，主要有下面几种模式。

（1）以制造商为主体的配送模式：适用于那些物流在整体业务中战略地位重要、规模较大、对物流的服务标准要求比较高、成本较大的一类企业。但由于缺乏必要的资本投资及富于经验的高素质技术和管理人才，往往造成物流配送的经济效率十分低下。

（2）以分销商、零售商为主体的配送模式：指生产商负责整个供应链下游的分销商、零售商等渠道伙伴的库存管理，根据产品的销售情况及时向其补货，保证后者对消费者的供应，并使分销商、零售商等库存为零或最小。此种模式往往面临着运输服务的承运主体问题。

（3）以运输服务商为主体的配送模式：指生产商依据一定的评价标准，选择一定数量的运输商作为战略合作伙伴。运输商和生产商、零售商等就合作目标及内容、责权与奖惩、效果评价体系等战略问题进行充分沟通和交流，达成合作协议，旨在促进合作关系的建立和协调。当达成一致协议后，各方分别进行业务开发并在相互交换的基础上共同对产品生产和库存、销售预测、运输项目、运载容量、分销点和分销方式等具体合作内容进行长期计划，使之成为双方合作的基础。

电子商务环境下的物流配送是指配送企业采用网络化的计算机技术和现代化的硬件设备、软件系统及先进的管理手段，针对社会需求，严格地、守信地按用户的订货要求，进行一系列分类、编配、整理、分工及配货等理货工作，定时、定点且定量地交给没有范围限制的各类用户，满足其对商品的需求。电子商务给物流配送观念带来深刻的革命，并使得网络对物流配送的控制代替了物流配送管理程序，同时，物流配送的持续时间在网络环境下会大大缩短，对物流配送速度提出了更高的要求，简化了物流配送过程。

在电子商务环境下，物流配送具有以下几个典型的特征。

（1）信息化：物流企业要嵌入到电子商务的供应链之中，参与电子商务的企业（如制造商、供应商、客户）进行信息整合，实现信息资源与数据资源的共享。把先进的信息技术和管理思想如电子数据交换（EDI）、电子订货系统（EOS）、有效的客户反应（ECR）等运用到物流配送中，以降低成本、提高效率。通过电子数据交换系统、电子订货系统向供应商订货，收集下游顾客的订货信息。

（2）网络化：主要包括使物流实体网络化和物流信息网络化。电子商务的物流配送要根据市场情况和现有的运输条件确定各种物流设施和配送中心的数量及地点，形成覆盖全国的物流配送网络体系。当物流网络中任何一个节点收到物流信息时，物流网络系统快速制订物流配送计划，利用物流企业的地理布局，选择最优的物流配送地点和运输路线，以缩短配送时间和降低配送成本。而通过信息网，物流企业内部可实现运输工具的合理调配、运输路线的最佳选择及在途货物的实时查询等功能。

（3）自动化：电子商务的物流配送必须使用先进的技术设备为销售提供服务，这些技术包括条码、语音、射频自动识别系统、自动分拣系统、自动存取系统、自动导向、货物自动跟踪系统等，只有采用自动化的配送设施才能提高配送的反应速度，缩短配送时间。而且生产规模越大、范围越广，物流配送对技术、设备自动化的要求越高。

5.3.6　电子商务物流的成本管理

物流成本是指产品在空间位移（含静止）过程中所耗费的各种劳动和物化劳动的货币表现；是产品在实物位移过程中，各个活动中所支出的人力、财力和物力的总和。物流成本管理是指对物流相关费用进行的计划、协调与控制。物流成本管理并不是管理物流成本，而是通过成本去管理物流。两者的区别在于：前者只重视物流成本的计算，而后者则把成本作为一种管理手段。物流成本管理的目的就是提升公司的物流能力，实现物流活动的高效率。

美国物流管理协会采用 1997 年日本《物流成本计算统一标准》中的按功能划分方式将物流成本划分为四类，包括仓储作业成本、存货成本、运输成本和管理成本，各类成本的定义如下。

（1）仓储作业成本：包括装卸成本、检货成本、物流加工成本、补货成本、进货入库成本和验收成本。

（2）存货成本：包括库存占压资金的利息。现代物流与传统物流费用计算的最大区别在于现代物流把库存占压资金的利息加入了物流成本，以此把降低物流成本与加速资金周转统一起来。

（3）运输成本：包括公路运输和其他运输费用及货主费用，货主费用包括运输部门运作和装卸费用。

（4）管理成本：也称物流管理费用，包括订单处理成本和采购处理成本。在美国是按照美国的历史情况由专家确定一个固定比率，乘以仓储作业成本、存货成本和运输成本的总和得出来的。

随着电子商务在中国的日益发展，电子商务企业的规模和数量也在日益增加。传统的物流具有经济效应，而在电子商务环境下，物流具有多品种、小批量、多批次、短周期的特点，很难考虑传统物流的经济规模，因而电子商务下的物流成本会明显增加。据统计，电子商务经营中大多数产品的直接成本约占总成本的 10%，其余 90%是在储存、装卸、运输、包装、销售等过程中的消耗。企业在自身扩张的同时，利润率却居高不下，其中的一个重要因素就是物流成本过高和物流运作效率低。因此，如何有效地降低物流成本是摆在众多电子商务企业面前的一个亟待解决的重要问题。

一般来说，在电子商务环境下，企业可以通过以下方式来降低物流成本。

（1）加强信息化建设，构建信息共享平台。电子商务，尤其是 B2C 电子商务企业的客户订单多，客户庞大，且多为小批量的。客户需求在节日、黄金假期等不同时期内差异大，时常出现运输车辆过剩、不足或装载不经济等影响物流运输效率的问题。为解决这些问题，应加快建设国内国际相互连接的信息化网络，通过搭建一体化的信息平台，加强对信息的管理和对需求的预测，协调与其他企业及客户、消费者之间的关系，保证物流系统的实时监控，减小供应链管理中可能产生的“牛鞭效应”，实现供应链管理的效率化。同时，电子商务企业内部各环节要加强物流成本控制，在提高效率的同时加强和其他企业的合作，共同降低总体物流成本。

（2）合理布局自身网络，实施物流战略联盟。电子商务企业要根据自身情况，合理设计、布局自己的仓库、配送中心、销售网店，尽可能保证在销售旺季时各网点间可以相互支持；同时，由于物流网络和网点的建设成本高、投入大，电子商务企业可以和其他企业加强合作，实施物流战略联盟，降低成本，在提高效率的同时实现共赢。

（3）规范行业标准，保证合理竞争。在全球化的商务背景下，电子商务企业间的竞争日益激烈。为保证商务竞争的公平、合理，电子商务行业内部需要规范与电子商务物流交易相关的行业标准，为电子商务企业营造一个健康、稳定的发展环境，通过公平、合理的竞争实现优胜劣汰，提高行业整体运营效率。

5.4 电子商务物流技术

5.4.1 条形码技术

条形码技术最早产生在 20 世纪 20 年代，诞生于 Westinghouse 的实验室里。条码（Bar Code）又称条形码，是由一组规则排列的条、空及字符组成的用以表示一定信息的代码。条形码中的条、空通常由满足一定光学对比度要求、反射率差别较大的两种颜色（黑色和白色）表示。在进行条形码识别时，条形码扫描器将光源发出的光束照在条形码上，并根据光束从条形码上反射回来的光强度做出回应。通过专门的识别设备，条形码中所含的信息可以转换成计算机可以识别的数据。

条形码可以标出物品的生产国、制造厂家、商品名称、生产日期、图书分类号、邮件起止地点、类别、日期等许多信息，因而在商品流通、图书管理、邮政管理、银行系统等许多领域都得到了广泛的应用。根据编码方式的不同，条形码可以进一步分为一维条形码和二维条形码。

1. 一维条形码

一维条形码是指在一个方向（水平方向）表达信息，而在垂直方向不表达任何信息的条形码符号。一维条形码的信息存储量小，仅能存储一个代号，使用时通过这个代号调取计算机网络中的数据。常见的一维码包括 EAN 码、UPC 码和 39 码。

EAN 码：EAN 码是国际物品编码协会制定的一种商品用条形码，通用于全世界。EAN 码符号有标准版（EAN-13）和缩短版（EAN-8）两种，标准版是由 13 位数字及相应的条形码符号组成，缩短版由 8 位数字及相应的条形码符号组成。图 5.2 给出了 EAN-13 和 EAN-8 条形码的实例。日常购买的商品包装上所印的条形码一般是 EAN 码。

图 5.2　EAN 码

UPC 码：UPC 码是美国统一代码委员会制定的一种商品用条形码，主要用于美国和加拿大地区，在美国进口的商品上看到的就是 UPC 码。UPC 码仅可用来表示数字，故其字码集为数字 0～9。图 5.3 给出了 UPC 码的实例。

39 码：39 码是一种可表示数字、字母等信息的条形码，目前被广泛应用于工业、图书及票证的自动化管理中。39 码最大的优点是码数没有强制的限定，且可用大写英文字母码。39 码的实例如图 5.4 所示。

图 5.3　UPC 码

图 5.4　39 码

2. 二维条形码

一维条形码所携带的信息量有限，更多的信息只能依赖商品数据库的支持，离开了预先建立的数据库，因此在一定程度上限制了条形码的应用范围。基于这个原因，在 20 世纪 90 年代发明了二维条形码。二维条形码依靠其庞大的信息携带量，能够把过去使用一维条形码时存储于后台数据库中的信息包含在条形码中，可以直接通过阅读条形码得到相应的信息，并且二维条形码还有错误修正技术及防伪功能，增强了数据的安全性，具有信息量大、可靠性高、保密、防伪性强等优点。二维条形码可把照片、指纹置于其中，可有效地解决证件的可机读和防伪问题。因此广泛应用于护照、身份证、行车证、军人证、健康证、保险卡等中。目前最为常见的二维条形码是 PDF417 码。

PDF417 是一种堆叠式二维条形码，是由美国 SYMBOL 公司发明的，PDF（Portable Data File）意为“便携数据文件”。组成条形码的每一个条形码字符由 4 个条和 4 个空共 17 个模块构成，故称为 PDF417 条形码，如图 5.5 所示。

PDF417 条形码可表示数字、字母或二进制数据，也可表示汉字。一个 PDF417 条形码最多可容纳 1850 个字符或 1108 字节的二进制数据，如果只表示数字则可容纳 2710 个数字。PDF417 的纠错能力分为 9 级，级别越高，纠正能力越强。由于这种纠错功能，使得污损的 417 条形码也可以正确读出。中国目前已制定了 PDF417 码的国家标准。PDF417 条形码需要由有 417 解码功能的条形码阅读器识别。

图 5.5　PDF417 码

PDF417 条形码最大的优势在于其庞大的数据容量和极强的纠错能力。当 PDF417 条形码用于防伪时，并不是 PDF417 条形码不能被复制，而是由于使用 PDF417 条形码可以将大量的数据快速读入计算机，使得大规模的防伪检验成为可能。

美国亚利桑那州等十多个州的驾驶证、美国军人证、军人医疗证等在几年前就已采用了 PDF417 技术。将证件上的个人信息及照片编在二维条形码中，不但可以实现身份证的自动识读，而且可以有效地防止伪冒证件事件发生。菲律宾、埃及、巴林等许多国家也已在身份证或驾驶证上采用了二维条形码，中国香港特区护照上也采用了二维条形码技术。

条形码技术的产生为推动电子商务物流发展奠定了重要的基础，可以有效地提高物品流动的效率。在商品入库时，操作员可以通过扫描物品的条形码及时准确地将商品的信息传递到后台的管理信息系统，以及时更新商品的状态和位置；在商品出库时，操作员可以通过装箱单上的条形码记录货物的装箱情况，并将数据实时地传递到后台管理信息系统，将商品信息由“在库”及时更改成“在途”；在运输的过程中，操作员可以通过扫描装箱单上的条形码标志及时记录并更改运输情况，并将货物的运输路径和流通速度实时地传递到后台的管理信息系统中，以实现对货物的实时监控，提高物流管理的效率和效果；在货物到达目的地时，操作员通过扫描装箱单上的条形码来确认到达货物的信息，并将货物的信息实时传递到后台管理信息系统，及时更改货物“到达目的地”的状态。

5.4.2　射频识别技术

射频识别技术（Radio Frequency Identification，RFID）是一种新型的无线识别通信技术，于 20 世纪 80 年代出现，90 年代后进入应用阶段。其基本工作原理是利用无线电波信号，通过空间耦合（交变磁场或电磁场）识别特定目标并读写相关数据，而无须识别系统与特定目标之间建立机械或光学接触。

射频识别一般由阅读器、电子标签和天线三部分组成，如图 5.6 所示。阅读器是信号接收机，也叫作读写器。阅读器的基本功能是提供与标签进行数据传输的途径。同时，阅读器也能提供复杂的信号状态控制、奇偶错误校验与更正等附加功能。

电子标签是信号发射源，相当于条形码技术中的条形码符号，用来存储需要识别传输的信息。电子标签的目的是使用一种统一标准的电子产品代码，使产品在不同领域都能被辨识，标签中存储的数据是由系统的应用和相应的标准决定的。例如，标签能够提供产品生产、运输、存储情况，也可以辨别机器、动物和个体的身份，这些类似于条形码中存储的信息标签还可以连接到数据库，存储产品库存编号、当前位置、状态、售价、批号的信息。与条形码不同的是，标签必须能够自动或在外力的作用下把存储的信息主动发射出去。射频识别技术可识别高速运动物体并可同时识别多个标签，射频标签根据商家种类的不同能存储容量不等的数据。

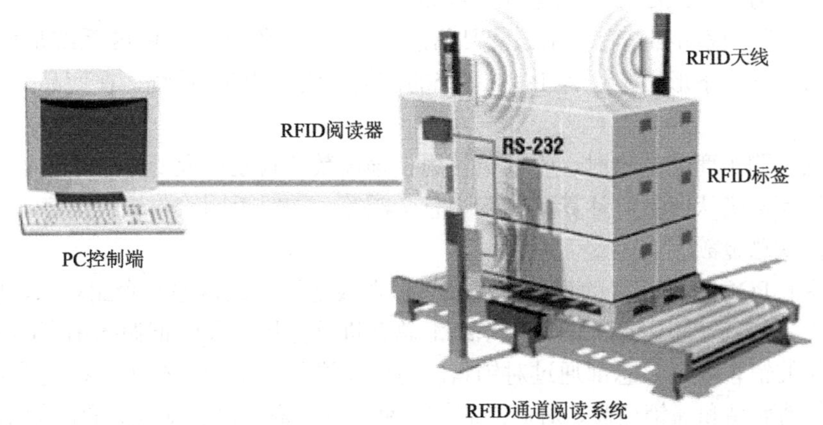

图 5.6　射频识别技术工作原理

天线是标签与阅读器之间传输数据的发射、接收装置。RFID 主要有线圈型、微带贴片型、偶极子型等三种基本的类型，不同类型天线的工作原理是不相同的。在实际应用中，除了系统功率，天线的形状和相对位置也会影响数据的发射和接收，需要专业人员对系统的天线进行设计、安装。

与条形码技术相比，射频识别技术具有长工作距离、非接触、无须人工干预和抗环境干扰等特点。条形码技术是将已编码的条形码附着于目标物，使用专用的扫描阅读器利用光信号将信息传送到扫描阅读器；而射频识别技术则使用专用的 RFID 阅读器及可附着于目标物的 RFID 标签，利用频率信号将信息由 RFID 标签传送至 RFID 阅读器。目前射频识别技术已经被广泛应用于图书馆管理、食品安全管理、医疗卫生、超市管理、门禁系统和物流管理等多个领域。

5.4.3　POS 系统

销售时点信息（Point Of Sale，POS）系统，是指通过自动读取设备（如收银机）在销售商品时直接读取商品销售信息（如商品名、单价、销售数量、销售时间、销售店铺等），并通过通信网络和计算机系统传送至有关部门进行分析加工以提高经营效率的系统。POS 系统的构成包括前台 POS 系统和后台管理信息系统。POS 系统最早应用于零售业，逐渐扩展至其他服务性行业（如金融、旅馆等），利用 POS，信息的范围也从企业内部扩展到整个供应链。

POS 系统的基本作业原理是将商品资料创建于部门内部的计算机系统内，标识商品部分信息的条形码或 OCR（Optical Character Recognition）标签贴在商品实物上。当商品上的条码透过收银设备上的光学读取设备直接读入（或由键盘直接输入代号）后，内部计算机存储的商品信息（单价、部门、折扣等）就会显示在店铺的收银机上，加快收银速度，提高正确性。每笔商品销售的明细资料（售价、部门、时段等）会自动记录下来，再传回内部计算机。经由计算机处理后能生成各种销售统计分析信息，为经营管理提供依据。

以零售业为例，POS 系统的运行流程如下。

（1）店内销售商品都贴有表示该商品信息的条形码。条形码和 POS 系统是相辅相成、互相促进的，普及条形码是运行 POS 系统的前提，没有 POS 系统，在商品上印制条形码则毫无意义。

（2）顾客购买商品结账时，收银员使用扫描读数仪自动读取商品条形码信息，通过店铺内部计算机确认商品，计算顾客购买总金额等，同时返回给收银机，打印出顾客购买清单和付款总金额。

（3）各个 POS 终端获得的销售时点信息以在线连接方式传递到企业总部，与其他部门发送的有关信息一起由总部的信息系统汇总并进行分析，及时把握畅销商品和滞销商品及新商品的销售倾向。总部通过对销售时点信息进行加工和分析来掌握消费者购买动向，找出畅销商品和滞销商品，对商品店铺陈列方式、商品品种配置、商品的销售价格、促销方法、商品的销售量和销售时间之间的相关关系进行分析。以此为基础，完成下一阶段商品的营销方案，并制定合理的价格区间。

在零售商与供应链的上游企业（批发商、生产厂家、物流业者等）达成战略联盟的条件下，零售商以在线连接的方式把销售时点信息即时传送给上游企业。这样上游企业可以利用销售现场的最及时准确的销售信息制订经营计划，进行决策。

通过实例介绍，可以发现 POS 系统能够实现销售信息的实时传递和共享，有利于供应链上的信息整合。POS 系统即时准确地反映了每一种商品的销售信息，使得供应链的参与各方可以利用销售时点信息并结合其他信息来制订企业的经营计划和市场营销计划。POS 系统还有利于提升企业的客户关系管理能力。在顾客购买商品结账时，通过收银机自动读取零售商发行的顾客 ID 卡或顾客信用卡来把握每个顾客的购买品种和购买额，从而对顾客进行分类管理，针对不同类别的顾客制定个性化的营销方案。除此之外，POS 系统还能通过终端机上计时器的记录对职工的出勤状况和工作效率进行考核。

5.4.4 全球卫星定位技术

全球卫星定位系统（Global Positioning System，GPS）是一种以空中卫星为基础，由无线电导航提供高精度三维定位、三维速度及精确时间信息的系统。GPS 系统是美国从 20 世纪 70 年代开始研制的，历时 20 年，耗资 200 亿美元，于 1994 年建成，具有海、陆、空全方位实时三维导航与定位能力。建立之初，它主要用于船舶和飞机的导航、对地面目标的精确定时和精密定位、地面及空中交通管制、空间与地面灾害监测等。

GPS 系统由三部分组成：GPS 的空间、地面监控系统和用户接收系统。

（1）空间卫星系统。

GPS 的空间部分是由 24 颗工作卫星组成的，它位于距地表 20200km 的上空，均匀分布在 6 个轨道面上，每个轨道面 4 颗卫星，轨道倾角为 55°。卫星的分布使得在全球任何地方、任何时间都可观测到 4 颗以上的卫星，并能在卫星中预存导航信息。GPS 的卫星因为大气摩擦等问题，随着时间的推移，导航精度会逐渐降低。

（2）地面监控系统。

地面监控系统由主控站、监测站、注入站三部分构成。主控站负责管理、协调地面监控系统各部分的工作，收集各监测站的数据，编制导航电文，送往注入站将卫星星历注入卫星，监控卫星状态，向卫星发送控制指令，进行卫星的维护和异常情况的处理；监测站负责接收卫星数据，采集气象信息，实时监测卫星，并将收集到的数据传送给主控站；注入站负责将导航电文注入 GPS 卫星。

（3）用户接收系统。

用户接收系统即 GPS 信号接收机。生活中常见 GPS 信号接收机主要有三种：手持式 GPS、车载式 GPS 和智能手机 GPS。

GPS 系统的典型应用是基于 GPS 技术的车辆监控管理系统和基于 GPS 技术的智能车辆导航仪，通过 GPS 和计算机网络实时收集全路汽车的调度管理，实现汽车定位、跟踪调度、陆地救援等。GPS 以其全球性、实时性、全天候、快速和高精度的特点，在物流领域得到了广泛的应用，利用 GPS 技术可以实现货物跟踪管理，如图 5.7 所示。铁路运输方面，GPS 可以实时收集全路列车、机车、车辆、集装箱及所运货物的动态信息，实现列车、货物追踪管理。航空物流方面，利用 GPS 可以实现空中交通管理、精密进场着陆、航路导航和监视。在水路运输方面，GPS 系统可以用于最佳航程和安全航线的测定，并可以实现航向的实时调度和监测。

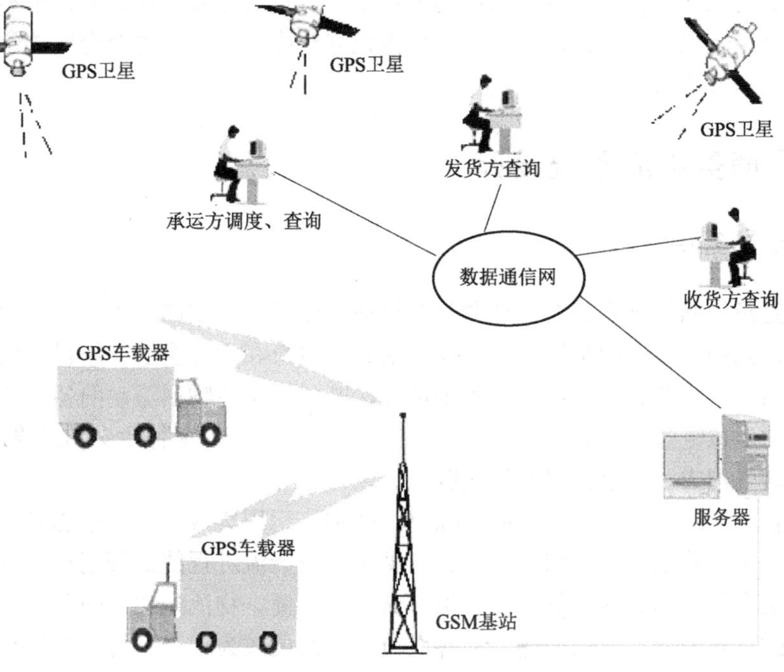

图 5.7　GPS 系统在物流领域的应用

5.4.5 地理信息处理技术

地理信息系统（Geographical Information System，GIS）是 20 世纪 60 年代开始发展起来的计算机技术系统，它以地理空间数据为基础，采用地理模型分析方法，适时提供多种空间的动态地理信息。

GIS 的基本功能是将表格型数据转化为地理图形显示，显示对象包括人口、销售情况、运输线路及其他内容，然后对显示结果进行浏览、操作和分析。GIS 的应用领域主要有测绘与地图制图、资源管理、国土监测、区域规划、物流分析和辅助决策。GIS 在物流领域主要利用它强大的地理数据功能来完善物流分析技术。完整的 GIS 分析软件集成了车辆路线模型、网点布局模型等，不同的模型应用解决不同的问题。

（1）车辆路线模型：用于解决一个起始点、多个终点的货物运输中，如何降低物流作业费用并保证服务质量的问题，包括决定使用多少辆车、每辆车的行驶路线等。

（2）网点布局模型：用于寻求最有效的分配货物路径问题。例如将货物从 m 个仓库运送到 n 个商店，每个商店都有固定的需求量，因此需要确定由哪个仓库提货送给哪个商店，使得总运输成本最小。

（3）分配集合模型：用于确定服务范围和销售市场范围等问题。例如某一公司要设立若干个分销点，要求这些分销点要覆盖某一地区，而且要使每个分销点的顾客数目大致相等。

（4）设施定位模型：用于确定一个或多个设施的位置。在物流系统中，仓库和运输线共同组成了物流网络，仓库处于网络的节点上，节点决定着线路，如何根据供求的实际需要并结合经济效益等原则，在既定区域内设立仓库，并确定每个仓库的位置、规模及仓库之间的物流关系等。

5.5 电子商务物流系统设计

5.5.1 电子商务供应链

供应链是指为满足顾客需要，从原材料供应开始，经过生产加工，最终由销售网络将最终产品送到顾客手中的全过程，涉及包括企业自身和相关企业（原材料供应商、生产商、分销商、零售商、运输商）的各个环节，既包括实体物质流动的各个环节，还包含与之对应的虚拟链条。原材料零部件依次通过“链”中的每个企业交到最终用户手中，这一系列活动就构成了一个完整的供应链。

供应链管理（Supply Chain Management，SCM）运用集成的管理思想和方法对整个供应链中的各个企业或部门之间的物流、信息流和资金流进行统筹规划和控制。协调供应链上各成员企业（如原材料供应商、生产商、零售商、物流配送）的关系，加强供应链成员之间的有效配合，将供应链上的各成员企业发展成为一个不可分割的有机体，实现“供需平衡”，提升供应链整体的绩效和服务水平，增强整个供应链的竞争力。完善的供应链管理系统能够辅助企业全面掌握各地分销点的销售情况，及时制订生产计划并下达生产订单，合理安排订货的批次和时间，合理规划库存和运输，并及时地调整营销策略，以快速地响应客户的需求，提升客户满意度。

随着电子商务技术的发展，市场竞争愈加激烈，企业与企业之间的竞争已经演变为供应链与供应链之间的竞争。供应链上的节点企业必须同步、协调运行，才能提高整个链条的效率。面对不确定的外部市场环境，企业需要专注于自身的核心竞争力，通过与上、下游企业的战略联盟，形成一条网络化的供应链条，以有效地实现规模经济，快速获得互补性的资源和能力。

电子商务技术的发展为实现一体化的供应链管理提供了有力的技术支持和保障，进一步促进了供应链的发展。在电子商务的背景下，供应链管理呈现出了全球化和网络化的特点，中小型企业能够以较低的成本加入到全球网络化的供应链中。有了先进的电子商务和网络平台，企业之间可以方便地建立多种连接并进行实时通信，供应链网络上的各个成员企业通过实时、准确的信息传递和共享，紧密地连接在一起。当市场需求发生变化时，供应链上的各节点企业能够及时调整自己的业务方案，通过各企业之间的协同来快速地响应客户的需求，极大地提升了供应链整体的效率和效益。

总结来说，电子商务环境下的供应链管理具有以下几方面的特点。

（1）信息沟通实时化：在电子商务模式下，企业突破了时空的界限，生产过程和消费过程达到了和谐的统一，使得企业的供应链更加简洁、高效、开放和灵活，应用电子商务交换有关消费者的信息成为企业获得消费者和市场需求信息的有效途径。供应商、制造商、分销商及客户之间都可以通过网络进行实时的信息传递, 并及时制订相应产品的供应、生产和销售计划, 加快了信息传递的速度，并尽可能地减少信息不对称情况的出现。企业能够根据终端客户的需求做出快速的反应，减少了由于库存积压或库存不足而给企业造成的损失。

（2）信息传递准确化：电子商务系统包含信息网、金融网和运输网三个关键的组成要素，与其对应的信息流、资金流、物流交换的质量和效率是实施供应链管理的关键。三者之间的动态联系，为建立基于供应链管理的虚拟企业提供了前提和基础。供应链管理的运作在很大程度上依赖于网链上的信息交换质量，电子商务的运用为实施供应链管理提供了信息处理的有效手段，极大地提高了信息传递的效率和准确率。例如，企业可以利用电子商务与它的经销商协作，建立零售商的订单和库存系统，通过信息系统及时获知零售商品销售的信息，进行准时化的库存补给。

（3）资金流通安全化：传统的交易活动主要通过供货双方纸张签约、人工转账等方式实现，而电子商务活动中的订单实现和货币支付等活动基本上都是通过网络平台实现的，且一切信息都有可追溯性，整个交易活动能够有效地避免暗箱操作带来的不必要损失，也保证了资金流通的安全性。与此同时，电子商务也使得物流的管理变得透明化，传统一体化供应链物流需要众多部门共同到厂家验货，牵涉部门与人员多、过程复杂且流程不公开不透明。电子商务则使整个物流流程通过网上交易平台公开、透明地完成，节省了大量人员开支，并且多家供货方互不知道竞争对手的出价，迫使供货方在有效报价过程中必须降低自己的获利空间，提高自己的产品质量，以获得更好的商业机会。

5.5.2 物流中心的设计

1. 物流中心的概念

物流中心（Logistics Center）是物流的基础设施和组成部分，是为了实现物流系统化、效率化在社会物流中心下设置的货物配送中心。根据国家标准《物流术语》，物流中心被定义为："从事物流活动的场所或组织。"一个物流中心应该基本符合以下要求：① 面向社会服务且物流功能健全；② 具备完善的信息网络；③ 具备较大的辐射范围；④ 具备较强的存储吞吐能力。在更一般的意义上，可以将物流中心理解为：处于枢纽或重要地位，具有较完整物流环节，并能实现物流集散、信息和控制等功能一体化运作的物流据点。

物流中心需要将来自供应商的货物进行分类、包装、保管、流通加工、信息处理，并按众多用户要求完成配货、送货要求。物流中心作为物流中枢或物流枢纽，不仅执行一般的物流职能，而且越来越多地执行指挥调度、信息处理、作业优化等神经中枢的职能，对于区域经济发展具有重要作用。总的来说，物流中心具有以下一些优点。

（1）实现物流资源的优化配置：中国传统的物流基础落后，物流资源比较分散，物流设施和设备多分布在交通、商业等各个部门，具有分散化和无序化的特点，许多物流资源被闲置和浪费。而物流中心以市场为调节机制、以经济效益为目标，让企业自主地组织、管理物流活动，可以突破部门和行业界限的束缚，实现物流资源的合理配置。

（2）创造规模效益：物流中心以物流活动为主来组织商品流通活动，统筹物流活动的各个环节，借助现代化的物流技术和手段，进行有序和系统化的组织管理，是实现物流业和整个流通领域由粗放型经营向集约化经营转变的重要工具。通过使用专业化设备、专业物流工作和专业核算体系，物流中心能够提高物流组织活动的专业化水平，适应社会大流通的需要，可以将社会物流资源集中起来并形成较大的规模，创造规模效益。

（3）完善区域的功能布局：随着社会经济的不断发展，商品供应和消费需求趋于不断扩大。物流需求量的增加一方面要求物流渠道的通畅，以提高物流设施的容量和效率；另一方面也要求调整物流空间分布，有效控制交通需求。通过合理地规划区域物流中心，可以有效地布置物流企业的空间分布，从而缓解区域交通压力，完善区域的功能布局。

（4）发展多式联运：物流中心一般都布置在公路、铁路、港口、空港等不同运输方式的衔接处，因此有利于发展公铁、海陆、陆空等多式联运，减少了多次搬运、装卸和储存环节，缩短了物流时间，提高了物流速度和准时化的服务水平。例如，德国政府为减轻大型货车长途运输所造成的环境和生态负面影响，推行综合运输政策，鼓励发展多式联运，对于长距离运输尽可能使用铁路、水路等运输方式，两头的衔接和集疏则以公路运输为主，并为此专门规划和建设物流中心。

2. 物流中心的规模和选址

1）物流中心的规模

准确地确定物流中心的规模是物流中心规划中一项十分重要的内容。缺乏对物流中心规模的合理规划和计算，错误地估计客观实际需要，就会严重影响配送的经济效益。

如果配送中心规模过大，超过实际需要，会造成物流中心闲置，利用率不高。反之，物流中心的规模小于配送的实际需要，不仅无法满足配送的需要，也会影响配送各项作业活动的顺利进行。在进行物流中心设计时，应根据业务量、占地面积、单位面积作业量等要求确定总体规模。在对物流中心各项功能进行逐个分析的基础上，对物流中心的总体规模进行设计和决策。

物流业务量的预测：包括历年业务经营的原始数据分析，以及根据企业发展规划和目标进行预测。在确定配送中心的作业能力时，要考虑商品的库存周转率、最大库存水平。通常以备齐商品的品种为前提，根据商品数量的 ABC 分析，做到 A 类商品备齐率为 100%，B 类商品备齐率为 95%，C 类商品备齐率为 90%，以此来研究、确定配送中心的平均储存量和最大储存量。

物流中心的占地面积：一般来说，辅助生产建筑的面积占物流中心建筑面积的 5%～8%；办公、生活占地面积占物流中心建筑面积的 5%左右。如果再考虑作业区的占地面积，物流中心总的建筑面积便可大体确定，然后根据城市规划部门对建筑覆盖率和建筑容积率的规定，基本可估算出物流中心的占地面积。

单位面积作业量定额：根据作业规范和实际经验来确定单位面积的作业量定额，从而确定各项物流活动所需的作业场面积。避免为了追求高储存率而造成的理货场堵塞、作业混杂等现象，应该按照物流中心要求的周转速度、出货速度的目标来设计。

2）物流中心的选址

物流中心选址是指在一个具有若干供应网点及若干需求网点的经济区域内，选一个地址设置物流中心的规划过程。较佳的物流中心选址方案是使货物通过物流中心的汇集、中转、分发，直至输送到需求网点的全过程效益最大化。

物流中心地址选择是物流中心规划中另一个重要的决策问题，物流中心的位置对于物流速度和流通费用都产生直接影响，并且关系到物流中心的服务水平和服务质量。物流中心的选址应符合城市规划和商品储存安全的要求，适应商品的合理流向，交通便利，且具有良好的运输条件。总体来说，在进行物流中心选址时，应满足协调性、经济性和战略性的原则。

协调性：物流中心的选址应将区域的物流网络作为一个系统来考虑，使物流中心的基础设施设备在地域分布、物流作业生产力、技术水平等方面互相协调。

经济性：物流中心的选址可以定在市区、近郊区或远郊区。在不同的区域，物流活动辅助设施的建设费用及运费等物流费用是不同的，因此在选址时应以总费用最低为物流中心选址的经济性原则。

战略性：物流中心的选址应具有战略视角，不能仅考虑具体的短期利益，而要考虑全局的长远发展，使得物流中心的建设既能够满足目前的实际需求，又要满足企业的战略发展需要。

在选择和确定物流中心的位置时，可以采取定性分析和定量分析两种方法。定性分析的方法是针对各种影响因素，提出选址应遵循的一些基本原则，如选择交通发达、交通条件便利的地点，或接近消费区、靠近超市、城乡接合部等地方。从这些基本原则出发，对现有条件进行分析、评价和比较，从备选的地址中做出选择。

定量分析的方法是根据影响物流中心位置的各种因素建立数学模型，通过反复迭代，从中选择、确定最优方案。实际操作时往往先初定若干个候选地点，然后采用数值分析和运筹优化的方法计算并进行比较，最后选择配送成本最低的地点。

3．物流中心的规划和设计

物流中心的规划和设计是一项复杂的系统工程。配送中心作业多而且复杂，包括收货、验货、搬运、储存、装卸、分拣、配货、送货、信息处理及与供应商、连锁商场等店铺连接等工作，因此在设计配送中心时应该充分考虑各项作业间的协调均衡，追求整体优化。在追求较高服务质量的同时还要考虑到物流总成本的最小化，尤其是建造配送中心耗资巨大，必须对建设项目进行可行性研究，从技术和经济角度做出多个方案，比较优劣后进行正确的选择，以求得最大化的经济效益和社会效益。在规划物流中心时，还要具备战略发展的眼光，充分考虑到物流量扩大、经营范围拓展等变化，如在设计第一期工程时应该将第二期工程纳入总体规划，并充分考虑扩建时各项工作的衔接。电子商务和信息技术的发展加速了商品的流转速度，提高了经济效益和现代化管理水平。因此在进行物流中心规划时，应合理选择和使用智能化与自动化设备，以充分发挥配送中心多功能、高效率的优势。

物流中心规划和布局主要包括方案设计规划和运营系统规划两方面的内容。方案设计规划包括物流中心的功能设计、作业流程规划、作业区域设计、设施布置设计和物流设备规划设计；运营系统规划包括组织机构、人员配备、作业标准和规范设计。在进行物流中心规划和设计时应充分考虑以下几个关键的基础要素。

（1）配送的对象：不同的服务对象对应着不同的订单形态和出货形态。例如，为生产线提供配送服务的配送中心和为分销商提供服务的配送中心，其分拣作业的计划、订单传输方式、配送过程的组织将有很大的区别；同是销售领域的配送中心，面向批发商的配送和面向零售商的配送，其出货量的多少和出货的形态也有很大不同。

（2）配送的货品种类：配送中心所处理的货品品类、项目数差异性非常大，多则上万种以上，如书籍、医药及汽车零件等的配送中心；少则数百种甚至数十种，如制造商型的配送中心。不同的品类项目数、不同的货品种类，都导致了配送运作的复杂性与困难性有所不同，因此在厂房及物流设备的选择上也应有所不同。

（3）配送的货品数量：货品的出货数量的多少和随时间的变化趋势会直接影响配送中心的作业能力和设备的配置。例如，一些季节性波动、年节的需求高峰等问题都会引起出货量的变动；配送中心的库存量和库存周期将影响配送中心的面积和空间的需求。因此应对库存量和库存周期进行详细的分析。

（4）物流的服务水平：物流服务水平的主要指标包括订货交货时间、货品缺货率和增值服务能力等。一般来说，物流企业的服务水平与其物流成本成正比。但是就客户的立场而言，希望以最经济的成本得到最佳的服务，所以原则上物流的服务水准应该是合理的物流成本之上的服务品质，也就是物流成本不会比竞争对手高，而物流的服务水准高于竞争对手。物流企业应该针对客户的需求确定一个合理的服务水准。

（5）物流的交货时间：物流交货周期是十分重要的服务评价指标，交货时间太长或不准时都会严重影响零售商的业务。物流的交货时间依厂商的服务水准的不同，可分为

2 小时、12 小时、24 小时、2 天、3 天、1 星期送达等几种。交货时间越短则其成本也会越高，因此最好的水准为 12~24 小时，稍微比竞争对手好一点，但成本又不会增加。

（6）配送货品的价值或建造的预算：在物流中心规划时除了考虑以上的基本要素外，还应该注意配送货品的价值和建造预算。在物流的成本计算方法中，往往会计算它所占货品的比例，因此如果货品的单价高则其百分比相对会比较低，客户能够负担得起；如果货品的单价低则其百分比相对会比较高，客户会感觉负担比较重。另外，物流中心的建造费用预算也会直接影响配送中心的规模和自动化水准，没有足够的建设投资，所有理想的规划都是无法实现的。

5.5.3　物流管理信息系统

物流管理信息系统（Logistics Management Information System，LMIS）是指在物流领域内建立的信息收集、整理、加工、存储和服务系统。物流管理信息系统是现代物流正常运作的基础和保障，任何一个物流环节，尤其是不同物流环节的连接处，其正常运作必须以物流信息为支撑。物流信息系统在企业物流运作过程中扮演了关键的角色，在电子商务物流企业中发挥着不可替代的枢纽作用。物流管理信息系统可以看作管理信息系统的一个分支，其将物流活动和物流信息有机地结合起来，通过信息的收集、传递、存储和分析，为物流管理提供决策支持。

2004 年，国家发改委、商务部、公安部、铁道部、交通部等九部委联合发布了《关于促进中国现代物流业发展的意见》，将发展物流信息化提到了一个新的高度。目前，中国各级政府也已经把物流信息化作为一项基础建设纳入发展规划之中，并进一步加大了对物流信息化的投资力度。中国的许多企业已经开始实施并使用物流管理信息系统，协调和控制物流作业流程，以实现对物流的有效管理和控制，为物流管理人员和企业管理人员提供运营及战略决策支持。

按照企业内部的管理活动，可以进一步将物流管理信息系统分为业务操作层、管理控制层和战略决策层。一般来说，下层系统的处理量比较大，上层系统的处理量相对较小，所以就形成了一个金字塔式的结构，如图 5.8 所示。

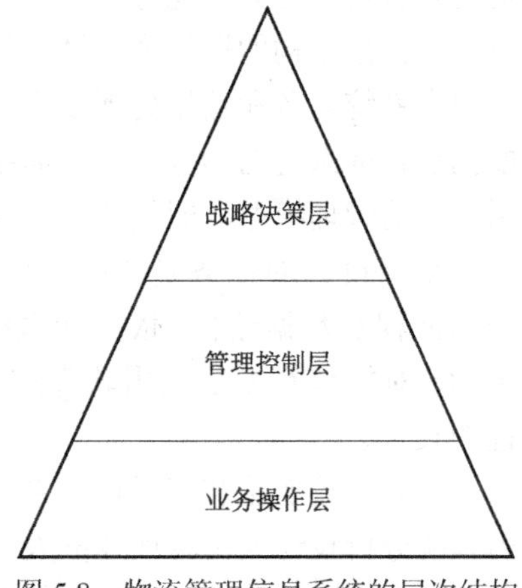

图 5.8　物流管理信息系统的层次结构

（1）业务操作层：业务操作层是为有效利用现有资源和设备所展开的各项活动，属于企业的基层管理。其主要作用是处理货物的采购、仓储和库存、包装和流通加工、装卸与运输管理等物流活动，记录、收集、存储和加工处理物流活动过程中所产生的各种物流票据和报表等基础信息，为物流的管理控制提供基础数据的支持。在这一层次上的管理信息系统职能一般由三种处理方式组成，即事务处理、报告处理和查询处理。

（2）管理控制层：管理控制层的管理活动属于企业的中层管理，其主要工作是根据高层管理所确定的总目标，对组织内所拥有的各种资源，制订出资源分配计划及实施进度表，并组织基层单位来实现总目标。管理控制层的活动包括物流部门工作计划的制订、对计划执行情况的监控和各项计划完成情况的评价等，其职能主要是为物流管理部门的负责人提供所需要的信息，以支持他们在物流管理控制活动中正确地制订各项计划并了解计划的完成情况。

（3）战略决策层：战略决策层是物流管理信息系统的最高层次，其物流管理活动涉及企业的总体目标和长远发展规划。通过对有价值的物流信息进行有效的处理，为物流管理人员制订和实施物流战略计划提供决策支持。战略决策层的信息系统需要广泛的内、外部数据来源，并且需要具有高度的概括性和综合性，从而为企业制定长远的战略目标提供决策支持。

物流企业的信息化建设是一个系统工程，需要分阶段、分步骤地实施。一般来说，一个完整的物流信息系统设计与开发包括以下几个步骤。

（1）系统的可行性分析：系统的可行性分析是企业战略规划的主要组成部分，其主要任务是根据用户的系统开发请求进行初步调查，明确问题，然后进行可行性研究，如果方案不可行，则取消项目；如果方案可行，则进入下一阶段的工作。系统可行性分析包括技术可行性和经济可行性两方面。

① 分析管理信息系统技术上的可行性，包括人员和技术力量的可行性、计算机硬件与软件的可行性等，明确计算机等设备及人员的情况。

② 分析管理信息系统经济上的可行性，主要从组织的人力、财力、物力三个方面来考察系统开发的可行性，如有多少资源可以被利用、有多少资金可以被使用，建立多大规模的系统，资金分几批投入时投资效果较好，并研究系统开发后的经济效益，进而更好地规划管理信息系统开发的费用及进度。

（2）系统分析与设计：系统分析的任务是在对现有信息系统进行详细调研的基础上，通过各种可能的方式充分描述现有系统的业务流程及所需处理的数据，并分析这些处理过程及数据结构的逻辑合理性，最后给出新系统的逻辑方案。系统分析的本质是通过分析现有系统业务和数据处理要求确定新系统的逻辑功能及信息需求。新系统逻辑方案主要描述目标系统的功能结构，如新系统的子系统及进一步的功能分解，这其中也包括新系统中的管理模型，即具体管理业务中采用的管理模型和处理方法。

系统设计的任务是依据系统分析工作得到的系统功能和信息需求设计新系统的处理流程及数据结构，依据新系统的功能需求及信息需求设计系统的硬件结构及软件结构。对构成新系统应用软件结构的每一功能模块给出其实现的输入、输出及处理过程的设计。

（3）系统实施和试运行：系统实施的主要任务是通过程序员对新系统进行编程，并由系统分析设计人员培训业务人员和操作人员，同时，由业务人员进行数据准备工作，然后投入试运行。系统试运行的主要工作包括新系统运行后的系统运行维护、运行管理和对新系统从目标、功能、性能及经济效益方面的评价。如果转换运行结果较好，系统的评价和监理审计合格，则投入正式运行和使用。如果存在问题，则对系统进行修改、维护或局部调整。

5.6 电子商务物流的发展趋势

随着互联网的普及，电子商务的应用和发展给传统的产业结构带来了巨大的影响，同时也推动了物流产业的不断发展、创新，使得物流产业呈现出了信息化、网络化、自动化、智能化和全球化等新的发展趋势。

1. 信息化

在电子商务的影响下，信息化成为现代物流的必然要求。物流的信息化体现在物流信息处理的电子化和计算机化、物流信息传递的标准化和实时化、物流信息存储的数字化等方面。因此，新一代的物流信息技术，如条形码技术（Bar Code）、无线射频识别技术（RFID）、全球卫星定位系统（GPS）、电子订货系统（Electronic Ordering System，EOS）、电子数据交换系统（Electronic Data Interchange，EDI）、企业资源计划系统（Enterprise Resource Planning，ERP）、协同规划预测补货系统（Collaborative Planning，Forecasting and Replenishment，CPFR）等技术在中国的物流业中得到了普遍的应用。新的信息技术如物联网技术和云存储技术进一步加快了物流信息化的进程。

2. 网络化

物流网络化同样以信息化为基础，对其的理解可以分为两个层面。① 物流信息网络化。借助电子商务技术，物流信息网络有了更高效、开放的平台。物流中心可以实时地向上游供应商传送发货信息，并向下游客户收集订货信息。例如，物流配送中心向供应商提出订单这个过程，就可以借助电子订货系统（EOS）和电子数据交换技术（EDI）来自动实现，物流配送中心通过计算机网络收集下游客户的订货的过程也可以自动完成。② 物流组织的网络化。物流系统是一个大跨度的系统，理想的物流组织是由在地域上分布极广的相互联系的节点组成的网络。例如，中国台湾地区的计算机业在 20 世纪 90 年代创造出了“全球运筹式产销模式”，这种模式的基本点是按照客户订单组织生产，生产采取分散形式，即将全世界的计算机资源都利用起来，采取外包的形式将一台计算机的所有零部件、元器件、芯片外包给世界各地的制造商去生产，然后通过全球的物流网络将这些零部件、元器件和芯片发往同一个物流配送中心进行组装，由该物流配送中心将组装的计算机迅速发给客户。这一过程就需要有高效的物流网络进行支持。

物流的网络化是物流信息化的必然，同时两者也互为因果关系，网络化必须以信息化作为基础，而网络化同时也促使了信息化的产生和发展。全球网络资源的可用性及网络技术的普及为物流的网络化提供了良好的外部环境，物流网络化的趋势不可阻挡。

3. 自动化和智能化

物流的自动化以信息化为基础，它的核心是机电一体化，外在表现为无人化，可以扩大物流作业能力、提高劳动生产率、减少物流作业的差错等。物流自动化的设施非常多，如条形码/语音/射频自动识别系统、自动分拣系统、自动存取系统、自动导向车、货物自动跟踪系统等。这些设施在早些年已经普遍应用于发达国家的物流业中。随着近几年中国物流技术设备的迅猛发展，这些设施在中国一些大规模现代化工业企业中也已经得到普及，而一些中小型企业也有选择性地购进一些先进的物流自动化设备。但是由于中国物流业起步晚，受规模、资金等条件的限制，自动化技术的普及还需要相当长的时间，但是应用前景广阔。

物流自动化的高层次应用表现为智能化。物流作业过程涉及大量的运筹和决策，如最优路径的选择、最佳车辆的调度、库存最优水平的确定、自动导向车的运行轨迹和作业控制、自动分拣机的运行、物流配送中心经营管理的决策支持等问题都需要借助大量的知识才能解决。物流信息化和自动化的发展决定了物流智能化的应用。国际上专家系统、机器人等相关技术已经有比较成熟的研究成果，在发达国家这些技术也已经开始应用于物流的作业和管理，中国的部分企业也已经开始将机器人等技术应用于物流过程中。物流的智能化已成为电子商务下物流发展的一个新趋势。

4. 全球化

电子商务的出现加速了全球经济的一体化，致使物流企业的发展跨越了国家的边界。随着中国加入 WTO，融入世界经济的大潮，越来越多的外国企业进驻中国市场，同时，越来越多的国内知名企业走向世界的舞台，这都必将涉及物流配送的问题。全球化战略的趋势，使物流企业和生产企业更紧密地联系在一起，形成了社会大分工。生产厂集中精力制造产品、降低成本、创造价值；物流企业则集中精力从事物流服务。

在全球化的背景下，企业物流管理水平的高低直接决定和影响了电子商务物流效率的高低。为了保障物流的畅通进行及其合理化和高效化，必然要求提高物流管理水平，建立起科学合理的管理制度，将科学的管理手段和方法应用于物流管理当中，保证物流管理的整体协调和控制，以降低物流成本，提高全球化背景下电子商务物流管理的效率。

本章小结

在经济全球化的背景下，电子商务活动取得了蓬勃的发展，对传统的物流活动提出了新的挑战。本章在前面章节的基础上，对电子商务背景下的物流管理进行了详细的介绍。首先，在 5.1 节介绍了物流及电子商务物流的概念；其次，在 5.2 节介绍了企业自营、物流联盟、第三方物流和第四方物流等四种主要的物流模式；在 5.3 节详细阐述了一个完整的物流管理过程；在 5.4 节介绍了支持电子商务物流发展的主要信息技术；在 5.5 节探讨了电子商务环境下的供应链管理、物流中心设计和物流管理信息系统的构建及其层次结构；在 5.6 节对电子商务的未来发展趋势进行了总结。通过本章的学习，读者能够系统地掌握电子商务物流的概念、模式及其特点，为其今后从事电子商务物流的相关工作打下坚实的基础。

问题与讨论

1. 请分析相对于传统的物流，电子商务环境下的物流呈现出了哪几方面的特点。

2. 请阐述电子商务环境下常见的四种物流模式，并分析电子商务企业应该如何根据自身的特点选择合适的物流模式。

3. 请阐述射频识别技术（RFID）的工作原理，并分析其在电子商务物流管理中的主要应用。

4. 请解释什么是供应链管理中的牛鞭效应，并分析在电子商务环境下企业应该如何消除牛鞭效应。

5. 请给出物流中心的定义，并分析企业在进行物流中心选址时应考虑哪几方面的因素。

6. 请给出物流管理信息系统的层次结构，并分析物流管理信息系统在企业物流运作管理中扮演的重要角色。

案例分析：宝洁公司的第三方物流管理

美国宝洁公司是世界最大的日用消费品生产企业之一。1992年，宝洁公司进入中国市场，并在广东地区建立了大型生产基地。对于刚刚进入中国市场的宝洁公司，产品能否及时、快速地运送到全国各地是其能否迅速抢占中国市场的重要环节。宝洁公司为了降低运输成本，在公路运输之外，寻求铁路运输方案，以进一步提升物流服务效率。

作为日用产品生产商，宝洁公司的物流服务需求对响应时间、服务可靠性及质量保护体系具有很高的要求。根据物流服务需求和服务要求，进入宝洁公司视野的物流企业主要有两类：占据物流行业主导地位的国有企业和民营储运企业。经过调查评估，宝洁公司认为当时国有物流企业业务单一，要么只管仓库储存，要么只负责联系铁路运输，而且储存的仓库设备落后，质量保护体系不完善，运输中信息技术落后，员工缺乏服务意识，响应时间和服务可靠性得不到保证。于是，宝洁公司把目光投向了民营储运企业。在筛选第三方物流企业时，宝洁公司发现宝供承包铁路货运转运站（以下简称宝供）以“质量第一、顾客至上、24小时服务”的经营特色提供“门到门”的服务。于是，宝洁公司将物流需求建议书提交给宝供，对宝供的物流能力和服务水平进行试探性考察。

围绕着宝洁公司的物流需求，宝供设计了业务流程和发展方向，制定严格的流程管理制度，对宝洁公司的产品“呵护备至”，达到了宝洁公司的要求，同时宝供长期良好合作的愿望及认真负责的合作态度受到了宝洁公司的欢迎，使得宝供顺利通过了考察。宝洁公司最终选择了宝供作为自己的合作伙伴，双方签订了铁路运输的总代理合同，开始了正式的合作。

在实施第三方物流服务的过程中，宝供针对宝洁公司的物流服务需求，建立遍布全国的物流运作网络，为宝洁公司提供全过程的增值服务，在运输过程中保证货物按照同样的操作方法、模式和标准来操作，将货物运送到目的地后，由受过专门统一培训的宝供储运员工进行接货、卸货、运货，为宝洁公司提供门到门的“一条龙”服务，并按照严格的质量管理标准和运作管理程序，将宝洁公司的产品快速、准确、及时地送到全国各地的销售网点。双方的初步合作取得了相当好的成效，宝供帮助宝洁公司在一年内节省成本600万美元，宝洁公司高质量、高标准的物流服务需求也极大地提高了宝供的服务水平。

随着宝洁公司在中国业务的增长，仓库存储需求大幅度增加，宝供良好的运作绩效得到了宝洁公司的认同，进一步外包其仓储业务给宝供。针对宝洁公司的物流需求，宝供规划设计和实施物流管理系统，优化业务流程，整合物流供应链，以“量身定做、一体化运作、个性化服务”模式满足宝洁公司的个性化需求，提高物流的可靠性，降低物流总成本。在双方合作关系的推动下，宝供建立高水准的信息系统以帮助管理和提供全面有效的信息平台，实现仓储、运输等关键物流信息的实时网上跟踪，实现与宝洁公司电子数据的无缝衔接，使宝洁公司和宝供作业流程与信息有效整合，从而使物流更加高效化、合理化、系统化。宝供严格和高质量的物流服务极大地降低了宝洁公司的物流成本，缩短了订单周期和运输时间，提高了宝洁公司的客户服务水平；而宝洁公司促使宝供的物流服务水平不断提升，成为国内领先的第三方物流企业。

宝洁公司针对自身需求选择宝供作为第三方物流服务提供商，开展了合作伙伴关系，在这种合作模式下，实现了“双赢”的目标。在物流市场需求日益增长和国际国内激烈的市场竞争环境下，宝洁公司应用第三方物流的成功，将为中国企业采购第三方物流服务、选择物流服务提供商树立标杆。

（资料来源：物流天下）

思考题：

1. 宝洁公司在选择第三方物流合作企业时考虑了哪些关键的因素？
2. 宝供公司是通过哪些具体的措施来满足宝洁公司的物流需求的？
3. 物流管理信息系统如何有效地推动了宝洁公司和宝供公司之间的物流合作？

参考文献

[1] Gunasekaran, A., Ngai, E.W.T. Information systems in supply chain integration and management. European Journal of Operational Research, 2004, 159(2): 269-295.

[2] Golicic, S. L., Davis, D. F., McCarthy, T. M. The impact of e-commerce on supply chain relationships. International Journal of Physical Distribution & Logistics Management, 2002, 32(10): 851-871.

[3] Bowersox, D.J. Supply chain logistics management. Tata McGraw-Hill Education, 2011.

[4] Waters, D. Global logistics: New directions in supply chain management. Kogan Page Publishers, 2010.

[5] Christopher, M. Logistics and supply chain management. Financial Times/Prentice Hall, 2010.

[6] 张俊茂，黄浩，赵晓飞. 电子商务环境下 B2C 企业物流成本探析. 中小企业管理与科技，2012，27: 67-68.

[7] 何流. 基于电子商务的供应链管理. 湖北工业大学学报，2010，25(4)，133-136.

[8] 施先亮，李伊松. 供应链管理原理及应用. 北京：清华大学出版社，2006.

[9] 孙波，陈宝林. 电子商务与供应链管理. 信息技术，2004，10.

[10] 曹俊琴，李纪滨，龚雯. 企业采购管理系统. 中国制造业信息化，2010，39(1)，11-18.
[11] 邵举平. 物流管理信息系统. 北京：清华大学出版社，2005.
[12] 黄梯云，李一军. 管理信息系统. 北京：高等教育出版社，2009.
[13] 薛华成. 管理信息系统. 北京：清华大学出版社，2007.
[14] 陆滢. 基于电子商务的物流管理. 南京信息工程大学硕士论文，2007.
[15] 蓝伯雄，郑晓娜，徐心. 电子商务时代的供应链管理. 中国管理科学，2000，8(3)，1-7.
[16] 周长青. 电子商务与物流. 重庆：重庆大学出版社，2004.

第6章 电子商务的安全

引言

2000年1月，在美国发生了一起大规模的信用卡失窃事件：一位网名“Maxim”的计算机黑客窃取了CD Universe（美国一家互联网音乐商店）客户的信用卡号码。Maxim在CD Universe金融信息防火墙软件中找到一个漏洞，并在窃取信用卡号码之后，勒索CD Universe支付其10万美元。在要求遭到拒绝之后，Maxim在一个叫作“Maxus Credit Card Pipeline”的网站上公布了大约30万个他窃取来的信用卡号码。美国联邦调查局试图找出这名黑客的踪迹，发誓要绳之以法，但最终也只查到Maxim来自东欧，线索从此中断。CD Universe的30万用户却经历了失去隐私数据的痛苦，而商店CD Universe也因此遭受了失去客户的巨大损失。

本章重点

- 电子商务中存在的安全威胁
- 数据加密中的几种常用算法
- 数字签名的原理及其在电子商务中的应用
- CA认证的过程及数字证书的使用
- 客户机、通信信道和服务器的安全
- 电子商务安全的政策、过程和法律

6.1 电子商务的安全环境

对于大多数互联网用户来说，Internet 提供了与世界各地人们和企业接触的机会，也提供了更多的便利。Internet 也存在很多安全隐患，为一些心术不正者提供了新的犯罪途径。无论产品、服务、现金还是信息，都可以通过 Internet 来获得。由于网络的虚拟性，不法分子更容易隐藏其身份，通过多种途径获取非法利益，并对消费者和商家造成巨大伤害。

根据国家互联网应急中心发布的《中国互联网网络安全报告》，2014 年，CNCERT/CC 共接收境内外报告的网络安全事件 56 180 起，较 2013 年增加了 77.5%。接收的网络安全事件中，排名前三位的分别是漏洞事件（占 36.4%）、网页仿冒事件（32.1%）和网页篡改事件（16.3%）。2014 年，360 互联网安全中心针对 10 大类常见网站进行的安全性统计分析显示，电子商务类网站存在的高危漏洞比例最高，达到 26%。由此可见网络安全问题不容忽视，电子商务安全问题更是不容乐观。

电子商务安全是全局性的概念，它不仅涉及计算机安全、网络安全，还涉及电子商务的应用环境，与参与的人员和社会环境都有密不可分的关系。电子商务安全既涉及计算机的物理安全，又涉及用户信息安全、网络通道安全等多种安全因素。

6.1.1 电子商务的安全威胁

给电子商务中的个人和企业带来危险的任何行动或对象都可以称为安全威胁。这些安全威胁可以从不同角度进行不同的分类。

1. 从用户的角度进行分类

电子商务交易过程是电子商务中的核心内容。在传统的交易过程中，买卖双方是面对面地进行交易的，因此交易过程的安全性较高，且容易在买家和卖家之间建立起一种信任关系。相反，在电子商务环境中，交易的双方是通过网络进行交流和操作的，在空间上可能存在很大距离，加上支付和获得商品的时间不同步，交易双方的安全就面临很多问题，因而存在很多安全威胁。

1）买家面临的安全威胁

（1）私密信息泄露。

买家的私密信息（如住址、账号、口令、信用卡信息等）在网络传递中被拦截，或者由于网站数据库被攻击而导致这些信息外流，甚至被不法分子窃取和使用，给买家造成经济上的损失。例如引言中提到的 CD Universe 案例。

（2）交易不能顺利完成。

买家在付款后，没有得到正确的处理（如卖家没有按时发货），导致买家没有收到购买的商品。

（3）网络诈骗

买家在网上交易过程中可能遇到“退款诈骗”、“钓鱼网站”等多种网络诈骗方式。

以钓鱼网站为例，2015 年“双十一”当天，360 互联网安全中心用户共截获新增虚假购物类钓鱼网站 2045 个，假冒银行类钓鱼网站 1512 个。猎网平台共接到用户报案 98 起，涉案总金额约 118.3 万元。

2）卖家面临的安全威胁

（1）中央系统的安全性。

入侵者进入中央系统，对数据进行窃取或恶意篡改。例如，改变商品送达地址、解除用户订单或生成虚假订单等。

（2）竞争者对商业信息的探听和窃取。

恶意竞争者以他人名义订购商品，从而了解有关商品的递送状况或货物的库存情况。

（3）消费者抵赖。

在货物发出之后买家否认收到货物而造成的经济损失。

2．从电子商务链的角度进行分类

由于电子商务是在网络中进行的，因此电子商务的安全同时受到计算机网络安全的威胁。要全面了解电子商务中存在的安全威胁，需要对电子商务的整个过程链进行考察，包括客户机、通信信道和服务器等。

1）对客户机的安全威胁

由于动态网页技术的广泛应用，加上其他的一些相关技术（如 Cookie 等），增加了客户机与服务器之间的交互能力，同时，客户机也分担了服务器端的负载，因此，客户机的安全状态也发生了相应的改变。对客户机的安全威胁主要有以下几个方面。

（1）动态内容。

动态内容是在页面上嵌入一段对用户透明的程序，它能产生一些动态的效果，例如显示动态图像等。动态内容在增加页面的生动性的同时，也将原来要在服务器上完成的辅助处理任务转移到了在多数情况下处于闲置状态的客户机上来完成，从而均衡了服务器的负载。

动态内容有多种形式，如 JavaScript、VBScript 和 ActiveX 控件等。这些程序经常被那些企图破坏客户机的人伪装成无害的内容，对客户机造成安全威胁。例如，隐藏在程序或页面里，并掩盖其真实目的恶意代码被统称为特洛伊木马。它可窃取计算机上的私密信息，并传给它的远程 Web 服务器，或是通过电子邮件发送给其他人。而且，特洛伊木马还可以改变或删除客户机上的信息，构成完整性侵害。

（2）Cookie/Cookies。

Cookie 是某些网站为了辨别用户身份、进行 session 跟踪而储存在用户本地终端，也就是客户机上的数据。Cookie 虽然在通常情况下都经过加密，但仍然给一些恶意的动态内容提供了可乘之机。

（3）邮件通信簿。

使用客户端邮件收发软件的用户通常在电子邮件通信簿上存放联系人的各种信息，一些计算机病毒可以成功地检测到这些内容，并将病毒发给这些联系人。例如在特洛伊木马中，就成功地运用了邮件通信簿。

2）对通信信道的安全威胁

Internet 是将客户机和服务器连接起来的电子通信信道。Internet 的建造并不是为了安全传输，发展到今天，其安全状态与最初相比并没有多大改观。在 Internet 上传输的信息，从起始节点经由若干中间节点到达最终节点之间的路径是随机的，因此根本不能控制信息的传输路径，因而无法保证信息传输时所通过的每台计算机都是安全的和无恶意的。如果信息包在传输过程中被任意一个中间节点窃取、篡改或删除，那么用户很可能遭受巨大的损失。对通信信道的安全威胁主要有以下几种形式。

（1）搭线窃听。

搭线窃听是一种窃听程序，可以监视网络中传递的信息。当合法使用时，网络窃听可以帮助企业发现网络上可能存在问题的节点；但当非法使用时，则会对企业造成严重的危害。例如，黑客利用窃听器盗取企业的电子邮件、机密报告等。由于它类似于在电话线上搭线并记录一段对话，因此被称为搭线窃听。

嗅探器（又称协议分析器）是一种监视网络数据运行的软件设备，既能用于合法网络管理，又能用于网络信息窃取。网络运作和维护都可以采用嗅探器：如监视网络流量、分析数据包、监视网络资源利用、执行网络安全操作规则、鉴定分析网络数据及诊断并修复网络问题等。非法嗅探器严重威胁网络安全性，这是因为它实质上并不进行探测行为且容易随处插入，所以网络黑客常将它作为攻击武器。它可以截获并阅读电子邮件信息，也可以记录敏感信息或个人隐私信息，或用来攻击相邻的网络。

（2）IP 欺骗。

IP 欺骗是指将某个 IP 伪装成合法主机的 IP 地址，并与目标主机成功建立连接。IP 欺骗可以将某个服务器的访问者引到一个虚拟网站，或者冒充合法主机用户进入目标服务器。

（3）IP 源端路由选择。

IP 数据包在 Internet 上的传输需要经过很多路由器才能到达最终目的主机，而路由器动态决定了 IP 数据包的传输路线。允许 IP 源端路由选择，即允许 IP 数据包选择经过的路由。入侵者通常利用 IP 源端路由选择来避开那些包含过滤路由器、防火墙及其他安全检查机制的路由，访问那些在正常情况下不能访问的主机。

（4）目标扫描。

入侵者在确定扫描目标之后，利用一些扫描程序和安全分析工具，如 ISS 漏洞扫描器、SATAN 等，寻找系统的安全漏洞或弱点并进行攻击。若薄弱主机被攻破，会继而造成对与本机建立了访问链接和信任关系的其他网络计算机被攻破的连锁反应，最终威胁到整个系统。

SATAN（Security Administrator Tool For Analyzing Networks）中文名为安全管理员的网络分析工具。它可以搜集网络上主机的信息，并可以识别且自动报告与网络相关的安全问题。SATAN 对这些问题提供解释，并报告它们可能对系统和网络安全造成影响的程度，且在所附的资料中解释如何处理这些问题。

ISS 网络安全漏洞扫描器能够扫描系统漏洞和系统弱点，并具有很强的漏洞分析功能，且它不允许非法访问。很多程序员评价 ISS 是安全界最为出色的扫描器。特别是它的可移植性和灵活性，在众多的 UNIX 的平台上都可以运行。ISS 的扫描时间短，效率高，很适合企业级的用户。

这些扫描器的设计初衷都是为了提高系统的安全性，但现在却经常成为黑客攻击系统时用到的有力武器。

3）对服务器的安全威胁

企业借助各种服务器软件来设置自己的 Web 服务器、FTP 服务器等。这些服务器软件和服务器，加上数据库和数据库服务，以及网关接口 CGI（Common Gateway Interface）程序等都可能成为攻击的入口。

（1）Web 服务器。

Web 服务器软件是用来响应 HTTP 请求并传送 HTML 格式的页面的，主要目标是支持 Web 服务和方便使用。由于这类软件通常都比较复杂，因此包含错误代码的概率也比较大，所以包含的安全漏洞也比较多。这些漏洞就成为攻击者攻击的对象。

（2）数据库服务器。

电子商务系统用数据库来存储用户数据、交易数据、产品数据等，这些数据库通常与 Web 服务器连接，用来检索产品信息等。因此数据库的安全非常重要，一旦隐私数据被泄露，将会给公司带来巨大的损失。

（3）网关接口 CGI。

通过 CGI 可实现 Web 服务器到另一个程序的数据传输。和 Web 服务器一样，CGI 脚本是能以高权限运行的程序，且运行时不受 Java 运行程序安全的限制。因此，恶意的 CGI 程序能自由访问系统资源，使系统失效，或者调用系统程序删除文件或查看隐私信息等。

6.1.2　电子商务的安全要求

由于电子商务所处的网络环境，电子商务的安全受到了多种威胁，因此，对电子商务的安全也提出了多种要求，主要有以下几个方面。

（1）真实性/认证性。

真实性是指网络两端的使用者在通信之前相互确认对方的身份，保证交易方确实存在，防止其他人假冒。通常由权威的第三方来进行身份认证，如颁发数字证书等。

（2）保密性（Confidentiality）。

保密性是指防止未授权的数据被暴露。例如防止非法的信息存取及信息在传输过程中被窃取。在商务活动中，交易信息代表着个人或企业的商业机密，如信用卡卡号、客户资料、内部报价单等。保密性通常使用数据加密技术来实现，使信息截获者无法解读加密信息的内容。

（3）完整性（Integrity）。

完整性是指防止未授权的数据被篡改。例如，防止对信息的随意生成、修改和删除，并防止数据在传输过程中被丢失或重复，如在数据库中进行数据修改的授权，存取控制等。另外，加密后的信息在传输过程中虽然能保证其保密性，却不能保证其完整性，因此网络传输所使用的协议应具有纠错功能，如在报文验证中使用 Hash 函数等。

（4）不可抵赖性。

建立有效的责任机制，防止交易的任何一方抵赖其行为。交易达成之后，任何一方抵赖其行为，必然会损害另一方的利益。因此不可抵赖性是对双方利益的保障，通常通过数字签名等技术来实现。

（5）系统可用性。

能够防止延迟或拒绝服务，并为用户提供稳定可靠的服务。例如保证合法用户的正当请求不会被不正当地拒绝。因此，需要对网络故障、操作错误、硬件故障、计算机病毒等所产生的潜在威胁进行预防和控制。

（6）抵御攻击性

能够有效地抵御恶意访问和攻击。例如在网络上限制和控制通信信道对主机系统和应用的访问，保护计算机的资源不被未经授权的人或以未经授权的方式接入、使用、修改或删除。可用防火墙等技术来实现。

6.1.3　电子商务的安全体系

为确保电子商务持续健康地发展，需要构建一套合理而有效的电子商务安全体系，合理地协调法律、技术和管理三种因素，集成防护、监控和恢复三种技术。

在设计安全体系时，可以参考 Gary P. Schneidert 提出的 IT 系统风险管理模型（如图 6.1 所示），保护电子商务资产免受物理或逻辑的安全威胁。该模型从影响大小和风险发生的概率来对风险进行划分。例如，在第Ⅰ象限安全威胁的影响大，发生的概率也大，就需要进行严格预防，如黑客、病毒和窃听等安全威胁就处在第Ⅰ象限。相反，在第Ⅲ象限，安全威胁的影响小，发生的概率也小，则无须对其进行控制，如沿海地区发生的台风不会对内陆地区的电子商务安全造成威胁。在具体的应用中，要根据具体的电子商务环境来确定面临的各种风险和安全威胁，并制定完备的安全策略和相应的措施，达到电子商务的安全要求。

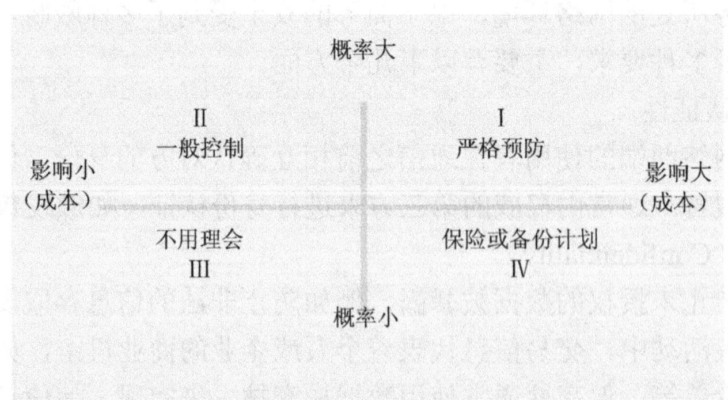

图 6.1　IT 系统风险管理模型

6.2　电子商务的数据传输安全

6.2.1　数据加密技术

数据加密技术是将数据和信息进行编码处理使之成为一种隐蔽形式的技术。数据加密技术的目的在于保护信息不被非法用户获知。加密中采用数学方法对原始信息进行再组织，使加密后的信息内容对于非法接收者来说成为无意义的符号。而对于合法的接收者，因为其掌握正确的密钥，就可以通过解密过程得到原始数据。

1．密码学的分类

（1）密码编码学：进行密码体制设计，设计出安全的密码体制，防止被破译。

（2）密码分析学：在未知密钥的情况下，从密文推出明文或密钥的技术。

这两门学科合起来称为密码学，密码学正是在这种破译和反破译的过程中发展起来的。

2．基本术语

（1）信息。

- 明文（Plaintext）：最初的原始信息，也就是没有加密的信息。
- 密文（Ciphertext）：加密后的信息。

（2）密钥（Key）。

- 加密（Encryption）密钥：将明文转换为密文的算法中输入的数据。
- 解密（Decryption）密钥：将密文转换为明文的算法中输入的数据。

（3）算法。

- 加密算法：将明文变为密文的方法。
- 解密算法：将密文变为明文的方法。

3．密码体制

一个密码体制由信息、密钥与算法这三个基本要素构成。图 6.2 显示了一条信息加密、解密、传递的过程。

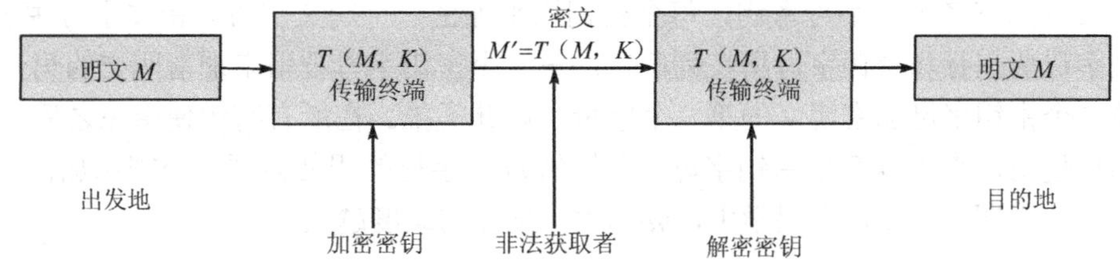

注：M 代表信息，K 代表密钥，T 代表算法。

图 6.2　一条信息加密、解密、传递的过程

通常，一个完整的密码体制是满足以下条件的五元组（P，C，K，E，D）。

（1）P 是可能的明文集合，又称为明文空间；

（2）C 是可能的密文集合，又称为密文空间；

（3）K 是可能的密钥集合，又称为密钥空间；

（4）E 表示一组加密变换；

（5）D 表示一组解密变换。

并满足：对于密钥空间的任一密钥 $k \in K$，都存在一个加密算法 $E_k \in E$：$P \to C$ 和一个解密算法 $D_k \in D$：$C \to P$，对任意的明文 $x \in P$，加密解密函数满足 $D_k(E_k(x))=x$。

一个理想的能应用于实际的密码体系需要满足：

（1）每一个加密函数 E_k 和解密函数 D_k 都能有效计算；

（2）破译者取得密文后不能在有效的时间内破解出密钥 k 或明文 x；

（3）密钥空间非常大，使破译者不能用穷举密钥搜索法来找到密钥。

6.2.2 加密算法的对比

1．古典密码加密

恺撒密文：把每一个明文字符都由字母表中的字母右移 k 个字符来代替。

加密和解密的算法为：

$$E_k(P) = (P+k) \bmod 26$$
$$D_k(C) = (C-k) \bmod 26$$

式中，$E_k(P)$表示加密，P 是明文字符在字母表中的序号；$D_k(C)$表示解密，C 是密文字符在字母表中的序号；k 是密钥，在这里是指右移 k 个字符。

例如，一轮恺撒密码是右移 1 个字符：

ABCDEFGHIJKLMNOPQRSTUVWXYZ

BCDEFGHIJKLMNOPQRSTUVWXYZA

若明文为 E-Business，则密文为 F-Cvtjoftt，其中密钥 $k=1$。

（1）单表密码。

在恺撒密码中，一旦密钥被选定，每个字母对应的数字被加密成对应的唯一数字，这种密码体制被称为单表代换密码。恺撒密码实际上是单表密码的一种。

（2）多表密码。

多表密码有多个单字母密钥，每个密钥用来加密一个明文字母。密文字母由表 6.1 中明文字母所在行和密钥字母所在列确定。第一个密钥字母被用来加密明文的第一个字母，第二个密钥字母加密明文的第二个字母，以此类推。在所有密钥使用完之后，密钥再次循环使用，若有 m 个单密钥字母，则每隔 m 个字母的明文被同一个密钥加密，m 就称为密码的周期。在多表密码学中，m 越大，破译的难度越大。

表 6.1 多表密码

A	B	C	D	E	F	G	H	I	J	K	L	M	N	O	P	Q	R	S	T	U	V	W	X	Y	Z
B	C	D	E	F	G	H	I	J	K	L	M	N	O	P	Q	R	S	T	U	V	W	X	Y	Z	A
C	D	E	F	G	H	I	J	K	L	M	N	O	P	Q	R	S	T	U	V	W	X	Y	Z	A	B
D	E	F	G	H	I	J	K	L	M	N	O	P	Q	R	S	T	U	V	W	X	Y	Z	A	B	C
E	F	G	H	I	J	K	L	M	N	O	P	Q	R	S	T	U	V	W	X	Y	Z	A	B	C	D
F	G	H	I	J	K	L	M	N	O	P	Q	R	S	T	U	V	W	X	Y	Z	A	B	C	D	E
G	H	I	J	K	L	M	N	O	P	Q	R	S	T	U	V	W	X	Y	Z	A	B	C	D	E	F
H	I	J	K	L	M	N	O	P	Q	R	S	T	U	V	W	X	Y	Z	A	B	C	D	E	F	G
I	J	K	L	M	N	O	P	Q	R	S	T	U	V	W	X	Y	Z	A	B	C	D	E	F	G	H
J	K	L	M	N	O	P	Q	R	S	T	U	V	W	X	Y	Z	A	B	C	D	E	F	G	H	I

续表

K	L	M	N	O	P	Q	R	S	T	U	V	W	X	Y	Z	A	B	C	D	E	F	G	H	I	J
L	M	N	O	P	Q	R	S	T	U	V	W	X	Y	Z	A	B	C	D	E	F	G	H	I	J	K
M	N	O	P	Q	R	S	T	U	V	W	X	Y	Z	A	B	C	D	E	F	G	H	I	J	K	L
N	O	P	Q	R	S	T	U	V	W	X	Y	Z	A	B	C	D	E	F	G	H	I	J	K	L	M
O	P	Q	R	S	T	U	V	W	X	Y	Z	A	B	C	D	E	F	G	H	I	J	K	L	M	N
P	Q	R	S	T	U	V	W	X	Y	Z	A	B	C	D	E	F	G	H	I	J	K	L	M	N	O
Q	R	S	T	U	V	W	X	Y	Z	A	B	C	D	E	F	G	H	I	J	K	L	M	N	O	P
R	S	T	U	V	W	X	Y	Z	A	B	C	D	E	F	G	H	I	J	K	L	M	N	O	P	Q
S	T	U	V	W	X	Y	Z	A	B	C	D	E	F	G	H	I	J	K	L	M	N	O	P	Q	R
T	U	V	W	X	Y	Z	A	B	C	D	E	F	G	H	I	J	K	L	M	N	O	P	Q	R	S
U	V	W	X	Y	Z	A	B	C	D	E	F	G	H	I	J	K	L	M	N	O	P	Q	R	S	T
V	W	X	Y	Z	A	B	C	D	E	F	G	H	I	J	K	L	M	N	O	P	Q	R	S	T	U
W	X	Y	Z	A	B	C	D	E	F	G	H	I	J	K	L	M	N	O	P	Q	R	S	T	U	V
X	Y	Z	A	B	C	D	E	F	G	H	I	J	K	L	M	N	O	P	Q	R	S	T	U	V	W
Y	Z	A	B	C	D	E	F	G	H	I	J	K	L	M	N	O	P	Q	R	S	T	U	V	W	X
Z	A	B	C	D	E	F	G	H	I	J	K	L	M	N	O	P	Q	R	S	T	U	V	W	X	Y

例如，若密钥为 Harbin，明文为 E-Business，那么密文为 L-bltqalsj。

2. 现代密码加密

现代密码学开始于 20 世纪 70 年代。现代密码学的基本原则是：一切密码寓于密钥之中，即算法公开，密钥保密。

1975 年 3 月 IBM 公司公开发表了 DES（Data Encryption Standard）数据加密标准；1977 年，美国国家标准局（ANSI）宣布 DES 作为国家标准用于非国家保密机关（目前使用的 3DES 为 3 重加密）。1976 年 Diffie 和 Hellman 提出不仅密码算法本身可以公开而且加密用的密钥也可以公开，只要解密密钥保密就可以——非对称密码体系（公开密码体系）。1977 年，MIT、Rivest、Shamir、Adleman 合作提出了第一个实用的公开密钥密码算法，即著名的 RSA 算法。

1）私钥加密体制（单钥加密体制、对称加密体制）

（1）私钥加密体制的特点。

加密密钥和解密密钥相同，Ke= =Kd，密钥必须特殊保管。优点是保密强度高，计算开销小，处理速度快。缺点是在拥有大量用户的情况下密钥管理困难，且无法完成身份认证等功能，不适用于开放式网络环境。

（2）DES 算法。

DES（Data Encryption Standard）算法是由美国 IBM 公司研制的一种分组密码算法，于 1977 年被美国定为联邦信息标准 FIPS-46。美国国家安全局（ANSA）每隔五年对它进行评估，并重新批准它是否继续作为联邦加密标准。

DES 是一种典型的“对称式”加密法，即加密与解密的密钥及流程完全相同，区别仅仅是加密与解密使用的子密钥序列的施加顺序刚好相反。DES 是一个分组加密算法，它以 64 bit 为分组对数据加密，其中有 8 bit 奇偶校验，有效密钥长度为 56 bit。

DES 最大的缺陷是密钥较短。为了增加密钥的长度，对 DES 做了改进，提出了新的算法。例如 3DES，其使用的密钥长度是使用 DES 密钥长度的 3 倍，为 192 bit。还有序列密码算法 A5，由 3 个线性反馈移位寄存器组成。

2）公钥加密体制（双钥加密体制、非对称加密体制）

（1）公钥加密体制产生的背景。

在私钥加密体制中，主要有两个问题不好解决。① 密钥量问题。每一对通信者需要一对密钥，当用户大量增加时，密钥量成倍增加，因此在网络通信中大量密钥的产生、存放和分配是一个难以解决的问题。② 密钥分发的问题。私钥密码体制中，加密的安全性在很大程度上依赖于对密钥的保护，由于加密密钥和解密密钥相同，密钥的交流、分发和告知是一个不容易解决的问题。

（2）公钥加密的思想。

每个用户都有两个密钥：加密密钥与解密密钥，且这两个密钥不同。加密密钥可以在信息团体内公开，因而称为公钥；解密密钥由用户秘密保存，称为私钥。加密密钥的公开不会影响解密密钥的机密性，因而解决了密钥分发问题。

在公钥加密体制中，用户将自己的公钥登记在一个公开密钥库中或选择实时公开，密钥则进行严格保密。由出发地向目的地发送信息时，先找到对方的公钥，并对要发送的信息用这个公钥进行加密后在公开信道上发送给对方，对方收到密文后，用自己的私钥进行解密，从而读取信息。这里省略了由秘密信道传递密钥的过程，是公钥体制的一大优点。

（3）公钥加密体制的实现——RSA 算法。

① 数论知识。

a．同余的概念。

同余的概念是德国数学家高斯（Gauss）在 1800 年左右给出的。设 n 为正整数，若用 n 除整数 a 和 b，所得的余数相同，则称 a 与 b 关于模 n 同余，记做 $a \equiv b \pmod{n}$，否则称 a 与 b 关于模 n 不同余。“同余”满足：

- 自反性，即 $a \equiv a \pmod{n}$；
- 对称性，即若 $a \equiv b \pmod{n}$，则 $b \equiv a \pmod{n}$；
- 传递性，即若 $a \equiv b \pmod{n}$，$b \equiv c \pmod{n}$，则 $a \equiv c \pmod{n}$；
- 求和差性，即若 $a \equiv b \pmod{n}$，$a_1 \equiv b_1 \pmod{n}$，则 $a \pm a_1 \equiv b \pm b_1 \pmod{n}$；
- 求积性，即若 $a \equiv b \pmod{n}$，$a_1 \equiv b_1 \pmod{n}$ 则 $aa_1 \equiv bb_1 \pmod{n}$。

b．费马小定理。

当 p 是素数时，对于互质的整数 a 和 p，即$(a, p)=1$，有以下等式：

$$a^{p-1} \equiv 1 \pmod{p}$$

例如，$a=3$，$p=5$，有 $81 \pmod{5}=1$。

c．欧拉定理。

对于互质的整数 a 和 N，即$(a, N)=1$，且 $N>2$，有以下等式：

$$a^{\phi(N)} \equiv 1 \pmod{N}$$

式中，$\phi(N)$为欧拉数，是不大于 N 且与 N 互质的整数的个数，$\Phi(N)=(p-1)(q-1)$。

例如，$a=3$，$N=4$，欧拉数 $\phi(N)=2$，有 9（mod 4）=1。

② RSA 的演算方法。

（1）随机选择 2 个足够大的保密质数 q 和 p（一般为 100 位以上）。

（2）令 $N=p\times q$，N 是公开的（但从 N 分解出 q、p 是极其困难的）。计算 N 的欧拉数：$\Phi(N)=(p-1)(q-1)$，丢弃 p 和 q，且 $\Phi(N)$保密。

（3）随机选择一个相对大的整数 e 作为加密指数，使 e 与 $\Phi(N)$互质。

（4）解同等方程：$ed\equiv 1 \bmod \Phi(N)$，求出解密指数 d，且保密。

（5）设 M、C 分别为要加密的明文和被加密的密文（M、C 小于 N），则加密运算为 $C\equiv M^e \pmod N$，解密运算为 $M\equiv C^d \pmod N$。

（6）每个用户都有一组密钥(e, d, N)，其中，(e, N)为可以公开在手册上的公钥，e 为加密指数；(d, N)为用户保密的私钥，d 为解密指数；将 p、q 销毁。

RSA 算法第一个实用的公开密钥密码算法，目前已被广泛应用。下面举例进行详细说明。

（1）选两个质数：$p=5$，$q=11$。

（2）计算：$N=p\times q=55$，$\Phi(N)=(5-1)(11-1)=40$。

（3）e 必须与 $\Phi(N)$互质，选 $e=3$。

（4）计算：$e\,d\equiv 1 \bmod \Phi(N)\equiv 1 \bmod (40)$，求出 $d=27$。将 e、N 公布，d、$\Phi(N)$保密，并将 p、q 销毁。

得到：公钥 $e=3$； $N=55$。

私钥 $d=27$; $N=55$。

加密运算为：$C\equiv M^e \pmod N$。

解密运算为：$M\equiv C^d \pmod N$。

对键盘上的字符做如下变换：

空格=0，A=1，B=2，C=3，…，Z=26（如 H，I，T=8，9，20）。

明文 $a_1=8$，$a_2=9$，$a_3=20$。

将第 1 块 M_1 加密后得密文 C_1：

$$C_1 = a_1^e \pmod N = 8^3 \pmod{55} = 17$$

依次对各区块加密后得密文 C。

对第一块 C_1 解密后得到明文 M_1：

$$M_1 = C_1^d \pmod N = 17^{27} \pmod{55} = 8$$

对 RSA 算法的破解十分困难，不存在由公钥求出私钥的多项式时间算法，即求解是一个 NP 问题。表 6.2 中显示了不同密钥长度需要的破解时间。

表 6.2　攻破 RSA 密钥的时间

密钥长度	100	200	300	500	750	1000
时间	30 秒	3 天	9 年	1 兆年	2×10^9 年	6×10^{15} 年

③ 对 RSA 算法的评估。

RSA 算法已经在互联网上得到了广泛应用，包括数字签名、安全接口层协议（SSL）标准方面的应用。另外，RSA 算法还应用于一些网络安全产品。

RSA 算法的优点是在多点间进行保密信息传递所需要的密钥组合数较少；便于密钥管理、分发；可以实现不可否认的数字签名。该算法特别适用于互联网环境，解决了大量网络用户密钥管理的难题。

RSA 算法的缺点是计算开销大，处理速度慢。

6.2.3 数字签名

在网络环境中，由于参与交易的各方在整个交易过程中多数是通过网络进行交流的，自始至终不会见面，因此多采用数字签名的方式来防止交易双方对自己行为的抵赖。

1. 数字签名的概念

数字签名是使用公钥加密体制和散列（Hash）函数来变换电子记录的一种电子签名。数字签名使同时持有明文和签名人公钥的任何人可以准确地判断：

（1）该项变换是否是使用与签名人公钥相匹配的私钥制成的；

（2）进行变换后的密文在传输过程中是否被改动过。

数字签名与手写签名在形式上完全不同，它是 0 和 1 的数字串。它实际上采用了公钥加密技术，用信息发送者的公钥变换所需传输的信息，因而不能复制，安全可靠。

2. 数字签名的原理

1）散列函数

散列函数又称 Hash 函数，是一种单向函数，设 Hash 函数的输入是一可变长 x，输出是一固定长的二进制串 h，该串 h 被称为输入 x 的 Hash 值，记为 h=H(x)。目前常用的 Hash 函数有 MD5、SHA-1 等。

Hash 函数是一种没有密钥的加密算法，用来产生确定长度的数据“摘要”，又称消息摘要，只用于一致性的比较。加密后的消息摘要就是“数字签名”。

（1）Hash 函数的安全性特征。

① 一致性：相同的输入产生相同的输出。

② 随机性：生成的消息摘要外观是随机的，以防源消息被猜出。

③ 唯一性：几乎不可能找到两个消息能产生相同的消息摘要。

④ 单向性：即使给出输出，也很难确定输入消息，即 Hash 函数不可逆。

⑤ 统一性：输入长度任意，输出长度固定。

（2）Hash 函数应用过程。

现有发送者 A 利用 Hash 函数向接收者 B 发送报文 M，基本过程为：

① A 写一报文 M，作为 Hash 函数 H 的输入，生成消息摘要 H(M)；

② H(M)随报文 M 一起发送给 B；

③ B 分离报文 M 和消息摘要 H(M)，并利用报文生成消息摘要；

④ B 比较两消息摘要，如果相同，说明报文 M 在传输过程中未被更改。

2）数字签名 （Digital Signature）

数字签名是用来证明持有者身份的加密数字信息。数字签名的实现过程如下。

现有发送者 A 要发送一个使用其数字签名的电子文件给 B，则：

（1）A 用它的私钥加密文件，这就是签名过程；

（2）A 将加密后的文件发送给 B；

（3）B 用 A 给出的公钥解开 A 送来的文件。

数字签名实现过程背后的原理如下所述。

（1）可信性：只有 A 知道自己的私钥，并且源文件只能被 A 的私钥加密，因而如果 B 能用 A 的公钥解开加密后的文件，说明源文件是被 A 的私钥加密的。

（2）不可伪造性：只有 A 知道自己的私钥，因此只有 A 能用私钥对文件进行加密。

（3）不可重复性：数字签名是一个加密过程，因此不能对同一文件重复使用。

（4）不可篡改性：由于加密后的文件被改动后是无法用公钥进行解密的，因此若文件能用公钥解密，说明其未被篡改。

（5）不可抵赖性：由于能被 A 的公钥解密的文件只能由持有私钥的 A 本人进行加密，因而数字签名具有不可抵赖性。

6.2.4　加密和签名的综合运用

在电子商务中，各种技术通常是结合在一起使用的。例如，在数字签名中也用到了加密技术。这些技术在电子商务中被广泛应用，如加密技术被运用于 SSL 协议和 S-HTTP 协议。另外，在安全电子交易（Security Electronic Transaction，SET）协议中，不仅用到了公钥加密技术，还用到了私钥加密技术，并且广泛地使用了数字签名技术。

SET 协议是目前已被标准化且被业界广泛接受的一种基于信用卡的付款机制。在电子购物中，持卡人希望保护自己的账户信息，商家又希望客户的行为具有不可抵赖性；同时，双方都希望能确认对方的身份，防止欺诈。

SET 涵盖了银行卡在电子商务支付中交易保密及交易认证等内容，是一个为在线交易而设立的开放的、以电子货币为基础的电子付款系统规范。SET 在保留对客户信用卡认证的前提下，又增加了对商家身份的认证，为在互联网上进行安全的电子商务提供了一个开放的标准。SET 主要使用电子认证技术，其认证过程使用 RSA 和 DES 算法，因此可以为电子商务提供很强的安全保护。

SET 协议的交易系统由持卡人、商家、收单银行、发卡银行和 CA 认证中心 5 部分组成。持卡人在选择好商品并填写订单之后，进入选择付款方式的阶段，这时候 SET 开始介入。SET 包括 3 个主要的阶段。

（1）支付初始化请求和响应阶段。

持卡人选好商品后要求在线支付，激活支付软件，向商家发送初始请求。初始请求指定了交易环境，包括持卡人所使用的语言、交易 ID、持卡人使用的交易卡类型等。商家接受初始请求，产生初始应答，并对初始应答生成消息摘要，这个摘要需要数字签名。该签名后的消息摘要连同商家证书、网关证书、初始应答等发送给持卡人。持卡人接受初始应答，检查商家证书和网关证书。

（2）购买请示阶段。

用户与商家确定所用支付方式的细节。在持卡人确认商家身份之后，持卡人发出购物请示，包括订单和支付命令。在订单和支付命令中必须有客户的数字签名，同时利用双重签名技术保证商家看不到客户的账号信息。而位于商家开户行的被称为支付网关的另外一个服务器可以处理支付命令中的信息。

（3）支付认定阶段。

商家向银行出示交易细节、银行负责存款转移。收单银行得到发卡银行的批准后，通过支付网关发给商家授权响应报文，该报文同样需要数字签名。商家认证网关的证书，若数据完整，商家发送购买响应报文给客户，该报文也需要数字签名。同时，商家记录客户交易日志备查。

SET 协议为电子交易提供了许多保证安全的措施。它能保证电子交易的机密性、数据完整性、交易行为的不可否认性和身份的真实性。SET 是 1995 年由信用卡国际联盟（VISA International）、万事达（Master Card）、IBM、Microsoft、Netscape、Verisign 等着手研究，并于 1996 年 2 月正式发布的。

（1）保证客户交易信息的保密性和完整性。

SET 协议采用了双重签名技术对 SET 交易过程中消费者的支付信息和订单信息分别签名，使得商家看不到支付信息，只能接收用户的订单信息；而金融机构看不到交易内容，只能接收到用户支付信息和账户信息。因此充分保证了消费者账户和订购信息的安全性。

（2）确保商家和客户交易行为的不可否认性。

SET 协议确保了商家和客户的身份认证和交易行为的不可否认性。其理论基础就是不可否认机制，采用的核心技术包括数字证书、数字签名、报文摘要、双重签名等技术。

（3）确保商家和客户的真实性。

SET 协议使用数字证书对交易各方的合法性进行验证。通过数字证书的验证，可以确保交易中的商家和客户都是真实的、可信赖的、不是冒充顶替的。

由以上 SET 处理的过程，可以看到数据加密技术和数字签名被广泛地应用在 SET 中。

6.3 电子商务交易过程的安全

6.3.1 CA 认证概述

CA（Certificate Authority）是一个第三方安全认证机构。在电子商务交易过程中，需要解决两个问题：首先，需要对身份进行验证；其次，交易的不可抵赖性。由于在电子交易过程中，交易双方通常互不见面，且所交换的数据也不带有本人的任何特征，因此不仅需要验证其身份，还要防止抵赖交易的情况出现。为了解决这些问题，需要引入一个第三方，该第三方需要被交易双方共同信赖，能够对交易双方的身份进行鉴别，并能保证交易的不可抵赖性。另外，在公钥加密体制中，对公钥的管理也是一个重要内容，也需要一个权威第三方。CA 就是这样一个受各方信任的第三方安全认证机构。该机构向用户发放数字证书，该证书是一个有该用户的公钥和个人信息并经证书授权中心数字签名的文件。

6.3.2　CA 认证的过程

CA 认证的过程如下：在进行网上交易时，首先需要进行身份的确认，因此交易的任何一方都需要向对方提交一个由 CA 签发的包含个人身份的证书，来为自己的身份提供证明。用户向 CA 申请证书时，可以提交自己的身份证、护照等个人信息，经验证后，由 CA 向用户颁发证书。证书中通常包含了用户的名字和公钥等，以此作为其在网上证明自己身份的依据。例如，在 SET 交易协议中，主要的证书有持卡人证书和商家证书。其中，持卡人证书是由金融机构以数字化形式签发的，不能随意更改。持卡人证书并不包含账号等信息，而是根据账号等计算出来的一个码，但由这个码无法推出账号的信息。商家证书则是用来记录商家的结算卡类型。

6.3.3　数字证书的使用

1．数字证书的概念

数字证书又称为数字凭证（Digital ID，Digital Certificate），是一种用电子手段来鉴别用户身份的技术。数字证书是一个经证书授权中心进行数字签名的包含公开密钥和公开密钥持有者个人信息的文件。它是各类实体（如持卡人/个人、商户/企业、网关/银行等）在网上进行信息交流及商务活动的身份证明。数字证书可广泛用于电子邮件、电子商务、电子基金转移等。

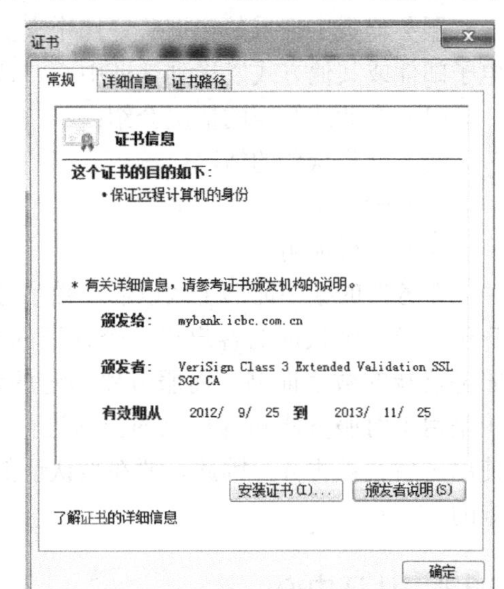

图 6.3　数字证书

数字证书的安装过程及内容如图 6.3 所示，从中可以看到数字证书的具体形式和内容。数字证书由两部分组成，证书所有者的主体信息及证书发行方的数字签名，通常包含以下一些内容：

（1）证书的版本信息；

（2）证书的序列号；

（3）证书所使用的签名算法；

（4）证书的发行机构名称；

（5）公共密钥的有效期；

（6）证书所有人的公开密钥；

（7）证书所有人的名称；

（8）证书发行者对证书的数字签名。

数字证书采用的是公钥加密体制。由用户产生自己的密钥对，将公钥及部分个人身份信息传送给认证中心。认证中心对用户身份进行核实，并对用户发送来的信息进行确认。认证中心发给用户一个数字证书，该证书内附了用户信息及其拥有的密钥等信息，还附有对认证中心公共密钥加以确认的数字证书。数字证书可以保证参与网上交易双方的真实性，并且广泛地应用于数字签名、安全传输等加密技术，使 Internet 上的数据传输更具安全性、保密性、真实性和不可抵赖性。

2．数字证书的申请、获取和使用

数字证书可根据其所有人的不同分为个人数字证书和商家数字证书。

1）个人数字证书的申请、获得和使用

个人数字证书的申请可以在用户浏览器上进行，个人数字证书分为两个级别：第一级数字证书仅提供个人电子邮件地址的认证；第二级数字证书提供对个人姓名、身份等信息的认证。当获得数字证书后，认证中心会将认证信息列入公共目录。

以一级数字证书为例，个人在 Web 浏览器上安装数字证书之后，当他要发送一个邮件的时候，就可以在 Web 浏览器中设置以下三种状态：

（1）普通发送，不使用数字证书；

（2）签发文件，在发送信息的同时，系统会自动将信息和发送者的数字签名一起发送给对方，但用此方法发送的信息本身并未被加密；

（3）加密文件，除了拥有的签发文件功能外，在发送时还会自动用接收者的公共密钥加密信息，并注明此信息是加密的。

2）服务器数字证书的申请、获得和使用

服务器数字证书帮助企业在虚拟交易环境中建立信任度。由于在电子交易中人们无法和商家面对面地接触，因此很难对其产生信任。数字证书则是对商家身份的认证，可以增强消费者对商家的信任度。

服务器数字证书的申请验证比个人身份的验证要复杂，需要把调查表文件填写后用电子邮件或其他方式发送到认证中心，调查文件的内容包括：

（1）企业或组织的情况介绍；

（2）合作伙伴的情况；

（3）营业执照；

（4）纳税证明。

服务器的数字证书生效以后，数字证书依靠与其绑定的一对密钥来保证该服务器的身份。当一个认证的客户与一个认证的服务器进行通信时，客户端的软件会自动验证服务器端的数字证书，而服务器绑定的这对密钥又被用来加密一个会话密钥。会话密钥是用来对服务器和客户机的会话进行加密的。该会话密钥只有 12～24 小时的有效期，使用之后就被丢弃。因此，要在被认证的服务器和客户机通信时进行信息窃听是十分困难的。

6.3.4　认证中心

CA（Certificate Authority）是数字证书认证中心的简称，是指发放、管理、废除数字证书的第三方权威机构。CA 的作用是检查证书持有者身份的合法性，并签发数字证书（CA 在证书上进行数字签名），防止证书被伪造或篡改，并对证书和密钥进行管理。一个典型的 CA 系统包括安全服务器、注册机构 RA、CA 服务器、LDAP 目录服务器和数据库服务器等。

1. 认证中心的主要功能

（1）证书的颁发：认证中心接收并验证用户的数字证书的申请。认证中心会根据申请的内容确定是否受理该申请，并进行备案。新证书用认证中心的私钥签名以后，发送到目录服务器供用户下载和查询。为了保证消息的完整性，返回给用户的所有应答信息都使用认证中心的签名。

（2）证书的更新：为避免在长期使用中用户的证书内容泄密而影响交易的安全性，认证中心定期更新所有用户的证书。另外，也会根据用户的请求来更新用户的证书。

（3）证书的查询：若证书正在申请审核阶段，则认证中心根据用户的查询请求返回当前用户证书申请的处理过程；若证书已颁发，则认证中心的目录服务器会根据用户的请求返回适当的证书。

（4）证书的作废：当用户由于私钥泄密等原因需要申请证书作废时，认证中心根据用户的请求确定是否将该证书作废。另外，若证书已经过了有效期，认证中心会自动将该证书作废。

（5）证书的归档：CA 所颁发的证书需要定期归档，以备查询。有时可能需要验证某个历史交易过程中产生的数字签名，这时就需要查询作废的证书。基于这样的考虑，认证中心还应当具备管理作废证书和作废私钥的功能。

2. 认证中心的分级结构

对于一个大型的应用环境，认证中心往往采用一种多层次的分级结构。各级认证中心类似于各级行政机关，上级认证中心负责签发和管理下级认证中心的证书，底层的认证中心直接面向最终用户。处在顶层的是金融认证中心（Root CA/根 CA），它是公认的权威。如图 6.4 所示，当商家 1 想验证持卡人 1 的数字证书时，则商家 1 利用其熟知的地方 CA1 的公钥来验证地方 CA1 对持卡人 CA1 的数字签名。在进行网上购物时，持卡人的证书与发卡机构的证书关联，而发卡机构的证书通过不同品牌卡的证书连接到根 CA，而根 CA 的公共签名密钥对所有的软件都是已知的，可以校验每一个证书。

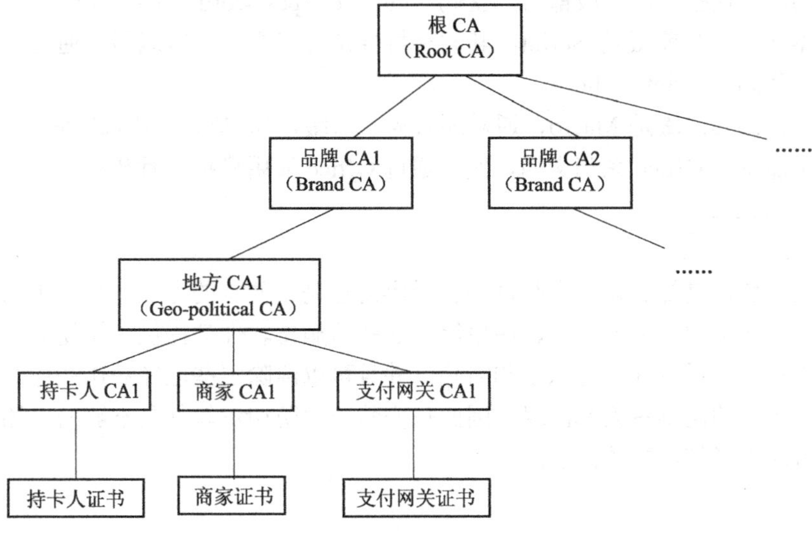

图 6.4　CA 认证中心的分级示意

认证中心应根据国际标准，而不是依据某一个专利技术来进行设计。认证中心的提供商在商业和技术中都应有出色的表现。

6.4 电子商务的软/硬件安全

6.4.1 客户机的安全

前面介绍过客户机受到很多方面的安全威胁，如 Cookie、动态内容等。因此，需要采取一定的措施来对客户机进行保护。

1. 计算机病毒及防病毒软件

1）几种常见的计算机病毒

计算机病毒是利用计算机软件与硬件的缺陷，破坏计算机数据并影响计算机正常工作的一组指令集或程序代码。《中华人民共和国计算机信息系统安全保护条例》中将计算机病毒定义为："指编制或在计算机程序中插入的破坏计算机功能或破坏数据，影响计算机使用并且能够自我复制的一组计算机指令或程序代码。"

计算机病毒具有自我复制性、感染性、潜伏性、触发性、很大的破坏性且难以根除的特征。计算机病毒有多种类型。

（1）蠕虫病毒：其前缀是 Worm，是指能够自我复制的以占用系统和网络资源为主要目的的恶意程序。这种病毒的共有特性是通过网络或系统漏洞进行传播，很大一部分的蠕虫病毒都有向外发送带毒邮件，阻塞网络的特性。例如，"冲击波"会阻塞网络，"小邮差"则会发送带有病毒的邮件。

（2）木马病毒：其前缀是 Trojan，是以盗取用户个人信息，甚至是以远程控制计算机为主要目的的恶意程序。木马病毒的共有特性是通过网络或系统漏洞进入用户的系统并隐藏，盗取用户的私密信息。例如，病毒名中带有 PSW 或 PWD 的木马病毒通常具有盗取密码的功能（这些字母一般都为"密码"的英文"password"的缩写）。

（3）脚本病毒：其前缀是 Script，其共有特性是使用脚本语言编写，通过网页进行传播，如红色代码（Script.Redlof）。

（4）宏病毒：其前缀是 Macro，通常还有第二前缀，如 Word、Excel 等。这类病毒的共有特性是能感染 Office 系列文档，然后通过 Office 通用模板进行传播，如著名的美丽莎（Macro.Melissa）。

2）防病毒软件

安装防病毒软件是抵御系统完整性侵害最容易也是最便宜的方法。目前市场上有很多防病毒软件，如诺顿、卡巴斯基、瑞星等。这些防病毒软件都提供了简便的工具，可以在病毒进入计算机时对其进行识别和清除，并且可以清除那些已经潜伏在计算机硬盘上的病毒。由于新的病毒每天都出现，因此只安装一次防病毒软件是不够的，还需要定期更新其病毒库来抵御病毒的侵袭。

2. 黑客与入侵检测系统

1）黑客（Hacker）

黑客是指那些在未经授权的情况下进入计算机系统的人。这一类人通常喜欢探索软件程序的奥秘，并从中增长其个人才干。黑客大都是程序员，他们对于操作系统、网络、编程语言有着深刻的认识，乐于系统的奥秘并且善于找寻系统中的漏洞及其原因。黑客中又分为善意和恶意，其中那些帮助组织寻找安全隐患的“好”黑客称为白帽黑客（white hats）；而那些带有破坏性目的的黑客称为黑帽黑客（black hats）。黑帽黑客通常通过攻击系统中的薄弱环节进入网站以盗取机密信息。

2）入侵检测系统

入侵检测系统与防病毒软件的功能较为类似，但更为复杂，价格也更高昂。这类系统的设计特点是，当发现可以识别的黑客攻击及活动信号时就发出警报。因此，需要有工作人员或入侵检测设备对其进行监控来更好地发挥入侵检测系统的作用。例如，安装在计算机网络上的传感器会发出数百种警报，尽管这些警报中只有一小部分是真正潜在的安全威胁。入侵检测系统是预防黑客攻击的第一道防线。

3. 其他防护措施

对于那些防病毒软件和入侵检测系统不能解决的问题，可以通过其他途径来进行解决。例如，通过寻求计算机犯罪专家的协助，来对某些特定的问题进行分析。还有监控动态内容，因为这些内容通常被那些企图破坏系统的人加以利用。还可以通过识别身份，包括服务器身份、下载内容发行者身份等，来控制进入系统的人。另外，可以通过指纹识别器等来保护客户机的物理安全。

6.4.2　通信信道的安全

在本章开始曾介绍过，Internet 是将客户机和服务器连接起来的电子通信信道。在 Internet 上存在很多安全威胁，因为 Internet 本身设计的初衷并不是为了安全传输。在 Internet 上，通常采用加密技术来保证数据的保密性，用数字签名来保证数据和交易的完整性。这在前面已详细介绍过。另外，SSL 协议和 S-HTTP 协议都是用来提供 Internet 的安全性的，而 TCP/IP 协议也提供了部分安全性。

1. SSL 协议

SSL 协议由美国 Netscape 公司开发和倡导，是目前安全电子商务中使用最广泛的协议。它是一个保证任何安装了 SSL 的客户和服务器间事务安全的协议，该协议向基于 TCP/IP 的客户机/服务器应用程序提供客户端和服务器端的鉴别、数据完整性及信息机密性等安全措施。SSL 处于 Internet 多层协议的传输层。

如图 6.5 所示，SSL 客户机在与服务器开始交换一个简短信息时提供一个安全的“握手”信号。在相互确认身份之后，SSL 对在两台计算机之间传输的信息进行加密和解密，所加密的信息包括客户机所请求的 URL、用户所填的各种信息（如信用卡号等）和 HTTP 访问授权数据（如用户名和口令）等。换句话说，SSL 支持的客户机和服务期间的所有通信都使用了加密技术，因此即使窃听者拦截到信息，也无法进行识别。

SSL 同时使用私钥加密技术和公钥加密技术来实现对传输信息的保护。虽然公钥加密非常方便，但速度较慢，因此 SSL 对所有的安全通信都用私钥加密。但由于客户机和服务器共享同一个私钥，又需要使用公钥加密来防止搭线窃听。具体的实现方法为：由浏览器为双方生成私有密钥，然后由浏览器使用服务器的公开密钥对这个私有密钥进行加密（公开密钥存储在服务器中，在身份认证时放在数字证书中发送给浏览器）。之后，浏览器将加密后的密钥发送给服务器，服务器用其私有密钥对此信息进行解密，得到双方共用的私有密钥。之后，公开密钥将不再使用，只需要用双方共用的私有密钥对传输的信息进行加密，该密钥也称为私有会话密钥。会话结束后，此密钥被丢弃。

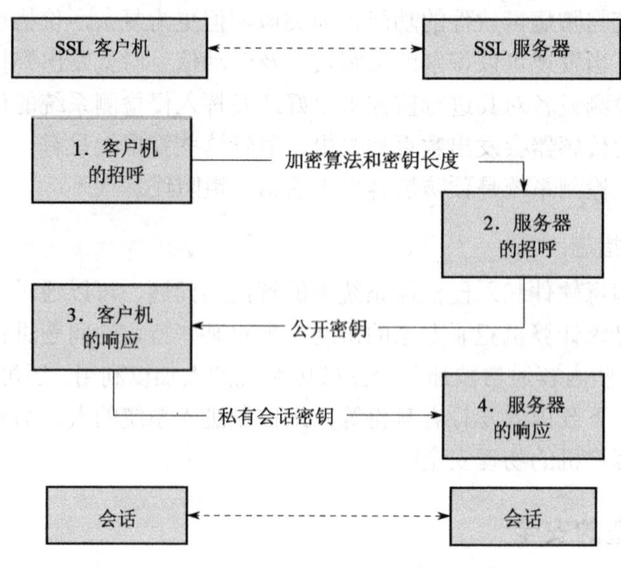

图 6.5 建立 SSL 会话

2. S-HTTP

S-HTTP 是对 HTTP 的扩展，该协议由 CommerceNet 协会提出。S-HTTP 处于 Internet 多层协议的应用层。S-HTTP 提供了用于安全通信的私有密钥加密技术及用于客户机和服务器认证的公开密钥加密技术。S-HTTP 与 SSL 的不同之处在于：S-HTTP 通过在 S-HTTP 交换包的特殊头标志来建立安全会话，并且在客户机和服务器开始的握手会话中完成对 S-HTTP 安全的细节设置。头标志中定义了安全技术的类型，包括使用私有密钥加密、服务器认证、客户机认证和消息的完整性等。头标志的交换也确定了各方所支持的加密算法。一旦客户机和服务器同意彼此之间的安全设置，那么此次会话的所有信息将封装在安全信封里，并用此安全信封对传输的信息进行加密。

3. TCP/IP

TCP/IP（Transmission Control Protocol/Internet Protocol），中文译名为传输控制协议/网际协议，又叫网络通信协议，是 Internet 最基本的协议。TCP/IP 是由网络层的 IP 和传输层的 TCP 组成的。

传统的开放式系统互连参考模型是一种通信协议的 7 层抽象的参考模型，其中每一层执行某一特定任务。该模型的目的是使各种硬件在相同的层次上相互通信。这 7 层是物理层、数据链路层、网络层、传输层、会话层、表示层和应用层。而 TCP/IP 通信协议采用了 4 层结构，每一层都呼叫它的下一层所提供的网络来完成自己的需求。

（1）应用层：应用程序间沟通的层，如简单电子邮件传输（SMTP）、文件传输协议（FTP）、网络远程访问协议（Telnet）等。

（2）传输层：提供了节点间的数据传送，应用程序之间的通信服务。主要功能是数据格式化、数据确认和丢失重传等。如传输控制协议（TCP）、用户数据包协议（UDP）等，TCP 和 UDP 给数据包加入传输数据并把它传输到下一层中，这一层负责传送数据，并且确定数据已被送达并接收。

（3）互连网络层：负责提供基本的数据封包传送功能，让每一块数据包都能够到达目的主机（但不检查是否被正确接收），如网际协议（IP）。

（4）网络接口层（主机-网络层）：接收 IP 数据包并进行传输，从网络上接收物理帧，抽取 IP 数据包转交给下一层。

由于加密和数字签名都无法保证信息包不会被盗取或速度降低，而拒绝或延迟服务会删除或占用资源，因此 TCP/IP 中的传输控制协议（TCP）负责对信息包进行端到端的控制。当 TCP 在接收端以正确的次序重组数据包时，会处理包丢失的问题。TCP/IP 会要求客户机重新发送丢失的数据包。TCP/IP 在数据里加入验证码，就可以知道数据包是否被改变或丢失。

6.4.3　服务器的安全

Web 服务器中通常存储了重要数据，包括客户数据、销售数据等，因此必须进行严格的保护。例如进行远程数据备份，或者通过网络服务提供商来保护 Web 服务器的安全。其中最常采用的措施是访问控制和防火墙。

1. 访问控制

访问控制包括两个方面：一是控制进入 Web 服务器的人；二是控制进入者所访问的内容。

通常对 Web 服务器的访问是通过客户机来进行的。例如数字证书就可用来对客户机的身份进行识别和认证。首先，Web 服务器通过使用用户的公开密钥对证书的数字签名进行解密，来判断用户证书的真伪。其次，Web 服务器通过检查证书上的时间标记来判断证书是否过期。另外，用户名和口令也在一定程度上提供了保护。服务器通常采用明文的方式来保存用户名，而用加密的方法来保存口令。

Web 服务器一般用访问控制表的方式来限制用户的文件访问权限。访问控制表（Access Control List，ACL）是用户和设备可以访问的那些现有服务和信息的列表。每个文件都有自己的访问控制表。当客户机请求对某个文件的访问时，Web 服务器就会检查此文件的访问控制表来确定该用户是否有权访问此文件。另外，Web 服务器还将文件访问分为“读”、“写”或“运行”等活动，从而对资源进行更细致的控制。例如，允许某些用户阅读公司的员工手册，但不允许修改，而将修改的权限限制在人力资源经理手中。

2. 防火墙

1）防火墙的概念

防火墙借用了建筑学上的术语，本意是用来防止大火从建筑物的一部分蔓延到另一部分而设立的阻挡设施。在计算机网络中，防火墙是一种安全防范技术，包括访问控制机制、安全策略和防入侵策略。

防火墙实质上是访问控制技术的一种，其目的是通过控制网络资源的存取权限来保障计算机网络、计算机主机和数据的合法访问。

如图 6.6 所示，防火墙通常会在内部、外部两个网络之间建立一个安全控制点，通过允许、拒绝或重新定向经过防火墙的数据流，实现对进、出内部网络的服务和访问的审计和控制。防火墙以内的网络被定义为可信网络，防火墙以外的网络则被定义为不可信网络。

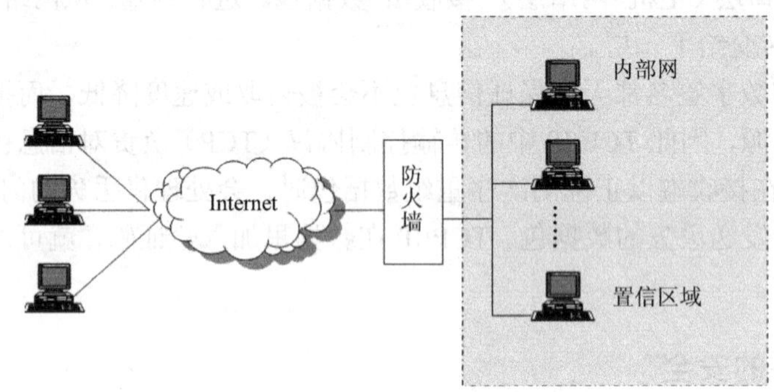

图 6.6　防火墙示意图

2）防火墙的类型

（1）包过滤。

检查在可信网络和互联网之间传输的所有数据，包括数据包的源地址、目标地址及进入可信网络的端口，并根据预先设定的规则拒绝或允许这些包进入。

（2）网关服务器。

根据所请求的应用对访问进行限制的防火墙，是应用级的防火墙。

（3）代理服务器。

代理服务器（Proxy Server）是提供转接功能的服务器，其功能就是代理网络用户取得网络信息，是网络信息的中转站。

6.5　电子商务安全的政策、过程和法律保障

前面介绍的各种安全技术为电子商务的安全提供了一个基础。但电子商务企业中的 CEO 和 CIO 都认为，技术并不是电子商务风险中的关键问题，如果缺少明智的管理策略，缺乏合理的法律保障，再好的技术也会被轻易击败。因此，企业需要制定相关的管理策略，政府也需要制定相应的政策和法律来提高网络犯罪行为所要付出的代价。

6.5.1 企业管理制度

安全管理制度是用文字形式对各项安全要求所做的规定。企业在参与电子商务初期，就应当制定一套完整的安全管理制度。

（1）人员管理制度：对内部人员的管理也是电子商务安全中的一项重要内容，因此需要采取一定的措施，来防止内部人员犯错。例如，防止某些销售人员不把订单发给有关执行部门，导致客户在付款之后没有收到商品，或者防止某些技术人员盗用客户信用卡号等。

（2）保密制度。建立完善的保密体系，提出相应的保密措施，对重要数据极性加密，并加强对密钥的管理。

（3）跟踪审计制度。跟踪是指企业建立网络交易系统日志机制，记录系统运行的全过程。审计则是对系统日志的检查、审核，以便及时发现恶意入侵行为和非法访问等问题并及时解决。

（4）系统维护制度。包括软/硬件的日常维护工作，还要做好数据备份工作。

（5）病毒防范制度。安装防病毒软件，并利用网络安全检测设备找出安全隐患，及时堵住安全漏洞。

（6）进行严格的访问控制：对访问系统的人员及其访问内容进行严格的控制。例如，使用身份认证技术或用户名和口令等方式。

（7）应急措施。预先制定应急措施，以便在紧急事故发生时，利用各项应急措施来保障计算机信息系统继续运行或紧急恢复，如瞬时复制技术、远程磁盘镜像技术和数据库恢复技术等。

6.5.2 电子商务安全法规

没有法律保障的电子商务是难以正常发展的，政府应及时制定和出台相应的法律法规来支持和引导电子商务的发展。同时，电子商务法规在颁布和实施时应保护电子商务的发展，而非限制其发展。

1. 美国用来保障电子商务安全的相关法律

（1）《计算机反欺诈和滥用法》（1986）：打击计算机犯罪的主要联邦法令。

（2）《电子通信隐私保护法》（1986）：对于访问、拦截或泄露他人私有电子邮件通信的人处以罚款或关押。

（3）《国家信息基础设施保护法》（1996）：规定拒绝服务攻击是违法行为，同时在联邦调查局下设国际基础设施保护中心。

（4）《网上电子安全法案》（2000）：减少对出口的限制。

（5）2000 年 6 月，美国国会众议院以 426 票对 4 票的压倒性优势通过《电子签名法》，使电子签名与书面签名具有同等法律效力，从而为电子交易顺利进行扫清了障碍。

2. 中国用来保障电子商务安全的相关法律

（1）《计算机软件保护条例》（1991）：调整计算机软件在开发、传播和使用中发生的利益关系，鼓励计算机软件的开发和沟通，促进计算机事业的发展。

（2）《计算机软件著作权等级办法》（1992）：规定计算机软件著作权管理的细则。

（3）《中华人民共和国计算机信息系统安全保护条例》（1994）：将安全和监察结合起来保护计算机资产。

（4）《中华人民共和国计算机信息网络国际联网管理暂行规定》（1996）。

（5）《中华人民共和国计算机信息网络国际互联网管理暂行规定实施办法》（1997）。

（6）《中国 Internet 域名注册暂行管理办法》和《中国互联网络域名注册实施细则》（1997）。

（7）《中华人民共和国电子签名法》（2005）：明确了电子签名的法律效力及所需要的技术和法力条件，明确了电子商务交易双方和认证机构在电子签名活动中的权利、义务和行为规范，明确了“技术中立”原则。

中国在电子商务安全方面的法律主要集中在信息技术领域的计算机立法和网络安全方面，针对电子商务交易本身的商法和民法还缺乏相应的具体规定。一方面是由于中国的电子商务还处在起步阶段，另一方面是由于中国现有的一些法律体系还不健全。根据美国的经验，对传统的法律规范进行重新解释和补充说明就可以在电子商务交易中沿用，这是中国立法机关可以借鉴的地方。

本章小结

本章介绍了电子商务的安全。从为什么需要安全入手，介绍了电子商务的安全的概念、存在的安全威胁，进而提出电子商务的安全要求和安全体系。然后针对电子商务的数据安全，介绍了数据加密技术和数字签名。又针对交易过程安全介绍了数字证书和 CA 认证中心。之后针对软/硬件安全从客户机、通信信道和服务器这三个方面讨论了相应的安全防范措施。最后介绍了电子商务安全的政策、过程和法律保障。

问题与讨论

1. 针对中国电子商务的现状及现有的法律，思考还应从哪些方面对电子商务进行立法保护？

2. 请试着破译下列恺撒密文，并指出密钥：

Bpqa qa bpm ivaemz wn bpm xzwjtmu

3. 若密钥为 HIT，即

A B C D E F G H I J K L M N O P Q R S T U V W X Y Z

H I T A B C D E F G J K L M N O P Q R S U V W X Y Z

利用上述单表密码，密文为 Seb fabh fr vbqy dnna，请写出明文。

4. 利用密码表 6.1，若密钥为 Security，明文为 E-Business，请写出密文。

5. 私钥加密体制和公钥加密体制的基本原理是什么？有哪些区别？

案例：网络欺诈内幕

网络诈骗是当今增长最快的网络犯罪行当。诸多银行及电子商务巨头，包括摩根大通及沃尔玛在内，都或多或少被黑客或网络欺骗组织袭击过。美国联邦调查局 2005 年的计算机犯罪调研报告显示，包括蠕虫和其他恶意软件攻击、网络欺诈及网络骚扰造成的年经济损失额高达 670 亿美元。在参与该调查的 2066 家公司中，87%的公司都遭遇过安全事件。此外，美国联邦贸易委员会则声称身份窃取是这些公司抱怨的最主要问题。

为追踪网络罪犯，执法干警和包括 eBay 及微软在内的公司及全球其他主权机构合作。eBay 有 60 名员工专门从事反网络欺诈工作，微软的网络安全执行小组有 65 家工作站。为记录这些网络犯罪活动的范围，商业周刊记者从那些地下网站处开展调查，发现被窃取的数据像 eBay 上的棒球卡一样进行交易。

让我们来看一下这份在线犯罪交易集市——vendersname.ws 在去年上线时的促销信息邮件吧："在同美国特勤局的战斗中，我们彻底打败了那帮混蛋，并将于现在成立一个全新的、高级的、庞大的、从事卡片交易的论坛。"该邮件大肆鼓吹其盗用的大量产品：美国和欧洲的信用卡数据，激活且拥有大量存款的 PayPal 账户及社保账户。当天注册该论坛的用户可以得到额外的奖励，即"存有 3000 元现金的花旗银行网络账号"或"25 张有 pin 码的可在线交易的信用卡"。

接下来将介绍重要执法机构确定的 4 位首要调查对象。巧合的是，他们都是俄罗斯人。具有深厚技术实力的大学、低收入及欠稳定的法律体系，使得俄罗斯正好成为网络犯罪的温床。此外，紧张的政治关系，也使得地方政府的支持更加复杂化。前联邦检察官，现任 eBay 反欺骗高级副总的 Robert C. Chesnut 认为"这些国家较低的生活水平与其民众的聪明智慧的组合是造成这种乱象的根源"。

毫无疑问，过去几年最恶劣的网络诈骗案是所谓的 Reshipping rings。这宗诈骗案的首领是一位被称为 Shtirlitz（小说中苏维埃监视纳粹的秘密机构）的俄罗斯黑客。在现实生活中，由于和上千亿美元的欺诈有关，Shtirlitz 被美国邮政监察部调查。该案中，很多美国公民在不知不觉中与 Shtirlitz 签订合作协议，将他盗用的信用卡数据转换成可出售的实际商品。美国监察局分析师 William A Schambura 认为，"Shtirlitz 应该雇佣有上百人的工作团队"。

监察人员认为 Shtirlitz 等人用盗窃的信用卡购买商品，并在信用卡所有人或电子商务公司工作人员发现之前由某些美国公民将其配送到国外，然后销往黑市。

商业周刊发现这些 Reshipping 集团在报纸或求职网站上刊登过广告，如"我们将为您提供待遇丰厚的工作岗位"，曾出现在 Monster.com 中，请求职者发送邮件到 UHM 货运公司应聘"发货员岗位"。广告宣称，被录用者每次发货起薪为 70～80 美元，90 天后公司开始承担健康和生命险。

监察人员并不知道 Shtirlitz 的真实姓名，但很肯定他是在父母移民海外之后居住在旧金山的一名 25～27 岁的年轻人。他们虽然不知道 Shtirlitz 现在居住在何处，但很肯定他现在十分活跃。在名为 CARDING-WORLD.CC 的论坛上，名叫 iNFERNis 的网友在 2005 年 12 月 23 日发表了这样的帖子："我需要用邮箱登录的 eBay 账号，请将其发送到我的 icq271365234 上。"几小时后，Shtirlitz 回复道，"我知道有好卖家，请与我联系，icq80911"。

一旦安装好，即可用盗用 eBay 账户进行购物，并将其账户余额花光。RSA 安全优先公司分析师 Yohai Einav 认为，"该网站就像一站式约会网站，谈成后可以在其他地方私下进行交易。任何人都可以单击网站上用户的名字，并开展交易"。

窃取信用卡账户及网络银行登录密码的技术工具和黑客盗用的商品一样重要。另一位被美国邮政监察局调查的网络罪犯名为 Smash，他被怀疑开展黑客攻击。Smash 的在线聊天室的头像是一个坠落的天使。Smash 被认为是居住在莫斯科的一名 25～30 岁的年轻人，擅长编写追踪网络用户键盘活动的间谍软件和恶意代码，其编写的恶意软件或恶意代码常隐藏于崩溃的网站或垃圾邮件中。

美国执法官员认为，Smash 在俄罗斯的公司名为 RAT 系统公司，在其公司网站www.ratsystems.org上提供鹰隼间谍软件。在其主页上，RAT 系统公司拒绝任何主观恶性："总的来说，我们反对破坏性的信息载荷及计算机病毒传播，开发间谍软件并不犯罪。"然而，其服务条款却保证了该公司的间谍软件并不会被如迈克菲及赛门铁克等信息安全公司开发的杀毒软件监测。其中一款名为 TAN 的从系统安全泄露软件，由德国公司开发，售价高达 834 美元。

邮政监察局官员还在调查 Smash 作为国际犯罪促进协会会员所开展的系列活动，该组织是由国际黑客、身份盗窃及金融犯罪分子组成的松散网络。Smash 和 Zoomer 联合建立了网站 IAAcA's 及www.theftservices.com，后者被认为是最火且性质最恶劣的盗窃数据交易网站。

在 2005 年 5 月 11 日，马萨诸塞州律师总长受理了一份控状，控诉 Leo Kuvayev 及其同伙发送了成千上万封兜售假药、假手表、盗版软件及色情内容的垃圾邮件。据发垃圾邮件组织 Spamhaus 的消息，Kuvayev 是一名地道的俄罗斯人，别名 BadCow，34 岁，是排名世界前三的垃圾邮件制造者。美国相关政府官员表示，Kuvayev 及其助手在美国及世界各地采用网页寄存服务发动攻击。

马萨诸塞州调查员根据Kuvayev 驾照上的马萨诸塞州地址及其使用的波士顿邮箱开展了跟踪调查。直到 2005 年 5 月 11 日，Kuvayev 团队无任何人对该控诉进行回应。超级大法官宣布了对其团队的缺席判决，认为他们发送 15 万封垃圾邮件违反了联邦消费者保护法，勒令其关闭上千个非法网站，并罚款 3700 万美元。

联邦执法人员认为 Kuvayev 至少每年通过上述违法活动净赚 3000 万美元以上，并怀疑 他在被控诉之前已逃回俄罗斯。联邦邮政监察高级探员 Gregory Crabb 认为，"俄罗斯并没有反垃圾邮件法，因此很难在俄罗斯逮捕像 Kuvayev 这类并未违反俄罗斯本国法律的犯罪分子"。

银行抢劫犯抢劫银行源于银行存放的巨额现金。对于网络罪犯而言，最理想的作案点是网络中的信用卡处理器，即银行和公司交易处理的中间人。邮政监察局官员还透露，他们正在调查 Roman Khoda 及 Aka Myo 两人，他们涉嫌在近年来盗窃上百万个信用卡账号。

Khoda 是一名 26 岁的俄罗斯青年，主要学习物理学，曾与 Carderplanet 有密切的合作，直到 2004 年被美国及其他政府机构共同瓦解之前，该网站一直是全球最大的被盗银行账户及数据在线交易市场。Crabb 谈到，"Khoda 与其他骄傲自大的黑客不同，他一直隐秘行动，从不在恶意软件里面留下电子签名"。在 Carderplanet 及后来一系列恶意网站的创建中，根本无法详细跟踪他盗窃数据的行为。

Crabb 还透露，监察局工作人员知道 Khoda 及其同伙最近针对新目标展开了一系列准备工作，甚至还成立了假公司，并在信用卡处理中心检测其系统漏洞。然后他们将计算机搬到位于地中海马耳他的一个海岛上，使用美国、中国、乌克兰等国家的代理服务器掩藏其互联网连接，准备妥当后开始互联网攻击。

（资料来源：节选自 Spencer Ante 和 Brian Grow 的"揭开黑客神秘面纱"，2006 年 5 月 29 日商业周刊。）

思考题：

1. 案例中提到"网络诈骗是当今增长最快的网络犯罪行当"，请列举相关理由，并阐述其为何助长了网络犯罪行为。

2. 可采取哪些信息安全措施来阻止网络犯罪活动的蔓延？解释为何这些措施是有效的。

3. 结合本章内容，讨论针对"网络钓鱼"活动应采取哪些安全措施。

参考文献

[1] 国家计算机网络应急技术处理协调中心. 2014 年中国互联网网络安全报告. 北京：人民邮电出版社，2015.

[2] 360 互联网安全中心. 2014 年中国网站安全报告. 2015，http://zt.360.cn/report/.

[3] 360 互联网安全中心. 2015 年双十一中国网购安全专题报告. 2015，http://zt.360.cn/1101061855.php?dtid=1101062366&did=1101488620.

[4] 李红心. 电子商务安全. 沈阳：东北财经大学出版社，2008.

[5] 张波. 电子商务安全. 上海：华东理工大学出版社，2006.

[6] 闫强，胡桃，吕廷杰. 电子商务安全管理. 北京：机械工业出版社，2007.

[7] 王锋，杨坚争，罗晓静，王连峰. 电子商务交易风险与安全保障. 北京：科学出版社，2005.

[8] 黄敏学. 电子商务. 北京：高等教育出版社，2004.

[9] 覃征，李环，卢江，常姗. 电子商务案例分析. 西安：西安交通大学出版社，2007.

[10] Kenneth C. Laudon, Carol Guercio Traver. 电子商务——商业、技术和社会. 劳帼龄，等，译. 北京：高等教育出版社，2004.

[11] Gary P.Schneider. 电子商务. 成栋，译. 北京：机械工业出版社，2008.

[12] 胡山泉，王安生. SSE-CMM 在信息系统安全体系建设中的应用. 网络安全技术与应用，2006，4: 66-68.

第7章 网络营销

引言

2011年11月11日上映的小成本制作电影《失恋三十三天》投资仅有1000万元，却取得了高达3.5亿元的总票房，成为2011年度票房市场最大的黑马。该片上映档期与包括高成本制作的《猩球崛起》、《丁丁历险记》等好莱坞大片在内的20余部电影相同，竞争不可谓不激烈；而影片本身则改编自同名网络小说，因此可以说还未上映便已被严重"剧透"。影片之所以最后能击败众多对手，取得如此高的票房，与其网络营销的宣传攻略密不可分。

影片在上映之前就通过以新浪微博、人人网为代表的互联网社交网站进行宣传。不同于传统的海报加预告片的广告模式，该影片拍摄了一部叫作"失恋物语"的短片。该短片通过对全国各城市各阶层失恋人群的采访，收集了各种失恋物语、失恋纪念品，并将其通过短片展现出来。该短片利用失恋这一普遍存在的情感现象通过社交网络进行情感营销，将失恋这种情感快速传播，引起影片目标人群的情感共鸣。该视频短片点击率超过了400万，并且引起了目标人群对《失恋三十三天》这一影片的巨大兴趣。除此之外，影片宣传方还在新浪微博开通了影片的官方微博，积极与目标群体互动。

通过这些利用网络尤其是社交网络进行的营销手段最终让这部小成本制作、剧情严重剧透的影片在国内外大片的重重包围之下取得了令人惊叹的票房成绩。

本章重点

- 了解网络营销的概念及特点
- 了解网络营销战略制定的过程
- 能够剖析网上消费者的购买动机、描述其购物流程
- 针对不同的产品，会应用不同的网络营销策略组合
- 了解网络营销的途径
- 评估网络营销的成本与效益

7.1 网络营销的基本概念与特征

7.1.1 网络营销的基本概念

网络营销是建立在传统的营销理论基础上，借助联机网络、通信技术和数字交互式媒体，运用新的营销理念、新的营销模式、新的营销渠道和新的营销策略，为企业开拓市场、增加赢利的营销过程。网络营销是电子商务在营销过程中的运用，是电子商务应用中发展最快的领域之一。

网络营销的英文表达方式有多种，常见的有 E-Marketing、Internet Marketing、Online Marketing、Web Marketing、Cyber Marketing、Network Marketing 等。本书中采用 E-Marketing 这种简洁直观的表达方式，并且与电子商务的 E-Business、E-Commerce 相呼应。

网络营销是随着互联网进入商业应用而逐渐发展起来的，尤其是在 Internet、电子邮件、搜索引擎等得到广泛应用后，网络营销的价值体现得越来越明显。网络营销是顺应社会发展的产物，它是在互联网技术的发展、消费者个性化的需要、企业经营的需要等背景下应运而生的。

（1）互联网技术的发展。

随着互联网在全球的发展和普及，互联网业已成为最为迅捷的信息沟通渠道。企业交易过程需要进行大量数据信息的传输，使 Internet 在商业中的潜力被挖掘出来。随着计算机通信技术的发展，Internet 在电子商务领域已经显现出巨大的威力和发展前景。

而对于发展如此迅猛的 Internet 市场，传统的市场营销理论、手段和方法已经很难在网络上发挥作用，而依托 Internet 的网络营销以新的方式、方法和理念，针对网络市场的特性实施营销活动，将更有效地促成企业交易活动的实现。

（2）个性化的需要。

在传统的市场营销过程中，消费者的个性化需求经常被淹没，可供消费者挑选的商品很少，没有完全能够以消费者的个人意愿为基础挑选和购买商品或服务。信息不对称的现象也十分普遍，商家在消费者不知成本、服务内容的情况下，虚报价格，谋取更多的利润。但是随着网络营销的出现，消费者主导的营销时代已经来临。在网络上，消费者获取信息更方便，可以通过多种途径获取与商品有关的信息并进行比较分析。随着信息不对称现象的减弱，消费者获得了心理上的平衡和满足感，增加了对所购商品的信任，也降低了购买风险。

（3）企业经营的需要。

当今社会市场竞争日益激烈化，企业为了占领市场，获取竞争优势，使出浑身解数来吸引消费者，消费者购买行为的复杂灵活使得传统营销中的各种手段现在已经很难再帮助企业在竞争中出奇制胜了。而网络营销正是迎合了企业的这种需要，企业在虚拟的网络上开店销售产品，可以节约大量昂贵的店面租金，减少库存商品的资金占用，使经营规模不受场地限制，能够实时与客户交流，获得信息，了解消费者个性化的需求。企业追求成本降低、缩短运作周期、增强竞争优势及获得更多客户等这些经营上的需要，使得网络营销的产生成为必然。

网络营销贯穿于营销的全过程，从市场调查、分析消费者行为到制定网络营销战略及策略，以及对网络营销进行管理和控制都属于网络营销的范畴。其内容主要涵盖以下几个方面。

1．网上市场调研

网上市场调研是指利用 Internet 的某些特性（交互性、全球性等）及网上调研工具开展调研活动，获取有用的资料，发掘有价值的信息。例如，每年 CNNIC 发布的《中国互联网络发展状况统计报告》就是将问卷放置在中国互联网络信息中心的网站上，同时在全国各省的信息港与较大 ICP/ISP 上设置问卷链接，由网民主动参与填写问卷的方式来获取信息的。

2．网上消费者行为分析

网民作为一类特殊的群体，有着与传统市场中消费者群体不同的特性，若要在网上开展有效的网络营销活动来获得更多的顾客，则要对网上购物群体按照其需求、心理动机、购买行为等做详细的区分，以便更好地开拓企业的网上市场，增加赢利。目前，各购物网站大多配有虚拟社区，在这里，一些兴趣爱好趋同的网上消费者可以交流心得，交换信息，形成了一个个个性鲜明的群体。

3．网络营销战略的制定

网络营销战略可以为组织的网络营销活动提供一致的目标，使组织能够整合其他网络营销活动并支持目标。任何一个企业要想实现经营目标，必须制定一个企业在较长时期内发展的总体设想和规划，网络营销也不例外。企业在实施网络营销前，需按照总体的经营目标制定好网络营销战略，确定企业销售产品或服务所用手段的组合，提供比竞争者更有价值、更有效率的产品和服务，扩大市场营销规模，实现企业的战略目标。

4．网络营销策略的制定

不同企业在市场中所处的地位不同，在采取网络营销实现企业网络营销战略目标时，必须采取与之相适应的营销策略。一般来说，网络营销策略主要包括价格营销策略、产品营销策略、渠道营销策略、品牌营销策略等。不同的营销策略会给企业带来不同的效果，实现企业目标的手段和方式也各有千秋。

5．网络营销的管理和控制

网络营销是在网络上开展的营销活动，势必会遇到传统营销活动中无法出现的一些新问题，如质量问题、隐私保护问题、信息安全问题等，这些都是网络营销必须重视和进行有效管理和控制的，否则网络营销的效果会大打折扣。

7.1.2　网络营销的特征

组织与个人之间传播和交换信息是市场营销中最重要也是最本质的东西，如果没有信息的交换，任何交易都无从谈起。而互联网所创造的营销环境使营销活动的范围和方式变得更灵活，与传统营销相比，网络营销表现出以下特征。

1．跨时空

通过 Internet，企业和个人能够超越地理和时空的限制进行交易，使得他们能够有更充足的时间和空间进行营销活动，可以每天 24 小时随时随地与客户保持联系，为其提供营销服务，实现企业的赢利。如图 7.1 所示，北京帝景豪廷酒店通过携程网可以很轻松地为各地到京的客户提供预订服务。

图 7.1　携程网的跨时空网络营销

2．多媒体

Internet 被设计成可以传输多种媒体的信息，如文字、声音、图像等信息的形式，这使得为达成交易进行的信息交换可以多种形式进行，能够充分发挥营销人员的创造性和能动性。如图 7.2 所示，统一企业相关产品的网络营销活动采用了包括视频、动画、图片、文字等多种多媒体形式，使得产品特性能够更好地展现，吸引更多的潜在用户购买商品，达到营销的目的。

3．交互性

所谓交互性，就是指厂商可以通过网站与顾客进行实时交流，向顾客提供具体必要的信息，也可以从顾客那里收集市场情报、了解顾客满意度等。因此，Internet 是企业进行产品推广、提供信息和服务的最佳场所。图 7.3 展示的是亨氏公司网站的在线问答板块，从中可以看到一些与亨氏奶粉有关的常见问题与答案，同时客户也可以通过单击其他按钮来提交未曾回答的问题，通过 Internet 与客户互动，解决客户问题，收集信息以提高产品声誉。

图 7.2　统一企业相关产品的多媒体网络营销

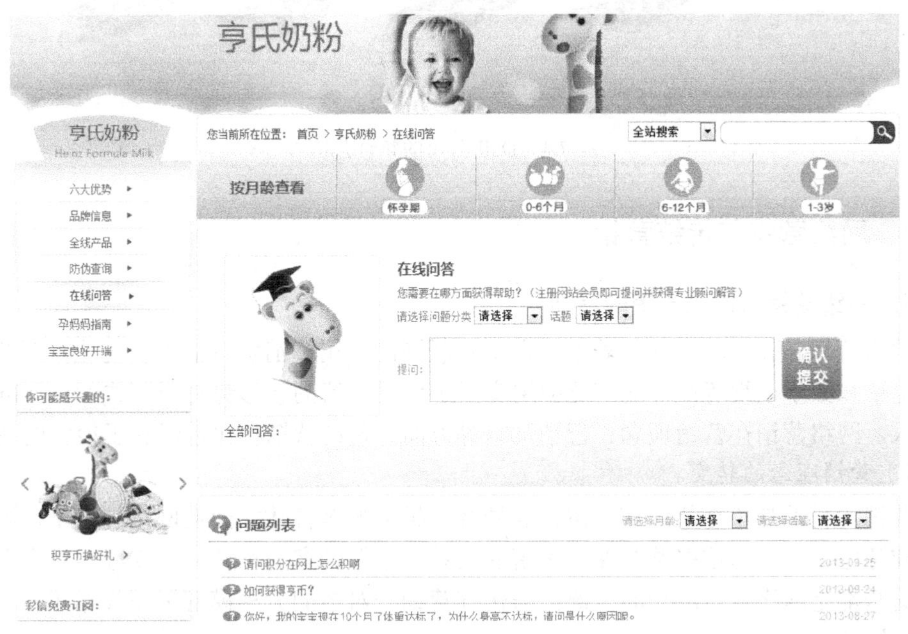

图 7.3　亨氏公司网站的在线问答板块

4. 整合性

Internet 为整合营销提供了更广阔的范围。当评价公司网站的营销绩效时，可以从两个方面来评价网络在与顾客和其他合作者沟通方面所起到的作用：从组织到顾客方向的以网络为基础的对外沟通（outbound Internet-based communications）；从顾客到组织方向的以网络为基础的对内沟通（inbound Internet-based communications）[1]。一般来说，前者是向新市场和现有顾客传达公司的产品和服务信息的，而后者主要将一些电子邮件回应和网站回馈整合到已有的客户服务部。如图 7.4 所示，Dell 公司网站通过网页、电话订购、在线咨询等多种方式向顾客宣传公司的产品，并且，从历年的数据来看，这种整合的网络营销已经取得了很好的效果。

图 7.4　Dell 公司的整合营销

7.1.3　网络营销与传统营销

1．网络营销与传统营销的区别

网络营销与传统营销的显著不同在于互联网的运用和消费者需求的变化。互联网、移动电话和数字电视等媒体的广泛应用实现了信息交流的新形势与新模式。由于 Internet 的加入，网络营销在营销理念、营销策略等方面与传统营销相比已经有了很大的变化。

1）营销理念的转变

营销的目的是争夺新顾客，留住老顾客，扩大顾客群体。而在网络环境下，顾客散布全球各地，如何与这些顾客保持紧密的关系，掌握顾客的特性，建立顾客对企业的信任，这些都是网络营销成功的关键。与传统营销一对多的大规模营销模式相比，网络营销的营销理念已有所不同。

在传统营销中，企业将消费者市场分为若干个较小的细分市场，在制定营销战略时，企业针对每一个细分市场的特点来传递信息，制定策略。尽管考虑到了消费者的不同偏好，但是由于细分市场仍然属于一个大的消费群体，每一个消费者的需求在一定程度上被企业忽视了。网络营销则有所不同，它的目标是满足某一特定消费者的需求。网络使企业的生产成本降低，使个性化生产和定制成为可能。图 7.5 刻画出了传统营销和网络营销在营销理念上的区别。

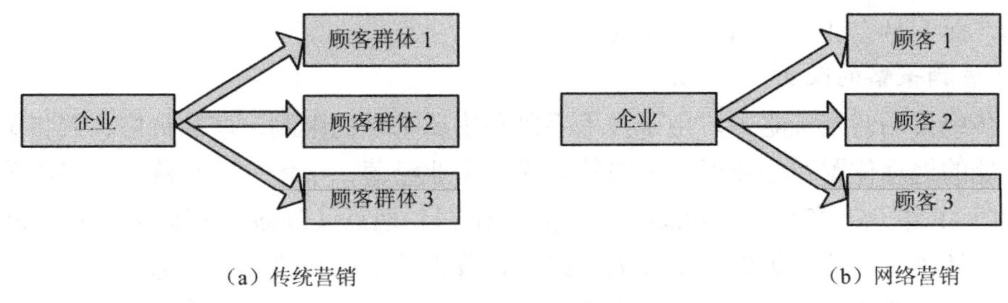

（a）传统营销　　（b）网络营销

图 7.5　传统营销和网络营销在营销理念上的区别

2）沟通方式的转变

传统营销中，电视、广播、报纸、杂志是与消费者沟通的主要方式，然而，这些传统的媒体将信息传递给消费者后，就很难从顾客那里得到反馈了。在出现互联网后，企业与消费者之间的交互才逐渐多了起来。沟通方式有了明显的转变，不再仅是企业一厢情愿地推销自己的产品，而是根据消费者对产品信息的反馈，生产出符合消费者意愿的个性化的产品。总体来讲，网络营销与传统营销在沟通方式上的区别主要表现在以下两点。

（1）信息输送的改变。

传统营销中信息只是单向输送的，电视、广播、报纸、杂志等传统媒体输送给消费者产品信息后，信息传递任务即告结束。企业若不经过市场调研等额外工作，无论消费者对产品有何种反馈，企业也是不会知道的。图 7.6 分别给出了传统营销和网络营销中信息的传递路径。

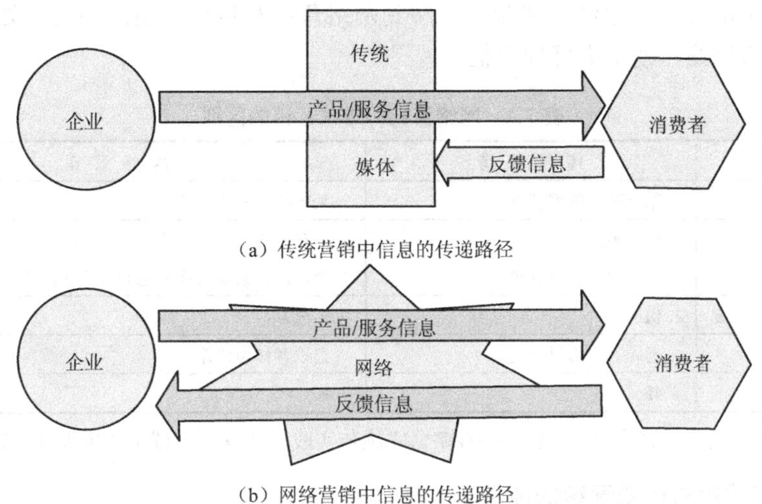

（a）传统营销中信息的传递路径

（b）网络营销中信息的传递路径

图 7.6　传统营销和网络营销中信息的传递路径

（2）信息内容的局限性。

传统的广告只是把产品的信息展示给消费者，而在互联网广告中，企业在简单的广告语中可以通过链接的方式很容易地将客户带到他所感兴趣的、宣传企业产品和服务的页面上。网络营销在沟通方式上克服了传统营销中信息内容的局限性，利用网络与消费者互动，而不是企业自身唱“独角戏”。

3）营销策略的改变

在传统市场营销策略中，由于技术手段和物质基础的限制，产品价格、销售渠道、企业所处的地理位置及企业促销策略等形成了企业经营、市场分析和营销策略的关键性内容。即 4P 组合：产品（Product）、价格（Price）、地点（Place）和促销（Promotion）。而在网络环境下，营销策略有了很大的改变。首先是地域和范围的概念没有了，其次是宣传和销售渠道统一到了网上，再次是在剔除了商业成本后产品的价格将大幅降低等。另外，在电子商务下一些其他的新问题被纳入营销策略需要考虑的范畴。因此，营销策略也要随之变化，网络营销更加注重顾客的需求（Consumer's Wants and Needs）、成本（Cost to Satisfy Want and Needs）、购物的方便性（Convenience to Buy）及沟通（Communication），所以被形象地称为基于 4C 的网络营销模式。4C 的营销策略突出了网络营销的目的和意义，极大地拓展了传统营销范围，丰富了现代营销理论。

4）方便性

Internet 无国界、跨时空的特性使得网上购物给消费者带来了极大的便利性。传统的商场有固定的营业时间，而在网络上随时都可以享受网上购物的乐趣；同时，足不出户即可与世界各地的商家讨价还价，不仅降低了时间成本，更消除了空间的距离；在传统营销中，消费者是信息不对称中的弱势群体，商家对消费者的了解很多，而消费者对产品的性能却不是十分了解，而网络营销则消除或削弱了这种信息不对称，消费者可以随时通过互联网查询产品信息，了解产品性能，得到更多的信息来减少信息不对称。

通过以上的分析，已经很清楚地了解到网络营销和传统营销的不同之处，而表 7.1 可以帮助理清思路，便于更好地记忆。

表 7.1　网络营销和传统营销的区别

	传 统 营 销	网 络 营 销
目标市场	某一特定的消费群	某一特定的消费者
沟通模式	一对多沟通模式； 大规模营销推式模式	一对一或多对多沟通模式； 个性化营销或大规模定制的拉式模式
考虑重点	供应方	需求方
与顾客关系	把顾客作为目标	把顾客作为伙伴
营销策略	4P	4C

资料来源：查菲，等．网络营销——战略、实施与实践．北京：机械工业出版社，2008.

2．网络营销对传统营销的冲击

1）对营销渠道的冲击

通过网络，生产商可以与最终消费者直接联系，表明在网络营销中，渠道不再意味着中间商、分销商等概念，也不再意味着特约加盟店、连锁店。

在传统营销中，大多生产商是无法将产品直接出售给最终消费者的，必须通过大量的分销渠道将部分销售工作委托给诸如批发商、零售商、代理商等营销中间机构。为此，生产者不得不投入大量的人力、物力、财力进行渠道设计、选择、评估和管理。而即使做好充分的准备，生产商在这多重的物流、信息流的转换过程中，也会失去对部分营销工作的控制能力。而互联网的出现，为生产商的传统营销渠道改革提供了便利条件。集跨时空、与顾客互动、便于收集信息等特性于一身的网络营销从根本上弱化了中间渠道的作用，甚至生产商无须借助各类中间商，利用网站就可以直接将产品出售给最终消费者。由此，生产商不仅大大缩短了分销过程，降低了大量的营销成本，而且能够确保自己对营销工作的控制能力，同时，由于减少了大量的交易环节，也大大降低了交易成本，不仅能够以较低的价格将商品出售，而且能够增加企业的成本优势，获得更大的收益。

2）对定价策略的冲击

在传统营销模式下，产品的定价以成本为基准价格，并加之营销成本而得到出售给消费者的最终价格。其中，营销成本在价格中占有相当高的比重，因为生产商必须经过层层分销渠道，投入大量的人力、物力与宣传才能换来市场竞争优势。而在网络营销中，互联网先进的网络查询功能会使同一商品的价格水平趋于一致，同时由于互联网的无国界性，缩小了国家之间的价格差距，促进了国际价格水平的标准化。这时，传统的定价模式不再适用，取而代之的是以顾客能接受的成本来定价，并依据该成本来组织生产和销售的模式。这种定价模式既符合以顾客为中心的服务观念，又促进了个性化定制产品的发展。网上营销的低成本也使得这种定价方式成为可能，网络的互动性使企业很容易捕捉到顾客的需求及对价格认同的标准，企业根据顾客的成本提供柔性的产品设计和生产方案供用户选择，直到顾客认同确认后再组织生产和销售。

3）对广告策略的冲击

网络营销广告可以建立组织形象、树立产品或服务品牌、让消费者深入了解某一种产品或服务的性能和用途、引导消费者和挖掘潜在的消费者。相对于传统的广告策略，网络营销中的广告策略具有很多明显的优势。由于 Internet 没有时空的局限性，因此，企业可以一一罗列必要的信息而不必担心空间篇幅的限制，甚至可以在广告中插入链接，直接引导消费者进入企业网站，并且可以 24 小时全天候地服务；广告也可以采用各种形式进行宣传，互联网的多媒体特性扩展了传统广告可以使用的形式，能够吸引更多潜在的消费者；根据企业调研得到的信息，可针对不同的消费者发布不同形式的网络营销广告，以获得更好的效果；与此同时，网络广告可以根据其点击率等来计算其效果，弥补了传统广告中无法衡量广告为企业带来的利润增加的缺憾。总之，网络营销广告成本低、操作易，提高了广告的效率，为企业赢利创造了便利的条件。

4）对标准化产品的冲击

在传统营销中，生产商生产一系列产品，由顾客选择是否购买，这种模式在很大程度上抑制了顾客的购买欲望，同时，生产商也面临着产品可能无人购买的后果。市面上流通的均是已经配置好的商品，顾客只能从已生产的产品中选择最接近需求的商品，大大降低了顾客购买商品的积极性。而在网络营销时代，营销以顾客的需求为中心，对不同消费者提供不同的产品。通过 Internet，生产商能够通过全球范围内的市场调研快速获得关于产品的需求信息和顾客反馈信息，测试顾客的不同认同水平，从而更加容易地对消费者的行为方式和偏好进行跟踪，便于生产商根据顾客的实际需求来生产产品。曾经在传统营销中不可想象的“对不同消费者提供不同的产品”的说法在网络营销时代已经变成可能，同时，互联网的新型沟通能力为这种趋势增加了保障。

5）对顾客关系的冲击

网络营销中的企业竞争是以顾客为焦点的，一切营销活动都是为争取客户、留住客户、扩大客户群、建立亲密的客户关系、分析客户需求、创造客户需求等而展开的。因此，在网络环境中，如何与散布在全球各地的客户群保持紧密的关系并能掌握客户的特性，增加其对虚拟企业与网络营销的信任感，是网络营销成功的关键。基于网络时代的目标市场、客户形态、产品种类与传统营销会有很大的差异，如何跨越地域、文化、时空差距再造客户关系应是网络营销中企业主要考虑的问题。同时网络的互动性在较大程度上也改善了商家与消费者之间的关系，而利用网络购物的平等感和主动性也大大吸引了那些不愿去商场“遭白眼”的消费者。

7.2　网上消费者行为分析

了解网上消费者的购买行为，是制定良好的网络营销策略的基础。一般来讲，网络消费者的购买行为是不同于传统消费者的。在网络营销中，消费者不仅是购买者，更是一个社会消费者，起着引导社会消费的作用。因此，本节将对网络消费者的购买行为进行深入的分析，以期企业能够通过了解网络消费者的类型、动机、购买过程及影响购买决策的因素，制定出适合各类网络消费者的营销策略。

对于网络消费者，目前有广义和狭义两种理解：广义的理解是指全体网民（网上购物者和网上冲浪者）；狭义的理解是指网络购物者。

自中国从 1994 年接入 Internet 以来，网络市场得到了迅速发展。目前，中国网民的数量位居世界第一。根据第 36 次 CNNIC 报告[2]显示，截止到 2015 年 6 月底，中国网络购物网民规模达到 3.74 亿人，与 2014 年 12 月底相比，增加了 1249 万人，半年度增长率为 3.5%。网络购物网民增长的驱动力量主要来自以下四个方面：① 网民数量的持续增长，网民购买力的提升，消费者线上消费习惯的养成，为网络购物奠定了良好的用户基础，成为促进网络购物市场繁荣的重要基础；② 传统企业纷纷向电子商务转型，拓展了网络购物的品类和渠道，线上产品的丰富、线上和线下的互动提升了用户的购买体验；③ 网络促销的常态化激发了消费者的购买欲望。网购市场的激烈竞争导致电子商务之间频繁的价格战，店庆促销、节假日促销、特卖会、1 元秒杀等营销手段的使用频率越来越高，极大地刺激了消费者的购买欲望；④ 移动互联网的发展和智能手机的普及促使移动支付、移动购物快速增长，手机端和 PC 端的应用互补促进了网络购物市场的发展。

进行网上购物的消费者可以分为以下几种类型[3]。

（1）简单型。这种类型的消费者需要的是方便、直接的网上购物。他们只花很少的时间上网，但进行网络购物的时间却占了总时间的一半。因此，简单型的消费者需要一个真正便利的网络购物环境，让他们觉得在网络上购物能够帮助他们节约更多的时间。

（2）冲浪型。这一类型的消费者在网上花费的时间很长，并且他们网页访问量的是其他网民的 4 倍左右。冲浪型网民对常更新、具有创新设计等特征的网站很感兴趣。

（3）接入型。接入型的消费者是刚刚触及 Internet 的新手，他们很少购物，反而对网上聊天和发送免费问候卡很感兴趣。他们对网上购物仍然存在怀疑，更愿意相信传统购物的方式，即使在网络上购物，他们更愿意购买那些生活中所熟悉的品牌。

（4）议价型。议价型的消费者对购买便宜商品表示出很强烈的意愿，希望能够从 Internet 上以比传统市场中更便宜的价格购买到心仪的商品。在易趣、淘宝等网站中参与拍卖的消费者即是怀着这种心理，有强烈的愿望在交易中获胜。

（5）定期型。这一类型的网民常常访问新闻和商务网站，被其内容所吸引。

（6）运动型。与定期型消费者类似，这类消费者常常访问运动和娱乐网站，以满足他们的需求。

区分出网上消费者的类型后，企业可以根据自身的优势，制定出有针对性的营销策略，获得更多的利润。

7.2.1　网上消费者的购买动机

所谓动机，是指推动人进行活动的内部原动力，即激励人行动的原因，是人行动的内在驱动力。由此，网上消费者的购买动机则可以被看作一种直接驱使消费者实行某种购买活动的内部动力，反映了消费者在心理、精神和感情上的需求。网上消费者的购买动机大体可以分为两类：需求动机和心理动机[4]。

1．需求动机

网上消费者的需求动机是指消费者由于存在低级或高级的需求而引起的购买动机。

1）马斯洛需求理论

在传统的营销过程中，马斯洛的需求理论是被经常提及的需求结构理论，马斯洛将人的需求分为生理、安全、社交、尊重、自我实现五个层次的需求。在网络时代，马斯洛的需求理论仍然发挥着重要的指导意义。网上消费者同传统市场中的消费者一样，为抵御寒冷而在网上购买服装鞋帽；为实现知识化、专业化而到图书网站购买书籍杂志等，都是对自身需求的满足。

2）网络时代消费者的新需求

尽管马斯洛的需求理论能够解释网上消费者的很多购买动机，但是由于网络的特殊性，消费者的购买行为呈现出由一些其他的需求而导致的，这些新的需求可以分为兴趣、聚集、沟通三个方面[5]。

（1）兴趣。Internet 包容了信息量巨大的新鲜资讯与内容，人们查找信息的主要出发点就是基于兴趣。人们渴望探究自己感兴趣的领域，希望通过网络给出的线索找出期望的结果；而人们通过网络找到自己需要的资料时，更会产生一种成功的满足感。

（2）聚集。虚拟社区为那些具有相似经历的人提供了聚集的机会。在其中，人与人之间是平等的，能够独立地发表意见，与传统的社会相比，是一个极具民主性的群体。

（3）沟通。虚拟社区中聚集起来的网民群体，自然而然地产生了沟通的需求。对某些产品和服务有相同兴趣的成员聚集在一起，讨论产品的质量、价格、种类等属性，交流经验，交换信息，同传统社会一样，在网络上人们也可以沟通。

2. 心理动机

网上消费者的心理动机是指那些由网络消费者的认识、情感、意志等心理过程引起的行为动机，主要体现在以下三个方面[6]。

1）感情动机

感情动机是一种由于人的情绪和感情所引起的购买动机。它可以分为低级形态的情绪动机和高级形态的情感动机，前者是由人们情绪的喜怒哀乐变化所引起的购买动机，具有冲动性和不稳定性。后者主要是由于人们的道德感、美感、群体感、友谊感等情感需要所引发的购买动机，这种比较稳定、深刻。例如，消费者在网上突然发现喜欢的歌手新近推出的唱片 CD，则很容易产生冲动性的情绪动机；而为远在异地的朋友通过网络购买礼物，则属于高级形态的情感动机。

2）理智动机

理智动机是一种建立在人们对在线商场所推销品的客观认识的基础上的购买动机。目前，网络消费者大多是年轻人，他们一般阅历丰富，受教育程度高，具有较强的分析判断能力，在网上购物时往往经过多轮反复比较各个在线商城的商品，详细了解所要购买商品的性能、功效、价格、使用方法等以后才决定是否购买，购买活动较少受外界的影响和干扰，能够做出理性决策和理性购买行为。理智动机一般具有客观性、周密性和控制性等特点。在理智动机驱动下的网上消费者首先注重的是产品的新颖性和质量，其次才是产品的价位。

表 7.2 是对以上两种动机的比较。

表 7.2　感情动机和理智动机的比较

心理动机		诱发因素	特　点	表　现
感情动机	低级形态	喜欢、满意、快乐、好奇	冲动性、不稳定性	购买刚刚推出的新产品等
	高级形态	道德感、美感、群体感	深刻性、稳定性	购买馈赠礼品等
理智动机		反复比较各在线商场的商品	客观性、周密性、控制性	购买耐用消费品或价值较高的高档商品等

3）惠顾动机

惠顾动机是一种基于理智经验和感情之上的，对特定网站、图标广告、商品产生特殊的信任与偏好而重复地、习惯性地前往访问并购买的心理动机[4]。网络消费者的这种动机一般是由于搜索的便利、图标广告的独特性和吸引力、站点内容、企业的地位和权威性及产品或服务的良好声誉而形成的。具有惠顾动机的网络消费者往往是某一网站的忠实客户，并对其他消费者起到了宣传和影响的作用。基于惠顾动机的购买行为如图 7.7 所示。

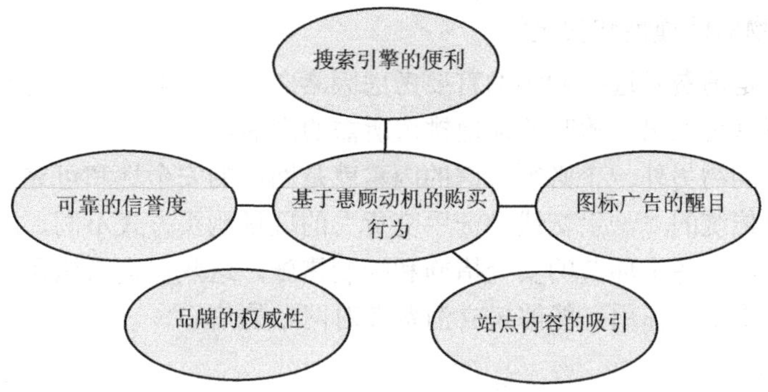

资料来源：方真．电子商务教程．北京：清华大学出版社，2004．

图 7.7　基于惠顾动机的购买行为

7.2.2　网上消费者的购买决策因素

消费者购买行为即消费者受营销和环境的刺激产生需求直至最终做出购买决策的整个过程，它会受到产品的特性和质量、网站的安全性、社会、文化、个人及心理等因素的影响。这些多方面的因素将综合在一起对消费者购买行为产生作用。

1．产品因素

首先，由于网上市场不同于传统市场，网上消费者有着区别于传统市场的消费需求特征，因此并不是所有的产品都适合在网上销售和开展网上营销活动的。目前，网络购物群体多为年轻人，产品的新颖性、时尚性是影响消费者购买的重要因素。

另外，网络产品的价格也是消费者购买商品时肯定要考虑的因素，而且是一个非常重要的因素。网上购物之所以具有生命力，重要的原因之一是网上销售的商品价格普遍低廉。企业在网络营销时，可首先选择如图 7.8 所示的产品。

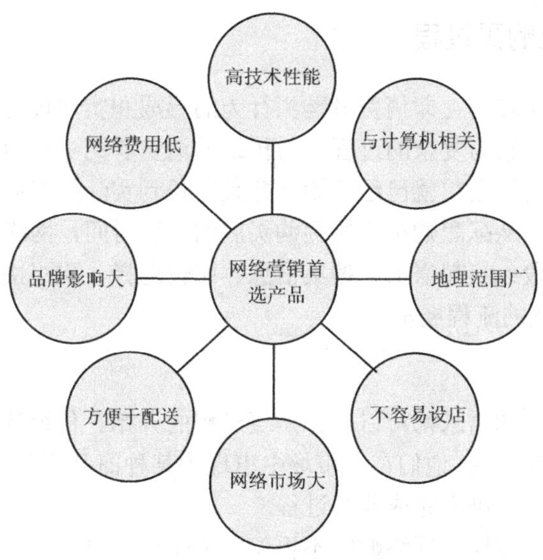

图 7.8　适于网络营销的产品的特点

2. 网上购物的便捷性和安全性

购物便捷性是消费者选择购物的首要考虑因素之一。一般而言，消费者选择网上购物是因为他们可以足不出户随时随地地挑选所需的产品。

消费者网络购物另外一个必须考虑的因素就是网站的安全性和可靠性。由于网络购物的消费方式与传统的“一手交钱，一手交货”的现场购买方式不同，因此，网络消费者非常在意网上购物各个环节的安全措施和控制措施，这些保护措施在网络消费者购物过程中起着十分重要的作用，能够树立消费者对网站的信心。

3. 社会因素

网络消费者在现实生活中会受到相关群体、家庭、社会地位的影响，同时，在生活方式、行为态度、信息沟通、行为一体化方面，消费者希望得到他人的认同，实现消费过程的心理满足。

4. 文化因素

文化因素对个人需求和购买行为的影响极为深广，其中，最主要的有文化、亚文化和社会阶层三个方面。

5. 个人因素

个人因素是指对购买者行为有明显影响的外在特征，如年龄与生命周期阶段、职业、经济收入与生活方式等具体因素。企业制定营销策略时，应对目标市场的个人因素有正确的把握，从而做出相应的决策，吸引消费者的注意和购买。

6. 心理因素

心理因素指消费者出于心理性的原因而影响其购买决策与购买行为。其中包括消费者的性格与自我观念、动机、感知与后天经验。

7.2.3 消费者网上购买过程

网络消费者的购买过程，即消费者购买行为的形成和实现过程。这不是简单的买或不买的过程，而是一个较为复杂的过程。与传统的消费者购买行为相类似，网络消费者的购买行为早在实际购买之前就已经开始，并且延长到实际购买后的一段时间，有时甚至是一个较长的时期。从酝酿购买开始到购买后的一段时间，网络消费者的购买过程可以粗略地分为五个阶段：唤起需求、搜集信息、比较选择、购买决策、购后评价。整个过程可以用图 7.9 描述的流程展示。

1. 唤起需求

任何唤起购买意向的需求都可以看作购买过程的开始。传统营销中消费者的需求是在内外因素的影响下产生的，他们在对市场中出现的某种商品或服务产生兴趣的前提下，才有可能产生购买意愿，进而完成购买过程。

与传统的购物过程相比，网络购物不再仅因为生理、自我实现等需求而产生购物欲望，更多的是对网站文字的表述、图片的设计、声音的配置等视觉和听觉方面的因素产生兴趣而萌发了购买意愿。因此，这就要求企业了解自身产品的性能和顾客群体的特性，了解顾客的需求是由哪些因素诱发的，进而利用网络营销手段吸引顾客浏览企业的网站，唤起他们的购物需求。

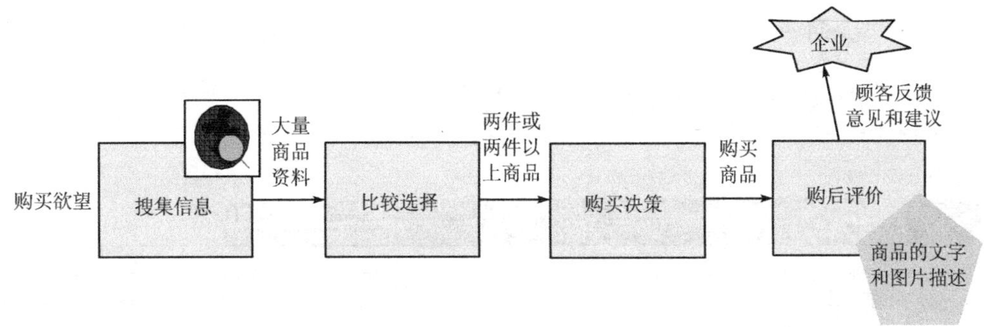

图 7.9 消费者网上购买过程

2. 搜集信息

当网络消费者的需求被唤起后，每一位消费者都希望自己的需求能够得到最大的满足。因此，在 Internet 上搜集信息、了解行情，就成为消费者网上购物的第二个环节，这为接下来对各种商品的比较奠定了基础。

消费者通过网络搜集信息的方式有以下三种[7]。

（1）浏览。消费者本身并没有特定的目的，仅通过对信息环境提供的信息进行基本了解，是一种非正式的、机会性的搜集信息的方式。

（2）搜索。消费者的头脑里已经有了一个明确的需要搜集信息的概念领域。这种方式时常需要消费者访问不同的信息源，搜集到的参考信息有利于最终目的的达成。

（3）寻找。这是一种在大信息量的信息集里面寻找特定项目并定位于信息的最有效的方式。

3. 比较选择

在搜集了所要购买的产品信息后，消费者就要根据自己的支付能力来选择满足需求的商品。没有支付，购买某种商品只能是一种空想，不是一个完整的购物过程。而比较选择则是通过消费者对满足自己需求的产品的比较，根据自己的支付能力综合评价，并最终确定最为满意的商品的过程。比较的内容一般涉及产品的功能、可靠性、性能、样式、价格和售后服务等。此外，个人的年龄、性别、生活方式和个性在对商品的综合评价中也会有一定的影响。

目前，某些网站为了方便消费者购物，专门提供了对同类产品的价格比较、产品介绍、功能对比等信息，引导和鼓励消费者做出正确的购物决策。例如，图 7.10 展示的是盒子比价网中对“iPad 4 16G”的各个网站的比较信息。

4. 购买决策

网络消费者完成了对产品的比较选择后，则需要根据他们的购买动机，从两件或两件以上的产品中选择一件最为满意的产品。购买决策需要消费者解决买什么、是否购买、在哪里买、如何购买及买多少的问题，购买决策是网络消费者购买活动中最主要的组成部分，基本上反映了网络消费者的购物过程。

图 7.10　盒子比价网中对“iPad4 16G”的各个网站的比较信息

与传统的购买方式相比，网络购买者的购买决策有以下特点[7]。

（1）网络消费者大多比较冷静、理智。这是因为消费者搜索产品信息的过程本身就是一个思考比较的过程。他们有足够的时间去比较产品的性能、质量和价格等因素，然后再做出最终决策。

（2）网络消费者多是比较独立地做出购买决策的。由于网络消费者常常都是独自坐在计算机前选择产品，与外界接触较少，大部分决策是由消费者自身或和家人商量后做出的。

5. 购后评价

网络消费者完成购物后，往往通过使用，对自己购买的产品进行评价，检验和反省自己的购买决策，对此次购物是否正确、是否理想、服务是否周到等问题进行评价，这些就构成了网络消费者的购后评价，这种购后评价往往决定了消费者今后的购买意愿。

网络消费者对产品购后评价总体上可以分为重购、推荐及拒购、排斥两种反应。消费者若对网购的产品感到满意，他们就可能进行重复购买，并向周围其他人推荐该产品；若不满意，他们不仅不会再次购买，更会向周围的人建议不要购买该产品。因此，购后评价为消费者表达内心真实的购物感受提供了一条渠道。目前，各大网络购物网站已开设了对已购商品的评价，消费者可以很容易地发表自己对产品的看法。图 7.11 是京东商城的消费者对某件产品的购后评价。

图 7.11 京东商城的消费者对某件产品的购后评价

7.3 网络营销战略

网络营销战略是在现代营销理论的基础上，为了实现网络营销活动的目标，企业对销售产品或服务所用手段的组合。网络营销战略对企业的经营总战略起重要的支持作用，它的制定受企业整体战略思想的制约，并且，企业所处的外部环境和所拥有的内部资源也会在一定程度上对网络营销战略产生影响。

7.3.1 网络营销战略的环境分析

网络营销作为一种竞争手段，具有很多竞争优势。而要了解这些竞争优势如何给企业带来战略优势及如何选择竞争战略，就需要分析网络营销战略开发的环境。本节借鉴哈佛大学商学院波特（Porter）教授提出的五力竞争模型，对企业的网络营销战略进行环境分析（见图 7.12）。

1. 企业的目标和战略与营销战略

企业的整体战略刻画了企业的总体经营目标，引导企业其他战略的制定和实施，网络营销战略无疑会受到企业的整体战略规划的制约，营销部门需要按照其制定的经营目标来制定网络营销战略。与企业的整体战略相比，营销战略对网络营销战略的影响更为直接，网络营销战略可以看作企业营销战略中获得企业竞争优势的一种方式，网络营销战略实现的目标是营销战略的目标之一。

与其他的环境因素相比，企业整体战略与营销战略可以看作企业内部对网络营销战略制定的影响因素。

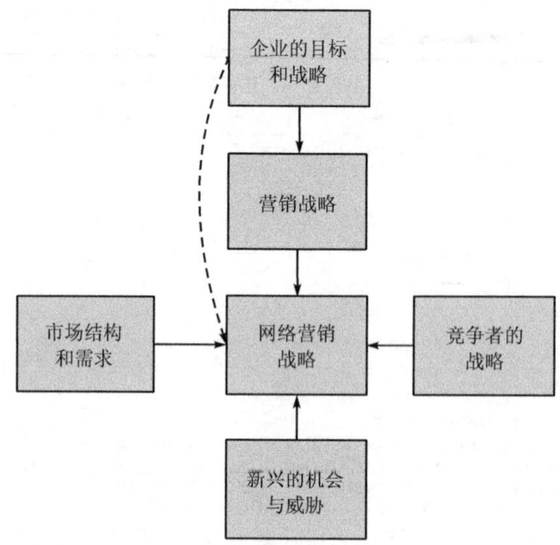

资料来源：查菲，等．网络营销——战略、实施与实践．马连福，译．北京：机械工业出版社．

图 7.12　网络营销战略的环境

2．市场结构和需求

市场经济中要求企业的发展必须是以市场为导向的，企业制定的战略、计划都是为满足市场需求服务的。在传统的消费者市场中，不同类型产品的市场结构基本上已明确，因此在制定网络营销战略时，就要考虑营销产品的市场结构情况，对不同的市场结构采用不同的网络营销战略，以获得最大的竞争优势。

带动网络营销战略制定的另一个关键因素是在不同的细分市场中，顾客对网络营销服务的当前需求和将来的计划。他们的需求在很大程度上影响着网络营销战略的制定；除此之外，那些转向网络的新顾客的需求也是企业网络营销战略所应重点考虑的因素，因为，电子商务的消费者中，有很多是新进入的顾客。因此，针对这些新进入的消费者，网络营销战略需制定留住他们的组合策略。

3．竞争者的战略

同传统市场一样，竞争者的战略影响着企业的网络营销战略。由于网络媒体是具有动态性的，因此，对竞争者战略的分析是很重要的。传统市场中的竞争者是很容易找到的，并且由于市场结构的稳定性，竞争者不会在较短时间内迅速扩大市场，但是，网络环境却大相径庭，新进入者可能由于恰当的网络营销战略瞬时占领市场的很大份额。因此，企业在制定网络营销战略的同时要考虑竞争者的战略。

4．新兴的机会与威胁

企业在对其外部环境中的机会与威胁进行分析时，也应该考虑其自身在网络营销中的优势和劣势。而企业应该在明确了机会和威胁的基础上，再制定网络营销战略。最常用的机会威胁分析工具是 SWOT 分析，总体来看，企业在网络环境中的 SWOT 分析如表 7.3 所示。

表 7.3　企业在网络环境中的 SWOT 分析

优势——S	现有品牌； 现有客户基础； 现有分销渠道
劣势——W	品牌占有率； 中间媒介的作用； 技术/技能； 渠道支持
机会——O	交叉出售； 新市场； 新服务； 联盟/品牌共建
威胁——T	客户选择； 新进入者； 新竞争性产品； 渠道冲突

资料来源：查菲，等．网络营销——战略、实施与实践．马连福，译．北京：机械工业出版社，2008．

7.3.2　网络营销战略的制定

企业为了实现其网络营销优势，必须开发一个有计划、有结构的方案——网络营销战略。没有制定网络营销战略的企业，经常面临着营销活动职责不清、缺乏具体目标、预算不足、忽略顾客在线价值、网络营销评价不充分等风险，因此，制定网络营销战略并实施它能够降低上述风险，获得新的机会和优势。

网络营销战略的制定大致需要以下四个主要步骤[1]。

1．战略分析

战略分析是对营销活动有效性的营销审计，包括控制战略制定方式、企业内部和外部环境等。这些原则可以被用到评价网络营销的有效性和内部能力上。

战略分析涉及以下几个方面的内容：

（1）企业的内部能力、资源和流程及市场活动的评价；

（2）当前企业运作所处的微观环境，包括消费者需求、竞争者的行为、市场结构及与上下游企业之间的关系；

（3）企业运作所处的宏观环境，包括经济发展状况、政治和经济环境、社会法律道德约束等。

2．战略目标设定

营销战略应基于清晰明确的企业经营目标，网络营销战略也不例外，网络营销管理同样首先需要设置明确的营销目标，用于支持经营目标。只有确定了明确的营销目标，才能对网络营销活动做出及时的评价。企业在引入网络营销时应根据自身的特点设定不同类型的明确目标。战略目标设定的主要任务包括：

（1）设定能够实现的网络运营目标；

（2）评估并说明网络对企业未来的贡献；

（3）说明所获得的全部营业收益。

一般来说，企业可以运用 SMART 评估所设定的目标对于不同战略的驱动作用或全面的业务流程改进的适合程度。通过 SMART 评估目标，每个企业都能设定目标并确定达成它的过程。（注：SMART 代表 Specific、Measurable、Actionable、Relevant、Time-related。）

3．战略制定

战略制定是对可供选择战略的识别，对测评标准及最佳备选方案的选择。网络营销的关键战略决策与传统营销的战略决策是一样的，它们都涉及目标顾客分组并明确怎样给每组顾客提供价值。细分市场、寻求目标顾客、差异化和定位等对于有效的网络营销起到了关键的作用。这就是说，许多与网络营销战略开发相关的决策是在营销战略相似部分的基础上，对企业战略方法的重新评估。通过网络营销战略的制定，企业能够：

（1）明确企业对网络的承诺；

（2）为顾客设定合适的网站价值主张；

（3）识别网络在开发新市场、竞争场所和分销渠道及在传递产品和服务中的作用。

4．战略实施

在战略实施阶段，企业要根据业务变化和技术发展对战略进行控制，评估战略的实施情况，评估是否充分发挥了战略的竞争优势、是否有改进余地等。

网络营销战略的实施是一个系统工程，它不是简单的某个技术方面的问题、某一个网站的建设问题，而是企业的营销部门对营销活动的整体规划。因此，企业需要在战略实施过程中密切注意技术的发展和竞争者的战略，评价和修正已确定的战略，保持企业的竞争优势。

7.3.3 网络环境下的营销战略

1．市场/产品开发战略

市场/产品开发战略主要针对网络环境下新市场的建立、新产品的开发而开展的营销战略，对市场类型和产品类型的不同组合分别采取不同的营销战略，主要有以下四种类型：

（1）市场渗透战略是指使用网络将更多的已有产品销售到已有市场去；

（2）市场开发战略是指利用网络中广告的低成本性将已有产品销往新的市场；

（3）对于产品开发策略，网络能够帮助企业宣传、提供某些特定类型的新产品或新服务，为现有产品增值，延伸现有服务；

（4）多元化战略意味着销往新市场的新产品将被开发。尽管网络无法降低经营战略的高风险，但是能够实现比以往更低的成本。

企业采用市场/产品开发战略，通过改变卖什么（产品维度）和卖给谁（市场维度）来增加销售额。图 7.13 展示了该战略在网络环境下可以实现的战略目标。

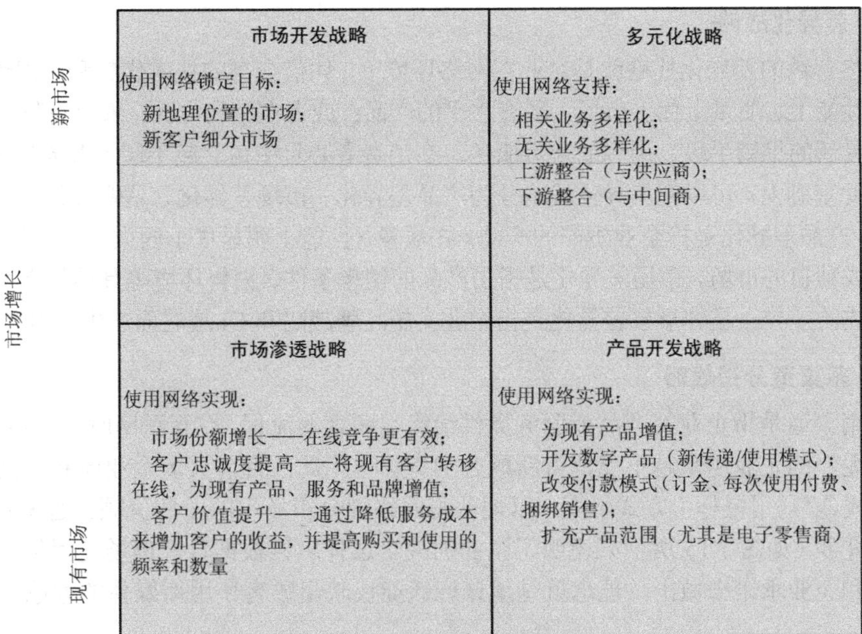

资料来源：查菲，等. 网络营销——战略、实施与实践. 马连福，译. 北京：机械工业出版社，2008.

图 7.13　在网络环境下的市场/产品战略组合

2. 目标营销战略

就像在传统的营销战略中一样，目标市场也是网络营销战略值得考虑的关键问题之一。在网络环境中，企业需要将那些具有高在线率、高购买倾向的消费者群体作为目标市场。目标营销战略涉及四个步骤（如图 7.14 所示）。

（1）市场细分。企业需要了解网络消费者的人口统计学特征、需求和行为，将市场分为若干个不同的细分市场，以便接下来企业根据产品和服务选择特定的细分市场作为目标市场。

（2）目标营销。企业选择成长性优良和利润率高的细分市场作为目标市场，对网上消费者进行营销活动。

（3）定位。企业根据已确定的目标市场采取区别于其他竞争者的营销策略，以获得竞争优势。

（4）计划。企业对内部资源进行配置和评估，以完成计划。

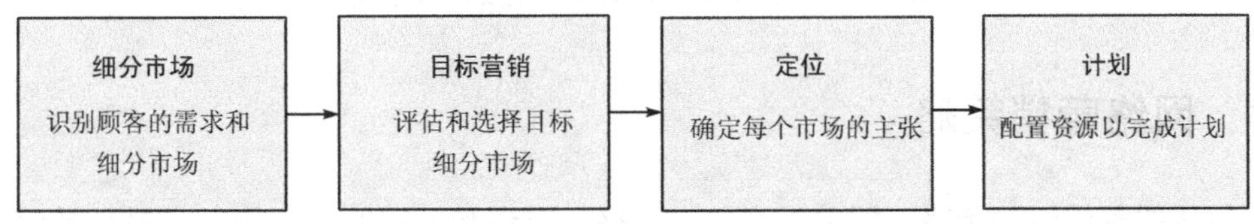

图 7.14　目标营销战略的步骤

3. 差异化战略

网络营销的差异化战略就是企业在网络环境下，凭借自身的技术优势和地理优势，生产出在性能上、质量上优于市场上现有水平的产品；或者在销售方面，通过有特色的宣传活动、灵活的推销手段、周到的售后服务，在消费者心目中树立起不同一般的良好形象。

在此基础上，可以把差异化战略分为产品差异化、市场差异化、品牌形象差异化三大方面[8]。产品差异化是指企业生产的产品，在质量、性能上明显优于同类产品的生产厂家，从而形成独自的市场。市场差异化是指由产品的销售条件、销售环境等具体的市场操作因素而生成的差异。品牌形象差异化是指企业实施品牌战略和 CI 战略而产生的差异。

4. 多渠道分销战略

分销渠道是指企业的产品或服务提供给终端顾客的流程。在互联网时代，传统的“砖块加水泥”的企业越来越不能博得新顾客的青睐，因此，目前大多企业向着“鼠标加水泥”方式、“只用鼠标”方式转变，以期获得网络细分市场中的一些份额。迪 · 卡雷希尔福[9]用图形（如图 7.15 所示）说明了企业的战略选择应该根据目标市场使用每种渠道的百分比和企业承诺来做出，理念就是承诺应该能反映出顾客使用新媒体的意愿。

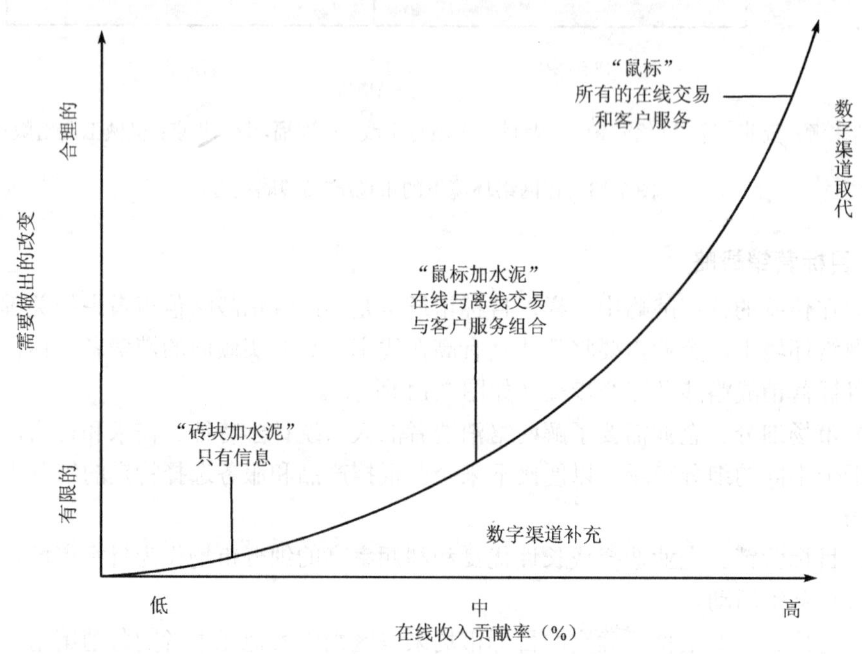

资料来源：de Kare-Silver et al. The Electronic Shopping Revolution: Strategies for Retailers and Manufacturers. 2000.

图 7.15　企业网络营销的渠道重要性战略选择

7.4 网络营销策略

传统的营销组合策略，即关于产品、价格、渠道和促销的 4P 组合，最早是由杰罗姆 · 麦卡锡[10]提出的，现在仍被营销人员作为制定和执行营销战略的重要环节。然而，必须认识到的是 4P 营销组合倾向于产品导向而非顾客导向，而后者恰是市场导向与网络营销的关键。基于此，劳特伯恩[11]提出了基于顾客的需求（产品）、顾客的成本（价格）、顾客的便利（渠道）及与顾客的双向沟通（促销）的 4C 模式的框架，它是从顾客角度来考虑 4P 模式的。网络营销强调的正是以顾客为中心，从各方面充分满足消费者的需求。

7.4.1　产品策略

产品策略是企业为了在激烈的市场竞争中获得优势，在生产、销售产品时所运用的一系列措施和手段，包括产品组合策略、产品差异化策略、新产品开发策略、品牌策略及产品的生命周期运用策略。在网络营销条件下，产品策略的内容已由原来单一的实物产品策略转化为实物产品策略、软件产品策略、信息产品策略和服务产品策略四位一体的产品策略，并在新产品开发策略、品牌策略等方面表现出新的特点。

1. 网络适销产品

并非所有的产品都适于利用网络进行销售，一般来说，适于网络销售的产品主要包括以下几种[12]。

1）实体产品

在网络上销售实体产品的过程与传统的购物方式有所不同，网络上的交互式交流成为买卖双方交流的主要形式。消费者或客户通过卖方的主页考察其产品，通过填写表格表达自己对品种、质量、价格、数量等的选择；而卖方通过邮寄产品或送货上门完成产品交互。图书就是一种非常适合网络销售的产品，最近几年互联网书店如亚马逊书店（Amazon）、当当网书店等大大方便了用户购买图书。网络销售的图书易于查找，便于邮寄，很快被人们所接受。

2）软件产品

软件产品包括计算机系统软件和应用软件。直接通过网络传送软件，可以省去一切包装材料，而且快速便捷。网上软件销售商通常可以提供一段时间的适应期，好的软件自然能够吸引顾客，实现网络营销目标。

3）服务产品

服务产品（简称服务），是生产者通过由人力、物力和环境所组成的结构系统来销售和实际生产及交付的，能被消费者购买和实际接收及消费的“功能和作用”。在网络营销中，服务可以分为普通服务和信息咨询服务两大类。普通服务包括远程医疗、法律救助、网上订票、饭店酒店预订、网络游戏等，而信息咨询服务包括法律咨询、股市行情分析、金融咨询、资料检索、电子新闻报刊等。

2. 新产品开发

1）在线市场调研

与传统产品市场调研相比，互联网为生产商提供了更及时、方便且低成本的在线产品市场调研方式，通过调查顾客对产品和服务的感觉、评价和意见，生产商通过反馈信息不断地对已有的产品进行必要的调整，同时便于新产品的开发和设计。

2）新产品的开发速度

网络也能加快新产品开发，因为作为市场调研的一部分，在线方式能够更快地测试不同的产品选择。公司还可以根据自己的调查对象更快地测试其选择情况，如对领先用户发出适用和测试邀请，这种方式所需的成本比传统的营销调查方法更低，反馈意见却可能更快。另外，网络效应使公司之间更快地形成投放新产品的合作关系。

3）新产品的传播速度

由于网络及与之相伴的全球化的影响，企业为保持竞争性就要更迅速地大量生产新产品来满足国际市场需求。同时，互联网的传播途径越来越广，传播速度也正变得越来越快。因此，如果在互联网上投放新产品广告及其他营销手段，结合传统的宣传方式，可使新产品甚至还未上市就已经引爆了未来的市场。

3．品牌策略

1）网络品牌的内涵及特征

网络品牌即是网络与品牌的统一。网络品牌主要指企业注册在通用网址的域名，与企业名称、商标一起构成企业的铭牌。广义的网络品牌是指“一个企业、个人或组织在网络上建立的一切产品或服务在人们心目中树立的形象”。

网络品牌与传统品牌有着很大不同，网络优势品牌的建立需要重新进行规划和投资。尽管可口可乐、耐克等知名品牌仍然受到广大青少年的青睐，但是这些公司网站的访问量并不高，说明知名品牌与网站访问量没有必然联系，公司是否需要建设网站及如何建立网络品牌就是值得认真考虑的问题。

2）网络品牌的命名和设计

网络产品在品牌命名和设计时应注意以下策略：

（1）品牌命名和设计要符合当地的法律规范；

（2）品牌命名和设计要简洁明快、令人印象深刻；

（3）品牌命名和设计要较好地体现出产品的特点，并能暗示产品的优良属性；

（4）品牌命名和设计力求新颖，体现出产品的与众不同；

（5）品牌名称应与产品名称相统一，或者与产品品牌标志统一等。

3）在线改变品牌识别的方式

阿克和乔治姆塞勒[13]认为品牌识别是一个品牌关系的集合，这个集合揭示了组织给顾客的一份承诺。公司需要使自己的在线服务实现差异化，而改变品牌识别就是其中的一个部分。现有公司有四种主要方式来实现在线品牌的移植，它可以对品牌识别采取以下措施。

（1）将传统品牌转移到网上。

这是最常使用的方式。公司可以把自己已被大家广泛接受的传统品牌转移到网络上。这样做的唯一风险就是品牌价值可能会因为网站性能、结构或信息内容较差而降低。

（2）扩展传统品牌：衍生。

有些公司建立它们的网站时，会创造一个与原品牌略有不同的版本。DHL 快递公司网站的早期版本就是建立在一个属于太空船概念的“红色星球”在线品牌之上的。通过这种方式，公司不仅可以使自己区别于其他竞争性服务，还可用于在线与离线促销，使公司网站区别于其他网站。但阿克和乔治姆塞勒[13]认为建立衍生品牌时有可能存在识别问题，而且品牌信任和质量联想也可能会受到影响。

（3）现有网络品牌的匹配。

可能公司会将产品与一个强大的现有网络品牌（如 Yahoo!和 Google）联合起来进行推销。这样的营销策略可能会使公司的品牌被显著突出，而这种情况往往对公司与互联网企业都有利。

（4）创立一个全新的网络品牌。

如果现有的传统品牌相对新媒介来说有消极含义或太过传统，那么公司就有必要建立一个全新的网络品牌。关于具体的品牌命名和设计方法可以参照“网络品牌的命名与设计”部分。

7.4.2 定价策略

传统营销是以企业成本+利润来定价的。在网络营销中，价格策略转化为以消费者为满足意愿付出的代价为基础来定价的，同时降低顾客的购买成本，产品和服务在研发时就要充分考虑顾客的购买力。顾客可以通过互联网提出愿意付出的成本，企业根据顾客的要求提供柔性的产品设计和生产方案供用户选择，直到顾客认同确认后再组织生产和销售。这种定价模式符合真正意义上的以顾客为中心的成本策略。

1. 影响定价的因素

影响企业定价的因素主要包括成本、供求、竞争等[14]。

1）成本因素

成本是营销产品价格的最低界限，产品的成本是由产品在生产过程和流通过程中耗费的物质资料和支付的劳动报酬所形成的。那些正在进行网上销售的企业在降低边际成本方面具有经济优势，这一优势使得企业得以吸引更多的客户。表 7.4 列出了传统交易与网上交易的成本比较。

表 7.4 传统交易与网上交易的成本比较

传 统 方 式	平 均 数 额	互联网方式	平 均 数 额
电话交易成本再加上相关的客户服务费用	5.00	网上自动交易成本	0.01
银行交易成本	1.07	网上银行交易成本	0.01
机票交易成本	8.00	网上机票交易成本	1.00

2）供求因素

市场供求影响企业产品定价，而供求又受价格和收入的影响。因价格与收入等因素而引起的需求的相应变动率称为需求弹性。不同产品的需求弹性是不一样的，总之，当商品供小于求时，企业产品的营销价格可能会高一些，反之，则可能低一些；在供求基本一致时，商品的售价为买卖双方能够接受的“均衡价格”。

3）竞争因素

不同企业之间生产同类产品的相互替代性，使得竞争者的产品质量和价格对本企业的产品销售有所影响。因此企业就必须采用适当方式了解竞争者所提供的同种产品的质量和价格，并及时调整自己的产品价格及销售方式。比较一下《史蒂夫• 乔布斯传》在当当网和亚马逊上的价格（见图 7.16）。

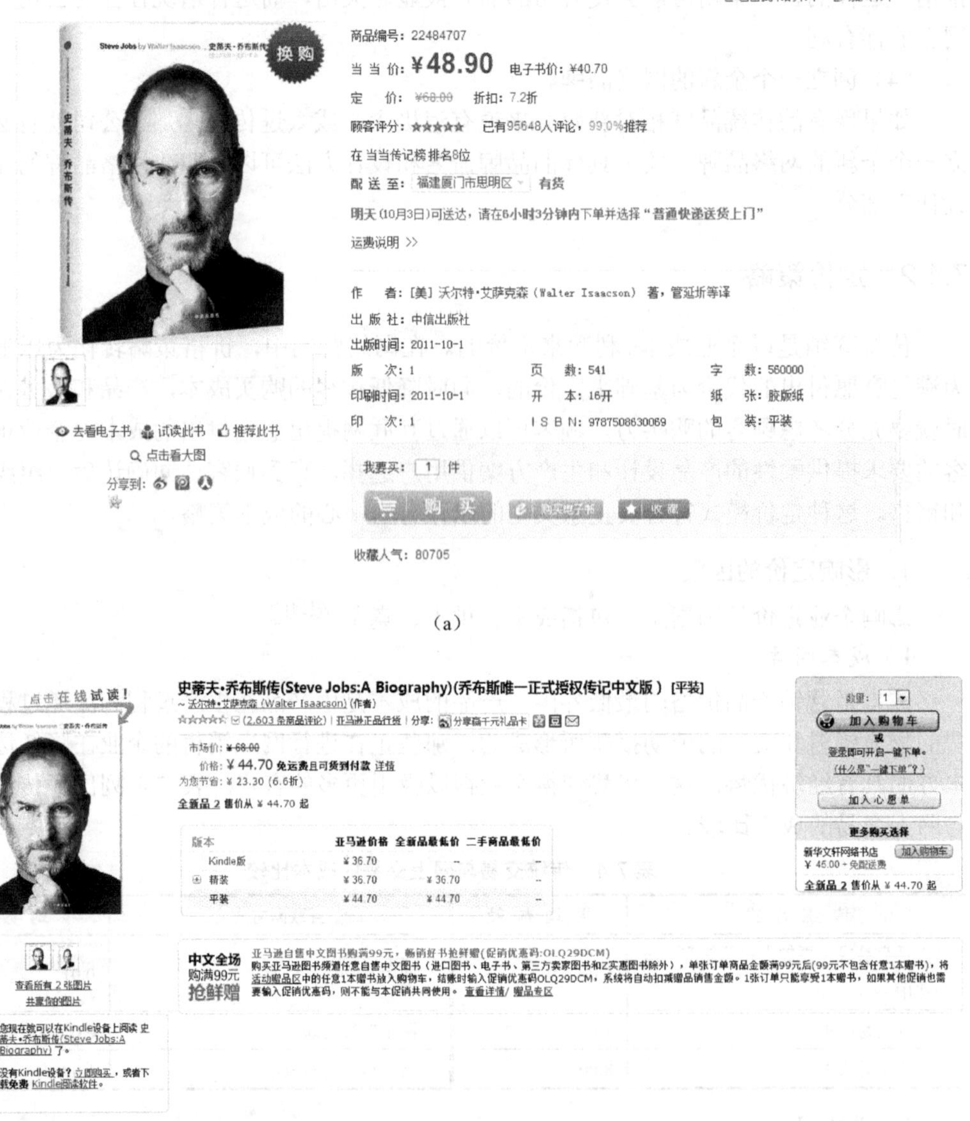

图 7.16 《史蒂夫• 乔布斯传》在当当网和亚马逊上的价格

2. 个性定价策略

网络营销的互动性使企业可以为顾客提供个性化的定制服务，即消费者对产品的外观、颜色、附件提出个性化的需求，企业按订单进行生产。这时企业提供了高附加值的服务，可实行较高价格的个性化商品定价策略。

个性化定制生产分为两类：一类是面对工业市场的定制生产；另一类是满足消费者个性化要求的生产，利用网络技术软件，帮助消费者选择配置或自行设计能满足自己需求的个性化产品，同时承担自己愿意付出的价格。顾客可以通过其网页了解本型号产品的基本配置和基本功能，根据实际需要和能承担的价格，配制出自己最满意的产品，然后下订单。

3．网络促销定价策略

（1）免费。

Avira（小红伞）杀毒软件将其一部分防护功能整合成免费版无偿地提供给用户，以此来建立客户对网景产品的忠诚度，目的是为了随后向大量的用户出售它的服务器软件。

（2）折扣。

亚马逊书店将网络信息传递所节省的费用，通过折扣的形式转移到顾客身上，使顾客充分领略到现代交易方法的优越性，也使自己的书店成为世界上图书销售量最大的无国界的书店。

4．拍卖竞价策略

网上拍卖竞价主要有竞价拍卖、竞价拍买、团购价三种方式。竞价拍卖主要用在C2C的交易中，包括二手货、收藏品，也可以是普通商品以拍卖的形式进行出售等。竞价拍买是竞价拍卖的反向过程，消费者提出一个价格范围，求购某一商品，由商家出价，出价可以是公开的或隐蔽的，消费者将与出价最低或最接近的卖家成交。团购价主要用于多个消费者结合起来向批发商（或生产商）以数量换价格优惠。由于网络为团购行为提供了实现的可能性，现在很多人非常乐于在网上进行团购，大到家居装潢材料，小到生活用品。

5．免费定价策略

免费定价策略是最有效的市场占领手段。免费策略有三种形式：一类是产品和服务完全免费，即产品（服务）从购买、使用和售后服务所有环节都实行免费服务，如免费的信息报道、免费的软件下载、免费的电子邮箱、个人主页空间、贺卡等；另一类对产品和服务实行限制性免费，即产品或服务可以被有限次使用，超过一定期限或次数后则取消免费服务，如一些杀毒软件有免费使用日期，鼓励大家下载使用；第三类是对产品和服务实行部分免费，如著名研究公司——艾瑞咨询的网站公布部分研究成果，如果要获取全部成果必须付款；第四类是对产品和服务实行捆绑式免费。

目前企业在网络营销中采用免费策略一个目的是先占领市场，目的达到后，再开设收费项目。另一个目的是想发掘后续商业价值，它是从战略发展的需要来制定价格策略的，主要目的是先占领市场，然后在市场上获取收益。免费策略还可以获得资本市场对公司的认可和支持，因为资本市场更看好其未来的增长潜力，而它的免费策略恰好占领了未来市场。

除上述定价策略外，网络营销定价策略还包括低价定价策略、使用次数定价策略、声誉定价策略、品牌定价策略等。

7.4.3　渠道策略

美国市场营销学权威菲利普·科特勒定义营销渠道为："某种货物或劳务从生产者向消费者移动时，取得这种货物或劳务所有权或帮助转移其所有权的所有企业或个人。"[15]简单地说，营销渠道就是商品和服务从生产者向消费者转移过程的具体通道或路径。与传统营销渠道一样，以互联网为支撑的网络营销渠道也应具备传统营销渠道的功能。

1. 传统营销渠道

传统营销渠道按照有无中间商可以分为直接销售渠道和间接销售渠道。直接销售渠道：一般是指依照生产商规定经批准采取直销方式销售产品的销售方式，如戴尔、安利等；另外一种就是生产商不从事下游销售活动，在某个区域指定一家直销单位，且不增加二级销售商的行为，也可理解为直销渠道方式。间接销售渠道：生产者与消费者之间存在中间商，根据中间商数量的多少，又可分为一级、二级、三级，甚至更多级的分销渠道。传统营销渠道的结构[16]如图 7.17 所示。

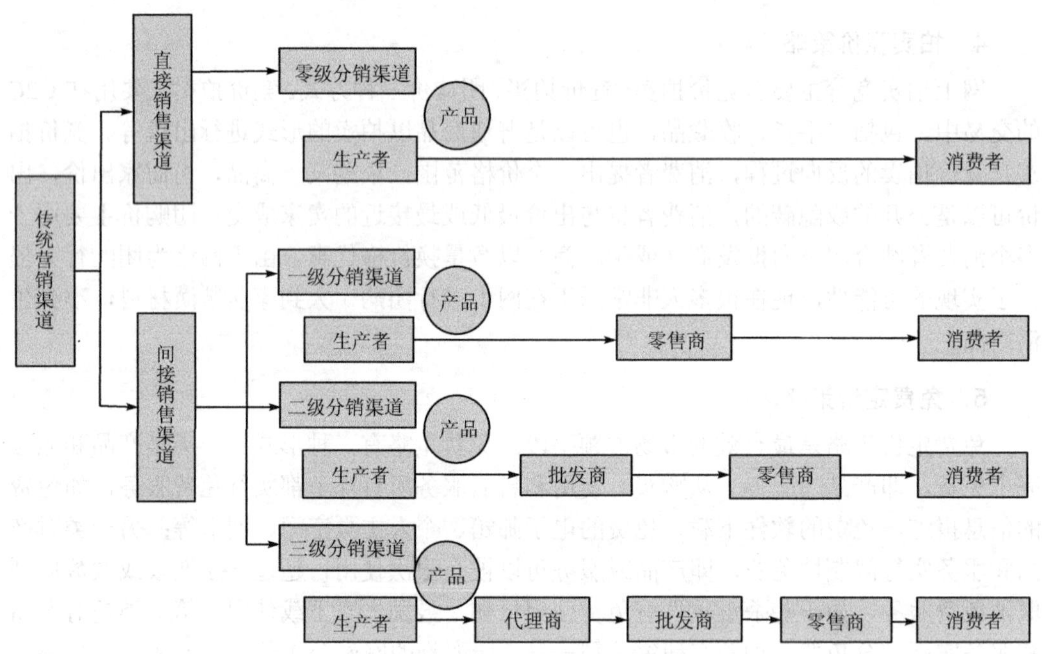

资料来源：李琪，孔伟成，陈水芬. 网络营销学. 重庆：重庆大学出版社，2004.

图 7.17　传统营销渠道的结构

2. 网络营销渠道

相对于传统的营销渠道，网络营销渠道也可分为直接销售渠道和间接销售渠道，但其结构要简单得多。网络的直接销售渠道和传统的直接销售渠道一样，都是零级分销渠道，这一点没有大的差别。重要的是间接销售渠道，电子商务的网络营销中仅有一级分销渠道，即只存在一个信息中介商沟通买卖双方的信息，而不存在多个批发商和零售商，因此也就不存在多级分销渠道。网络营销渠道的结构[16]如图 7.18 所示。

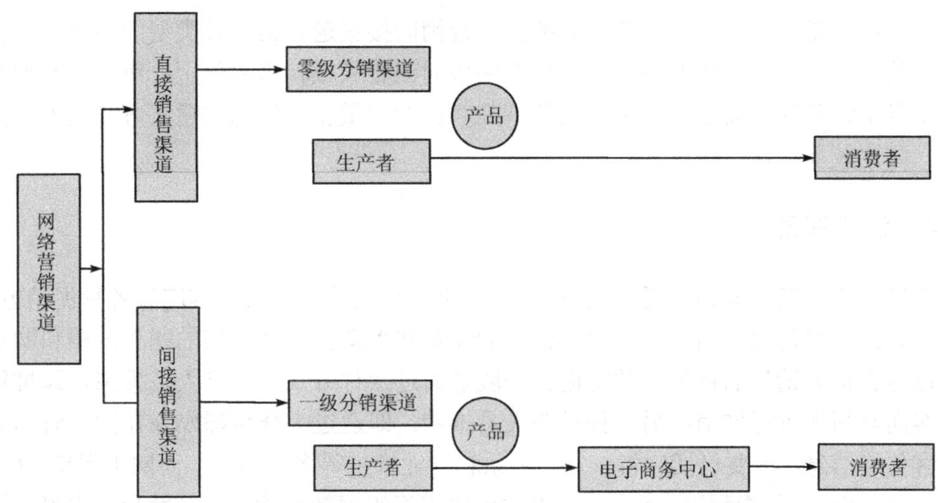

资料来源：李琪，孔伟成，陈水芬. 网络营销学. 重庆：重庆大学出版社，2004.

图 7.18 网络营销渠道的结构

3. 网络直销渠道

网络直销情况下生产企业可以通过建立网络营销站点，顾客可以直接从网站进行订货，并通过网站直接提供支付结算功能。网上直销减少了流通环节，有效降低了成本；生产者可以通过网上营销渠道为客户直接提供售后服务和技术支持等。

1）网络直销的优势

与传统营销渠道相比，网络直销渠道有很多更有竞争优势的地方。

（1）利用互联网的交互特性，网络营销渠道为双向直接信息沟通方式，增强了生产者与消费者之间的直接联系。

（2）网络直销渠道可以提供更加便捷和相关的服务。

（3）网络直销渠道可以大大减少过去传统分销渠道中的流通环节，有效降低了成本。

2）网上支付

由于互联网的发展，传统交易中的以现金为主要支付手段的方式发生了重大变革。网络交易和付款通常是在网上完成的，付款时可以用网上支付系统来完成。

3）物流管理与控制

为配合网络直销的顺利实施，公司需要自身构建或利用外包来建立基于互联网技术的现代网络系统，主要有以下一些特点：① 顾客直接驱动；② 全面服务性；③ 可跟踪性。

4. 网络营销间接渠道

网络营销间接渠道指网络中间商，他们在企业产品或服务销售过程中为提供各种服务起到了一定促进作用。这些中间商由于在市场信息、规模、技术、知名度等方面的优势，能更有效地帮助单个企业实现销售，他们与企业是一种专业分工与合作的关系，承担着收集信息、促销宣传、关联营销、结算支付等职能。

网络营销间接渠道主要包含两种类型：一是以商品或服务经销商为中介的网络营销

间接渠道；二是以信息中介商为中介的网络营销间接渠道。第一种类型的中介商与传统渠道中的中介商一样，起着将产品由生产领域向消费领域转移的作用；第二种类型的中介商本身不经营任何商品和服务，仅凭借其掌握的大量相关信息沟通买方和卖方之间的交易，如比较购物代理等。

7.4.4　促销策略

促销策略是指企业如何通过人员推销、广告、公共关系和营业推广等各种促销方式，向消费者或用户传递产品信息，引起他们的注意和兴趣，激发他们的购买欲望和购买行为，以达到扩大销售的目的。传统促销一般是通过两种方式：一是人员推销，即推销员和顾客面对面地进行推销；另一种是非人员推销，即通过大众传播媒介在同一时间向大量顾客传递信息，主要包括广告、公共关系和营业推广等多种方式。而网上促销（Cyber Sales Promotion）是指利用 Internet 等电子手段来组织促销活动，以辅助和促进消费者对商品或服务的购买和使用。根据促销对象的不同，网上促销策略可分为：消费者促销、中间商促销和零售商促销等。本章主要介绍针对消费者的网上促销策略。

7.5　网络营销的手段

7.5.1　网络市场细分

Internet 的出现，不仅为人们创造了一种全新的媒介，而且使 Internet 本身也逐渐成为了一个生机勃勃的国际市场。在这个市场中，消费者是身处各地的网民，而商家就是众多的基于 Internet 的网站。实体产品、数字产品、数字化产品、信息、服务等都作为商品在网上被广泛交易。在 Internet 上，传统市场的地理区位阻隔变得模糊甚至消失，任何企业都是一个真正意义上的跨国企业。在全球范围内，只要有网络存在的地方，企业就可以直接与客户进行各种商务活动，增加了营销机会。

网络营销市场细分，或称网络市场细分，是指企业在市场调查的基础上，根据网络消费者的购买意愿、动机及产品偏好等的差异性，把网络市场划分成不同类型的子市场的过程。这样，每个消费者群体就构成了一个细分市场，每个细分市场都是由需求和愿望大体相同的消费者构成的，不同的细分市场之间则存在着显著的差异性。例如，“美丽说”是一个受众为时尚女性的购物分享社区；“红孩子”是专门针对母婴市场应运而生的一个购物网站。

1. 网络市场细分的原则

网络市场细分要根据一定的原则进行划分，并不是盲目地对网络市场中消费者做简单分类。一般来说，细分原则主要有以下几个。

（1）可衡量性：该原则要求细分市场能够清楚地反映消费者需求的差异性，并且细分市场的范围、容量和发展潜力等都能够定量地加以说明。

（2）可赢利性：是指企业划分的网络细分市场的规模、发展潜力、购买力等都应该足够大，保证企业进入该细分市场后能够带来经济利益。

（3）适度性：网络营销细分市场不是越细越好，如果细分市场过小，就很难稳定地追求长期的网络营销目标，同时增大了企业的成本和费用，规模效益不明显。因此，企业要把握好市场细分的尺度，避免细分市场数目过多，产生不必要的费用。

（4）相对稳定性：细分后的市场要能保证企业能够长期稳定地经营，避免市场过快带来风险和损失，能够保证企业取得长期、稳定的利润。

2. 网络市场细分的标准

正确地细分网络市场不仅能为企业带来长期稳定的利润，而且能够通过细分市场了解消费者的行为，为企业占领新的细分市场打下坚实的基础。目前，细分网络市场主要根据以下几个标准，在实际细分时可以按照其中一个标准，也可以将几个标准结合起来使用。

（1）产品。产品是指企业应结合网络的特点和消费者的购买行为分析什么样的产品可以在 Internet 上销售。例如，可以对某企业根据其产品知识含量高低、是否是知名品牌、消费者是否熟知等特点将企业在网络上的市场细分，针对每个细分市场制定详细的营销策略。

（2）人口统计学特征。该标准是按照网络市场中产品消费对象的人口统计学特征对市场进行细分，包括性别、年龄、收入、职业、教育、家庭、种族、宗教信仰等。根据网络市场消费者的人口统计学特征进行市场细分是企业采用最多的一种划分标准。

（3）消费者的心理。该标准是指以网络消费者的心理特征及个性为标准来进行市场细分，主要有生活方式、消费者的性格与气质、对品牌的偏好程度及自身能力等几种划分标准。

（4）消费者的购买行为。是指根据网络消费者的购买行为习惯对网络市场进行细分，如消费者的购买时间、地点、频率、数量和支付习惯等，都会给企业启示，帮助企业创造有利的机会赢得更多的细分市场。

网络市场细分是一项创造性很强的工作，企业必须对此给予足够的重视，注意其带来的实际价值。同时，企业在划分市场时，应结合网络市场虚拟环境的特点进行细分，与传统市场的细分对比分析，从而做出正确的市场细分，选择适当的细分市场作为目标市场，并依此拟定本企业最佳的网络营销方案和策略。

7.5.2 电子邮件营销

在互联网时代，电子邮件不仅作为一种个人交流工具，也与企业的经营活动密不可分。因此，电子邮件也是有效的网络营销信息传递工具之一，在网络营销中发挥着重要的作用。

电子邮件营销（E-mail 营销）是在用户事先许可的前提下，通过电子邮件的方式向目标用户传递有价值信息的一种网络营销手段。电子邮件营销有三个基本因素：基于用户许可、通过电子邮件传递信息、信息对用户是有价值的。三个因素缺一不可，缺少任何一个都不能称之为有效的电子邮件营销[17]。

按照电子邮件是否经过用户许可可以将电子邮件营销分为许可 E-mail 营销

（Permission E-mail Marketing，PEM）和未经许可 E-mail 营销（Unsolicited Commercial E-mail，UCE），后者也就是通常所说的垃圾邮件（Spam）。

可见，电子邮件营销并不是平常在邮箱里经常见到的垃圾邮件，一般来讲，企业进行正确的电子邮件营销需要注意以下两个方面的内容，这样才能增强电子营销的效果。

1）许可 E-mail 营销

许可营销是实施电子营销最重要的一个环节。没有被用户许可的电子邮件是会令他们反感的。许可营销是指向那些询问过某个专题或特定产品信息的人发送电子邮件的营销方式。而向明确表示过愿意接受某种产品或服务的促销信息的顾客发送特定信息，这种方式的效果要比通过大众流媒体发送一般性促销信息的营销策略好得多。

由于垃圾邮件的充斥，消费者厌烦了那些他们不想要的邮件。因此，企业如果是在做征得消费者允许的 E-mail 营销，那将会使它在竞争中获益。如果消费者对企业所提供的产品或服务满意，那么就会增进对该企业的信任并愿意接受以后所提供的各种服务，消费者在不知不觉中就成了企业的忠实顾客。

2）内容合并与广告

E-mail 营销是一种营销手段，也是一种传递企业信息的工具，因此，可以将企业宣传的产品信息和广告信息合并起来。向企业各个细分市场中的消费者发送特定的电子邮件，不仅提高了电子邮件的接收率，也提高了网站的关注率。目前，大多数企业传送内容的一个办法是在电子邮件里加上链接，将客户引导到公司网站的相关内容区域里。在客户查看网站上的页面内容时，公司就有可能留住客户并引导采购。

由此，可以看出电子邮件营销相对于传统的营销方式有许多突出的优点。譬如，成本较低，在传统的直邮或宣传中，打印、邮寄的费用很高，并且不一定会收到良好的宣传效果；提高网站的点击率，电子邮件营销比广告更具有针对性，在用户许可的前提下，顾客通过电子邮件中的链接到企业网站上查看信息的概率要比通过广告大得多；内容形式的多样性，电子邮件依附于 Internet，因此，可以在电子邮件中插入音频、视频资料，引起顾客的兴趣，增加其关注度；答复率高，与普通的直接邮寄相比，顾客通过电子邮件对企业做出答复的概率要高得多。

7.5.3 网络广告

网络广告又称作在线广告、互联网广告等，它是指利用 Internet 作为广告媒体，以数字代码作为载体，将企业的宣传信息通过网络广泛传播的广告形式。企业在 Internet 上放置广告，使人们对其产品、服务或观念等产生认同和接受，并诱导人们的兴趣和行为，以达到推销产品和服务的目的。经过近十年的发展，网络广告在网络营销中已突显出其优势，具有信息传播的广泛性、非强迫性、互动性、感官性、灵活性和受众数量的可统计性等特点，并衍生出多种类型。

目前，常用的网络广告主要有以下几种类型[18]。

1. 旗帜型广告（Banner）

旗帜型广告又称横幅广告，是指企业在网站页面中分割出一定大小的界面，将广告以图片、动画等格式定位在页面中进行宣传。旗帜型广告可以分为非链接型和链接型两种。前者是指广告不与其宣传企业的主页相链接；后者是指浏览者可以通过点击广告进入企业网站的主页。旗帜型广告是所有广告形式中最常见的一种形式，它可以利用多种多样的艺术形式处理其效果，因此其影响和效果都是比较突出的。

2．按钮广告（Button）

按钮广告是在 Internet 上出现得最早的广告形式之一。它是以按钮形式定位在网页中的，比旗帜型广告的尺寸略小，通常是企业的标志或一般的图形，浏览者可以点击它链接到企业的网站上。由于按钮广告只是图片形式的，并且要求浏览者主动点击才能进入企业主页，因此具有一定的被动性和局限性。

3．浮动广告（Mobile）

为了改变早期网络广告的呆板性，一种可以在屏幕上不断移动的小幅图片文字广告出现了，它被称为浮动广告或游动广告。这种形式的广告既不会固定地占用网页版面，又能够吸引浏览者的注意力。一般地来说浮动广告都会加上链接，当浏览者点击它时，即可进入企业的网站主页。

4．弹出式广告（Interstitial Ads）

弹出式广告是指浏览者在打开某个网页时，自动出现的用于展现广告的新的浏览器视窗。这种视窗可大可小，并且可以运用多种多样的形式来展现广告，如文字、图片、动画等。

5．主页式广告（Homepage）

主页式广告是指企业将产品或服务信息放置在自己的网站上，详细地介绍企业的相关信息、产品信息、联系信息等，从而让消费者能够更全面地了解企业及企业的产品和服务。

6．巨型广告（Huge）

巨型广告是在广告尺寸加大和动态互动效果加深的情况下出现的，它一般能达到旗帜型广告面积的 4 倍左右，并多采用 Flash 动画的形式。巨型广告一般出现在产品新闻或热点内容的页面，紧密与新闻或信息结合，使访客在浏览自己感兴趣内容的过程中体会广告的含义，接受广告传达的信息。

7．植入式广告（Product Placement）

植入式广告，是指将产品或品牌及其代表性的视觉符号甚至服务内容策略性融入电影、电视剧或电视节目的内容之中，通过场景的再现，让观众在不知不觉中留下对产品及品牌的印象，继而达到营销产品的目的。目前，在网络上比较常见的是网络游戏中的植入式广告。

7.5.4 社交网络营销

互联网时代，随着社交网站（Social Network Site，SNS）的迅速崛起，社交网络营销战略已经成为企业网络营销战略的一个重要组成部分。社交网络营销是指企业借助某些社交媒体，通过信息的发布与分享、与消费者的互动等活动对企业品牌或产品进行广泛宣传的一种网络营销手段。与其他网络营销工具相比，社交网络营销具有以下几点优势。

（1）社交网络营销能够满足企业不同的营销策略。

社交网站的最大特点就是能够充分展示人与人之间的互动，而这恰恰是一切营销的基础。作为一个不断创新和发展的营销模式，越来越多的企业尝试着在社交网站上开展各种营销活动，如线上游戏中的产品植入、市场调研或病毒营销等，都可以在这里实现。

（2）社交网络营销能够有效降低企业的营销成本。

社交网络营销传播的主要媒介是用户，主要方式是“众口相传”，因此与传统广告形式相比，无须大量的广告投入，因为用户的参与、分享与互动，消费者很容易加深对一个品牌和产品的认知，进而形成深刻的印象，对企业来说形成了好的宣传效果。

（3）社交网络营销能够实现目标用户的精准营销。

社交网络营销中的用户通常都是认识的朋友，用户注册的数据相对来说都是较真实的，企业在开展网络营销的时候可以很容易地对目标受众按照地域、收入状况等进行筛选，来选择哪些是自己的用户，从而有针对性地与这些用户进行宣传和互动，实现目标用户的精准营销。

（4）社交网络营销真正符合网络用户需求。

社交网络营销模式的迅速发展恰恰是因为它符合了网络用户的真实需求，用户可以参与、分享和互动，它代表了现在网络用户的特点，也符合网络营销发展的新趋势，没有任何一个媒体能够把人与人之间的关系拉得如此紧密。只有符合网络用户需求的营销模式才能在网络营销中帮助企业发挥更大的作用。

社交网络营销的核心是关系营销，其重点在于建立新关系、巩固老关系。社交网络营销不是直接销售商品，而是与消费者互动，进而影响他们的购买行为。从目前来看，根据社交网站类型的不同，企业利用社交网络进行营销活动主要可以分为以下几种形式。

1. 博客营销

博客（Blog）营销即利用博客进行营销，企业利用博客物以类聚、信息共享、互动自主等特性，将企业的经营理念、产品、服务等信息在该载体上进行推广与宣传，达到营销的目的。

博客营销不直接推销产品，而是通过影响消费者的思想来影响其购买行为。目前，企业利用博客主要有两种方式。

（1）利用第三方博客平台或企业自身的网站建立企业的博客。

这是企业进行网络营销最常用的一种方式。在选择博客平台时，企业应选择访问量比较大、知名度较高的博客网站来建立其博客，也可以同时在几个不同的博客网站建立企业的博客。建立合适的博客环境，坚持博客写作。

与其他的营销活动一样，企业也应对博客营销的效果进行评估，及时针对问题不断完善博客营销计划，让博客营销在企业营销战略体系中发挥应有的作用。

（2）利用有影响的个人博客来进行网络营销。

企业也可以通过有影响力的博客来进行网络营销。个人博客可以从客观的角度对自己钟爱的产品进行推广。同时，利用个人博客对企业的产品做营销，可以从一个消费者的角度对产品的品质、实用性、适用性等方面进行评价，产生“口碑效应”，这样可以使产品更容易获得更多客户的认同。一般来讲，利用个人博客进行营销主要有以下三种方式。① 直接在名人的博客上投放广告。名人的博客一直以来就吸引大量的网民，在名人的博客上对企业的产品进行宣传，会提高其营销效果。因此，选择名人博客成为目前网络营销的主要方式之一。② 利用草根博客进行宣传。草根博客是相对于名人博客而言的，是指出身草根的网民撰写的博客，草根性质决定了其博客不可能是广受关注的事件，而更多地倾向于个人思想、行为、喜好和轶事。③ 传播博客话题广告。博客中的这类话题广告是一种独特的付费型的带有评论性的广告，一般由企业自己或通过第三方中介机构提供话题给博客网络运营商，博客主可以自由选择企业所提供的产品或服务的话题，并将自己对话题的认识和理解通过博客传播给其他人。

2. 微博营销

微博，即微博客（MicroBlog）的简称，是一个基于用户关系信息分享、传播及获取的平台，是一个继博客之后的全新信息平台。用户可以通过 Web、Wap 等各种客户端组建个人社区，以 140 字左右的文字更新信息，并实现即时分享。微博营销是指通过微博平台为商家、个人等创造价值而执行的一种营销方式。

微博营销具有以下特点。

（1）立体化。微博营销可以借助先进的多媒体技术手段，从文字、图片、视频等表现形式对产品进行描述，从而使潜在消费者更形象直接地接收信息。

（2）高速传播性。一条关注度较高的微博在互联网及与之关联的手机 Wap 平台上发出后，短时间内的互动性转发就可以抵达微博世界的每一个角落，达到短时间内最多的目击人数。

（3）便捷性与低成本。微博营销中，发布信息的主体无须经过繁复的行政审批，从而节约了大量的时间和运作成本。

（4）传播的范围更广、受众更多。

企业利用微博能够轻而易举地拉近与市场的距离，向粉丝推送最新消息；通过发布微博，无须刻意就能制造与企业相关的热点话题。在微博营销中，企业常用的策略主要包括以下几个方面。

（1）内容营销。企业通过发布有实质性内容、值得读的微博，与用户达成情感上的共鸣，利用微博的高速传播性快速地在网络上传播企业的信息。

（2）意见领袖营销。在诸如美食、旅游、体育、女性等领域掌握有强大话语权的意见领袖们的作用也是不容小觑的，与其让企业“王婆卖瓜，自卖自夸”，还不如引导意见领袖们去讨论、传播产品，这样会吸引那些数以万计的围观粉丝的主动关注。

（3）活动营销。在微博上不定期地举办抽奖、免费或促销的消息，对消费者来说具有强大的吸引力，通过这种力量，消息也会迅速地传播。

（4）情感营销。企业不但可以以企业名称进驻微博，企业的领导者也可以以个人名义进驻微博，在微博中展示自己的生活、对事件的看法，调动用户的评论，走进用户的内心，用情感连接企业的品牌。

企业常用的微博策略如图 7.19 所示。

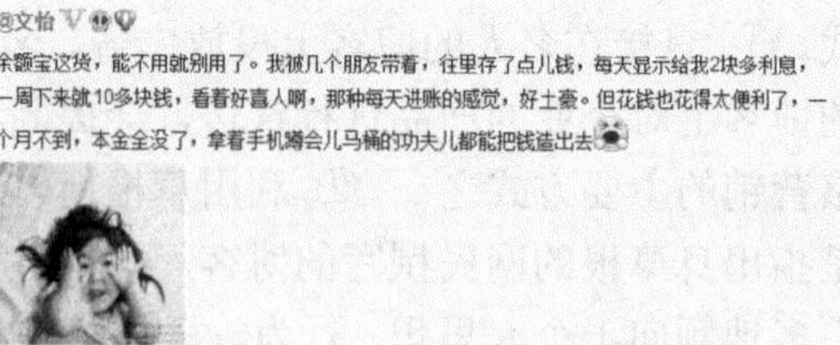

图 7.19　企业常用的微博策略

3．微信营销

随着智能手机、平板电脑的普及、3G 网络的覆盖、Wi-Fi 热点的增加，微信的强势来袭与普及为人们的沟通方式带来了一个全新的变革。现在，已经有越来越多的企业开始关注微信给企业营销带来的商业价值。例如，招商银行通过建立公众账号为消费者服务，其微信的自助和互动服务能为招行信用卡中心一年节省大概 3000 万元的费用。

微信营销是移动互联网时代企业营销模式的一种创新，是伴随着微信技术的发展而产生的一种营销方式。微信不存在距离限制，企业可以通过向消费者提供所需信息来推广自己的产品，进行点对点的营销。从目前来看，企业主要从以下几个方面进行微信营销活动。①微信会员卡。这是微信营销最直接的方式，通过提供虚拟会员卡，凭此享受到众多优惠特权。此后，用户不必携带实体会员卡，也能第一时间得知商家信息并享受特权，如聚美优品推出的黑钻卡。②消息推送。企业基于后台的用户分组和地域控制，实现精准的消息推送。③微信直销。一些银行、保险公司等通过微信服务平台为消费者提供咨询业务、查询业务及购买商品等服务，如平安微信平台直销车险等。

微信营销举例如图 7.20 所示。

4．实名制社交网站营销

实名制社交网站营销就是利用实名制社交网站的分享和共享功能，在六维理论的基础上实现的一种营销。通过病毒式传播的手段，让企业的产品被更多消费者知道。Facebook 是目前运营最成功的实名制社交网站，在中国，开心网、人人网曾是实名制社交网站的杰出代表，但随着微博和微信的兴起，中国的实名制社交网站呈现出了衰退的趋势。

图 7.20 微信营销举例

纵观国内外实名制社交网站的营销手段，可以总结出：对于此类网络营销，企业主要采用以下几种手段进行宣传。

（1）建立企业主页。企业在实名制社交网站建立自己的主页，可以发布一些企业消息，并对其进行维护，以增进与客户之间的友好度，提升品牌忠诚度。例如，朵唯在人人网开辟了它的主页（见图 7.21），并获得了 5000 多名的关注者。

图 7.21 朵唯在人人网的公共主页

（2）植入性广告。企业在游戏中嵌入产品的广告，让用户在玩游戏的过程中不知不觉地了解了企业想要宣传的某件产品。例如，“悦活”曾在开心网中植入广告（见图 7.22），消费者在游戏中增加了对“悦活”品牌的好感，从而间接增加了其销量。

图 7.22　悦活在开心网的植入性广告

（3）页面展示广告。企业可以在网站的页面上买入自己的广告位置，并展示产品的广告。例如，图 7.23 是人人网的页面截图，可以看到右下角有一项寒假国际交流课程的广告。

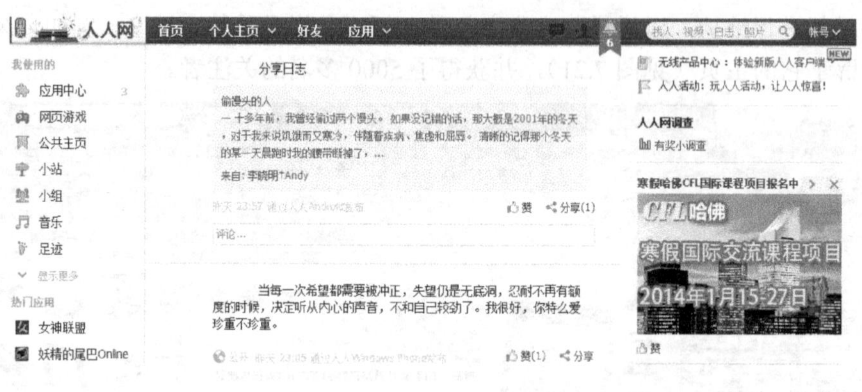

图 7.23　人人网中的页面展示广告

（4）发送站内信。企业一方面向人人用户发出自己空间的最新动态，让用户即时登录页面去查看，增强了用户对企业主页的关注度，同时也增强了与用户的互动性。另一方面，通过邮件向用户发送活动邮件，让更多的人了解并参与活动，以熟人推荐方式，增强了品牌的信任度，使它的传播呈网状发散结构向外扩张，增强了口碑传播效应。

7.5.5　搜索引擎营销

前面讨论过，网络消费者在做出购买决策之前，需要搜集大量的信息，而各个企业则希望在这个阶段能够锁定目标客户、留住客户，于是就出现了搜索引擎营销这种营销方式。搜索引擎是能够为网民提供信息检索服务，将 Internet 上的信息进行归类以帮助人们寻找自己所需要信息的一类网站。较为著名的搜索引擎包括 Google、百度、雅虎等。

而搜索引擎营销（Search Engine Marketing，SEM）则根据人们使用搜索引擎的方式，利用其搜集信息的机会将企业的营销信息尽可能地传递给目标顾客。如图 7.24 所示，以“LED”为关键字在百度中进行搜索，搜索页面的上端和右端则是一些企业的推广链接。

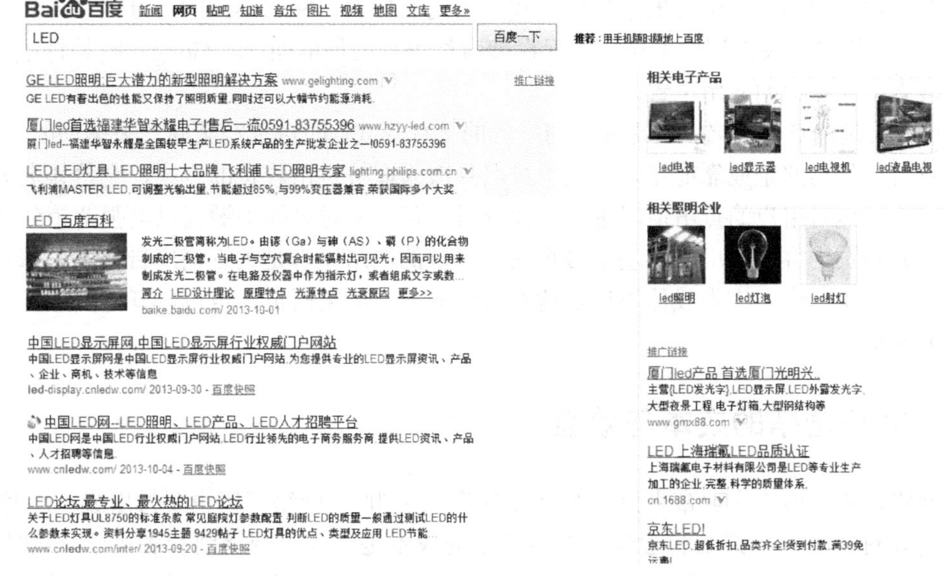

图 7.24　百度搜索“LED”结果页面

人们在搜索所需要的网站时，如何能让他们在不需要记住冗长的网址的情况下，轻松地找到某个企业的网站，这时搜索引擎最大的优势——主动搜索的信息传递方式便突显出来，利用搜索引擎成为每个企业不二的选择。客户若能通过 Internet 快捷地找到所需的企业网站，就可能成为该企业的交易对象，这样，企业就能够通过网络获得大量的新客户。因此，搜索引擎营销越来越受到企业的重视。

目前，搜索引擎营销的常见方式有以下几种[20]。

（1）免费登录分类目录。这是最传统的网站推广手段。目前多数搜索引擎都已开始收费，只有少数搜索引擎可以免费登录。但由于网站访问量主要来源于少数几个较大的搜索引擎，登录这些免费的搜索引擎对于网络营销来说也没有太大的意义。搜索引擎的发展趋势表明，免费搜索引擎登录的方式已经逐步退出了网络营销舞台。

（2）付费登录分类目录。与原有的免费登录分类目录相似，仅仅是当企业向网站缴纳费用之后才可以获得被收录的资格。一些搜索引擎提供的固定排名服务也是在收费登录的基础上开展的。此类搜索引擎营销与网站设计本身没有太大关系，主要取决于费用，只要缴费，一般情况下就可以登录，但这种付费登录搜索引擎的效果也存在日益减弱的问题。

（3）搜索引擎优化（Search Engine Optimization，SEO）。即通过对网站栏目结构和网站内容等基本要素的优化设计，提高网站对搜索引擎的友好性，使网站尽可能多的网页被搜索引擎收录，并且在搜索结果中获得好的排名效果，从而通过搜索引擎的自然检索获得尽可能多的潜在客户，利用较大的技术型搜索引擎进行推广，当新网站建成发布后，通常不需要自己登录搜索引擎，而是通过其他已经被搜索引擎收录的网站链接自动发现网站。

（4）付费关键词广告。付费关键词广告是付费搜索引擎营销的主要模式之一，也是目前搜索引擎营销方法中发展最快的模式。不同的搜索引擎有不同的关键词广告显示。例如，百度将付费关键词检索结果出现在搜索结果列表最前面，而 Google 则是将结果排列在搜索结果页面的专用位置。

（5）关键词竞价排名。这是关键词广告的一种形式，即对于购买同一关键词的企业，网站将付费最高的企业靠前排名。竞价排名一般采取按点击收费的方式，竞价排名方式也可以方便地对用户的点击情况进行统计分析，可以随时更换关键词以增强营销效果。

（6）网页内容定位广告。基于网页内容定位的网络广告是关键词广告搜索引擎营销模式的进一步延伸。广告载体不仅是搜索引擎的搜索结果网页，也可以延伸到服务合作伙伴的网页上。

7.6 网络营销的成本与效益

网络营销能够给企业带来巨大的经济效益，但同时，网络营销也要付出成本。因此，企业需要对成本进行控制和管理。网络营销的成本是企业和网络消费者用于软/硬件配置、学习和使用、信息获取、网上交付、信息安全、物流配送、售后服务及商品在生产和流通过程中所需的费用总和。而网络营销的效益是指企业和网络消费者在网络营销中获得的成本降低、提高效率、树立了企业品牌、扩大市场份额等有形和无形的收益。本节将从企业和消费者两个角度对网络营销进行成本效益分析。

7.6.1 企业的成本效益分析

1. 企业网络营销的成本分析

1）网络化建设成本

企业进行网络营销，需对网络化建设投入大量的精力。网络设备及相关软件成本是网络化建设的重要成本之一。网络营销离不开计算机及计算机网络和各种软件的支持。因此硬件设备的购置和安装费用、网络服务软件成本、域名的注册费、空间租用费、网页设计费等都是企业必须投入的成本。而网络维护成本是网络化建设的主要成本。企业一旦建立并运行网络系统，与之配套的服务和相关费用也就随之而来，并将伴随企业网络营销的整个过程。

2）网站推广成本

网站推广的目的是提高企业网站的访问量，以完成网络营销目标。网站推广的成本一般包括在主要搜索引擎注册、网络广告的发布、在其他网站做链接，以及在电视、报刊等传统媒体中做广告等所花费的资金。因此，企业应利用各种手段推广网站，让更多的潜在消费者认识网站并成为客户。尽管与传统的企业产品广告相比网站推广成本比较低，但是其仍然占有企业营销成本的一部分，同样值得企业关注。

3）物流配送成本

物流配送是按网络消费者的订货要求通过物流公司完成将商品从企业到最终消费者的运送过程。通过物流配送，才能最终完成企业的物流活动，使交易最终完成。众所周知，企业的物流配送是要花费成本的。网络营销不是网上销售，尽管不涉及送货和支付过程，但是，网络营销是为企业经营的电子商务化服务的，因此，在制定网络营销策略时，也要将物流配送成本考虑进企业的成本中。例如，免费配送作为当当网的一项网络营销策略，网站目前免费为所有客户配送商品。

4）网络服务成本

网络营销在某种程度上改变了企业的组织结构，其客户服务部门需要投入额外的人力为网络消费者解决问题，如开通24小时在线服务、安装新的客户数据分析软件等。为顾客提供更贴心服务的同时也意味着增加了顾客服务成本，这些成本投入的根本目的是为了更好地服务于顾客，提高顾客忠诚度。

2. 企业网络营销的效益分析

1）成本的降低

成本的降低是网络营销为企业带来的最直接的效益。通过网络营销，企业大大缩减了销售机构和人员，节省了大量办公费用，提高了员工素质，树立了企业品牌，提高了效率，增强了企业的市场竞争力，增加了企业的销售额和利润。

2）促进企业的组织变革

网络营销需要企业对原有组织结构进行变革，招聘计算机网络的专业人员、建立网络部门、精简原有工作流程、调整原有组织部门等。这些工作不仅促进了企业的组织变革，也为企业信息化进程的加快贡献了力量。

3）拉近与顾客之间的关系

顾客关系对于开发顾客的长期价值具有至关重要的作用，以顾客关系为核心的营销方式成为企业创造和保持竞争优势的重要策略，网络营销为建立顾客关系、提高顾客满意和顾客忠诚提供了更为有效的手段，通过网络营销的交互性和良好的顾客服务手段，拉近顾客关系成为网络营销取得长期效果的必要条件。

4）帮助企业开拓市场

网络是开拓产品销售渠道成本最低的平台。在互联网时代，企业想在全国各地甚至国外招地区代理，已经不会像以前那样困难，不像以前那样高成本。通过网络营销，企业结识了更多的合作伙伴，产品的推广变得更容易。

7.6.2 消费者的成本效益分析

1. 消费者的成本分析

1）消费者付出的时间和精力

由于网络营销的特殊环境，要求消费者具备一定的计算机及网络知识、网络购物流程、安全支付的规则等，消费者需投入一定的时间和精力来学习。这些都可以看作消费者在企业的网络营销中所付出的成本。

2）浏览成本

对于消费者来说，企业的网络营销的效果之一就是能够吸引消费者浏览其网站、观看其广告等，只要企业达到了这样的目的，那么网络消费者则为此付出了网络使用费、通信费、添置相应硬件设备的费用等。

3）消费者承担的风险

风险成本是一种隐形成本，成本的形成是由一些不确定因素如计算机病毒、黑客攻击、网络信息安全问题、个人隐私问题等产生的。需要企业注意的是消费者对风险的感知影响着顾客网上交易的积极性。

2. 消费者的效益分析

1）产品选择的自由性增加及范围扩大

网络营销最大的特点在于以消费者为主导。消费者将拥有比过去更大的选择自由，他们可根据自己的个性特点和需求在全球范围内寻找产品，不受地域限制。通过进入感兴趣的企业网址或虚拟商店，消费者可获取产品的更多的相关信息，使购物更显个性。

2）简化购物流程

网络营销使传统购物过程中在售货点完成的短则几分钟、长则数个小时的购物过程变得简单。他们只需在家里比较各种同类产品的性能、价格，做出购买决定，用电子货币结算，即可坐等物流公司送货上门。

3）节省购物时间、精力、金钱

网络营销为消费者节省了为购买商品去购物场所的路途时间、购买后的返回时间及在购买地的逗留时间，使人们能在闲暇时间从事一些有益于身心的活动，并充分地享受生活。同时，网络营销能为企业节省巨额的促销和流通费用，使产品成本和价格的降低成为可能。而消费者则可在全球范围内寻找最优惠的价格，甚至可绕过中间商直接向生产者订货，因而能以更低的价格实现购买，节约了金钱。

本章小结

网络营销是建立在传统的营销理论基础上，借助联机网络、通信技术和数字交互式媒体，运用新的营销理念、新的营销模式、新的营销渠道和新的营销策略，为企业开拓市场、增加赢利的营销过程。网络营销是电子商务在营销过程中的运用，是电子商务应用中发展最快的领域之一。

网络营销战略是在现代营销理论的基础上，为了实现网络营销活动的目标，企业对销售产品或服务所用手段的组合。网络营销战略对企业的经营总战略起重要的支持作用。制定企业网络营销战略主要包括战略分析、战略目标设定、战略制定和战略实施四个步骤。

了解网上消费者的购买行为是制定良好的网络营销策略的基础。网上消费者的购买动机大体可以分为需求动机和心理动机两类。网络消费者的购买过程可以粗略地分为五个阶段：唤起需求、搜集信息、比较选择、购买决策、购后评价。影响网络消费者购买决策的因素主要有产品的特性和质量、网站的安全性、社会、文化、个人及心理等。

网络营销最重要的是根据消费者的需求及目标市场的特点制定营销策略。目前，网络营销策略主要有产品策略、定价策略、渠道策略和促销策略等。企业在进行网络营销时，可以使用一种或几种的组合来达到较好的营销效果。网络营销的途径也有很多，目前较为主流的手段主要包括网络市场细分、电子邮件营销、网络广告、社交网络营销、搜索引擎营销等。企业应根据自身的特点合理选择网络营销的手段。

网络营销能够给企业带来巨大的经济效益，但同时，网络营销也要付出成本。网络营销给企业和消费者分别带来了不同的成本和效益，在评估一个企业的网络营销效果时要区别对待。

问题与讨论

1. 什么是网络营销？它与传统营销有什么不同？网络营销是否可以完全代替传统营销？
2. 简述网上消费者的购物过程，并分析影响其购物的因素有哪些。
3. 简要说明如何制定一个企业的网络营销战略。
4. 论述网络营销的策略。
5. 尽管网络营销的出现削弱了中间商的作用，但是，中间商也不会完全退出营销渠道，那么，你认为什么样的中间商才能够在网络营销时代中生存呢？
6. 什么是E-mail营销？在其营销过程中需要注意什么？
7. 什么是网络广告？举例说明网络广告的形式。

案例：论坛讨论识别出的商机——TATA木门成功之秘

在TATA木门公司里有这样一个规定，作为TATA的员工，必须每天上网，这是他们的工作重点！而且这个规定伴随着TATA走过了11年的时间。员工在网上一搜索，基本就知道全国的TATA木门昨天产生了什么新闻，绿色而便捷。

现在对于TATA木门来说，网络营销的江湖地位，同行已难以超越。2008年年底至2009年年初在全国进行了20场签售活动，每到一处，当日创下的签单量几乎占据本市全年总签单量的40%，2009年年初和2010年5月9日的团购活动中全国总签单量均超过1万单。

回顾TATA木门整个网络营销历程，充满了艰辛。

1999年刚过春节，吴晨曦从老家安徽来到北京，因为找不到工作，只有拾起装饰的老本行，但他一直梦想着有一天可以进入IT业。2000年时，吴晨曦的TATA木门厂在石景山投产，规模很小，生存很艰难，但吴晨曦却花很多时间在网络论坛上，那时的他并没有意识到这些行为和TATA木门以后的发展会有什么关系。

2002年4月，TATA木门的专卖店来了一个客户，问五户一起订购能不能便宜一点。TATA木门的产品价格很高，一个普通的木门价格在3600~4200元左右，专卖店的店主做不了主，给吴晨曦打电话，吴晨曦答应给95折。结果这位客户订购后，仅留下几个奇怪的名字，销售部的人认为肯定是骗子，骗折扣的，吴晨曦看了那几个名字后，立马就意识到这是网名，就按照这个ID按图索骥地找到了“焦点网”，潜进去一看，大吃一惊，论坛上竟然有如此多的网友在讨论TATA木门，吴晨曦和同事说，这些人不是骗子，肯定还会回来的。

后来，这些订单都成交了，TATA木门步入了网络营销的轨道。关注TATA木门的人应该都知道，TATA木门开始的时候价格很高，定位是高端人群，因为一笔意外的生意，TATA彻底地改变了原有的风格，迎来了第一次成功。2002年8月的一天，吴晨曦在焦点网上搜索“TATA”的信息，发现在格林小镇的社区里有人在讨论TATA，而且“相当”热烈，其中有一个叫JENNY.Z的网友在TATA专卖店看到一款被他称为“巨美”的TATA木门，并把照片发了上来。吴晨曦一看是AC-002款，小镇的其他网友对这款门也好评如潮。

AC-002款恰巧是设计总监的得意之作，但销量不乐观。没想到在网上居然有这么多人看好它。此时，吴晨曦找到了根源问题：“我们的产品定位错误，买得起的人不喜欢，喜欢的人买不起！于是我和设计师一起连夜设计大约十款简约风格的产品，用3D作出效果图，通过JENNY.Z发到社区，当时就有几十户订购了。要知道，这在当时，可是TATA一个月的订购量！”

设计的改变为TATA带来了希望，整个公司都很兴奋，机会来了就要牢牢地抓住它！于是TATA用最快的速度做出了全部的简约风格样品，并快速地装到几个店面里。同时，大幅度地下调了木门的价格。但是当时由于产能问题，TATA迫于无奈停止了社区的集采，但也开始了TATA的装修论坛的网络宣传。

吴晨曦说：“我们注册了‘木门专家TATA’的ID，不停地写出TATA木门关于简约风格理解的文章，以及对成品木门知识的普及，这些帖子都被论坛置顶和加精了。”吴晨曦认为，在网络上，虽然大家仅靠一个ID相互沟通，但每一个ID的背后都是一个活生生的人，这个人无论是善良、真诚、守信、平和，还是虚伪、耍小聪明，都会随着时间的推移在网上展现无余，甚至发一个帖子就会被有经验的人认可或识破，因此，网络上只有用真诚的心来对待每一个人和每一件事，不耍任何“聪明”，才是做好BBS网络营销最大的技巧之一。

所以，不管TATA木门如今做得如何的大，吴晨曦依然坚持对再小的客户都努力地服务，这并不是销售额的问题，坚持网络服务会让企业更成熟、反馈更迅速、竞争力更强！

吴晨曦举了这样一个例子，其中有一个社区的版主组织了一批定制木门后，由于TATA的产能问题，导致服务出现了很多问题，很多业主把怨气矛头指向组织者。“这位版主很是委屈，我过意不去，带着礼品去找她道歉，她坐在沙发上非常悲伤地哭，反问我：‘你的礼品能换来信任和尊重么？’我无地自容，发动公司的全部服务力量，不惜一切成本，对服务进行补救！尽管这个小区的业务，TATA赔损很大，但后来，她们小区2期收房后，她又组织了一次TATA集体采购，我们还是补回了损失，她也由于自己补回了尊重和威望和我成为多年的朋友！在网络上的做人规则让TATA明白了做事规则，这一条为TATA的发展起到了根本的作用，坦诚相见、对与错都承担！”

在服务上，TATA 注重下真功夫。以沈阳市场为例，从 2007 年下半年到现在，TATA 没有一例投诉。并不是说 TATA 的产品没有任何问题，而是 TATA 站在消费者的角度去看待问题、解决问题。如果消费者的门出问题了，其他企业是将门卸下来返回工厂进行鉴定和维修，但这样消费者家里大概有 20 多天没有门，造成不便。而 TATA 在拆卸后会将一扇新的木门先给消费者安装上。这样的做法就是要将 TATA 的人性化服务体现到极致，让消费者感受到周到优质的 TATA 服务。如今的 TATA 木门，所到之地，没有不火爆的，它到哪个城市办一场活动，基本都要带走拿走这个城市全年总量的四成，TATA 木门凭借在网络上的成功，在线下的贴心服务，已经成为别的品牌很不想遇见的对手，成为消费者最喜闻乐见的木门品牌。

（此案例选自《实战商业智慧》杂志 2011 年第 12 期总 181 期）

思考题：

1. TATA 是如何制定其营销战略的？
2. TATA 网络营销的途径有哪些？这些途径给企业带来了哪些好处？
3. TATA 通过网络营销节省了大量的开支，那么对于其客户来讲，网络营销对他们有何益处呢？
4. 结合 TATA 的案例，谈谈你对企业开展网络营销的看法。

参考文献

[1] 戴夫·查菲，菲奥纳·埃利斯-查德威克，理查德·迈耶，凯文·约翰斯顿. 网络营销——战略、实施与实践. 马连福，译. 北京：机械工业出版社，2008.

[2] 中国互联网络发展状况统计报告. 中国互联网络信息中心，2015.

[3] http://www.360doc.com/content/071205 /08/43201_871365.html, 2009-6-15.

[4] 方真. 电子商务教程. 北京：清华大学出版社，2004.

[5] 黄敏学. 网络营销. 武汉：武汉大学出版社，2000.

[6] 卓俊. 网络营销. 北京：清华大学出版社，2005.

[7] 瞿彭志. 网络营销. 2 版. 北京：高等教育出版社，2004.

[8] 查菲，吴冠之. 网络营销：战略、实施与实践. 北京：机械工业出版社，2004.

[9] de Kare-Silver, M. EShock. The Electronic Shopping Revolution: Strategies for Retailers and Manufacturers. Macmillan, London. 2000.

[10] McCarthy, J. Basic Marketing: A Managerial Approach. Irwin, Homewood, IL. 1960.

[11] Lautenborn, R. New Marketing Litany: 4Ps passes; C-words take over, Advertising Age, 1990(1):26.

[12] 中国网络营销论坛. http://www.chinanms.com/. 2009-6-25.

[13] Jevons,C., Gabbott, M. Trust, brand equity and brand reality in Internet business relationships: an interdisciplinary approach, Journal of Marketing Management. 2000(16): 619-634.

[14] 阿姆斯特朗. 市场营销管理. 9 版. 赵平，王霞，译. 北京：清华大学出版社，2003.

[15] 菲利普·科特勒. 营销管理. 12 版. 梅清豪，译. 上海：上海人民出版社，2006.
[16] 李琪，孔伟成，陈水芬. 网络营销学. 重庆：重庆大学出版社，2004.
[17] 冯英健. 网络营销基础与实践. 3 版. 北京：清华大学出版社，2007.
[18] 傅铅生. 电子商务教程. 北京：国防工业出版社，2006.
[19] MBA 智库百科. http://wiki.mbalib.com/.2009-7-2.

第 8 章 移动电子商务

引言

移动商务是指在网络技术和移动通信技术的支撑下，应用手机、PDA及掌上电脑等移动通信终端开展各种商业经营活动的电子商务模式，是移动通信、计算机技术与互联网三者融合的最新信息化成果。移动通信技术的成熟和广泛商业化为移动商务提供了通信技术基础，而功能强大、价格便宜的移动通信终端的普及为移动商务提供了有利的发展条件。面对日趋庞大的终端用户群，怎样去开发新颖的移动商务应用模式，清除制约移动商务发展的不利因素，已成为目前亟待解决的问题。

本章重点

- 掌握移动电子商务的概念和特点
- 了解移动电子商务的体系和数据管理方式
- 了解移动电子商务的信息安全问题
- 了解移动电子商务的典型应用
- 了解移动电子商务的情景应用
- 了解移动电子商务的位置服务

8.1 移动电子商务概述

8.1.1 移动电子商务的概念与特点

移动电子商务（M-Commerce）的概念来源于电子商务（E-Commerce），“可移动性”是它与传统电子商务的最大不同。现将以 PC 为主要工具进行的商务活动称为传统的电子商务。而移动电子商务则是指通过手机、PDA（个人数字助理）和掌上电脑等各种移动终端进行的商务活动。[1]

它将 Internet、移动通信技术、短距离通信技术及其他信息处理技术相结合，使人们可以在任何时间、任何地点进行各种商务活动，实现随时随地、线上线下的购物与交易、在线电子支付及各种交易活动、商务活动、金融活动和相关的综合服务活动等。移动电子商务将在人们未来的生活中扮演举足轻重的角色。

相比传统的电子商务，移动电子商务具有以下几大特点。

1. 便捷性

只要用户有需要，可以在任何时间开展电子商务活动，如旅行、会议或娱乐。只要身处移动信号覆盖的网络范围内，用户可以用其随身携带的各种终端在任何地点接受服务，而不需要像传统电子商务那样必须坐到计算机面前。移动终端是私人化的东西，用户可以对它们进行完全个性化的设置，并根据喜好灵活选择访问和支付方式。[1]

2. 安全性

使用手机银行业务的客户可更换为大容量的 SIM 卡，使用银行可靠的密钥对信息进行加密，传输过程全部使用密文，确保了安全性。

3. 开放性和包容性

移动电子商务因为接入方式无线化，使得任何人都更容易进入网络世界，从而使网络范围延伸更广阔、更开放；同时，使网络虚拟功能更带有现实性，因而更具有包容性。

4. 易用性

移动通信所具有的灵活、便捷的特点，决定了移动电子商务更适合大众化的个人消费领域，如自动支付系统，包括自动售货机、停车场计时器等；半自动支付系统，包括商店的收银柜机、出租车计费器等；日常费用收缴系统；移动互联网接入支付系统。

8.1.2 移动电子商务的现状[2]

1. 市场前景广阔

从计算机和移动电话的普及程度来看，移动电话数量远远超过了计算机。而从消费用户群体来看，手机用户中基本包含了消费能力强的中高端用户，而传统的上网用户中以缺乏支付能力的年轻人为主。以移动电话为载体的移动电子商务无论在用户规模上，还是在用户消费能力上，都优于传统的电子商务。另外，随着 4G 网络建设脚步的加快及智能手机的普及，信息化应用向移动化发展渐成趋势，这也使移动电子商务的发展空间更为广阔。

2．政府积极引导为新兴产业营造环境

发展移动电子商务，政策是保障。2007 年 6 月公布的《电子商务发展“十一五”规划》明确提出“发展小额支付服务、便民服务和商务信息服务，探索面向不同层次消费者的新型服务模式”，并要求“大力推广银行卡等电子支付工具，推动网上支付、电话支付和移动支付等新兴支付工具的发展”。国家将编制《国家移动电子商务试点示范工程发展规划》，为移动电子商务营造良好的政策环境。

3．试点示范工程积极推动移动电子商务应用

作为国家《电子商务发展“十一五”规划》部署中的一项重点工程，移动电子商务试点示范工程于 2007 年 5 月由原国信办开始组织并实施，先期批准在湖南省、重庆市、广州市开展移动电子商务的区域性试点工作，以及若干行业性试点项目和技术标准类项目。2008 年 8 月北京奥运会隆重开幕，在奥运 3G 的示范作用下，2008 年国内移动电子商务应用及手机搜索、手机定位、手机游戏、手机音乐等个性化服务得到了迅速发展。

4．基础硬件设施升级

2008 年，3G 开始在国内部分城市试点应用。电信基础设施不断提升，移动网络不断向宽带化发展。新一代宽频无线移动通信属于《国家中长期科学和技术发展规划纲要（2006—2020 年）》中确定的 16 个重大科技专项之一。该专项的实施将为无线商务的发展奠定坚实的基础。3G 通信时代的到来使 3G 手机得到普及，以高速上网为主要特征的创新性的手机应用进一步显现，也为现代商业向 3G 移动互联网平台迁移打下良好的基础。

8.1.3　移动电子商务的发展[2]

随着移动通信技术和计算机的发展，移动电子商务的发展已经经历了三代。

第一代移动商务系统是以短信为基础的访问技术，这种技术存在许多严重的缺陷，其中最严重的问题是实时性较差，查询请求不会立即得到回答，由于信息长度的限制也使得一些查询无法得到一个完整的答案。

第二代移动商务系统采用基于 WAP 技术的方式，手机主要通过浏览器的方式来访问 WAP 网页，以实现信息查询，部分解决了第一代移动访问技术的问题。第二代移动访问技术的缺陷主要表现为 WAP 网页访问的交互能力极差，因此极大地限制了移动电子商务系统的灵活性和方便性，WAP 网页访问的安全问题对于对安全性要求极为严格的政务系统来说也是一个严重的问题。

第三代移动商务系统采用了基于 SOA 架构的 Web Service、智能移动终端和移动 VPN 技术相结合的第三代移动访问和处理技术，同时融合了 3G 移动技术、智能移动终端、VPN、数据库同步、身份认证及 Web Service 等多种移动通信、信息处理和计算机网络的最新前沿技术，以专网和无线通信技术为依托，使系统的安全性和交互能力有了极大的提高，为电子商务人员提供了一种安全、快速的现代化移动商务办公机制，逐渐成为移动电子商务的主流发展方向。

8.2 移动电子商务的体系结构

8.2.1 移动电子商务业务描述[2]

1．企业应用

（1）物流调配。

移动电子商务在物流调配方面的应用主要是根据企业需求建立包括车载固定台、便携 GPS 终端和 GPS 智能手机等在内的终端子系统，选择 GPRS、EDGE、CDMA 或 3G 等多种通信方式，通过后台系统收集终端通过通信子系统传送的位置信息及其他状态信息，进行处理后传送给相应的监控管理中心，实现物流业务的运营管理、物流信息服务、条码应用、移动办公管理、移动支付、统计分析等功能，同时实现车辆、外勤人员的调度管理和控制。

（2）生产运营信息管理。

现代企业在生产运营过程中更加注重对信息的把握，尤其是对企业内部运营信息流变动情况的把握，要求建立完整的信息循环作用体系，这也是现代企业生产运营的核心竞争力之一。移动电子商务可以广泛地应用到企业的生产运营信息管理之中，实现有效的生产运营反馈与控制，从而克服市场的不确定性给当今企业的生产活动带来更多的困难和挑战，降低企业运营风险，实现企业的生产运营信息管理控制的整体化和灵活化。

（3）客户服务。

通过移动电子商务，企业将可以对目标市场群体和客户进行全面监管，实现客户资料的实时采集和更新，并且对客户反馈做出及时合理的处理。对消费者而言，这将缩短相关投诉的反馈时间，获得更好的用户体验；对于企业而言，这样可以更好地实现客户关系管理，培养更多的忠诚客户，获得既定投入下的最大产出，充分发挥客户关系管理的作用。

（4）实时办公。

移动商务能满足移动工作者随时随地访问数据及与人实现通信和协作的需求。尤其对于企业外派销售人员而言，移动工作的性质需要他们很好地与企业保持联系与沟通，通过移动电子商务他们能够更好地把握企业发展动态和销售理念，做出及时调整，提高销售业绩，同时也可以为企业带来更大的效益。

2．个人应用

（1）移动银行服务。

移动电子商务进一步完善 Internet 银行体系，提供个人理财、账户查询、账单支付、转账及接收付款通知等移动银行服务，并且提供一系列的安全措施和技术措施，保证用户账户信息和操作的安全性。

（2）移动支付。

移动电子商务提供多元化的移动支付方式，用户能够通过移动通信设备进行网上购物，并且可以通过短信、WAP、IVR 等方式完成支付，支付方式的多元化使得用户可以根据自身情况和实际需求做出不同的选择，采用不同的支付方式，更具个性化与适用性。

8.2.2　移动电子商务总体框架[3]

已经开发和正在开发的应用主要分布在移动金融、移动广告、移动库存管理、商品的搜索和购买、主动服务管理、移动拍卖和反向拍卖、移动娱乐服务、在线游戏、移动办公、移动远程教育和无线数据中心等多个领域。

（1）移动商务的基础理论。

（2）移动商务应用：移动金融、业务移动广告、移动库存管理；商品的搜索和购买、主动服务管理、移动拍卖和反向拍卖；移动娱乐服务、在线游戏、移动办公、移动远程教育和无线数据中心等。

（3）无线网络基础设施研究：无线和移动网络；网络要求。

（4）移动中间件：Agent 技术；数据库管理；安全技术；无线移动通信系统；无线和移动协议。

（5）无线用户终端：移动手持设备；移动用户界面。

8.2.3　移动电子商务的商务模式

1. 内容提供商

内容提供商是一种商务模式，同时也是一个角色，它的商业原型是路透社交通新闻提供者、股票信息提供者等，这些企业通过直接联系客户来提供信息。除了这些企业采用该商务模式外，还有一些小公司或个人也采用这种商务模式，为移动设备开发内容并提供给软件公司，再由软件公司销售给移动客户。移动接入商提供个性化和本地化的服务，这样一个客户从一国移动到另外一国后就应连接当地的接入商，当地的接入商不仅使用当地语言，还提供使用者的母语，并提供本地化的信息，如旅行点介绍、本地餐馆等。移动接入商和互联网接入商不同，因为移动客户的需求和移动终端的特性不同于坐在桌前的用户和便携电脑。移动接入商被赋予深刻的个性化和本地化特点，本地化意味着移动接入商需要提供和用户当前地理位置相关的信息，如餐馆预定、酒店预定、加油站位置、电话黄页、电影列表等。个性化要求提供的所有信息都要考虑用户的偏好，在提供这样的个性化和本地化服务时，需要考虑用户生平、文化兴趣、过往行为、情景和位置等。

2. 网关提供商

网关提供商可以被看作互联网商务模式中的一个特殊情形，它为不愿投资建设网关的服务商提供一个网关，这种模式的收入取决于网关提供商和客户达成的协议。

3. 服务提供商

服务提供商向客户提供服务的方式有四种：直接提供、通过移动 portal、通过其他企业的网关和通过移动运营商，它向客户提供的内容来自于内容提供商。[4]

8.2.4 移动电子商务安全[5]

移动通信技术和 Internet 技术的结合，让移动电话用户不仅得到传统的语音服务，而且能够访问各种丰富的信息资源，使移动电子商务成为可能。移动电子商务需要在移动个人终端和有线网络中进行信息通信，这使得整个交易过程承受着无线网和有线网通信中的双重安全风险，这就要求移动电子商务具有特殊的安全机制和安全保障技术，因此安全问题成为移动电子商务顺利实施的关键，也是移动电子商务的核心技术问题。在目前几种主要的无线安全机制应用体系中，WAP 协议的安全机制是当前大多数移动电子商务安全实现的基础。

WAP 协议把 Internet 拓展到无线环境，使通过 Internet 的电子商务延伸到无线终端设备。在移动电子商务中，一个典型的 WAP 应用系统包含三类实体。

（1）支持 WAP 的移动终端。终端具有 WAP 用户代理功能，是用户用来访问网站、浏览信息的工具，典型的终端是移动电话、PDA 等。在移动终端上运行着微型浏览器，用户可以通过按键实现 WAP 服务请求，并以无线方式发送和接收所需的信息。

（2）WAP 网关。网关是连接客户端和服务器的桥梁。它有两个功能：一方面完成协议的转换，对 WAP 终端发送的请求，实现 WAP 协议与 Internet 协议之间的转换，再向内容服务器传送；另一方面对返回的传输信息进行编解码，将内容转换为二进制格式的，再传送给移动终端，以减少网络数据流量，最大限度地提高无线网络的数据传输速率。

（3）WAP 内容服务器。即 Web 服务器，是特定资源存储或生成的地方，主要作用是为 WAP 应用提供数据服务支持。它通常采用 WMLScript 编写的 WAP 具体应用。

WAP 的安全机制可以实现移动电子商务应具备的数据保密性、数据完整性、交易方的认证与授权和抗否认性四方面的信息安全特征。

WAP 安全架构由 WTLS、WMLScript、WIM 和 WPKI 四部分组成。WPKI 作为安全基础设施平台，是安全协议有效实行的基础，一切基于身份验证的应用都需要 WPKI 的支持。它可与 WTLS、TCPflP、WMLScript Sign 互相结合，实现身份认证、数字签名等功能。网络安全协议平台包括 WTLS 协议及有线环境下位于传输层上的安全协议 TLS、SSL 和 TCP/IP。安全的参与实体作为底层安全协议的实际应用者，相互之间的关系也由底层的安全协议决定。当该安全架构运用于实际移动电子商务时，这些安全参与实体之间的关系即体现为交易方（移动终端、Web 服务器）和其他受信任方（WAP 网关、代理和无线认证中心）。

8.3 移动电子商务的数据管理

8.3.1 移动数据访问

1. Socket 通信[6]

所谓 Socket 通常也称作“套接字”，应用程序通常通过“套接字”向网络发出请求或应答网络请求。以 J2SDK-1.3 为例，Socket 和 ServerSocket 类库位于 java .net 包中。

ServerSocket 用于服务器端，Socket 是建立网络连接时使用的。在连接成功时，应用程序两端都会产生一个 Socket 实例，操作这个实例，完成所需的会话。对于一个网络连接来说，套接字是平等的，并没有差别，不因为在服务器端或在客户端而产生不同的级别。不管是 Socket 还是 ServerSocket，它们的工作都是通过 SocketImpl 类及其子类完成的。

Socket 类似于电话插座。以一个国家级电话网为例，电话的通话双方相当于相互通信的两个进程，区号是它的网络地址；区内一个单位的交换机相当于一台主机，主机分配给每个用户的局内号码相当于 Socket 号。任何用户在通话之前，首先要占有一部电话机，相当于申请一个 Socket；同时要知道对方的号码，相当于对方有一个固定的 Socket。然后向对方拨号呼叫，相当于发出连接请求（假如与对方不在同一区内，还要拨对方区号，相当于给出网络地址）。假如对方在场并空闲（相当于通信的另一主机开机且可以接受连接请求），拿起电话话筒，双方就可以正式通话，相当于连接成功。双方通话的过程，是一方向电话机发出信号和对方从电话机接收信号的过程，相当于向 Socket 发送数据和从 Socket 接收数据。通话结束后，一方挂起电话机相当于关闭 Socket，撤销连接。

2. 多线程

随着计算机技术的飞速发展，个人计算机上的操作系统也纷纷采用多任务和分时设计，将早期只有大型计算机才具有的系统特性带到了个人计算机系统中。一般可以在同一时间执行多个程序的操作系统都有进程的概念。一个进程就是一个执行中的程序，而每一个进程都有自己独立的一块内存空间、一组系统资源。在进程概念中，每一个进程的内部数据和状态都是完全独立的。Java 程序通过流控制来执行程序流，程序中单个顺序的流控制称为线程，多线程则指的是在单个程序中可以同时运行多个不同的线程，执行不同的任务。多线程意味着一个程序的多行语句可以看上去几乎在同一时间内同时运行。

线程与进程相似，是一段完成某个特定功能的代码，是程序中单个顺序的流控制。但与进程不同的是，同类的多个线程共享一块内存空间和一组系统资源，而线程本身的数据通常只有微处理器的寄存器数据，以及一个供程序执行时使用的堆栈。所以系统在产生一个线程，或者在各个线程之间切换时，负担要比进程小得多，正因如此，线程被称为轻负荷进程（light-weight process）。一个进程中可以包含多个线程。

8.3.2　移动事务处理[7]

传统的、及时、可靠的访问全局信息的观念正在迅速改变，用户需要随时随地访问信息。而且访问的信息种类也在迅速增长。这些数据从访问控制角度可以划分为三类：私有数据、公共数据和共享数据。

现在的多数据库系统（MDBS）就是设计来允许随时随地对大量不同数据源、不同种类的数据进行及时有效访问的。研究人员已经深入研究过 MDBS 的自治、异构、事务管理、并发控制、透明查询方案的论题。这些方案都是建立在可靠的网络环境上的客户服务器环境中的。然而，移动概念的引入——用户通过移动设备远程连接来访问数据库，为 MDBS 带来了额外的复杂性和限制。这包括：网络容量、处理能力和资源的限制；及时地从众多的数据源定位并且访问需要的数据。加上这些限制的 MDBS 就是移动数据访问系统（MDAS）。移动应用必须能够适应变化的环境，变化包括网络环境和应用能够得到的资源。移动用户在自治和对服务器依靠之间的平衡是个关键问题。资源匮乏的移动系统可以依靠服务器提供更好的服务，然而，频繁发生的连接断开、有限的网络带宽及电源的限制需要某种程度的自治。随着环境的变化，应用必须适应服务器要求的支持级别。移动的概念意味着更加多样的范围和大量的可供访问的数据。因此，远程访问系统必须提供对一系列异构数据源的访问。而且，它还必须解决移动系统的带宽、资源及电源的限制问题。MDBS 和 MDAS 之间的主要差别就是客户服务器之间是通过无线环境连接的，并且用来访问数据的设备不同。

8.3.3 现有移动数据库的商用产品

1. 移动数据库[8]

移动数据库是指移动计算环境中的分布式数据库，其数据在物理上分散而在逻辑上集中，它涉及数据库技术、分布式计算技术、移动通信技术等多个学科领域。通俗地讲，移动数据库包括以下两层含义：人在移动时可以存取后台数据库的数据或其副本；人可以带着后台数据库的副本移动。

在网络技术和无线通信技术飞速发展的今天，越来越多的移动办公人员希望随时随地，甚至在移动的过程中查询和更新数据库。数据库领域的移动化和在移动通信领域使用数据库进行数据处理代表了当今的两大趋势。

2. Oracle 数据库[9]

Oracle 数据库系统是美国 Oracle 公司（甲骨文）提供的以分布式数据库为核心的一组软件产品，是目前最流行的客户/服务器（Client/Server）或 B/S 体系结构的数据库之一。例如 SilverStream 就是基于数据库的一种中间件。Oracle 数据库是目前世界上使用最广泛的数据库管理系统，作为一个通用的数据库系统，它具有完整的数据管理功能；作为一个关系数据库，它是一个完备关系的产品；作为分布式数据库，它实现了分布式处理功能。但它的所有知识，只要在一种机型上学习了 Oracle 知识，便能在各种类型的机器上使用它。

3. SQL Server[10]

SQL Server 是一个关系数据库管理系统。它最初是由 Microsoft、Sybase 和 Ashton-Tate 三家公司共同开发的，于 1988 年推出了第一个 OS/2版本。在 Windows NT 推出后，Microsoft 与 Sybase 在 SQL Server 的开发上就分道扬镳了，Microsoft 将 SQL Server移植到 Windows NT系统上，专注于开发推广 SQL Server 的 Windows NT 版本；Sybase 则专注于 SQL Server 在 UNIX操作系统上的应用。

8.4 移动电子商务的典型商务应用

8.4.1 移动即时通信[11]

即时通信是一个终端连往即时通信网络的服务。即时通信不同于电子邮件在于它的交谈是即时（实时）的。大部分的即时通信服务提供了状态信息的特性——显示联络人名单、联络人是否在线上、能否与联络人交谈。

20 世纪 70 年代早期，一种更早的即时通信形式是柏拉图系统（PLATO System)。之后在 20 世纪 80 年代，UNIX/Linux 的交谈即时信息被广泛地使用于工程师与学术界，20 世纪 90 年代即时通信更跨越了互联网交流。1996 年 11 月，ICQ 是首个广泛被非 UNIX/Linux 使用者用于互联网的即时通信软件。在 ICQ 的介绍之后，同时在许多地方有一定数量的即时通信方式发展，且各式的即时通信程式有独立的协定，无法彼此互通。这引导使用者同时运行两个以上的即时通信软件，或者他们可以使用支援多协定的终端软件，如 Gaim、Miranda IM、Trillian 或 Jabber。

近年来，许多即时通信服务开始提供影片会议的功能，网络电话（VoIP）与网络会议服务开始整合为兼有影像会议与即时信息的功能。最早的即时通信软件是 ICQ，ICQ 是英文中“I seek you”的谐音，意思是“我找你”。四名以色列青年于 1996 年 7 月成立了 Mirabilis 公司，并在 11 月份发布了最初的 ICQ 版本，在六个月内有 85 万用户注册使用。

早期的 ICQ 很不稳定，尽管如此，还是受到大众的欢迎，雅虎也推出了 Yahoo! pager，美国在线也将具有即时通信功能的 AOL 包装在 Netscape Communicator 上，而后微软更将 Windows Messenger 自带于 Windows XP 操作系统中。

腾讯公司出的腾讯 QQ 迅速成为中国最大的即时通信软件。腾讯公司成立于 1998 年 11 月，是目前中国最大的互联网综合服务提供商之一，也是中国服务用户最多的互联网企业之一。

早期的即时通信是属于 UNIX 用户的专利，随着个人计算机与互联网的普及，即时通信成为人与人沟通的另一条管道。即时通信在 2003 年后与万维网、电子邮件共同成为互联网使用的主流。2007 年之后，由于智能手机普遍流行起来，传统上电信运营商所构建的 SMS、MMS 信息服务系统，逐渐被网络架构的第三方服务商所瓜分。个别地区派生出不同的即时通信软件。例如，ICQ 推出了 ICQ iPhone 版。

2012 年开始，计算机上的 MSN 好友渐渐消失，逐渐转向手机实时通信 App。实时通信软件从桌机转移到手机平台，这代表整个社交圈朋友的迁徙状态。相比于传统实时通信，大多数行动实时通信软件都提供了手机认证功能，主要有两大便利性。

（1）认证步骤简化。

过去在桌面要加入实时通信软件，要先申请一组账号密码。不过是直接以手机号码为身份辨识标志，第一次登录后软件会发到手机一组认证码短信，把短信上的认证码数字输入，就完成了实时通信的申请动作，不需要另外申请，更快、更直接。

（2）联络人直接添加。

联络人的添加方式也更便利。登录软件后，它就会自动比对手机联络人信息，看看对方有没有注册它的实时通信服务。如果有，就会直接把对方加入这个实时通信联络人列表，因此不需要手动添加朋友，更有效率。

传信息只是基本功能，现在实时通信软件上百种，为了抢夺市场，只能传信息的实时通信软件已经落伍了，必须加入许多新元素。

8.4.2 移动金融[12]

移动金融是指使用移动智能终端及无线互联技术处理金融企业内部管理及对外产品服务的解决方案。在这里移动终端泛指以智能手机为代表的各类移动设备，其中智能手机、平板电脑和无线 POS 机目前应用范围较广。

随着移动智能终端的普及，特别是苹果公司的 iPad、iPhone 等产品的普及和 Android 开放系统的崛起，颠覆了传统的移动终端市场格局。技术的进步带来了更智能的操作和更优秀的用户体验，降低了移动渠道产品价值的传递成本，从而激发出大量的市场需求。

金融业是所有产业中收益最高也是对市场反应最敏感的产业，金融信息化的建设一直是国内外广大金融公司的重中之重。提升内部效率、降低沟通成本，同时提供更多的渠道来服务于金融客户，是金融信息化的根本出发点。移动金融正是新时期移动互联网时代金融信息化发展的必然趋势。

8.4.3 旅游电子商务

旅游电子商务是在传统旅游商务活动的基础上，根据互联网的特性，将旅游商务活动嫁接到互联网上的。世界旅游组织在《E-Business for Tourism》中指出："旅游电子商务就是通过先进的信息技术手段，改进旅游机构内部和对外的连通性，即改进旅游行业各主体间的流程，增进知识共享并提升管理水平。"[13]传统电子商务和旅游行业的结合，使旅游电子商务具有几个突出的优势。

（1）客户个性化需求的满足：电子商务的应用使旅游企业向游客提供个性化服务产品成为可能。随着旅游行业的不断发展，客户对旅游产品的个性化需求愈加强烈。借助传统的营销管理对客户的个性化需求进行满足，成本很高，互联网却能以电子化的方式大幅降低旅游个性化需求的成本。[14]

（2）涉旅企业和旅游主管部门可以借助电子商务，迅速获得游客关于旅游产品概念和旅游广告效果测试的反馈信息。从而测试游客的不同认同水平，实现对客户的精细分析。一方面，能够借助统计分析结果实现对企业经营的指导和调整；另一方面，旅游主管部门也能够实现对行业整体更为准确的把握。

（3）旅游行业基本上是一种异地消费。电子商务通过各种技术手段能够消除客户由于空间限制造成的信息不对称。另外，通过比价、搜索旅游产品、观看对旅游产品的点评等方式，实现了旅游产品销售方和消费方的信息对等，有助于提升整个行业的健康度和效率。[15]经历了近十年的经营，目前旅游信息化市场已经较为成熟，消费观念得到很大提升，经营者理念很多得到了落地。

移动通信网络和智能终端的超常规发展，为移动旅游电子商务以前所未有的发展速度扩张创造了前提条件。传统旅游行业或电子商务行业价值链上的各方利益逐渐意识到：在移动互联网的发展过程中，单纯地把握价值链的某一个环节已经不足以像从前那样安稳地盈利甚至存活。一些原先能够产生利益的中间环节（如旅游资讯提供、旅游中介）价值空间不断受到挤压，更多的利润被分配到消费者环节或旅游商户。整个价值链面临革命性的整合。

移动电子商务的关键在于它具备一个不受时间、空间限制的直接与客户沟通的“接触点”，通过这个接触点，旅游管理部门、旅游产品提供企业、旅游信息提供企业、游客等能够实现低成本的实时沟通。该商业领域的商机得到了极大的拓展。因此移动电子商务不能简单地理解为“电子商务”加“移动”的特性。因为能够方便移动的原因，大量的用户场景和用户潜在需求得到了实现。就旅游行业而言，通过移动终端，游客从前只能在旅游前了解所有的旅游信息，一旦出现变化，难以适应。移动电子商务的出现，不仅解决了在行程中获取信息的需求，如果再与移动支付相结合，就能让自助游游客的体验有一个极大的提升。

按照在产业价值链上所处位置进行划分，旅游电子商务网站通常可以分为四类：旅游产品供应商网站，目前主要包括航空公司网站、旅游饭店或饭店联盟网站、旅游景点景区网站和餐饮休闲娱乐企业网站；旅游中介网站，包括传统旅行社建立的商务网站、提供旅游信息与交易服务的专业旅游垂直门户网站和综合门户网站的旅游频道；旅游目的地营销机构。[16]

8.4.4　移动医疗[17]

当前，许多国家对医疗信息化都非常重视。特别是在金融危机发生后，一些国家的经济刺激政策使得医疗信息化成为市场热点。医疗信息化的作用主要体现在以下几方面。

（1）通过网络连接，加强患者/普通市民与医疗机构之间的联系及医疗机构之间的联系，为患者/普通市民及医疗机构提供信息。

（2）通过新技术，改进现有医护模式。例如，将信息通信技术应用于医疗地图、影像存储和传输系统、预约挂号、个人身份识别系统等方面。

（3）通过有效使用技术，实现在线医疗，使得地理和时间上的限制得到消除，从而降低成本。

（4）通过医疗信息化来提升国家及区域医疗政策规划的实施效率。

随着 4G 业务的普及和医疗信息化与通信技术的融合，越来越多的移动通信技术和服务被应用于医疗活动，除了基本的信息通信外，还有监测、远程医疗等。电信运营商对这一领域也给予了越来越多的重视。

美国在移动医疗服务应用的部署和规划方面是全球领先的。全球半数以上的应用在美国，欧洲约占 16%，非洲和拉美占 12%，亚太地区占 4%。美国是移动医疗健康方面最大的市场，特别是在信息/通信应用方面，这与美国的私立医疗系统快速筹集资金的能力有关。这使得其有能力部署高级通信和数据服务，而且在计费管理和数据管理方面具有较大的灵活性。

移动医疗健康应用的参与者众多，有技术公司、研究机构和慈善基金会等。

移动医疗终端中最重要的是监测终端和 M2M 终端。监测终端包含具有无线连接功能的监测终端，以及具有监测功能的移动终端。随着远程监测应用的发展，利用移动终端收集和传输数据的做法，得到了医疗和移动终端厂商的共同关注。监测数据借助无线体域网（Wireless Body-Area Network，WBAN）或无线个域网（Wireless Personal-Area Network，WPAN）传输。无线体域网就是以人体为中心，由和人体相关的网络元素（包括个人终端，分布在人身体上、衣物上、人体周围一定距离范围（如 2 米）内甚至人身体内部的传感器、组网设备）等组成的通信网络。通过无线体域网，人可以和其身上携带的个人电子设备（如 PDA、手机等）进行通信，实现数据同步等。实现方式有两种：其一是将短距离无线技术整合至终端中，让患者随身携带传感器；其二是在患者周围设置监测终端或传感网络，随后通过蓝牙或红外技术将数据传输至附近的移动终端。随着需要长期监测的人数的增加，可与手机连接或能够嵌入 3G 模块的监测终端市场的重要性随之凸显。举例来说，目前全球糖尿病患者数量已经突破 1.8 亿人，而这还仅是慢性病市场的一小部分，未来这一市场的需求将持续增长。随着消费者移动终端功能的增强（如增加蓝牙和 GPS 功能），再加上网络数据传输能力的提升，嵌入式监测终端的部署范围将进一步扩大。

8.4.5　移动政务[18]

作为电子政务的延伸或补充，移动政务（Mobile Government 或 M-Government）是指政府通过移动设备（手机、PDA、计算机等便携设备）和无线网络技术等为政府雇员、公民、企业和其他组织提供信息和服务[19]。移动政务与电子政务并非两个完全独立的概念，电子政务是政府公共管理部门利用互联网技术来提高管理效率和服务水平[20]，而移动政务是电子政务的拓展或补充，是在电子政务的基础上充分利用无线网络和设备，在任何时间和地点给组织和个人提供信息和服务[21]，是为了满足政府通过多种渠道为公民提供信息服务的需要而诞生的。它们的共同点在于：都是政府为改善自身管理能力和提高服务水平而采用的技术手段，因而其在事务类型上存在一致性。与传统的电子政务相比，移动政务由于突破了时间和空间的限制，被看成是电子政务发展的高级阶段，因而具有一些独有的特征，如移动性（Mobility）、便携性（Portability）、位置性（Location）和个性化（Personalization）[22、23]。

8.5　情景应用

8.5.1　情感感知商务模式[24]

情景感知并非一个新概念，但由于技术及多方面因素的局限，它的实际应用尚处于起步阶段。目前情景感知服务正以其新颖的服务特性引起行业和研究者的极大兴趣。在当今电子商务模式迅猛发展的形势下，人们的消费方式发生了变化，企业在寻求自身竞争优势的同时，应该更多地关注企业的外部顾客，因为在电子商务平台下，顾客很容易转移，鼠标轻轻滑动就可以从一个网站跳转到另外一个网站，所以怎样提高电子商务平台下企业与顾客关系的稳固性尤为重要，这种关系的影响因素包括很多方面，其中系统互动性就是至关重要的一个因素，通过与顾客的持续沟通和对话，可以迅速回应顾客的需求，进而提升顾客的感知价值。所以网站互动机制的建立可以使顾客与企业之间关系的建立更加容易，同时会增强顾客感知价值。

已有研究表明，电子商务平台下系统互动性会影响消费者对电子商务平台的感知价值。分析出互动的三个层次（第一层为基本互动、第二层为高级互动、第三层为差异互动），下面将此三个层次作为探讨电子商务平台系统可动性对顾客感知价值影响的依据，下面是对不同互动层面的说明。

（1）基本互动：顾客与网站数据库之间的互动，包括登录功能、沟通（单向 E-mail）、搜索引擎、FAQ 等机制。

（2）高级互动：顾客与网站数据库及顾客与顾客之间的互动。除了基本互动的机制外，还包括聊天室、讨论区、留言板等机制。

（3）差异互动：顾客与网站数据库、顾客与顾客及顾客与企业之间的互动。除了基本互动及高级互动的机制外，还包括个人化推荐、决策辅助、自动（传真、电子邮件）回复等机制。综合上述可知，以电子商务平台为接口的互动机制与顾客进行双向式的沟通对顾客价值的重要影响。

电子商务平台系统互动机制的层次不同，顾客感知价值也不同，同时社会价值、功能价值、情感价值和程序价值在几种不同的互动层次下存在显著的差异。并且互动的层次越高，顾客的感知价值越高，这就支持了基本假设。此结果说明电子商务平台系统本身所拥有的互动特性是影响电子商务平台绩效的重要因子，同时电子商务平台系统互动设计的程度能够促进对顾客的关系营销及顾客支持，因此建立良好的互动渠道有助于更有效地从各种沟通渠道中接触顾客，并且这种沟通渠道的建立是电子商务平台进行顾客关系管理成功与否的要素之一。

在个人创新性较高的情况下，不同的互动层次对社会价值、功能价值、情感价值和程序价值均产生显著影响。而在个人创新性较低的情况下，不同的互动机制层次仅对功能价值产生显著影响。并且对于创新性较高的消费者，互动机制层次对功能价值的影响效果要显著低于创新性较低的消费者。这与预期有所差异。该结果说明，消费者个人创新性越强，对电子商务购物的程序性价值、情感性价值和社会性价值认知程度和重视程度越高。但对功能性价值的认知程度和重视程度越低。因此，创新性越强的消费者越易于体会和感知平台的程序价值、情感价值和社会价值，而创新性较低的消费者倾向于对功能价值的关注，如平台的信息、付出的成本等。

所以从影响消费者感知价值的角度来看，对于那些具有挑战精神、乐于追求新鲜事物的高创新性的消费者，电子商务平台应该注重其感知到的社会价值、程序价值和情感价值的提升，如多进行沟通，及时了解客户需求、丰富平台的资讯内容，优化平台的设计，提供更多差别化和定制化的服务等。这类消费者对电子商务平台的要求比较高，心中有较高的衡量电子商务平台互动机制强弱的标准，如果对某一平台的设计内容、设计形式很感兴趣，被其深深地吸引，那么他就会经常关注该平台，在这里找到刺激和乐趣，从而形成顾客满意和顾客忠诚。而对于个人创新性比较低的消费者，如果将功能价值作为影响其消费行为的保健因素，那么社会价值、情感价值和程序价值则是影响其消费行为的激励因素。所以针对这类顾客，在提供较优质的产品和服务的同时，如人性化的平台设计和及时的资讯内容等，也要激发其创新性，刺激其对其他价值感知能力的提升。

8.5.2　LBS 业务系统[25]

位置服务（Location Based Services，LBS）又称定位服务，是由移动通信网络和卫星定位系统结合在一起提供的一种增值业务，通过一组定位技术获得移动终端的位置信息（如经纬度坐标数据），提供给移动用户本人或他人及通信系统，实现各种与位置相关的业务。实质上是一种概念较为宽泛的与空间位置有关的新型服务业务。

关于 LBS 的定义有很多。1994 年，美国学者 Schilit 首先提出了位置服务的三大目标：你在哪里（空间信息）、你和谁在一起（社会信息）、附近有什么资源（信息查询）。这也成为 LBS 最基础的内容。

当前，基于个人消费者需求的智能化，位置信息服务将伴随 GPS 和无线上网技术的发展，需求呈大幅度增长趋势。位置服务（LBS）不但可以提升企业运营与服务水平，也能为车载 GPS 的用户提供更多样化的便捷服务。GPS 用户，从地址点导航到兴趣点服务，再到实时路况技术的应用，不仅可以引导用户找到附近的产品和服务，并可获得更高的便捷性和安全性。

目前已有企业将位置服务（LBS）应用到车载 GPS 产品上。通过对 GPS 市场的了解，车载导航在深化 GPS 位置服务（LBS）应用的过程中，已将“互动”的理念融入其中，“照片导航”、“主题地图”等独有功能模块的增加和延展，让用户可以享受全新的个性导航服务，直接通过导航仪查询到全国各地的著名景点、酒店、饭店、加油站等丰富资讯，可以一键导航，同时用户可以基于网络进行数据下载、上传，与其他用户实现互动交流，这将成为未来的发展方向之一。

位置服务（LBS）的应用也增添了 GPS 导航的易用性和趣味性。消费者的需求日益多样化，他们在使用通版电子地图的同时，更需要丰富的个性化导航服务。据了解，任我游 GPS 已推出了云南自助游、北京 2008 奥运主题地图、温泉滑雪、踏春宝典、童年乐园、花店集锦等多个个性化主题地图供购机用户免费下载，GPS 用户足不出户，只要点击机器主菜单上的主题地图独立入口，即可了解目的地的基本信息，一键导航、非常便捷。相信在未来的发展中，深化位置服务（LBS）应用将成为车载 GPS 增值服务的新亮点，它将引领车载 GPS 增值服务的新方向。

8.5.3　情景感知业务的应用价值和前景[26]

当前，在学术界和工业界的共同推动下，云计算及其应用迅速发展，从 2009 年年底至 2013 年年底，“云计算”服务为全球带来 8000 亿美元的新业务收入。然而，云计算成功发展的重要推动力不仅在于先进的技术，还在于适合的商业模式和强大的运营能力。恰当合理的定价策略不仅有助于云服务提供商占领市场，帮助其实现企业价值，更能有效地促进供求双方的良性互动和云计算商业化的健康发展。因此，如何为云计算服务定价，如何设定公平、动态、可适应的定价机制，使不同需求的用户有不同的选择，云计算服务的商业运营与服务计费度量问题，引起了人们的极大关注。当前许多云计算产业亟待实施科学合理的定价策略，以实现服务链整体效益最大化。

目前，云计算服务提供商普遍使用简单的定价机制对用户收费。例如，Amazon 的云平台按计算使用量、存储量和数据转移量固定地进行收费。这种传统的“按使用量支付”定价机制虽然比较直观、便于理解，却不能准确地反映供需关系和市场条件的变化，更不能客观、公平地反映云服务的真实价值（即客户的感知价值）。客户感知价值作为影响定价策略的关键指标没有运用到云计算服务定价策略中。

本章小结

本章主要讲述了移动电子商务的概念、特点和发展历程；概要介绍了移动电子商务的体系和数据管理、信息安全等问题；详细介绍了在各种商务领域的典型应用；最后就最具移动商务特点的情景应用和位置服务做了重点介绍。

问题与讨论

1. 移动电子商务与传统电子商务相比有哪些特点？
2. 简述移动电子商务主要的商业模式。
3. 简述移动电子商务典型的应用领域。

案例

案例 1：运营商移动医疗信息化案例——AT&T 移动医疗信息化

AT&T 已有几十年的医疗行业服务经验。它针对行业中医院、医生、公共卫生人员、纳税人等不同的主体提供了相应的解决方案。

针对医院方面，AT&T 提供了医疗信息交换、远程医疗、安全服务、灾后恢复等解决方案。AT&T 的 HCO 允许患者的医疗数据在多个医疗系统间交换和共享。该平台是基于云计算的医疗信息交换（HIE）平台，将来自多个渠道的患者数据整合至单一的系统，为医生提供患者信息和电子医疗应用的实时接入。

AT&T 与思科、宝利通、Avaya 和 AMD 全球远程医疗部门合作，提供了端到端的远程医疗解决方案，涉及所需的硬件、软件和网络基础设施，能够部署各类交钥匙应用，提供远程诊断、监测、疾病管理、医疗教育和其他服务。

为保护患者隐私，医疗机构只有在确实需要时才可通过合理的步骤获取患者的相关信息。AT&T 为此提供了相应的解决方案：AT&T 安全咨询方案、E-mail&Weh 安全服务、业务连续性和灾后恢复解决方案、防火墙和客户安全服务等。

AT&T 提供的业务连续性和灾后恢复解决方案主要提供如下服务：

- 当遇到意外时，提供不间断的服务；
- 保护重要数据，使其在灾害发生后轻松接入；
- 将信息系统存储在安全的、远程的环境中。

AT&T 为医生提供的解决方案包括：医疗信息交换、移动解决方案、医疗安全解决方案、远程医疗、统一通信解决方案，为医生提供了便利。

AT&T 提供的统一通信（UC）应用结合了语音、视频和 Web 会议应用，使得通信更加便利、有效。实时的通信和快速的会诊能帮助医疗专业人士改进护理、提升效率、降低成本。

公共卫生人员的任务是通过提升医疗服务改善公众生活质量，或者保护社区免受严重的健康威胁。因此无论是为防止潜在的疾病大流行，还是使居民方便地接入医疗服务，通信技术都是非常重要的。从促进公众健康角度，AT&T 提供了医疗信息交换（HIE）、灾后恢复、移动解决方案、安全服务、统一通信、远程医疗等解决方案，为公共专业卫生人员提供帮助。

AT&T 的医疗信息交换、安全服务、统一通信等解决方案能够帮助纳税人降低医疗保健成本。

思考题：

1. 医疗服务如何借助移动互联网发展？
2. 在移动医疗服务发展过程中还要克服哪些障碍？

案例 2：移动政务项目案例介绍——手机报信息发送平台[24]

手机报（Mobile Newspaper）是依托手机媒介，由报纸、移动通信商和网络运营商联手搭建的信息传播平台，用户可通过手机浏览到当天发生的新闻。手机报的应用可以分为政府手机报、企业手机报、校园手机报等。政府手机报是专门为政府部门量身定制的手机宣传媒体，将国家政策、法律法规、国计民生、区域经济、政府规划、廉政教育等信息制作成彩信的形式发送给政府工作人员或接受群众监督，意在增强政府服务职能和群众监督职能，使政府服务更加公开、公平、公正。目前，不少城市都有市一级手机报。近年来，针对区县尤其是农村地区的具体情况，区县手机报成为手机报业发展的新方向。济南日报报业集团旗下“舜网”首先提出了区县手机报的思路。济阳手机报是该网推出的山东省内第一家县级手机报，它整合区县新闻、国内外新闻、日常生活服务信息、文体娱乐资讯等信息，将信息更多、更好、更便捷地带给区县百姓。根据资料显示，区县手机报由各区县委宣传部、地市移动公司、舜网公司三方合作推出，由区县市委宣传部主管，定名为“某某区县手机报”，其合作模式是：区县宣传部门每日提供相关的区县新闻，移动公司提供手机报服务平台及技术支撑，舜网利用媒介资源及新闻资质，负责编辑手机报内容，向用户提供权威的新闻资讯。手机报每天发送区县手机早报和区县手机晚报两期，其中早报侧重于报道区县当地新闻和时政类新闻，晚报注重娱乐性与休闲性。

除专门的政府手机报以外，其他类型的手机报在一定程度上也承担了传播政府信息和政策的作用。目前移动用户收到的手机报是中国移动公司与国内主流媒体单位合作的一项自有增值业务，它以彩信通信方式为主，以 WAP 方式辅助浏览，向客户提供新闻时事、财经、教育、法治、军事、科技等 12 类资讯服务。2011 年两会期间，手机报开辟“两会聚焦”栏目，每日发布两会新闻，“两会互动”专栏选登当日部分精彩留言，移动用户可登录手机报天下网发表两会建言或编辑短信发送至 106580007810，并且参与活动，将有机会获得话费或 U 盘。手机报开拓的这一业务让公众更多地了解和参与到国家政治生活中。

2011 年 4 月 24 日新华网“第八次全国国民阅读调查”十大结论[27]中报道：调查显示，手机阅读在各类数字阅读方式中的接触率上升最大，2010 年进行过手机阅读的群体占 18～70 岁国民总数的 23%，这一群体中有 52%是农村居民，这一群体通过手机进行的与阅读相关的行为中，排在第一位的是“阅读手机报”，占到 55.3%。手机报业务的推广，间接地反映了信息发送平台在移动政务中起到的关键作用，通过信息发送平台，政府主动向公众推送服务，社会公众也可以更便捷地享用各种信息和服务。

思考题：

1. 传统媒体如何借助移动互联网发展？
2. 在移动新兴媒体发展过程中还要克服哪些障碍？

参考文献

[1] 赵蕾. 中国移动电子商务发展现状及前景展望. 科技创业月刊，2010:23(7).
[2] 曹静琪. 移动电子商务及其应用. 科协论坛（下半月），2010(7).
[3] 黄伟，王润孝，史楠，王东勃. 移动商务研究综述. 计算机应用研究，2006.
[4] 叶郁，吴清烈. 移动电子商务的商务模式. 现代管理科学，2005，(10).
[5] 李文媛. 移动电子商务安全模型分析. 黑龙江科技信息，1995.
[6] 王建玲，等. 基于无线传感器网络的 Socket 通信研究. 传感器与微系统，2014.2.
[7] 周艳芳，庄成三，刘丽丽. 移动数据访问系统中的事务管理. 计算机应用，2004:24(3).
[8] 杨鑫华. 数据库原理与 DB2 应用教程. 北京：清华大学出版社，2007.
[9] 任淑美，李宁湘. Oracle 10G 数据库系统性能调优. 电脑知识与技术，2013(17).
[10] 谭彦. SQL SEVER 数据库课程教学研究与实践. 科技信息，2014(13).
[11] 胡文生，李国华，胡艳萍. 即时通信在移动互联网上的实现电脑知识与技术，2010(20).
[12] 移动金融代表未来方向. 东方财富网[引用日期 2012-07-15].
[13] 韩林. 旅游电子商务. 2008.
[14] 何军生. 旅游行业电子商务发展战略及策略研究. 2003.
[15] 冯飞. 中国旅游电子商务赢利模式研究.
[16] 蔡丽莎，彭岩. 网站和旅游网络平台供应商和应用服务供应商. 价值工程，2011(2).
[17] 王海燕，郭珍军. 海外移动医疗信息化进展. 现代电信科技，2011(4).
[18] LeeS，Tang X，Trimi S. M-Government from rhetorictoreality: Learning from leading countries. International Journal of E-government, 2006，3(2):113-126.
[19] 赵豪迈，白庆华. 电子政务悖论与政府管理变革. 公共管理学报，2006，3(1):34-39.
[20] Gonzalez R，Gasco J，Lopis J. E-government success: Some principles from a Spanish case study, Industrial. Management & Data Systems. 2007，107(6):845-861.
[21] Yoojung K，Yoon J，Park S，et al. Architecture for implementing the mobile government services in Korea. Lecture Notesin Computer Science. 2004(3289):601-612.
[22] Trimi S，Sheng H. Emerging trends in M-government. Communications ACM. 2008，51(5):53-58.
[23] 王芳，王俊平. 利益相关者研究.

[24] 张伟，雷星晖. 电子商务平台系统互动性对顾客感知价值的影响. 2012.12.14.

[25] 李志勇，高峰. 一种可扩展的基于位置服务(LBS)平台的设计. 计算机与现代化，2011.11.

[26] 陈天娇，胥正川，黄丽华. 情景感知服务的用户接受模型研究. 科技进步与对策，2007.

[27] “第八次全国国民阅读调查”十大结论. 新华网[2011-04-25]. http://news.xinhuanet.com/book/2011-04/24/c_121341147.htm.

第 9 章 Web 2.0 与在线用户创造内容

引言

“互联网正处在以技术推动并通过产品来呈现用户差异化需求的时代，必须对用户需求准确把握后推出差异化产品。同时，互联网内容上越发强调“用户创造内容”，即 2.0 的概念。用户创造内容的瓶颈越来越降低，用户自发传播、评论的力量将是未来互联网传播的主导力量。”——盛大董事长陈天桥

本章重点

- Web 2.0 的概念与特征
- 在线用户创造内容的概念
- 在线用户创造内容的赢利模式
- 在线用户创造内容的商业价值
- 在线用户创造内容的社会价值

9.1 Web 2.0

9.1.1 Web 2.0 产生的背景

2001 年秋互联网公司（.com）泡沫的破灭是互联网的一个转折点。许多人断定互联网被过分夸大，但实际上泡沫和随之而来的大衰退是所有技术革命的共同特征，而后蒸蒸日上的新技术开始占据中央舞台，Web 2.0 正式拉开帷幕走向前台。从 Web 1.0 到 Web 2.0 的转变是由互联网本身“量”和“质”的发展趋势、网民思想意识的转变、新技术的推动和原有技术的新应用等多种因素促成的互联网发展的新阶段。

首先，Web 1.0 是网站工作人员贡献内容。由于一个网站的力量比较单薄，利用其他网站工作人员的力量成为一种较好的选择。Google 凭借 PageRank 算法，利用其他网页制作者的一部分力量将自己推上互联网的顶峰。PageRank 算法是将网页之间互相链接的关系作为一种依据来进行结果排序，变相地利用了网页制作者的判断力。从数量上看，网页制作者的数量比浏览者的数量小得多，互联网发展的下一步必然是让所有人都忙碌起来，全民织网。同时，相关技术的发展使得网民参与“织网”的技术和经济门槛迅速降低，为网民个体成为创造者、建设者和分享者提供了必要的条件。

其次，Web 1.0 信息生产本质上依然是“记者—编辑—发布”的传统信息生产模式，无法满足网民的个性化需求。从网民自我意识发展视角看，伴随着互联网的成熟和发展，亿万网民快速走过启蒙时代，网络平权思想在张扬个性、标榜自我、不疯魔不成活的时尚潮流推动下急速膨胀，为争夺网络话语权和控制权，网民必然不断地产生冲动和进行不懈的尝试。当以网站为主导的现行互联网形态无法满足这种自下而上的强烈诉求时，转变是必然趋势。

最后，从互联网本身的“量”和“质”的发展来看，Web 2.0 是互联网发展的一个必然结果。在 2004 年 12 月底，全球有超过 6.76 亿的互联网用户，中国有 0.94 亿以上的互联网用户，网民数量的急剧增加，使网民之间形成各种隐性或显性的千丝万缕的联系，这些联系在 Web 1.0 时代无法体现，要体现这些联系，互联网必须进行变革创新。

因此，随着产业的发展、用户规模的扩张和用户对互联网参与程度和参与行为特征的变化，以 Web 2.0 为特征的相关需求应运而生。Web 2.0 的发展有技术驱动的成分，但更多的还是来自现实需求的推动。互联网用户日益迫切和深化的个性独立和社会化需求是催生 Web 2.0 的内在动因，网民数量的急剧增长是诞生 Web 2.0 的肥沃土壤，而互联网相关技术的进步和原有技术的充分挖掘是形成 Web 2.0 的必要条件。

9.1.2 Web 2.0 概念的提出和形成

在经历 2001 年至 2003 年两年多的互联网寒冬之后，全球互联网开始恢复元气，逐渐走向复苏。Web 2.0 的概念是 2004 年 3 月由美国 O’Reilly Media 出版公司的 Dale Dougherty 和爱尔兰 MediaLive 公司的 Craig Cline 在共同合作的头脑风暴（Brain Storming）会议上提出的。互联网先驱 O’Reilly Media 公司副总裁 Dale Dougherty 指出，与网络泡沫破灭迥然不同，互联网比其他任何时候都更加重要，令人激动的新应用程序和网站正在以令人惊讶的规律性涌现。

2004 年 10 月 O'Reilly Media、Battelle 和 MediaLive 共同启动了 Web 2.0 第一次年会。在这次会议之后的一年半时间里，"Web 2.0"一词开始深入人心，当时可以从 Google 上搜索到 950 万条以上的链接。2005 年 9 月，O'Reilly Media 创始人 Tim O'Reilly 又撰文指出其对 Web 2.0 的理解，举例说明什么是 Web 1.0、什么是 Web 2.0，见表 9.1。虽然当时 Web 2.0 的观念已经广泛传播，很多公司陆续将 Web 2.0 加到他们的营销中，但 Tim O'Reilly 认为这些公司其实并没有真正理解 Web 2.0 的含义。

表 9.1　Web 1.0 和 Web 2.0 的例子及特征

Web 1.0	Web 2.0
DoubleClick	Google AdSense
Ofoto	Flickr
Akamai	BitTorrent
mp3.com	Napster
Britannica Online（大英百科全书在线）	Wikipedia（维基百科全书）
personal websites（个人网站）	blogging（博客）
evite	upcoming.org 和 EVDB
domain name speculation（域名投机）	search engine optimization（搜索引擎优化）
page views（页面浏览数）	cost per click（每次点击成本）
screen scraping（屏幕抓取）	web services（网络服务）
publishing（发布）	participation（参与）
content management systems（内容管理系统）	wikis（维基）
directories/taxonomy（目录/分类）	tagging/"folksonomy"（标签/"大众分类"）
stickiness（黏性）	syndication（聚合）

到底如何认定一个应用程序或一种方式为 Web 1.0 还是 Web 2.0，成为 Tim O'Reilly 思考的一个紧迫问题。他从一些成功的 Web 1.0 案例和一些最为有趣的新型应用程序中提炼出一些原则来判别 Web 2.0，具体包括：互联网作为平台、利用集体智慧、以数据为核心、软件发布周期终结、轻量级编程模式、软件超越单一设备和丰富的用户体验等。

（1）互联网作为平台。

在 2004 年 10 月的第一次 Web 2.0 会议上，约翰·巴特利（John Battelle）和 Tim O'Reilly 在各自的开场白中都列举出一组初步的原则，互联网作为平台是原则中的第一条。Web 1.0 中的两个楷模 DoubleClick 和 Akamai 公司均是将网络作为平台的先驱。虽然人们往往不认为广告服务是一种网络服务，但事实上广告服务是第一个被广泛应用的网络服务。

DoubleClick 主要从事网络广告管理软件开发与广告服务，在用户数据搜集方面具有核心竞争力。但 DoubleClick 贯彻的是 20 世纪 90 年代的互联网观念：注重发布，而不是参与；注重广告客户，而不是消费者。最终 DoubleClick 被其商业模式所限，当它在网站上宣传"超过 2000 种的成功应用"的时候，Yahoo!的搜索营销（原 Overture 公司）

和 Google 的 AdSense 产品已经在为几十万个广告客户服务。

Yahoo!和 Google 的成功源自对克里斯·安德森（Chris Anderson）提到的“长尾”的领悟，即众多小网站集体的力量提供了互联网的大多数内容。DoubleClick 的产品要求签订一种正式的销售合同，将其市场局限于很少的几千个大型网站。Yahoo!和 Google 则领会到如何将广告放置到几乎所有网页上。因此，Tim O’Reilly 认为 Web 2.0 的经验是：有效利用消费者的自助服务和算法上的数据管理，从而将触角延伸至整个互联网，延伸至各个边缘而不仅是中心，延伸至长尾而不仅是头部。

同 DoubleClick 类似，Akamai 的业务重点面向网络头部，而不是尾部；面向中心，而不是边缘。BitTorrent 则采用一种激进的方式实现了互联网的去中心化（Internet Decentralization）。每个客户端同时也是一个服务器，文件被分割成许多片段，从而可以由网络上的多个地方提供，巧妙地利用网络的下载者来为其他下载者提供带宽和数据。从 BitTorrent 中 Tim O’Reilly 得出另一个 Web 2.0 的经验：用户越多，服务越好。

（2）利用集体智慧。

从 Web 1.0 时代存活下来并继续领导 Web 2.0 时代的那些成功企业的背后，可以总结出一个核心原则：借助网络的力量利用集体智慧。Yahoo!是一个对数万甚至数百万网络用户的精彩作品的汇总；Google 的 PageRank 利用了互联网所有 Web 页面上链接的集体智慧，找到哪些页面是重要的；eBay 的产品是其全部用户的集体活动；Amazon 缔造出一门关于激发用户参与的科学，邀请用户以五花八门的方式，在近乎所有的页面上进行参与，从而拥有比竞争者高出一个数量级以上的用户评价，并利用用户的活动来生成更好的搜索结果。从中可以得到 Web 2.0 的经验是：获得用户的贡献是在 Web 2.0 时代统治市场的关键。

（3）以数据为核心。

现在每个重要的互联网应用程序都由一个专门的数据库驱动：Google 的网络爬虫、Yahoo!的目录（和网络爬虫）、Amazon 的产品数据库、eBay 的产品数据库和销售商、MapQuest 的地图数据库、Napster 的分布式歌曲库。数据库管理是 Web 2.0 公司的核心竞争力。在创建数据需要巨额成本的地方，可能存在凭借单一数据源而有所作为的机会，但在其他情况下，胜者将是那些通过聚集用户达到一定规模并将聚集的数据融入系统服务的公司。因此，Web 2.0 时代的一个关键经验是：用户增加价值。但通常只有很小一部分用户会有意为某个程序增加价值，因而 Web 2.0 公司均有这样的默认设置，即在程序被使用的同时收集用户数据并创造价值。

（4）软件发布周期终结。

作为服务来交付是 Web 2.0 时代软件的代表性特征。软件不再有传统软件版本发布的周期循环，即软件总是处在不断地改进过程中或永远都是测试版。从软件作为制造品到软件作为服务的变化是根本的，如果不每日加以维护，软件将不再能够完成任务。因而产品开发方面的专门技术必须同日常运营方面的专门技术相匹配。Google 必须持续抓取互联网并更新其索引，持续滤掉链接垃圾和其他影响结果的东西，持续并动态地响应数千万个异步的用户查询，并同步地将这些查询同上下文相关的广告相匹配。某些软件甚至每半个小时就形成一个新版本，这与传统的模式有着天壤之别。虽然不是所有的网络程序都以极快的速度进行更新，但几乎所有网络程序都有一个同任何计算机或客户端-服务器时代截然不同的开发周期。

（5）轻量级编程模式。

由企业开发的网络服务堆栈的复杂设计是用来促成紧密结合的，但事实上许多最重要的应用程序可以保持松散结合，甚至是脆弱结合，这是 Web 2.0 理念同传统的信息技术理念迥然不同之处。网络服务考虑的是聚合而非协调，如 RSS 等简单的网络服务，用来向外聚合数据，但并不控制其连接的另外一端发生的事情。像 RSS 等系统往往具有可编程性和可整合性，RSS 的设计使用户能够在需要的时候查看所需要的内容，而不是按照信息提供者的要求操作。因此，Web 2.0 的另外一个关键原则就是“装配中的创新”，即当商品组件充裕时，可以通过新颖的或有效的方式装配这些组件来创造价值。通过利用和整合由其他人提供的服务，Web 2.0 为各个公司提供了逐渐完善而赢得竞争的机会。

（6）软件超越单一设备。

Web 2.0 不再局限于一台计算机，任何网络程序都可被视为超越单一设备的软件。即使最简单的互联网程序也涉及至少两台计算机：一个作为网络服务器，另一个作为浏览器。正如许多领域中“2.0 版的事物”并不是全新的，Web 2.0 是对互联网平台真正潜能的一种更完美的体现，软件超越单一设备为新平台的程序和服务设计提供了重要理念。iTunes 是这一原则的最佳范例，该程序无缝地从掌上设备延伸到巨大的互联网后台，其中计算机扮演着本地缓存和控制站点的角色。iTunes 本身不是网络程序，但利用了互联网平台的力量，使网络成为其体系中无缝连接的、几乎不可察觉的一部分。因此，从开始设计应用程序时，就应使其集成跨越移动设备、个人计算机和互联网服务器的多种服务。

（7）丰富的用户体验。

早在 1992 年魏培源（Pei-yuan Wei）开发 Viola 浏览器时，互联网就被用来在网页浏览器中传送“小程序”（Applet）和其他一些活动内容。1995 年 Java 的开发也是为了小程序传送。JavaScript 和后来的 DHTML 都被作为轻量型方式引入，为客户端提供可编程性和丰富的用户体验。几年前，Macromedia 创造出“丰富的互联网应用程序”（Rich Internet Applications）一词（该词也被 Flash 的竞争者开放源码的 Laszlo 系统使用），以便凸显 Flash 不仅可以传送多媒体内容，而且可以是 GUI（图形用户界面）方式的应用程序体验。因此，对新进入者而言，竞争机会在于充分开发 Web 2.0 的潜能，成功的公司将创建可以向其用户学习的程序，利用用户参与体系在软件界面和共享数据的丰富度方面建立一种关键优势。

Tim O’Reilly 指出，判断一个公司是不是 Web 2.0，需要将该公司的特征与上述七个原则进行比较，与七个原则越符合就越名副其实；并进一步指出，如果对七个原则都浅尝辄止，可能没有在某一原则上深入下去更为有效。另外，Tim O’Reilly 认为 Web 2.0 没有一个明确的界限，可以将 Web 2.0 视为一组原则和实践，上述提及的网站或多或少地体现着 Web 2.0 的原则。

图 9.1 是在一次名为“Friend Of O’reilly”的研讨会上产生的，描绘了从 Web 2.0 核心理念中衍生出来的许多概念。如图 9.1 所示，以 Web 2.0 为核心，上面是具体的代表性系统实例及其特征，左面、右面和下面是一些 Web 2.0 的观点。这个示意图对 Web 2.0

的各种原则、特征、理念进行了综合，但也只能让已经理解 Web 2.0 的人对其理解得更加全面，而给不理解 Web 2.0 的人带来的困扰甚至多于帮助。因此，给 Web 2.0 一个可界定概念内涵和外延的定义是非常必要的。

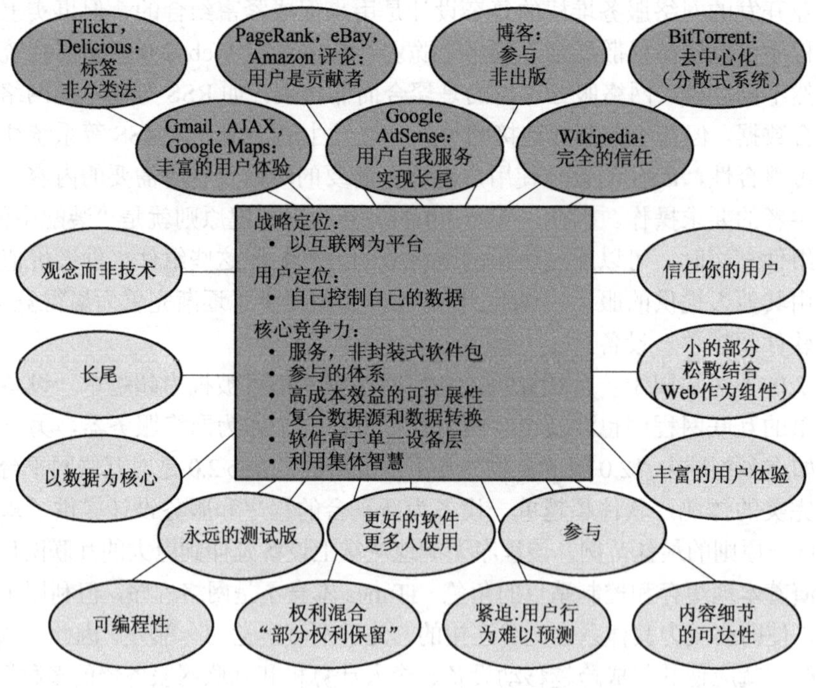

图 9.1　Web 2.0 示意图

9.1.3　Web 2.0 的定义

人们已经从不同角度勾勒了 Web 2.0 的轮廓，然而这些观点大多见仁见智，要形成公论或共识尚需时日。与多数包含 Web 字眼的概念不同，Web 2.0 并不是一项新技术。它更像一个分界标志，划出新旧 Internet 时代的清晰界限。

Tim O’Reilly 认为：Web 2.0 是一个跨越所有连接的设备的网络平台，Web 2.0 应用程序能体现该平台的固有优势，提供软件不断更新的服务，使软件更好、被更多人的使用；使用和混合多源数据，包括个人用户，同时所提供的数据和服务允许他人进行混合使用；通过“参与体系”创建网络效应；超越 Web 1.0 静态页面，提供丰富的用户体验。

互联网实验室认为：Web 2.0 不单纯是技术或解决方案，它是一套可执行的理念体系，实践着网络社会化和个性化的理想，使个人成为真正意义上的主体，实现互联网生产方式的变革，从而解放生产力，这个理念体系在不断发展完善中，并且会越来越清晰。实践 Web 2.0 的成型的应用元素包括：博客（Blog，包含文字、声音、图像、视频，让个人成为主体）及 SN（社交网络）、Web Services（Web 服务）、开放式 API’s（开放式应用程序接口）、Wiki （维客）、Tags（分类分众标签）、Bookmark（社会性书签）、RSS（简易聚合）、Ajax（异步传输）等，底层是 XML 和接口协议，而这些应用又都是在一些

Web 2.0 体系的理论和思想下指导形成的，包括六度空间理论、长尾理论、社会资本和去中心化等[1]。

中国互联网协会对 Web 2.0 的定义是：Web 2.0 是互联网的一次理念和思想体系的升级换代，由原来的自上而下的由少数资源控制者集中控制主导的互联网体系转变为自下而上的由广大用户集体智慧和力量主导的互联网体系。Web 1.0 的主要特点在于用户通过浏览器获取信息；Web 2.0 则更注重用户的交互作用，用户既是网站内容的浏览者，也是网站内容的制造者。

美国运通公司（American Express）的客户分析和交互策略专家吉姆·昆尼（Jim Cuene）认为：Web 2.0 是 2003 年之后一系列极富创新的互联网应用，包括在线图片网站 Flickr、地图服务应用 Google Maps、分类广告网站 Craigslist、社交网站 Friendster、美味书签 Delicious 及 Blog 等。

IBM 的社交网络分析师 Dario de Judicibus 从社群互动视角提出 Web 2.0 的定义[2]：Web 2.0 是一个架构在知识上的环境，人与人之间交互而产生出的内容，经由以服务为导向的网络应用程序，在这个环境中被发布、管理和使用。

目前，Web 2.0 还没有一个统一的定义。以上是从不同的角度对 Web 2.0 的描述或定义，都反映了 Web 2.0 的各种理念。现在基本达成共识的是 Web 2.0 的具体应用或表现形式包括 Blog、SN、Web 服务、API's、Wiki、Tags、Bookmark、RSS 和 Ajxa 等。

9.1.4　Web 2.0 的主要特征

1．参与、互动和分享

契诃夫有句名言："有大狗，有小狗，但小狗无须因大狗的存在而惶惑。大狗小狗都要叫，就按上帝给他的嗓门叫好了。"但昔日的互联网中只能听到大狗的声音，小狗则几乎没有机会叫唤。Web 2.0 使互联网的每一处都是小狗们的乐园，每一刻都是小狗们的节日。参与指的是个人深度参与到互联网中，而不是作为被动的个体。个人既是信息的阅读者，同时也是信息的发布者、传播者和修改者。互动指的是网站及其会员之间的互动、会员与公众的互动，其基本形态是朋友圈、文章评注等。互联网最初也有互动性，如 BBS 上的交流，但由于技术限制这种互动性不够强。分享是指人们对拥有的内容进行各种形式的输出、交换，使内容的价值最大化。参与、互动和分享的结果使 Web 2.0 具有下一个主要特征：自组织性。

2．自组织性

Web 2.0 的自组织性包括以人为中心的自组织和以信息为中心的自组织两类，即用户与用户之间、用户汇聚的群体与群体之间及用户创造的内容与内容之间，均是以不同的自组织方式关联起来的。以自组织的方式让人、群体、内容和应用等充分"动"起来，利用集体的智慧使群众力量得到最大程度的体现。

3．真实性

在 Web 1.0 时代，网络上都是虚拟社区和虚拟个体，包括 BBS、IM 软件、个人邮箱、个人主页在内的网络用户所填写的个人信息大多是虚假的，使用户在网络中的身份和形象并不可信。用户缺乏对彼此的信任，不利于物理世界中的朋友关系与虚拟社会中的朋友关系实现对接与转换。而 Web 2.0 时代的一项基本原则是真实，即使用户的名字不真实，但个人资料一般是可信的。在 Web 2.0 时代，隐匿真实身份的同时也就失去了利用 Web 2.0 的便利性。例如，以“因为真实，所以精彩”为经营理念的人人网，要求用户在注册网站时使用真实姓名，填写真实信息，上传本人真实的照片作为头像。如果用户注册信息是虚假的，就不能让朋友通过工作单位等相关搜索找到他，他所发布的信息的可信度也会大打折扣。

4. 以用户为主体

Web 1.0 网站提供给用户的内容是经过网站编辑处理的，用户阅读网站提供的内容，整个过程是网站到用户的单向行为。与 Web 1.0 网站单向发布信息的模式不同，Web 2.0 网站的用户既是网站内容的浏览者也是网站内容的制造者，Web 2.0 网站上所有的或大部分内容均是由用户贡献的。在 Web 1.0 时代，网站关心的焦点是物，如 Amazon 对数据的处理是按照“买这本书的人还买了哪些书”，即以商品为主体来组织数据的。在 Web 2.0 时代则是以用户为主体来组织数据，如豆瓣记录用户阅读了哪些书、哪些用户和这个用户阅读同一本书，虽然用户依然是通过书这个载体连接在一起，但用户成为关注的焦点。论坛与 BBS 之所以不被作为 Web 2.0，一个原因是它们是以话题而不是以用户为焦点组织数据的。

5. 去中心化

Web 2.0 是一个“去中心化”的平台，意味着信息和知识的生产和传播模式正由高度集中化向分布集中化转变。Web 2.0 让网络媒体从信息传播的渠道转变为信息市场、共享和传播的平台。Web 2.0 的去中心化就是每个受众的自主权的回归，每个用户都可以在网络平台上进行“微内容”的生产和传播。Web 2.0 去中心化的特征，使“内容为王”的传统媒体思维受到前所未有的挑战。例如，雅虎被称为“Web 2.0 杀手”，它收购哪个 Web 2.0 项目，哪个就慢慢消亡，Flickr 的日益沉沦就是一个例证。Web 2.0 服务的“去中心化”会造成流量大、用户活跃但很分散，定位为媒体公司的雅虎注重流量聚焦，所以把一些 Web 2.0 项目搞砸并不奇怪。

6. 渐进式开发

传统网站的开发周期往往很漫长，一旦定型，就很少进行改变。Web 2.0 网站则几乎从不间断地一直在开发，不断地提供新功能，不断地有新的变化，以致有些网站将自己称作“永远的测试版”。有些产品在开放状态下开发，新的功能以每月、每周甚至每天的速度被加入进来。Gmail、Google Maps、Flickr、Delicious 和其他类似的服务可能会在某个阶段多年打着测试版的标识。

7. 信息传播以微内容为基础

微内容是 Web 2.0 的一个关键词，包括用户所形成的任何网络数据：如一则日志、一个评论、一幅图片、收藏的书签、喜好的音乐列表、想结交的朋友等。Web 1.0 时代也有很多微内容，如在线相册和论坛发言等，但 Web 2.0 与之不同的一个重要特征是微内容的可重用性。Web 2.0 重点要解决的是对微内容的重新发现和利用，所以和微内容相关的技术和架构均是以 Web 2.0 为名义的。Web 2.0 使微内容在任何地方都可以被自由地使用，通过聚合、管理、分享和迁移及进一步组合微内容，可以形成各种个性化的丰富应用。

9.1.5　Web 1.0 与 Web 2.0 的关系

Web 2.0 与 Web 1.0 之间不是替代的关系，而是并存和互补的关系。Web 1.0 是一种单纯通过网络浏览器浏览 HTML 网页的模式，Web 2.0 则是一种内容更丰富、联系性更强、工具性更强的互联网模式。在 Web 1.0 的典型产品和服务中，用户只是一个模糊的群体代名词，没有具体的面貌、个性和特征。但在网络社区、社交网站、博客、微博、Wiki 和一些网络应用程序等典型的 Web 2.0 产品和服务中，用户是实实在在的具体的人，用户个人的具体性会因服务本身不断地充实起来。

Web 1.0 到 Web 2.0 的转变，在模式上，从单纯的“读”向“写”和“共同建设”发展；在基本构成元素上，由“网页”向“发表/记录信息”发展；在工具上，由互联网浏览器向各类浏览器和 RSS 阅读器等发展；从运行机制上，由 Client Server 向 Web Services 转变。同时，内容创建者由程序员等专业人士向全部普通用户发展；在应用上，由初级的、“滑稽”的应用向全面大众的成熟应用发展。简单而言，Web 1.0 的交流主体是人与机，而 Web 2.0 的交流主体则是网络中的人与人：Web 1.0 谈门户，Web 2.0 谈个人化；Web 1.0 谈内容，Web 2.0 谈应用；Web 1.0 谈商业模式，Web 2.0 谈服务；Web 1.0 谈密闭、大而全，Web 2.0 谈开放、谈联合；Web 1.0 谈网站中心化，Web 2.0 谈个人中心化；Web 1.0 谈一对一，Web 2.0 谈社会性网络；Web 1.0 不知道用户是条狗，Web 2.0 知道用户去年夏天做的是什么，还可能知道用户今年夏天要做什么。

9.1.6　Web 2.0 与社会化媒体

在 Web 2.0 时代，互联网已经成为大多数人生活的一部分，众多的新鲜事物应运而生，最热门的话题之一就是“社会化媒体”（Social Media），又称为“社会性媒体”或“社交媒体”。社会化媒体指的是允许人们撰写、分享、评价、讨论、相互沟通的网站和技术，它是用户彼此之间进行信息分享和情感交流的工具和平台，现阶段主要包括社交网站、微博、微信、博客、论坛和播客等。

社会化媒体可以把图片、音频/视频和文本等传统内容进行混搭处理，并进行网络互动，建立“联系”和生成“意义”。社会化媒体具备如下的特征和功能：以人为本而非传统意义的“用户”、“消费者”或“购买者”为核心；有助于人们聚合各种内容，通过网络生态系统管理其现实生活；建立相关的社交网络并让人们从中学习、得到回报和产生影响；用户可以获得实在的价值，寻找到意义和秩序；移动网络、互联网和现实生活可以实现无缝对接，用户通过任何设备和平台都可以访问和创造内容；按照用户信息进行精准营销能够带来巨大的商机。

社会化媒体与 Web 2.0 往往一起出现，表明两者之间有着紧密的联系。Lon Safko 在

2010 年对 600 多位受访者的调查表明，近 70%的人对术语“社会化媒体”不是特别熟悉，差不多也是 70%的人没有十足的把握给出 Web 2.0 的定义，说明这两个术语的确十分相关，但是并不等于同义。社会化媒体和 Web 2.0 之所以能够一同出现，是因为社会化媒体的产生依赖于 Web 2.0 的发展。社会化媒体利用的是 Web 2.0 的技术和应用，在人群间分享信息、讨论问题，通过不断的交互达成传播、分享与交流的目的。Web 2.0 时代网络给予用户充分参与内容创造的机会。如果不是 Web 2.0 的发展，网络不可能赋予网民充分的主动权，社会化媒体必然会失去群众基础和技术支持，从而失去根基。同时，网民对互动和表达自我的强烈愿望催生出大量眼花缭乱的技术，如果没有以 Web 2.0 技术为支撑的大量的互动模式和互动产品，网民的需求只能被压制而无法释放。

Web 2.0 改写了互联网的发展路径——从发布信息转向为用户提供网络应用的服务平台。Web 2.0 以用户为中心，其核心在于交流方式的参与性、个性化和发掘大众的智慧，促进网络上人与人之间的信息交换和协同合作。社会化媒体是 Web 2.0 最有影响力的媒体，也在改写传媒的历史。社会化媒体在人群间分享信息，通过集体讨论、内容贡献而不断互动、提炼，可以有效地对某个主题达成共识。其影响速度、广度和深度是任何其他媒体所无法比拟的。

9.1.7　Web 2.0 和市场变革

Web 2.0 的核心理念是用户创造内容，然而正是这种理念让众多公司管理层犯难。传统观点认为：谁得到信息、谁拥有信息，谁就有控制权。Web 2.0 则让更多的人参与进来，以便相互协作、发挥集体的智慧，这对已经习惯掌握控制权的人而言相当可怕。因此，Web 2.0 是一种自下向上的模式变革，对企业管理是一个挑战，更是一个机遇。

Web 2.0 时代社会化媒体得以发展，使用户能够进行内容创造、内容传播和内容分享，从而形成用户自主媒体。在社会化媒体上，企业及企业营销相关的市场信息主要通过用户之间的互动分享迅速传播，并在分享传播过程中不断丰富和完善。企业在此过程中的作用被边缘化甚至只能作为旁观者，既无法引导更不可能修改用户的言论。用户基于自己的消费体验自由地发表有关产品质量和服务等方面的评价信息，用户对企业产品和服务的任何疑问也可以迅速地通过分享获得可信服的回答，而企业发布的任何夸大其词或虚假的广告宣传都会被迅速揭穿，进而造成品牌危机。如果企业还固守传统的营销观念，以主导者的形象在社会化媒体上传播信息，必然会因为与其他用户之间的不平等关系而被用户所回避，使企业的营销传播彻底失效。

从市场营销角度来看，Web 2.0 至少意味着三方面的变革：一种创新的媒介形式、一个集中的社群环境及一种全新的营销理念。

1. 一种创新的媒介形式

Web 2.0 提供了全新的媒体工具，与传统的 Web 1.0 不同，它改变了网络信息获取的方式。RSS 信息聚合技术的出现，使网络使用者可以非常便捷地获取相关主题的内容信息。像《纽约时报》和《华尔街日报》这类传统媒体的网站，现在都已经开始借助聚合技术把新内容“推送”给用户。

相对 Web 2.0，Web 1.0 发展的主旋律还处在对传统媒体的模仿阶段，直接将个体网民弱化为观众和用户，忽略了网民的参与意识。正如有评论所说的：“少数人控制着内容和多数人的媒介接触方式。在那里浏览信息、表达批评意见或分享内容，你都需要得到某种特定的许可。”这种地位的不平等，毫无疑问会导致网民对传统互联网产生失落感和无归属感。

而以 Blog、SNS 和 RSS 等为代表的 Web 2.0 改变了互联网用户旁观者的地位。在 Web 2.0 时代，突出的不是技术，而是“参与”和“互动”。它与以往门户网站相比，面对的是相对少但却更加细分的人群。传统的门户网站经营者依靠庞大的编辑体系组织内容，以吸引更多用户，几乎将所有的东西一网打尽，而 Web2.0 市场定位非常清晰，对特定的用户群，有着自己核心的业务。

2. 一个集中的社区环境

早在 2004 年 10 月举行的“首届 Web 2.0 大会”上就有专家指出：“对开展网络营销的企业来说，创建一些资讯丰富的社区或与社区合作将是成功的关键。”Web 2.0 使得具有特殊个人喜好或共同用户体验的顾客群体，可以通过虚拟社区的形式，建立起某种经常性的联系。

当网络社区的参与者分享个人喜好或共同体验，并通过网络跟帖或发表新帖表述意见时，浏览信息所获得的用户体验可以得到提高。这种用户体验分享的方式，达到的效果已不仅仅是单个的累加，而是几何级数的增长。

“社区”的概念在互联网的环境里比以往任何时候都更加盛行。而今，这种网络社区正在逐步向线下转移，进入到现实生活中。个人喜好与用户体验也开始真正成为市场细分的标准，而不再是传统意义上营销专家们一再强调的收入或地域原则。Web 2.0 网络社区的盛行正在使地域的概念变得越来越模糊。

3. 一套全新的营销理念

Business Management Services 公司的 CEO Chris Tinney 说：“Web 2.0 与目前通行的商业理念存在冲突。”并对网络营销提出“不变革，就淘汰”的劝诫，“如果继续沿用以前的方式，网站很快就会失去新意、与世隔绝、呆板无趣。”所有对 Web 2.0 项目的投资都基于一个观念：利用互联网的力量引诱人们聚到一起来创造内容、分享专业知识，以及通过社会互动来寻求平衡。Web 2.0 的出现使企业比以往任何时候都需要在乎消费者的切身感受及切实利益。

Web 2.0 非常注重可用性和用户体验，要求营销工作人员提供区别于传统服务的创新态度，更加注重表达个性化的体验，设计个性化的操作功能及简洁友好的界面，不断激发用户产生消费和互联意愿。

9.2 在线用户创造内容

9.2.1 在线用户创造内容的概念与类型

1. 用户创造内容的概念

用户创造内容（User-Created Content，UCC）又称用户生成内容（User-Generated

Content，UGC），这一概念起源于互联网领域，泛指在网络上发布的由用户创作的文字、图片或音频视频等内容。用户创造内容已经成为当今很多一流 Web 2.0 公司（如 Amazon、eBay 和 Monster）成功的关键。用户能增加这些网站的价值，甚至在很多情况下，网站的成功完全建立在用户创造内容的基础上。例如，eBay（在线拍卖网站）依赖于出售和购买拍卖物品的用户，Monster（工作搜索引擎）将找工作的人与招聘人员和公司联系起来。

“内容”的外延正在不断扩大，它不再限于明确的生成内容，还包含隐含的生产内容，即从用户的在线行为中获得的信息。例如，用户从 Amazon 购买的每件商品和在 YouTube 观看的每个视频，都向这些站点提供了关于用户兴趣的重要信息。用户单纯的浏览行为都可能“创造内容”（需要平台的技术支持）：某文章被记录“多少人阅读过”，已成为网站推荐文章的重要指标，如果文章进一步被记录“你的哪些好友阅读过”，就更有意义。

2. 用户创造内容的类型

文本：用户可以编写文字、诗歌、小说和笑话等内容，并在网络社区中分享，使业余作者的作品和读者反馈在网络上传播。例如，同人小说网站 Fanfiction.net 聚集了成千上万的书迷根据原作改写的故事。

照片和图片：许多用户乐于在线分享他们的私人照片和图片。类似 Flickr 的图片服务网站具备了图片存放、交友、组群、邮件等功能，其重要特点是基于社交网络（Social Network）组织人际关系与内容。图片上传者可自己定义图片的关键字，即“标签（Tag）”，如此一来搜索者便可以快速找到想要的图片。

音频：用户在互联网上创建的音频内容范围很广，如音乐爱好者的原创歌曲、歌曲串烧等。这些音频内容可能发布在专门的歌曲串烧网站、提供音乐播放服务的网站、社交网站或用户个人主页上。但到目前，用户创造的音乐很少被列入在线音乐商店中。

视频：用户制作或编辑的视频内容主要采取三种形式：自制内容，如家庭视频或纪录片；已有作品的剪辑，如电影预告片；混合形式，自制视频内容与已有作品相结合。视频内容大多发布在社交网站、个人主页或视频分享网站（如 YouTube、谷歌视频和中国的优酷）上。越来越多的网站允许用户从手机、平板等终端设备上上传和下载视频文件。

关于商品和其他方面的用户创造内容：一大类用户创造内容是用户和消费者发表的观点和意见，如针对图书、音乐、电影、电视节目、电子产品、餐馆、酒店等许多商品和服务的评论。其他用户可以利用这些信息做出更明智的购买决定，商家更容易收集消费者对商品的反馈和建议。另一类是知识问答记录，有些知识问答平台在知识需求者（即提问用户和浏览用户）和知识提供者（即回答用户）之间搭建桥梁，如 Yahoo! Answers 和百度知道。各种在线社区对用户也很有帮助，其中有针对性的信息和观点往往带有显著的个人风格。

9.2.2　在线用户创造内容的驱动因素

在线用户创造内容的快速增长和无处不在是一系列因素驱动的结果，主要包括技术驱动、社会驱动、经济驱动和制度驱动。

1. 技术驱动

首先，20 世纪 90 年代末家庭宽带的迅速发展使越来越多的用户能够创造、张贴和下载相关内容，但受拨号连接的局限，用户创造内容大多仅限于文本和低质量的简单图片。高速连接的出现使用户能够快速地创造和上传越来越大的多媒体文件。随着光纤入户和高速无线宽带的普及及网络技术的持续更新换代，用户创造、上传和下载在线内容的类型和数量将会进一步迅速扩大。

其次，处理器速度、硬盘驱动器和闪存存储器的容量及消费类电子产品（如高质量的数码相机、数字视频录像机和智能手机等）性能的提高为用户进行内容创造带来了便利，同时，成本/效果比却大幅下降。新平台和移动无线通信技术的应用，使用户能够以更快的速度发送和接收手机图片与视频。

再次，诸如 HTML 生成工具等易获取的软件工具，使不具备专业知识的用户也能够寻找、编辑和创造视频与音频。在 Web 2.0 时代，用户创造内容的渗透无处不在，内容定位、传播和质量评估等方面的挑战促进了其他新技术的发展，包括标记（Tagging）、播客、推荐、过滤、订阅（如 Really Simple Syndication，RSS）及网页交互应用等，这些技术正是博客和 Wiki 等网站进行内容管理时所需要的。

最后，用户创造内容网站和服务器的升级也是一个必要的驱动因素，它可以为用户提供储存空间和相关技术来发布和传播所创造的内容。由于手机拍照和视频功能的增强及手机网络和互联网的融合，移动内容正在借助新的移动服务广泛传播。以用户创造内容为特征的新视频平台（如 IPTV）及允许用户创造内容的视频游戏，正在为在线内容的发展提供额外的动力。

2. 社会驱动

宽带的普遍使用，大量的活动参与、信息分享与线上互动意愿，正在改变着互联网用户特别是年青一代的媒体消费习惯。社会因素是导致这种变化的重要驱动之一。用户内容创造开始只是在少数年轻、男性和具备高信息通信技术的人群中流行，最近正逐渐成为主流行为。根据一项调查，在线发布过视频内容的业余爱好者中有四分之三是 25 岁以下的年轻人，其中男性占 86%[3]。虽然用户创造视频拥有大量观众，但创造者只是极少数用户。

3. 经济驱动

用户创造内容的商业价值是推动在线内容发展的又一重要因素。人们对传统媒体兴趣的降低，导致其收入放缓，而且媒体公司、通信产业（移动运营商）和其他的商业运营者已经意识到用户创造内容的巨大潜力，因而纷纷对相关产业进行大量投资，是推动在线内容发展的一个重要经济驱动因素。统计数据表明：用户创造内容相关网站和服务已经吸引了越来越多的私人和公司资金及风险资本。例如，在美国 2007 年第二季度，投向信息服务公司（包括经营社交网站、博客和 Wiki 等的网络公司及 IT 服务商）的风险资本总额达 9.79 亿美元，比 2006 年第二季度高出 52%，比 2003 年全年的投资还要多[4]。用户创造内容的繁荣与互联网“长尾理论”不谋而合，互联网为网民提供了可以不花分文撰写博客、发表观点和免费传播自己内容的平台，长尾小众创造的内容累加起来会形成比主流媒体或官方媒体更强大的经济影响力。

4．制度和法律驱动

有关创造和传播在线内容的新法律法规对用户创造内容的可用性和传播起到了一定的推动作用。灵活的许可和版权方案（如 Creative Commons）允许更简单的传播、复制用户创造内容，以及在用户创造内容的基础上创作衍生作品等。

9.2.3 在线用户创造内容的平台

1．博客

博客（Blog），又译网络日志，是一种可以完成个人网页创建、文章发布和更新的网站。一般由按时间倒序排列的文章组成栏目。一些博客专注于特定的主题，一些则被用于记载个人日记。一个典型的博客结合了文字、图片、其他博客或网站的链接及其他与主题相关的媒体，能够让读者以互动的方式留下意见是许多博客的要素。大部分的博客内容以文字为主，也有一些博客主要发布艺术、摄影、视频和音乐作品等，如火箭帮（Rocketboom）每日发布一个 3 分钟的电视新闻秀。

2．播客

播客（Podcast）是美国苹果公司的“iPod”与“广播”（broadcast）的合成词，指的是一种在互联网上发布文件并允许用户订阅以自动接收新文件的方法，或用此方法制作的电台节目。2004 年 9 月苹果公司发布 iPodder，这一事件被作为播客出现的标志。播客使得每个人都可以像新闻从业者一样使用音频和视频软件轻松地创建内容，借助播客发布程序进行在线内容发布和管理。听众可以通过 RSS 订阅播客，在计算机或便携式播放器上播放播客内容。目前流行的播客网站有 Youtube 和中国的优酷等。

3．Wiki

Wiki 是指允许用户编辑已有内容并添加新内容的网站。由于 Wiki 可以调动广大网民的群体智慧参与网络创造和互动，它是 Web 2.0 的一种典型应用。目前最流行的 Wiki 是 Wikipedia（维基百科），它是一个自由、免费、内容开放的网络百科全书。参与维基百科工作的参与者需要遵守一些基本守则，从而使整个协作计划能够平稳并卓有成效地展开。2005 年，有一个实验对 Wikipedia 和 Britannica（《大英百科全书》）的 42 个条目进行了比较，结果显示 Wikipedia 条目中不准确的地方更少[5]。Wikipedia 条目中的错误会很快被纠正，而 Britannica 中的错误只有在下次重印书籍时才可能得到更正。

Wikipedia、Wikia 和很多其他 Wiki 都使用了 MediaWiki 开源 Wiki 软件（最初是为 Wikipedia 开发的），很多公司也使用 Wiki 来提供产品信息、技术支持和社区资源。SocialText 是最早将 Wiki 技术商业化的公司之一，它提供实时的协作式 Wiki 产品和服务。很多公司发现使用 Wiki 后，在项目合作时会减少员工之间的 E-mail 和电话，同时可以更密切地跟踪项目的变化。

4. 社会化书签

通过社会化书签（Social Bookmark）网站，用户可以为站点添加自己的网络书签，用多个关键词标记和整理书签，并与人共享。这些网站允许用户在世界任何地方查看自己的书签，通过访问别人的书签发现新的信息资源。越来越多的网站通过让读者轻松分享和收藏喜欢的网站内容到常用的书签网站来提高人气和流量。流行的社会化书签网站有 Delicious、Pinboard 等。

Delicious 的自我描述为“爱好的集合”。用户可以在 Delicious 网站或使用它的浏览器插件来添加书签，而一些网站已经嵌入了 Delicious 提供的用于保存页面的按钮。制作网站书签时，用户可以添加注释和标签（Tag）来描述书签。标签是可搜索的，可用于组织书签，也可以根据其他用户的标签来查找自己需要的内容。Delicious 具有一定的社交功能，用户能够通过跟随其他用户发现、分享、收藏更多更有趣的链接。Delicious 是一个结合了标签、社交网站和用户生成内容的 Web 2.0 工具的重要实例。

5. 社交网站

社交网站（Social Networking Sites，SNS）的主要作用是为一群拥有相同兴趣与活动的人创建在线社区，是一种整合了多种网络服务和功能的综合性社交服务平台。社交网站一般会提供多种让用户交互的方式，如分享文件、评论、发送站内信息、参与游戏等，从而为用户交流与分享信息提供了新的有效途径。拥有数以百万计注册用户的社交网络已经成为很多人生活中必不可少的一部分。知名的社交网站包括 Facebook、Myspace、Twitter、中国的人人网和新浪微博等。

社交网站的发展验证了美国心理学家 Stanley Milgram 的六度分隔理论，即“在人际关系脉络方面，你必然可以通过不超出六位中间人间接与世上任何先生或女士相识”。这一理论说明，每个个体的社交圈都会不断地扩大和重叠并在最终形成巨大的社交网络。

6. 虚拟世界

互联网上的虚拟世界是一个由计算机模拟的虚拟空间，用户可以通过自己的虚拟形象（化身）栖息其中，并与其他虚拟形象展开交往和互动。这种虚拟空间通常是通过二维或三维图形体现出来的。

林登实验室（Linden Lab）开发的 Second Life（第二人生）是一个拥有数百万居民的三维虚拟世界（见图 9.2）。居民的虚拟化身就是用户创造内容的一个典型例子。用户可以创建自己的化身，并用数字来表示。使用这种虚拟身份，用户可以认识那些有相同兴趣的人，可以进行交易，可以参与团体活动。用户创造的内容除了文字、图片、视频外，还有任何可以想象的虚拟物品，如房屋、汽车、宠物、衣服等。有些用户已经在 Second Life 建立了赢利性业务，或者在虚拟世界里继续从事实际生活中的职业。例如，律师可利用 Second Life 会见新客户，很多大公司（如 IBM、Sun 和 Intel）都有代表与客户联系、召开会议，甚至招聘和面试新员工等。

Second Life 有自己的一套经济体系和一种叫作 Linden 的货币。居民可以制造新的商品或提供服务，然后在 Second Life 的虚拟世界里进行买卖。居民还可以在货币交易中所把美元等现实世界中的货币兑换成 Linden 元，其每月的成交额达数百万美元。这不但为用户提供了获利机会，而且 Second Life 也可以从出售付费账号和虚拟土地及收取交易手续费中获得收入。例如，2006 年 5 月，德国华裔女子 Ailin Graef 登上了美国《商业周刊》的封面[6]，这是全球第一个依靠在虚拟世界投资而成为百万富翁的人。自 2004 年加入 Second Life 以来，她已经建立了庞大的虚拟地产王国。2006 年年底，她名下的资产包括 36 平方公里的虚拟土地、几家虚拟商铺及其他几家虚拟公司的股份。通过虚拟地产生意，她赚取了 3 亿 Linden 元，按照虚拟货币与美元的比值换算，资产已超过 100 万美元。她是发迹于虚拟世界最具知名度的真实人物，被《Bussiness 2.0》称为虚拟世界的洛克菲勒。

图 9.2　Second Life 虚拟世界中的海滩

9.2.4　在线用户创造内容的价值链

围绕用户创造内容，新的价值链和商业模式正在迅速浮现，并涉及越来越多的商业和非商业参与者。根据用户创造内容的定义，不难看出其在很大程度上是一种非商业现象。海量的在线用户创造内容并非为利益和报酬所驱动，而是创造者渴望在虚拟世界中与他人交流、扬名、树立威望和自我表达等。从传统商业视角，虽然一些电子内容方面的文献已经讨论了用户创造内容的价值链，但相关论述和结论仍不够清晰、透彻。若要全面理解用户创造内容的价值链和赢利模式，尚需对用户创造内容的发展和特点进行进一步的梳理。

首先，在线用户创造内容价值链与传统的线下媒体内容价值链有一些显著的不同之处。图 9.3 是传统媒体内容价值链的示意图，适用于文本、音乐、电影和类似的媒体内容，不适用于在线用户创造内容。从内容创造者的视角来看，传统线下媒体内容的价值链由多个阶段构成，每个阶段均具有不同的特征。内容创造者和消费者分属价值链的两端，中间阶段包括内容出版商选择内容和传播者选择内容两个接续过程。线下媒体内容的质量由出版商把关，在出版商选择内容阶段，内容创造者往往需要依靠出版商的支持，对内容进行生产和制作。为了让创作的内容能够出版发行，社论编辑不得不隶属于一个报社、音乐家不得不签署一个唱片公司、诗人不得不寻找一个图书出版商、编剧不得不将其手稿交付给电影制片厂等。内容经由出版商制作成产品之后，创作者还需要依赖出版商的广告策略、市场宣传和销售渠道等。

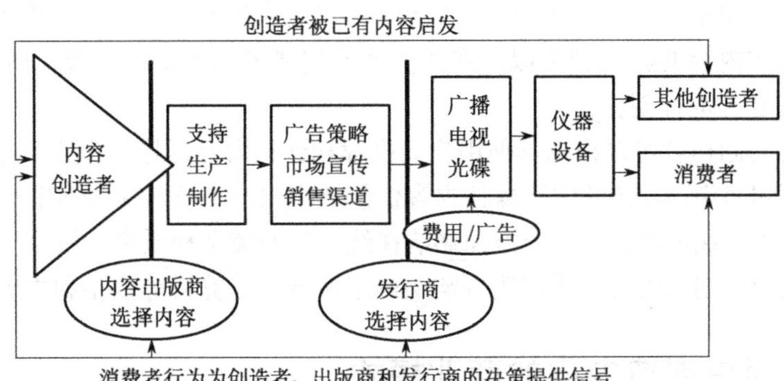

图 9.3　传统线下媒体内容的价值链

传统线下媒体内容的发行成本很高，出版商必须为制作的内容选择适合的宣传和发行渠道。由于有影响力的发行渠道有限，只有少量线下媒体内容能够进入广播、电视或光盘等发行渠道。在进入发行渠道之后，消费者才通过仪器设备（如影碟机和收音机等）观看、收听和阅读相关内容。

线下媒体内容的收益方式主要有两种：一是消费者直接为媒体内容支付费用，如电视节目订阅费和光盘购买费等；二是线下媒体内容带来的广告费，在广告费的支持下，出版商通过所选择的发行渠道将内容提供给消费者。最后根据顾客反馈，创造者、出版商和发行商再进一步制定未来的内容创作或选择策略。此外，创造者创作内容往往不是凭空臆想的，而是在前人工作的基础上进行创作的。创作灵感常常受其他创造者的激发和启示，如音乐家、表演家和编剧等通常都要吸收前人作品的优点为自己服务。

图 9.4 是在线用户创造内容价值链的示意图。最初，在线内容的创造者以非商业的形式创作内容，目的是追求其他用户的认可、提升在虚拟世界中的名声或获得随后的物质报酬等。由于消费者需要拥有相关设备并花费时间下载和观看，在线用户创造内容不能完全替代传统线下媒体内容，但它确实在为消费者创造价值。而且因为在线用户创造内容常常是免费的，消费者一般能够获得较高的剩余价值。在线用户创造内容本身是免费的并不意味着消费者不需要任何支出，因为消费者需要购买上网设备、软件和网络服务等。

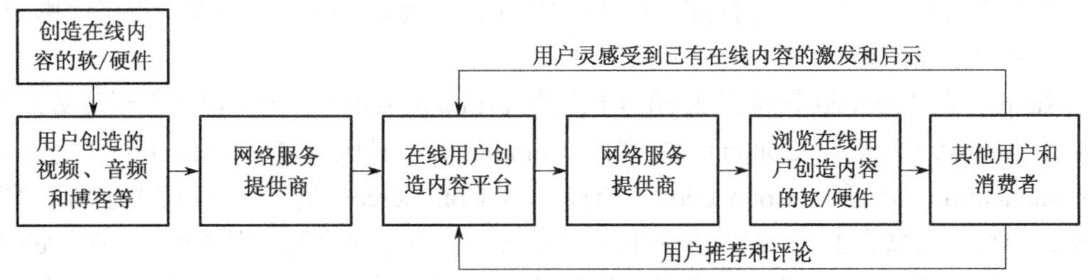

图 9.4　在线用户创造内容的价值链

在在线用户创造内容的价值链中，创造者使用数码相机、移动设备、软件、网络服务商和创造平台的服务等在创造平台上创作并发布内容（如图 9.4 所示）。与传统线下媒体内容要经过层层筛选形成鲜明对比的是，所有在线用户都能广泛地创作和发布内容。如果在线用户拥有个人博客，就不需要再依赖一个外部的用户创造内容平台。尽管在线用户创造内容在质量上参差不齐，但广大活跃用户创作出的大量创新性内容是有价值的。与传统线下媒体内容的创造者类似，在线内容的创造者也需要在传统媒体和在线媒体等已有内容的基础上进行创作。

在线内容的创作者可以根据其他用户的推荐和评论自己选择创作或不创作哪些内容，从而获得认可和名声。与传统线下媒体内容价值链相比，在线内容从创作到发行所需的时间被极大地缩短，这可能会在多个方面影响在线内容的类型和质量。最后，为了通过创造平台下载在线用户创造内容，用户需要购买网络服务、计算机等设备和相关软件。

9.3 在线用户创造内容的商业模式

9.3.1 在线用户创造内容与电子商务的关系

随着计算机信息技术的快速演变与 Web 1.0 向 Web 2.0 不断纵深发展，全球电子商务已经开始了将电子商务同 Web 2.0 的深度结合。作为 Web 2.0 主要特征之一的在线用户内容创造，可以增加网络销售过程中的人际交流、互动和用户参与。用户创造内容对电子商务发展的影响主要体现在客户的获取及客户的转化和保留方面。

传统电子商务模式在客户获取方面严重依赖搜索引擎营销，这包括搜索引擎广告和优化。即使是 Amazon 和 eBay 等著名的网站，仍然需要在搜索引擎营销方面大量投入。用户创造内容模式则可以让用户带来更多用户，即所谓的病毒式营销。如果对用户创造内容运作得当，可以促进消费者的分享、传播和评价，这为企业提供了一个有力的新营销渠道。

在客户转化和保留方面，传统的电子商务主要靠商家创造内容，包括登录页面的优化、购物流程的简化及提供相关的内容，如产品规格和照片等。现在许多商家更加注重消费者口碑等用户创造内容，它们找到了一个可靠且低成本的反馈渠道，用来不断改进产品、服务和公司运营。例如，Carphone Warehouse（CPW）是欧洲最大的移动电话和服务零售商。面对客户在 Twitter 和博客上投诉的客服问题，CPW 决定利用 Twitter 公开接受客户的投诉，增加客户与公司的互动。CPW 发现 Twitter 为公司提供了新的机会，可以真正听取和参与到客户的对话中，更加快速地解决客户投诉和反馈，积极地影响客户对产品的在线评论。

Rayport 与 Jaworski 教授在 2000 年出版的 *e-Commerce* 一书中提出了电子商务的 7C 战略：Context（背景）、Content（内容）、Community（社区）、Customization（定制）、Communication（沟通）、Connection（连接）和 Commerce（商务）。传统电子商务的商业模式一直以商家为主导，但商家对电子商务网站上内容的价值开发很少。而在 Web 2.0 时代，用户创造内容已成为一种新的内容生产模式，7C 战略中内容的价值将获得进一步的开发和释放。

9.3.2 在线用户创造内容的赢利模式

媒体公司等商业实体在支持、搜索、整合、过滤、托管和传播在线用户创造内容方面扮演的角色越来越重要，但内容创造者或相关的商业实体（如在线用户创造内容网站等）直到最近才开始赢利。

一些用户创造内容网站是爱好者的非商业性开发，还有一些是几乎没有收入的初创企业，但它们接收到越来越多的风险投资。这些网站可能不制订如何赢利的商业计划，而是将主要目标放在如何扩大创造者和观众的数量上，并着眼在后续阶段卖掉网站或实现某种商业模式。它们只有很低的收入甚至没有经营收入，但为了维持技术、宽带和组织等的正常运转，必须投入大量的资金。如果网站还托管未授权的第三方内容，还需要向这些内容的所有者支付报酬。

在线用户创造内容网站引起了投资者和相关企业的浓厚兴趣。很多此类网站已经成功上市，如日本的 SNS 网站 Mixi、德国的 SNS 网站 open BC/Xing 和美国的 SNS 网站 Facebook。一些媒体巨头和互联网公司对此类网站的兴趣也正日益增长，新闻集团、谷歌、索尼和雅虎等公司都已花费巨资收购在线用户创造内容网站，见表 9.2。

表 9.2 部分被收购的在线用户创造内容网站

日 期	收 购 方	被收购方	类 型	成交价格（百万美元）
2005 年 9 月	News Corporation	MySpace	社交网站	580
2005 年 10 月	Viacom/MTV	iFilm	视频网站	49
2006 年 8 月	Sony	Grouper	视频网站	65
2006 年 8 月	Viacom/MTV	Atom Films	游戏、电影和动画网站	200
2006 年 9 月	Yahoo	Jumpcut	视频编辑网站	未公开
2006 年 10 月	Viacom/MTV	Quizilla.com	文本和图片网站	未公开
2006 年 10 月	Google	YouTube	视频网站	1580
2006 年 11 月	Google	Jotspot	Wiki 网站	未公开

在线用户创造内容网站的售价和流入该领域的风险资本日益增加，这引发了社会各界对互联网泡沫的忧虑。像 20 世纪 90 年代晚期一样，投资者通常关注网站的用户规模（用户数、页面浏览量和点击率等），而对赢利和收入似乎不太关注，导致狂热的投资浪潮，最终造成第一次互联网泡沫。大量的资金被投向新成立的在线用户创造内容网站，社会各界担忧这种投资行为将造成第二次互联网泡沫。但应该看到，这些投资所面临的环境正在发生变化，如在网络广告、内容的质量、用户的使用习惯和信息通信技术的发展等方面存在的新机遇将有助于消减第二次互联网泡沫的风险。而且流入到信息通信技术相关领域的风险资本总额仍然较小。例如在美国，2006 年的投资额大约仅相当于 1999 年至 2001 年平均投资额的 40%。

虽然在线用户创造内容的价值链（即在内容生产和传播过程中能够增加价值的实体和活动等）尚未有大的改变，但由于人们对用户创造内容货币化的兴趣日益增长，致使在内容的创造和托管两个方面均出现了新的商业模式，新模式的目标就在于促进在线用户创造内容的货币化。当消费者登录在线用户创造内容平台或观看某个视频时，需要先付费、订阅相关内容或观看一些在线广告，才能获得想要的内容。在线用户创造内容与传统线下媒体内容的价值链也出现了交叉。用户创造内容平台可以遴选出有前景的内容，并将这些内容整合到传统线下媒体的价值链中。

用户创造内容网站、广告公司、搜索引擎和传统媒体公司正陆续加入在线内容的提供和传播中。当涉及费用支付时，金融服务提供商和相关的技术支持企业也会被纳入价值链中。由于对内容搜索工具（即适用于音乐、视频、其他多媒体内容及用户评论和推荐等的搜索引擎）的需求日益增长，搜索门户和多媒体内容整合工具的角色越来越重要。同时，为防止在线用户创造内容被非法使用，数字版权管理和水印技术提供商也逐渐成为价值链的一部分。

由于在线用户创造内容有不同的表现形式，如博客和视频等，对其进行货币化的方法虽然比较相似，但不尽相同。尽管货币化在线用户创造内容的兴趣日益增长，但大部分模式仍然在调整和变化之中，只有少数内容提供商获得了实质性的收入和利润。总体而言，目前实现在线用户创造内容货币化的方式主要有五种，包括自愿捐款、向浏览者收费、广告费、向第三方征收许可费及向用户销售商品和服务等。

1. 自愿捐款

在自愿捐款的赢利模式中，创造者无偿在线公开其创作的内容，类似于街头歌手，虽然不要求观众为其表演付费，但恳求路人自愿捐款。采用这种赢利模式的网站往往在醒目位置设有捐款按钮，鼓励在线内容的浏览者向创造者或其机构捐款。捐款方式一般是使用信用卡或 PayPal 等在线支付工具。事实上，很多博客、Wiki、在线视频和音频的创造者都会请求观众为其捐款，以维持网页和服务器的正常运营及相关内容的持续创作和免费发布。采用这种赢利模式的在线用户创造内容网站大多是非商业性的，因而具有一个共同的特征，即只有非常少量的运营资金，甚至只有志愿者和创造者的时间投入。例如，以自由、免费、开放、自动净化、内含文化价值、用户创造内容而闻名的 Wikipedia，依靠的就是自愿捐款的赢利模式。它在 2005 年只有不到 75 万美元的运营经费，靠频繁地吸收捐款来维持运营开支，目前正逐渐成长为世界第五大网站。全球之声网站（Global Voices Online）的内容是依靠博客撰写者的时间投入，但运营经费来自赞助商（如路透社）。时间和资金上的自愿贡献已经成为互联网发展中开源运动和用户驱动创新的基石。

2. 向浏览者收费

虽然内容的张贴是免费的，但网站可能会向在线用户创造内容的浏览者收费。这种赢利模式一般有两种形式：按项收费和订阅收费。采取这种赢利模式的网站需要非常受欢迎，因为竞争对手的内容可能是免费的，而且进行小额在线支付和输入信用卡信息是一个烦琐的过程。

按项收费模式：在这种赢利模式中，消费者需要按照每个内容向在线用户创造内容平台或内容创造者支付费用。例如，iStockphoto 提供多种价格的图片，其中 20%左右作为提成支付给图片的创作者。著名社交网站 Twitter 的蓝色小鸟标志就是在 iStockphoto 上花 15 美元购买的。其次，拥有在线用户创造内容版权的平台或专门的电子内容销售网站（如在线音乐商店、视频点播平台等），可以将在线用户创造内容作为全部服务的一部分进行销售，并按照购买的项数收费。由于在线销售电子内容不需要货架来储存，内容丰富多样，还没有保质期等条件的制约，将会在很大程度上促进这种赢利模式的发展。

订阅收费模式：在这种赢利模式中，消费者订购在线用户创造内容网站提供的服务，按月、季度或年等支付费用。消费者支付订阅费一般是为了让服务商提高对自己创造内容的服务，同时提高访问其他用户创造内容的权限。纯粹为了访问其他用户创造内容而支付订阅费的做法非常少见。订阅收费模式通常以双重订阅的形式出现，消费者可以选择先支付一项基本费用来获得一定数量和组合的服务，而后再选择支付一项订阅费或其他费用以获得更高级的服务，如获得更大甚至无限容量的空间等。最近还出现了一种新型的订阅收费模式，用户为获得所需服务定期支付给平台网站一定的费用，网站会根据这个用户创造的内容的受欢迎程度再支付给他一定的报酬，目的是鼓励用户创造更多高质量的内容。

此外，将在线用户创造内容与传统的订阅服务进行捆绑可能是一个更加明智的选择。目前有线电视运营商、互联网服务提供商、数字广播服务商和其他媒体的大部分营业收入来自定期的订阅费，但其订阅服务已经受到在线用户创造内容快速发展的负面影响。上述服务运营商可以选择播放在线用户创造内容，如设置特殊频道专门处理用户创造内容或将用户创造内容整合到常规节目中。在这两种情形下，消费者均可通过订阅服务为在线用户创造内容支付费用。

3. 广告费

广告费是一种在线用户创造内容网站更可靠的收入来源，是在线用户创造内容快速发展的强力推动剂。广告费赢利模式既能保障在线用户创造内容的免费提供，又能保障托管内容网站取得收益。采用这种赢利模式的网站与免费邮箱类似，用户免费使用相关服务，服务提供商向其用户投放广告。广告费的收费标准取决于多种因素：在线用户创造内容网站的用户基数、用户对网页的使用方式（如页面的停留时间和浏览量及重复访问等）、点击广告并进入广告品牌页面的数量等。因此，只有拥有足够大的用户基数并吸引到足够多的广告，网站才可能拥有稳定的收入流，才可能建立一种可行的、持续的赢利模式。

用户创造内容网站采取的广告形式主要包括横幅广告、视频嵌入式广告、品牌频道或页面等。这些广告可以以特定用户为目标（常常是年轻的目标群体），也可以与特定的内容关联，即将广告嵌入到某些在线用户创造内容之中。对于横幅广告，在用户搜索或观看一个具体的视频时，相关的广告将显示在侧边栏，当计算机光标移动跨越一个横幅时，这个横幅就开始显示具体的广告内容。视频嵌入式广告只有正在播放视频时才会显示，广告通常会显示在相应视频的观看页面上。品牌频道是在用户创造内容网站上为品牌创建一个目标网页，可显示品牌新闻、视频、播放列表、RSS 等，有利于品牌与消费者交流并建立长期的关系。

许多在线用户创造内容平台选择依靠某些服务获得广告收入，如 Google AdSense 和 FeedBurner Ad Network 等。Google AdSense 是由 Google 公司推出的针对网站主（或发布商）的互联网广告服务。Google AdSense 可以通过程序分析网站的内容，从而投放与网站内容相关的广告，然后通过有效的点击或展示获得收入；也可以为网站轻而易举地添加自定义搜索引擎，然后通过在搜索结果页面上展示的广告获得收入。Google AdSense开创了一个新的广告赢利模式。以前很多广告商主要是在各种页面高频率轰炸用户的眼球，而不管这个用户对广告内容是否感兴趣。Google AdSense却通过分析网页内容，提供一些与内容相关的文字和图片广告，使广告成为一种真正有用的信息。FeedBurner主要基于RSS的广告模式，网站可以通过FeedBurner的服务在RSS中嵌入Amazon的广告，如果这些RSS广告被点击并在Amazon产生消费，该网站则可以通过Amazon Affiliate计划获得一定的收入。这些赢利模式为用户创造内容网站提供了接触大量广告客户的机会。

用户创造内容网站也可以通过广告植入获取收入。例如，优酷视频制作的“妈妈的谎言”就植入了宝洁舒肤佳的广告。针对舒肤佳二十年来一直传播的“爱心妈妈，呵护全家”品牌内涵，结合“母亲节”这一特殊意义的节日，优酷策划了与之精准匹配的营销策略，围绕“母亲节”和“感恩”这两个核心要素进行视频创意。制作手法采用视频拼接形式，形成时空交错换位的画面，画面通过回忆“妈妈的谎言”表现出对母亲的深深感恩，视频充满了温馨怀旧的氛围，同时将舒肤佳品牌巧妙植入。另外，像Second Life等虚拟世界，其精髓仍然是用户创造，这个世界可以像现实世界一样，在各种场景中植入各式的虚拟广告。

精准的目标市场选择技术使广告客户创建目标广告信息的能力日益增强，然而，目标广告的效果取决于在线用户创造内容与相关广告的契合度。在线内容常以关键词和标签进行组织，这些标签和关键词通常由上传者设置。当一些上传者没有设置关键词或为提高浏览量而使用误导性的关键词时，这种赢利模式的效果就会受到一定的影响。目前在线用户创造内容货币化的大部分希望被放在基于广告的商业模式上，而用户群体可能已经习惯了免费内容，或许会转移到没有广告的竞争对手的网站。

4. 向第三方征收许可费

在线用户创造内容不是一次性消费品，也不是只对用户创造内容网站的浏览者具有价值，因而将用户创造内容推向更广泛的受众也是一种取得收入的较好方法。目前越来越多的网站正考虑将其用户创造内容移植到其他平台上，通过许可形式将相关内容授权给第三方（如电视台和新闻报社等），从而获得许可费。根据大部分用户创造内容网站的服务条款，网站是全部资料和信息知识产权的唯一所有人，用户同意网站无偿使用其创造的内容，且不能将已发表于网站的信息资料以任何形式发布或授权其他网站（及媒体）使用，在未取得书面明确许可前，任何单位或个人不能将网站的任何知识产权对象进行任何目的的使用。一些服务条款还规定网站可以将用户创造的内容授权给第三方使用，并在内容创造者和网站之间建立了一种收入分享机制。

在线用户创造内容平台也可以通过签订商业协议向第三方提供相关技术，如DailyMotion就将其视频分享服务技术授权给法国互联网服务提供商Neuf Telecom。

5. 向用户销售商品和服务

还有一种赢利模式是向大量黏性用户出售自有或第三方的商品。成功的用户创造内容网站拥有大量的用户，网站可以直接向用户销售商品或服务。与按项收费或订阅收费相似，博客、照片分享等网站可以向用户销售一次性或连续的服务。社交网站和虚拟世界等则可以向用户销售在线游戏、虚拟配件甚至虚拟土地等。例如，韩国的社交网站 CyWorld 在用户装饰道具和虚拟小屋的家具等虚拟产品上收入颇丰。另一社交网站 Facebook 每年与游戏相关的虚拟商品及服务交易规模达 10 亿美元。除虚拟商品外，有些社交网站开始销售真实商品。2012 年 9 月，Facebook 推出真实礼物服务，用户可以通过 Facebook 赠送好友礼物。例如，当临近节日、好友生日或纪念活动时，Facebook 会利用其庞大的用户资料和处理资料的能力，自动提醒用户为好友送上祝福并附带赠送真实礼物功能。

用户创造内容网站也可以与第三方合作，允许作者直接向第三方出售内容，并按照一定的机制分享收入。例如，MySpace 的 Mypurchase 服务为创造者提供界面，以便创造者销售其音乐，创造者将一定比例的销售收入支付给 MySpace。

除上述五种主要的赢利模式外，在线用户创造内容平台还允许用户之间进行交易，并按一定的比例参与分成。或根据服务条款，向市场研究者和其他公司出售匿名信息，如用户匿名信息、用户口味和用户行为等。随着信息通信技术的发展和社会现实环境的变化，一些新的赢利模式正在逐渐被发掘。各种赢利模式存在不同的优/缺点，哪一种赢利模式相对更成功仍有待进一步探索。

9.3.3 在线用户创造内容的商业价值

用户创造内容已经成为一个重要的经济现象。越来越多的企业家意识到虽然用户创造内容不能直接转化成收入，但它是网民聚集在某些网站的重要原因。在当今信息过剩的社会，人们的关注往往会形成一种商业价值，即企业希望尽可能地吸引用户或消费者的注意力，通过培养潜在的消费群体，以期获得未来的商业收益。正是基于这种认识，属于非商业信息的用户创造内容已经逐渐影响到经济活动的诸多方面。通过影响内容创造、传播和消费环节的参与者，用户创造内容给传统企业和新兴企业带来了诸多机遇和挑战。

本节将介绍用户创造内容的经济意义，并在 9.3.2 节用户创造内容赢利模式的基础上，介绍用户创造内容如何为价值链的参与者创造利益及用户创造内容货币化的途径。然而用户创造内容的货币化还处于初始阶段，相关的商业数据较少，因此用户创造内容在经济方面的影响往往难以量化。

如表 9.3 所示，价值链的不同参与者具有不同的经济动机，期望从用户创造内容中获得不同的收益。新闻报道已经大量报道了用户创造内容对传统媒体的影响，但用户创造内容更直接的影响是对非媒体企业和用户的。例如，对内容创造和发布所需的新型电子设备、信息通信技术硬件和软件及网络服务等相关企业的影响，这些企业一般已经吸引了大量的风险资本，且被期待产生投资回报；对搜索引擎、门户网站和其他 Web 2.0 网站的影响，这些企业试图开发出关于内容搜索、整合和传播的业务模式，并通过经营在线广告而获利。专业内容创造者（经常是自由职业者，包括自由撰稿人、作家、摄影师、视频制作师等）也不免受到影响，因为免费的在线内容与他们的作品形成了直接的竞争关系。

表 9.3 用户创造内容价值链参与者的经济动机和利益

电子产品和信息通信技术（ICT）产品	销售具有新功能和互操作性的硬件设备，方便用户创造和获取在线内容
软件	提供 ICT 服务及用于创造、存储和传输 UCC 的软件
互联网服务供应商（ISP）和门户网站	ISP 借助 UCC 来吸引消费者，建立用户基础，以增加互联网服务收入；门户网站借助 UCC 提高访问量，进而赚取广告收入（避免用户流向 UCC 网站）
UCC 网站和平台	提高流量和用户订阅，赚取广告收入；吸引投资
创造者和用户	内容创造者的非商业动机（娱乐、告知他人、社会交往、获得认可）/商业动机（通过出售内容或参与广告费分成而获得收入）；其他用户从接触有趣的、知识性的、教育性的内容中获益
传统媒体	吸引 UCC 的观众，推广自己制作的节目；在自己的媒体上加入 UCC 元素，留住观众、吸引广告
专业内容创造者	与免费的在线 UCC 竞争
搜索引擎	吸引 UCC 的观众，增加广告收入；改善面向 UCC 的搜索技术
广告	针对 UCC 网站用户的广告，利用 UCC 开展广告活动
品牌和营销	通过社交网站或 UCC 网站中的品牌推广提高顾客忠诚度

1. 电子产品、ICT 硬件、软件、网络服务和平台

消费类电子产业、电信产业（包括 ISP 和日益增多的移动运营商）、制造工具与软件来编辑和发布内容的公司，以及 IT 产业已经从用户创造内容中受益，因为用户需要购买数码相机和其他内容创建工具、软件和宽带来观看和创造内容。

ICT 行业已成为经济发展的主要推动因素。2010 年全球 ICT 商品出口占全球商品贸易额的 12%，而发展中国家的这一比例则高达 20%[7]。数字娱乐市场的发展尤为迅猛，同时也带动了全球消费类电子产品市场。尽管闪存和硬盘驱动器、便携式 MP3 播放器、数码相机、手机、显示设备和相关配件等的价格在逐渐下降，用户们在这些商品上的支出却日益增加。利用跨平台应用技术，网络视频内容就可以在电视、手机和其他设备上播放，全新的跨平台应用技术将进一步推动 ICT 相关产品的更新换代。

用户创作、上传和下载更大内容的文件需要得到网络服务和其他基础设施供应商的服务，对更快的、无线移动网络接入的需求增加了运营商的收入，这将在一定程度上弥补传统固话业务的亏损。为了引入增值服务，电信运营商更加注重提供与用户创造内容相关的服务。例如，欧洲最大的移动电话运营商沃达丰（Vodafone）在 Second Life 中建立了连接，可以让人们通过虚拟化身交谈，而不用泄露真实的个人信息。

据谷歌介绍，在 2012 年年初 YouTube 每分钟上传视频长度已达到约 60 小时，日上传量达到 40 亿个。视频分享的流行给宽带视频应用服务提供商带来了很多业务。如 Brightcove、Entriq 等公司的宽带视频应用服务包括视频的发布、管理、交易、安全及其他软件即服务（Software-as-a-service）模式的组件，再利用第三方内容传输网络（如 Akamai 和 Limelight Networks）将内容传输至终端客户。Limelight Networks 等互联网内容分发网络（CDN）服务商也表现出迅猛增长。这就为能够提供一站式的视频上传、优化、转换和传输服务且带宽要求低的公司提供了良好的市场。

另外，用户在内容创建、编辑、压缩和管理工具上的支出也在日益增加，这些工具有 Apple garage、Jumpcut 等。还有一些公司开发了一些新工具，如推荐引擎及帮助用户创建播放列表和播客的工具，这些产品已经进入市场。2006 年，日本博客相关市场的销售额估计约为 1377 亿日元（12 亿美元）[8]，这包括发布和托管博客的工具、博客软件及广告带来的收入。与照片和视频分享相关的手机移动应用也增长较快，而且未来对数字版权管理、水印技术及其他软件工具的需求也将增加。

2. 创造者和用户

内容创造者（原创作品作者或内容提供者）与网站之间的收入分配方式，多是基于广告收入的共享模式。这种模式大致为：内容提供者上传有价值的内容到网站，网站通过这些内容增加网站流量和内容的点击量，进而吸引广告商在其网站上投放广告来获得收入。对于如何与内容提供者进行赢利分配，网站都有其自己的规定和分成方法，如 Youtube、Myspace 等著名视频网站主要是以内容提供者所上传视频的点击量为计算依据。一项对年轻群体的调查显示，他们愿意在制作的视频结尾加入广告或在视频中植入广告，从而获得报酬。可以预计，如果创造者能获得可观的报酬，用户创造内容的质量将会不断提高。

随着视频网站的流行，网民提供的视频内容已经远远无法满足网站发展的需求，迫切需要内容提供渠道的多元化。因此，相关机构所提供的内容便成为视频网站内容的另一个主要来源。例如，目前 Youtube 已与美国华纳、中国芭乐传媒等原创内容提供商达成合作关系，以满足用户对高质量原创视频内容的需求。YouTube 上聚集着数千家每年赢利几十万美元的视频内容提供商，视频内容提供者在 YouTube 上赚取了上亿美元的收入[9]。

然而，网络盗版现象大量存在，常常使权利人的权利得不到保障。为在网络环境下平衡知识共享与版权保护的矛盾，出现了一些数字内容交易系统。例如，Noank 媒体公司的数字内容交易平台运用技术和法律手段在全球范围内授权和分发数字内容，同时给予版权所有人合理的补偿。Noank 系统的工作流程为：著作权人（如数字内容的创造者）为作品注册并授权 Noank 分发其作品的电子版；Noank 与主要的网络服务提供商（如宽带 ISP 服务商、手机移动网络服务商和大学等）签订合同，为服务提供商的终端用户提供无线下载、流媒体传输和复制许可，而每个接入的提供商代表其终端用户（消费者、员工、学生）支付费用；Noank 把收取费用的 85%支付给数字内容提供者，剩余的 15%用于保障公司的正常运行。Noank 为参与合作的每个终端用户提供一个软件，用户可以利用该软件无限制地下载 Noank 目录中的文件，而软件的一个组件会记录文件的播放时间，定期把这个信息发送到 Noank 系统中，Noank 再依据这些信息把收取的内容交易费分配给著作权人。

一些高薪职业可能会垂青在线内容的创造者，许多博客的博主、串烧音乐和视频的制作者已经被各大音乐或媒体公司雇用。普通用户也获益于多样化的在线内容，因为信息和知识的共享显著地增加了社会福利。

3. 传统媒体

用户创造内容对报刊、广播、电视等传统媒体构成了一种挑战和竞争。首先，用户创造内容网站经常发布一些传统媒体制作的且未经其授权的内容，也没有给权利人付费。因此，传统媒体出版商与用户创造内容平台存在冲突，并面临由于内容被非法使用而导致收入下降的问题。

互联网的使用影响了人们对线下媒体的消费。如图 9.5 所示，英国消费者使用互联网后，减少了对电视、报纸和广播的关注，这一现象在 15～24 岁的年轻人中尤为明显。正像新闻集团的默多克所言：权力正在发生转移，从拥有和管理媒体的人转移到正在变得日益挑剔的读者和观众那里。这些读者和观众年轻而富有朝气，对新技术极其敏感，不愿意被领导，并且知道在这个媒体充满竞争的世界里他们可以随时、随地、随心所欲地用任何他们喜欢的方式获得任何他们希望得到的资讯。

用户创建和观看在线内容对传统媒体是不利的。这实际上是一个注意力的问题，因为传统媒体需要吸引大批观众来创造广告收入，从而支持新内容的制作。相对于传统媒体产品，有些用户创造内容的成本非常低廉，但同时仍然可以吸引大量观众。例如，Rocketboom 是一个流行的每日三分钟视频博客，它的视频可以仅利用一部录像机、一台计算机和一些配件制作，并通过 RSS 订阅，而且对用户来说没有额外的开销、促销或带宽成本。

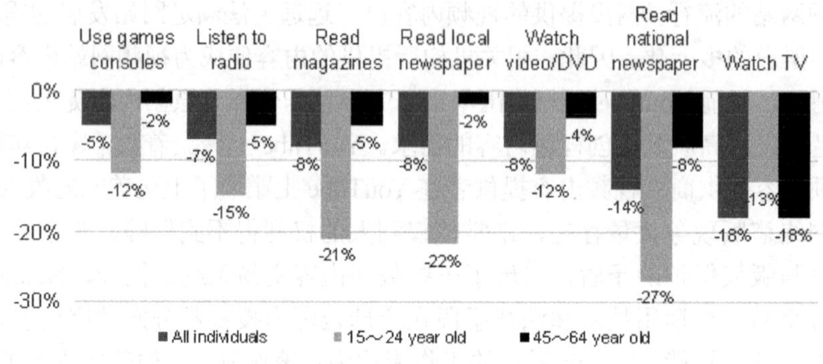

问题：使用互联网后您减少了哪些活动?

Source: Ofcom research, April 2006. http://stakeholders.ofcom.org.uk/market-data-research/market-data/communications-market-reports/cm06/overview06/consumer/.

图 9.5 互联网对线下媒体消费的影响

互联网等技术的出现彻底颠覆了传统的传播机制。传统媒体的传播机制是一点对多点或者说是点对面的传播机制，在这种传播机制下，控制版面或媒体稀缺资源的精英人士掌控着信息源，更掌控着话语权。相关管理部门在管理时，可以通过控制信息传播源头轻易地控制内容传播，见图 9.6。新兴媒体的传播机制是多点对多点、全立体的传播机制，见图 9.7。在这种传播机制下，信息源和受众之间的角色逐渐模糊，传统意义上的信息源在发布信息的同时，通过与受众的互动，本身也成为信息的接收者；受众在一定意义上也成为信息源，通过博客和微博等手段，受众自身成为信息的发布者，信息的提供开始逐步走向自组织和自生产阶段。习惯于“广播”相同内容给广大观众（一对多）的媒体公司开始寻找更有针对性、个性化、交互式的“窄播”内容（一对一）。为赢得观众和广告收入，传统媒体将会与包括用户创造内容在内的新媒体开展更多竞争和合作。

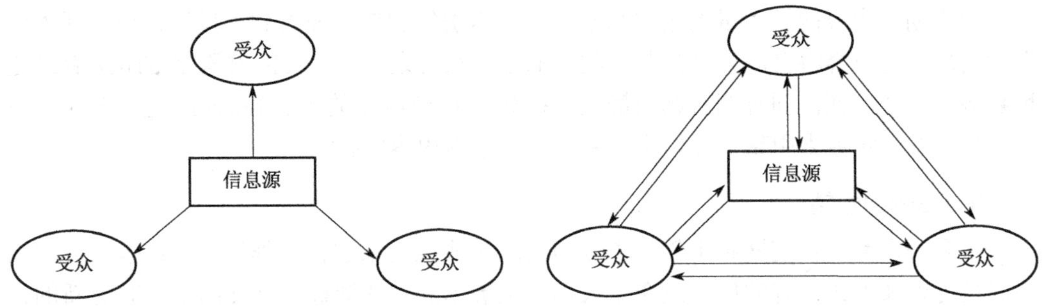

图 9.6　传统媒体的传播机制　　　　图 9.7　新兴媒体的传播机制

鉴于用户创造内容的巨大影响力，传统媒体已经开始主动、积极地利用网络进行改进。如建立自己的网站，提供更多互动，使用户可以评论、反馈及就某问题展开投票或讨论，并通过 RSS 订阅、博客或播客等方式传播其内容。

越来越多的电视公司在它们的频道和网站上播放用户创造内容，这可以通过一种使宽带内容能在电视上播放的技术来实现。例如，法国 TF1 电视台推出的 WAT 网站允许用户上传内容，之后可能会在电视上播出。美国哥伦比亚广播公司与 YouTube 合作，选择最受欢迎的用户视频在电视上播放。同时，专门为播放观众自己拍摄的视频而设置的电视节目也在增加，如 Current TV 的一档节目。索尼推出了 BRAVIA 互联网视频连接，使人们可以在电视机上收看网络视频节目，如 Grouper 上用户创作的视频。

一些重要的媒体公司已经允许用户创造内容网站使用它们制作的内容，以获得收入，并在用户创造内容平台上为它们的节目和品牌做宣传。例如，美国国家广播公司、哥伦比亚广播公司、英国广播公司等传统媒体与 YouTube 达成合作协议，YouTube 将在独立频道播放这些公司的电影和电视节目或预告片等。

报纸和其他印刷媒体也开始转变他们报导或评论新闻的方式，一些媒体将用户创造内容整合到报道或评论中，并开设网上讨论区和博客等来增强互动性和用户的依赖度。

4. 专业内容创造者

摄影师、美术设计师、自由记者和提供图片、新闻与文章等其他内容的专业人员面临着与免费的或低成本的在线用户创造内容的竞争。在照片和图片方面，网络提供了海量的、无版权内容，使图片的平均制作成本明显降低，并与商业图片提供商形成了一种竞争关系。在新闻文章和录像片等方面，有时用户发表的博客文章和拍摄的视频也可以吸引广大读者和观众的注意，从而取代了记者的工作。

目前还无法量化用户创造内容对专业内容创造者的经济方面的影响。专业人士不得不重新调整和适应，甚至不再以原创内容谋生。在摄影和图片提供机构方面，呈现出集中化的趋势，主要提供商包括 Getty Images、Corbis、Jupiter Images 等，但目前还不能确定这种趋势是由分类、存档和检索成本较高及提供商的规模经济导致的，还是由业余爱好者创造内容的可用性提高导致的。

5. 搜索引擎

用户创造内容网站大量的用户基础，使搜索引擎和广告商看到了投资价值。插入广告的用户创造内容将会成为网站营运收入的主要来源之一。Google 收购 YouTube 就是这种趋势的一个例证，同时拥有韩国最大虚拟社区 CyWorld 的 SK Telecom 电信公司也正在计划开发一种搜索引擎，以便实现基于用户创造内容的搜索。

6. 品牌和营销

很多公司都在社交网站上创建了专门的区域或频道来进行品牌推广，这些社交网站的成员可以加入该品牌的群，或在个人档案上展示品牌的商标。社交网络实时更新的特点使口碑营销变得简单和自动化。用户更新状态、发布信息、送礼物或收到礼物，或是玩品牌游戏等活动都能被好友知晓。当微博用户转发一条微博时，他的好友立刻就能在微博列表中看到这一信息。虽然没有做额外的工作，他已然成为商品的品牌代言人，如图 9.8 所示的例子。

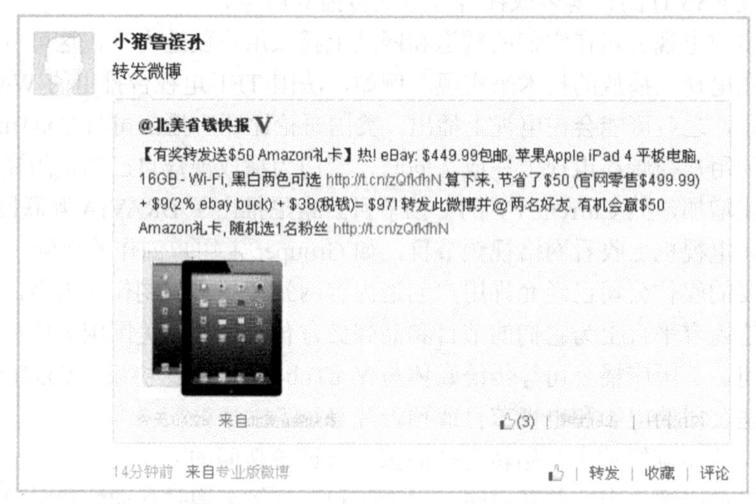

图 9.8 微博用户转发商品的促销信息

虚拟世界中的宣传可以采取一种完全不同的形式。许多公司都在类似 Second Life 的虚拟世界里购买虚拟土地，用来张贴广告、召开新闻发布会等。例如，图 9.9 显示的是 Audi 公司在 Second Life 中的虚拟展厅，用户通过化身进行三维立体体验。

有些品牌采取了一些新颖的方式对用户创造的内容加以利用。例如，两名“科学家”在视频分享网站 Revver 上发布了一个曼妥思薄荷糖和健怡可口可乐结合后发生爆炸的视频，薄荷糖公司曼妥思和饮料巨头可口可乐看到了创新营销的巨大空间，制作了“曼妥思薄荷糖+健怡可口可乐=喷泉”的多款搞怪视频，所收获的不仅是巨大的点击量，还有显著提高的产品销量，企业和产品形象也变得更为鲜活、更年轻化。然而，对于企业来说，完全知晓用户在网络上发布的内容十分困难，其中一些内容可能旨在揭示产品或服务的不足，这些信息有时是正确的，而有时却是无中生有的。因此，如何有效管理在线用户创造内容也是企业需要考虑的一个重要问题。

市场研究者也在收集和使用互联网上用户之间交换的内容，这些内容涉及消费者对产品性能、顾客服务和品牌声誉的观点，可以为企业改善产品质量、顾客服务、品牌形象和营销活动提供分析数据。例如，Nielsen BuzzMetrics 信息咨询公司就为企业提供相关技术，帮助他们理解和使用互联网上的用户行为和内容。

图 9.9　Audi 公司在 Second Life 中的虚拟展厅

9.3.4　在线用户创造内容的社会价值

互联网和在线用户创造内容改变了人们交流的方式及相关的社会关系。虽然在线用户创造内容的商业价值越来越受关注，但在线用户创造内容最先被感知的却不是它的商业价值，而是它的社会影响及它所带来的一系列问题、机遇和挑战。

1. 增强媒体内容的参与性、自主性和多样性

在线用户创造内容的繁荣为信息、知识和文化的低成本发展与交流提供了新的途径。互联网已经改变了信息生产的本质和经济性。这是因为用户创造内容的进入障碍显著减少或消失，传播成本急剧下降，使用成本更加低廉，而且数字内容几乎不受货架空间的限制，产品种类更加丰富多样。以前无论是报纸、广播电视还是书籍，基本上都是单向传播的，但以用户参与为主要特征的在线内容彻底改变了这种单向的传播模式。在内容自主性方面，过去的媒体内容是由少数人创作和提供的，现在每个用户都可以随时随地地创作和发表内容。这些变化意味着用户对广播电视和其他大众传播媒体产品的简单被动消费，正在转向积极主动选择和创造内容，从而形成了一种参与分享的文化氛围。技术方面的进步使个体能够讲述自身的故事，创造音乐和视频等文化产品，影响周围的信息和媒体内容环境。使用者可以从在线用户创造内容中得到更大的价值，因为此类内容是更个性化的且是使用者自己选择的，与其需求往往更加匹配。

2. 扩大网络用户的对话范围

用户在进行在线内容创造的同时，扩大了他们可以对话的范围。例如，2011 年美国

总统奥巴马发表了国情咨文后，网络用户在 YouTube 上上传了原创视频，表达了他们对一些问题的看法。一周以后，奥巴马花了 45 分钟对视频中提到的相关问题进行回应。还有不少白宫高级官员对白宫网站上的民众留言进行回复，这些留言都是通过微博或 Facebook 等提交的。因此普通人的在线创造内容使他们和名人对话成为可能。一些业余爱好者通过在线用户创造内容平台获得大众认可，从而一举成名。人才机构、出版商和互联网网站现在也使用在线用户创造内容平台发掘人才。即使这种平台只会使少量杰出的内容创造者得到认可与支持，这仍是一种用户对话范围扩大的方式。

3．使民众自由表达对社会问题的看法

因为网络用户可以自由、免费地在线创造内容，因而能够借此充分表达他们对社会问题的看法。例如，在 2010 年的埃及动乱中，极权统治下的民众通过在 Facebook 上创造内容，表达自己的受挫感、提供专业知识及给予彼此鼓励以克服恐惧等。网络正在打造一个新世界，人人、处处可以表达他们的观点。无论这种观点是多么古怪，而不必担心需要与他人保持一致。

4．拓展社会动员的途径

在线内容的创造者们通过发起活动，形成线上线下的联动，可以激发网民的广泛参与兴趣，从而达到社会动员的目的。这种社会动员有正面和负面两种形态。正面社会动员的例子如在中国发生的“微博打拐”行动。在 2011 年春节期间网民随手拍下了现实中被拐卖的乞讨儿童，并上传到微博上。微博上的各种主体，如娱乐明星、机构、舆论意见领袖和普通人等，都广泛参与到照片的转发和评论中来。该事件在一定程度上推动了公安部门出台相关的打拐规制。在负面社会动员中，埃及动乱展示了线上的内容创造、线下的群众集会和暗箱操作怎样激发了社会的巨大动乱。

5．增加创造者和非商业机构之间的互动

在线内容的创造者与机构的良性互动，将使机构更好地为社会提供公共服务。例如，美国国会图书馆在 Flickr 上发布“美国国会图书馆珍藏集”，请网友为陈年照片添加标签或评论，协助描述那些老照片。图书馆目睹了自己的材料怎样被丰富、延展和精确。导致这一改善的原因仅仅是它向在线内容的创造者敞开大门，提出邀请；在线内容的创造者则无私地贡献了自己的时间和知识。最终，图书馆的材料将为社会大众所用，在线内容的创造者和机构之间的互动为社会创造了福利。

6．替代新闻

海量用户创造内容的出现使人类的传播格局发生了新的变化。作为互联网传播主体的个人自媒体群落与开放的互联网相结合，从而激活了以互联网自媒体为核心节点的社会关系网络的动力系统。社会关系网络的互联网化使社会化传播成为新媒体传播的核心特征。围绕着个人化的传播主体，互联网和社会关系网络相互融合、叠加、渗透，导致社会化传播成为人们生活方式和工作方式的主要传播形态之一。当人们被互联网和手机武装后，可以随时随地地记录和报道发生在他们周围的事，其创造的内容给大众提供了一种新闻的替代品。例如，当突发事件发生时，有限的及时信息往往来自移动电话所带

的照相机。在线用户创造内容网站上的博主和用户已经承担起草根记者和事实核实者的角色。这不仅影响了传统媒体的内容，也影响了传统媒体内容的准确性，因为用户可以在线指出传统媒体内容的不准确和缺陷之处。

7．改变媒介生态

在线内容创造行为改变了媒介生态。不同媒体的内容热点不同，叙事的主观倾向不同，对（报道）内容的处理方式也不相同。新闻媒体一般秉持客观的新闻报道原则，而社交媒体用户则在他们创造的内容中添加了很多个人化元素，他们也更愿意对事态的发展提供一些来自自身的线索和经验。在线内容创造者的思维是一种参与式的，而他们创造的内容反过来又加强了他们对社区的影响和对自我价值的认同。在线内容的创造者们相比于其他人，更热衷于参与周围事务，对周围环境的意识也更强。

8．扩展知识资源

在线用户创造内容在发展免费的信息和知识资源方面是一种非常重要的方法，可以为市民、学生和消费者提供详尽有用的信息。用户创造的在线教育内容往往是协作发展的结果，它鼓励想法、观点、信息和知识的分享与同行创造。实际上，如维基百科等的群体共建信息比较准确，且产生了正面的教育作用。中学和大学可以利用维基布置作业、组织团体项目、张贴说明及创造在线资源等。教育项目也可以建立在诸如播客等参与式网页技术的基础上，从而提高教育的质量并扩大覆盖范围。从内容创造的相关制度和机制来看，虽然信息的质量和准确性有所保证，但仍然可能存在一些问题，因为互联网上的每个人都可以对信息进行修改，错误的信息或失误可能会在互联网上广泛传播，而且有关商品的评论还可能是误导和虚假的信息。

9．增大网民对政治的参与度

免费的信息流和允许自由表达，使互联网成为一个富集各种观点和政治争论的开放平台。在许多情形下，在线用户创造内容是个人表达和演说的一种形式，因而可以用于政治和社会目的。有观点认为，媒体使用权的民主化在民主政治、个人自由、政治话语权和司法正义中具有越来越重要的作用。在线用户提问和咨询及内容创造的分散化，使政治辩论、透明度及监督功能可能被加强。一方面，博客、社交网站和虚拟世界是针对社会问题交换政治观点、引发争论和分享知识的平台；另一方面，这些平台还可能直接涉及政治过程本身。例如，近年美国一些受欢迎的社交网站已经触及政治运动，鼓励年轻用户投票和开展相关辩论。美国的这些平台在让年轻人注册投票或使用视频竞赛对国家政治表达观点方面相当积极，社交网站和其他在线用户创造内容网站正逐渐成为一种被选民认可的工具，网站上的讨论及越来越多的政治家在网站上出没证明了这种现象。

虽然在线用户创造内容的发展具有很多正面的社会影响，但也带来了一些问题和挑战。首先，数字文档使用者和其他人群（如老年人、残疾人和穷人等）之间的差距正在逐渐变大，这加重了社会隔阂和代沟。其次，由于用户创造内容鼓励个性化，而目前公众对共同文化价值观核心部分的分享日趋减少，文化破碎也可能被加剧。再次，由于每个人都有机会成为在线内容的创造者，冗余和垃圾信息将急剧增加。最后，还有一些挑战来自隐私、网络暴力、安全及版权等问题。

本章小结

用户参与并贡献内容是 Web 2.0 的主要特征之一。用户创造内容已经成为当今很多一流 Web 2.0 公司成功的关键。本章介绍了 Web 2.0 产生的背景、概念和特征，阐述了 Web 1.0 和 Web 2.0 的关系及 Web 2.0 与社会化媒体和市场变革的关系。介绍了在线用户创造内容的概念、类型、驱动因素、平台和价值链。讨论了在线用户创造内容的赢利模式。最后详细分析了在线用户创造内容的商业价值和社会价值。

问题讨论

1. Web 2.0 的主要特征是什么？Web 1.0 与 Web 2.0 有何关系？
2. 什么是在线用户创造内容？在线用户创造内容有哪些平台？
3. 在线用户创造内容的驱动因素有哪些？为什么？
4. 在线用户创造内容的赢利模式有哪些？试举例说明。
5. 简述在线用户创造内容的商业价值和社会价值。

案例：原创内容分发平台 Seed.com

我们可能会在每天的资讯搜索中发现，很多网站的内容基本上大同小异，并且我们往往会发现，总是找不到自己需要的内容。有没有一家网站可以满足我们的这种需求呢？

2009 年 11 月在美国纽约成立的 Seed.com，通过开发出互联网搜索追踪和统计软件，以及一种原创内容的收购模式，将使大部分人的这种需求得到解决，并希望通过这样的一种方式，将自己变身为原始内容的来源，吸引民众、评论者和广告客户。Seed.com 是一个隶属于美国门户网站 AOL（美国在线）的平台，通过对人们的互联网活动进行大量的调查，他们开发出了一套“自动化广告新闻系统”。

这套软件的功能十分专一，也十分复杂，它能够通过大量的互联网追踪设置，检测出人们对哪些话题更感兴趣，哪些资讯内容不能够满足人们的需要。通过这套“自动化广告新闻系统”，Seed.com 将人们在互联网上的一切活动都收集到自己的数据库中，然后将这些数据综合起来进行分析，最后归纳出：哪些内容是广大民众最需要的，哪些内容又是目前互联网上比较稀缺的。

Seed.com 与它的名字“种子”一样富含深意，它的主要业务是根据“自动化广告新闻系统”分析出来的结果，使网站明确哪些内容具有强烈的需求，这种需求能够使所有关于这个方面的互联网内容具有很强的商业性。当了解用户的需求后，Seed.com 会将部分需求发布给旗下的 3000 多名职业记者，让他们以原创的方式提供相关的稿件、图片、音频和视频等。当然，3000 多名职业记者并不能完成所有的内容，更广大的内容制造者在网络用户之中。于是，Seed.com 推出了一项十分独特的原创内容收购计划：网站在公告栏发布收购信息，任何人都可以按照相关的主题，进行稿件、图片、音频、视频等方面内容的创造，然后通过 Seed.com 的系统软件审核及一定的人工审核，再将这些原创内容发布在 Seed.com 上。这些发布原创内容的“兼职记者”和那 3000 多名职业记者一样，对发表的内容享有 5～300 美元的稿费。

无独有偶，目前美国门户网站雅虎也推出了相似的计划，准备通过这样的方式来获得足够的互联网影响力。可以说，两者在原创内容的平台建设和商业价值追求上，走上了同一条道路。

思考题：

1. 作为原创内容的分发平台，Seed.com 的优势是什么？

思路：任何网站一旦需要采纳它的稿件、视频等内容，它的网站就站在了整个互联网的最前端，因此具备优越的影响力，使人们将更多的注意力放在这个平台上。

2. Seed.com 的赢利模式是什么？它的系统能够实现它的赢利模式吗？

思路：广告赢利模式。通过专业团队结合民间收购的方式，将系统软件分析出来的数据进行分类简化，再将任务发布给民众，来完成原创内容创作。在这种模式下，网站经营的所有内容都是热门的、稀缺的、不与别的网站重复的。这使人们可以在 Seed.com 找到最具分量的资讯内容，而 Seed.com 则可以通过这种影响力，达到吸引广告客户投资的目的，从而获得赢利。

3. Seed.com 市场地位的基础是什么？

思路：消费者的需求、市场的空白、产品的稀缺性。只要挖掘到了自己所在行业的这种基础，要赢得市场自然也就不难。

参考文献

[1] http://jiuban.chinalabs.com/Resource/Doc/2005/0720/index.shtml.

[2] Dariode Judicibus. “World2.0”. http://lindipendente.splinder.com/post/15354690/World+2.0. (accessedat2009/05/06).

[3] Data from Interpublic’s Emerging Media Lab. According to Nielsen//NetRatings, men are 20% more likely to visit YouTube than women. See http://netratings.com/pr/pr_060721_2.pdf.

[4] “Venture capital investors wake up to Web 2.0” in Financial Times, 23 July 2007, available at: http://www.ft.com/cms/s/e2f648d6-38b4-11dc-bca9-0000779fd2ac.html.

[5] Stephen Cauchi. Online encyclopedias put to the test. December 15, 2005. http://www.theage.com.au/news/national/online-encyclopedias-put-to-the-test/2005/12/14/1134500913345.html.

[6] My Virtual Life. http://www.businessweek.com/stories/2006-04-30/my-virtual-life. Businessweek.

[7] Telecommunication Development Bureau of ITU.Measuring the Information Society

2012. http://www.itu.int/ITU-D/ict/publications/idi/index.html.

[8] Ministry of Internal affairs and Communications. 2006. www.soumu.go.jp/joho_tsusin/eng/Releases/Telecommunications/pdf/news050517_2_1.pdf.

[9] Ryan Lawler. YouTube Has Found Its Business Model, And Is Paying Out Hundreds Of Millions Of Dollars To Partners. http://techcrunch.com/2012/07/19/youtube-business-model/.

第 10 章
电子商务系统规划

引言

“互联网+”已经成为各行各业的趋势。通过互联网进行商务活动，能够在传统的基础上更加高效便捷，增加信息透明度。但是每个行业都有自己的特点，“互联网+”并不是简单的“行业+互联网”。如何使电子商务能够更好地与各行业融合，使得两者发挥出最大的优势，是互联网领域，也是传统行业应该不断探索和思考的问题。电子商务系统是企业进行电子商务活动的基础平台。实施电子商务的关键之一在于前期对电子商务系统的规划，企业应从自身的实际情况出发，充分考虑未来可能面临的风险，明确目标及执行细案。科学、合理的电子商务系统规划方案是成功建设电子商务系统的有效保障。

本章重点

- 电子商务系统的定义
- 电子商务系统的体系结构
- 电子商务系统规划的目标及内容
- 电子商务系统规划的方法
- 电子商务系统规划的步骤
- 电子商务系统规划报告的撰写

10.1　电子商务系统

10.1.1　电子商务系统的定义

与电子商务的定义类似，可从内容与形式上将电子商务系统分为两类，即广义的电子商务系统和狭义的电子商务系统。所谓广义的电子商务系统是指支持各种商务活动的所有电子技术手段的集合。狭义的电子商务系统则特指基于 Internet 和其他网络，支持企业生产、销售、服务、对外协作等业务活动，从运作、管理和决策等多个层面提高企业信息化水平，从而支持企业实现全过程电子商务活动的信息系统。电子商务系统应包括基础设施、企业内部网、企业外部网，并与互联网连接，从而搭建起企业内部、企业与企业、企业与消费者之间互动的平台。

由于电子商务系统发展时间比较短，对其认识还没有统一的观点。很多文献、书籍对电子商务系统的称谓也不统一，如称之为“网络商务系统”或“网络化商务处理系统”、“电子商务应用系统”、“电子商务网站”等。

与传统的信息系统相比，电子商务系统在以下诸多方面存在不同。

（1）在系统功能方面，电子商务系统不仅支持企业内部的业务活动，而且支持企业通过各种类型的网络与外部进行的商务活动。

（2）在信息服务方面，电子商务系统提供的信息不仅为企业内部业务与管理人员所用，还广为企业客户及其合作伙伴充分使用。

（3）在实现技术方面，电子商务系统主要采用浏览器/服务器（B/S）模式，需要使用大量的计算机、网络技术满足系统性能需求，如站点容错、负荷均衡、安全与认证等。

（4）在业务过程方面，电子商务系统围绕企业商务活动，以销售业务活动为核心，利用多种信息技术实现对完整业务流程的全过程支持。

电子商务系统充分利用了先进的网络、计算机等信息技术，有效地支持企业电子商务活动。电子商务系统为企业员工、客户及其合作伙伴提供必要的信息，有效地支持企业销售生产、采购、客户服务等业务环节的整合，建立新的运营模式，从而提升企业的核心竞争力。

电子商务系统是传统管理信息系统在网络应用环境下的特殊实例。网络应用环境的技术特殊性使得电子商务系统的建设具有较为鲜明的特点，在系统规划阶段就要充分考虑到功能性及非功能性的需求，特别要注重面向外部应用的系统与企业内部信息系统的集成。

10.1.2　电子商务系统的体系结构

电子商务系统是一个复杂的系统。明确其基本体系结构、了解内部各组成部分之间的关系，有助于电子商务系统的构建。一般而言，电子商务系统是多层结构，根据 SUN 公司发布的信息，电子商务系统可划分为 4 个层次，如图 10.1 所示。

最上层是电子商务应用及解决方案层，包括电子市场、电子银行、认证中心等适合不同领域的电子商务应用服务。其次是应用服务层，包括通信、事务处理、数据库连接等应用支持。将系统的业务逻辑从 Web 应用中分离出来，由服务层单独处理，有效地提高系统的效率及其扩展性。基础服务层主要包括开发工具、组件技术、数据库支持、安全及系统管理等一般部件。底层是网络及操作系统层，主要提供硬件等资源配置与管理。

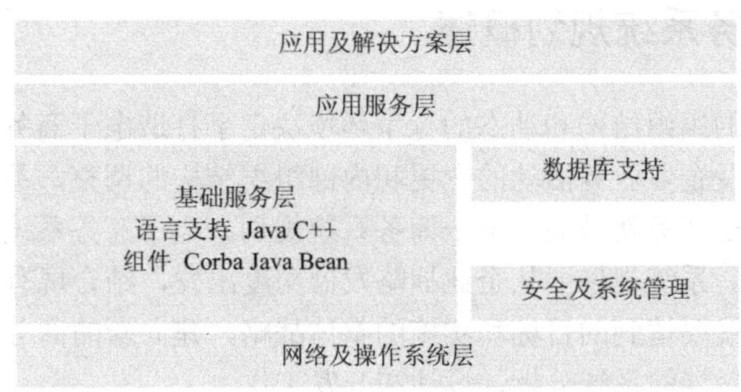

图 10.1　SUN 公司的电子商务系统 4 层体系结构

10.1.3　电子商务系统的特点

电子商务系统是支撑企业商务活动的技术平台，与传统的管理信息系统相比，其具有自身独特之处。

（1）可用性。电子商务系统依托于网络基础设施，能够借助网络的力量，突破地理、环境的影响因素，提高系统被用户使用的程度；另外，网络技术本身，如接入时间、带宽/流量限制等，也会影响用户对电子商务系统的使用。

（2）可靠性。即电子商务系统在规定的时间内及规定的环境条件下，完成规定功能的能力。一般而言，电子商务系统承诺 7×24 式的持续服务，客观上就要求采用特定的硬件、软件技术或措施保障其功能执行，如双机热备份等。

（3）安全性。电子商务系统是电子商务活动参与者交流的平台。与传统面对面的交易方式不同，基于网络的商务活动过程中，参与者之间建立安全及信任关系需要电子商务系统提供真实有效的信息，保证信息不泄露，确保相关信息的一致性及完备性，以及信息的使用是可控的、正当的。

（4）国际化趋势。电子商务系统支持的网上交易突破传统国界和疆域的限制，这一方面要求企业调整原有的结构与经营方式以适应这一变化，另一方面系统本身也应具备支持多国多语言的交易平台以及灵活可靠的支付手段。

（5）法律法规约束。电子商务系统的功能应满足对个人隐私、知识产权、交易合同关系、税收等相关信息的记录、存储及使用，从而保证基于网上的商业活动合法，违法违规活动能够被追溯。

（6）与行业业务的深度融合。电子商务系统能够很好地支持业务的基础，不仅是电子化和互联网化，更重要的是不同行业的电子商务系统应该与其行业和业务本身深度融合，无论是系统本身的设计还是与系统相匹配的周边功能，都应充分考虑到业务本身的特点和限制。

综上所述，构建电子商务系统不仅是简单的网站建设、软件编写，其本质及特性要求开发者必须综合考虑技术与业务的约束、社会环境和商业环境的约束等诸多因素。因此，构建电子商务系统前，应做好详细规划，探索系统实施及运行过程中可能遇到的问题，从而降低系统失败的风险。

10.2　电子商务系统规划概述

现代企业复杂的组织结构和动态的竞争环境决定了打造电子商务系统是一项长期而艰巨的工作，它涉及企业业务活动的变更和内部组织结构的调整，不能一蹴而就。构建电子商务系统的首要任务就是制订电子商务系统规划。电子商务系统规划是未来系统建设过程的主要依据。系统规划要从企业战略发展角度出发，结合现有的商务模式和业务流程，提出未来系统要达到的目标和实施的整体战略，建立新的商务模式和赢利模式，并以此为核心进行后续的系统分析、设计和开发工作。

10.2.1　电子商务系统规划的含义

狭义地理解，规划是制订或实施某种计划的过程。广义地理解，规划是指基于对研究对象变化规律的认识，根据现实条件对未来活动有意识、有系统地安排，也可以说是人类的一种特有能力。在信息系统领域内，规划是指针对持续时间较长的活动，从全局的角度进行计划，其目的是为实现某个目标而制订相关实施方案，给出逐步达到目标的路径，明确主要参与者及其承担的任务，定义人员组织结构及安排时间进度，并论证计划的可行性。规划的工作都具有预见性，是对未来进行安排并不断付诸实施的过程。对于规划的制订来说，所有的内容都需要根据未来的目标来建构未来的行动进程和具体的行动方案。

电子商务系统规划则是指企业以实现电子商务活动为目标，结合内部经营状况和外部市场环境，提出企业未来电子商务发展战略，据此确立企业未来商务模式和赢利模式，明确业务需求，设计支持商务模型的系统体系结构，给出相应的技术解决方案，确定系统实施步骤、时间安排和人员组织，并评估系统建设的开销和收益，进一步分析系统构建的可行性，最终形成规划方案。

电子商务系统的规划与传统信息系统的规划有所不同，传统信息系统对企业价值链的贡献主要体现在提高企业的生产、管理效率上，尽管它能改善企业的商务活动，但并不对企业的商务模式产生革命性的影响，换句话说，传统信息系统的规划以企业模式处于稳定状态为前提，它是在企业既有商务模式的基础上，集中针对企业内部信息流进行的技术改进和支持。企业电子商务系统的规划不仅是对支持企业电子商务的信息系统进行规划，还包括制定电子商务发展战略等。这个过程不仅涉及电子商务系统与业务的结合，也涉及传统业务的深入改革。传统业务如何瘦身优化、电子商务系统如何贴合匹配，是电子商务系统规划的重点课题。

10.2.2　电子商务系统规划的目标及内容

电子商务系统规划的主要目标是制定电子商务系统的开发战略和建设方案，确定在较长一段时间内，企业电子商务系统的规模、发展方向和进程，其主要内容包含以下几个方面。

1．制定电子商务发展战略

电子商务活动隶属于企业经营活动，因此，电子商务系统规划的目标和定位要服从企业整体的战略目标，要与企业定位保持一致。对于企业而言，发展电子商务的目的是提高企业的核心竞争能力，扩大市场份额，从而最大限度地、持续地扩大利润空间，增加企业收入。因此，制定电子商务发展战略，需要从外部市场环境和内部经营现状两方面考虑，深入分析行业结构、市场及竞争对手和企业经营优劣势等，结合网络、计算机等技术的特点，确定电子商务系统的发展战略和目标。电子商务系统的开发是长期工程，工作量大、难度高，需要企业投入大量资源，包括人、财、物等，且系统建设期间有很多不确定性因素，因而务必要预先明确系统目标及定位。

2．创建商务模式及赢利模式

利润是企业追逐的目标，故企业发展电子商务的终极目的在于赢利。企业如何运营？采用何种方式从市场获取利润？确立商务模式和赢利模式就可以回答上述问题。企业核心业务适用的商业模式，企业服务对象、内容、获利方式等直接决定未来电子商务系统的基本功能，进一步影响企业构造电子商务系统所采取的策略。例如，支持 B2C 零售商的电子商务系统与支持 B2B 信息中介的电子商务系统在功能、结构、性能要求、投入资源、开发周期等方面会存在很大差异。

3．定义电子商务模型

针对特定电子商务模式及其特点，电子商务模型明确给出相关的具体业务部门、人员组成的逻辑框架，梳理出具体业务流程，确定支持企业商务运作的基本信息流程。定义电子商务模型，要以业务流程再造（Business Process Reengineering，BPR）为基础，深入分析核心业务过程及其环境影响因素，抽象出基本逻辑组成单元，界定其相互关系，重新整合业务流程，合并、删除冗余的任务，增加必要的新任务，以缩短产品/服务的供应周期，增强客户服务响应能力，提高客户个性化服务水平，实现企业信息流、资金流和物流的融合。

业务流程再造最早由美国前 MIT 教授 Michael Hammer 于 1990 年提出，后来对于 BPR 的定义是：业务流程重组就是对企业的业务流程进行根本性再思考和彻底性再设计，从而获得在成本、质量、服务和速度等方面业绩的大大的改善，使得企业能最大限度地适应以“顾客、竞争和变化”为特征的现代企业经营环境。

企业流程再造的基本内涵就是以作业过程为中心，摆脱传统组织分工理论的束缚，提倡顾客导向、组织变通及正确地运用信息技术，使企业适应快速变化的环境，该理论的核心是“流程”观点和“再造”观点。

“流程（Process）”的观点强调企业运行是集成从订单到交货或提供服务的一连串作业活动，组成企业活动的要素是一件件业务、一项项作业，而非一个个部门。企业流程再造要重新检查每一项作业活动，识别不具有价值增值的作业活动，将其剔除，并将所有具有价值增值的作业活动重新组合，优化作业过程，缩短交货周期。

“再造（Reengineering）”的观点强调打破旧有管理规范，再造新的管理程序，以回归原点和从头做起的新观念和思考方式，获取管理理论的重大突破和管理方式的革命性变化。“再造”要求摆脱现行系统，从零开始，展开功能分析，将企业系统所欲达到的理论功能逐一列出，再经过综合评价和统筹考虑筛选出最基本的、关键的功能并将其优化组合，形成企业新的运行系统。流程再造示意图如图 10.2 所示。

电子商务系统的规划是企业内外充分信息化的过程，包括了企业与客户、与供应商及企业内部各种关系的建立与整合。电子商务系统的规划，需要根据自身的经营目标，以电子商务框架和体系结构为基础，为这些关系搭建无缝的技术桥梁，有效地将电子商务中的各方有机地联系在一起，形成一种新的生产经营模式。从这个意义上看，电子商务系统的规划从本质上讲是对流程的重新设计。

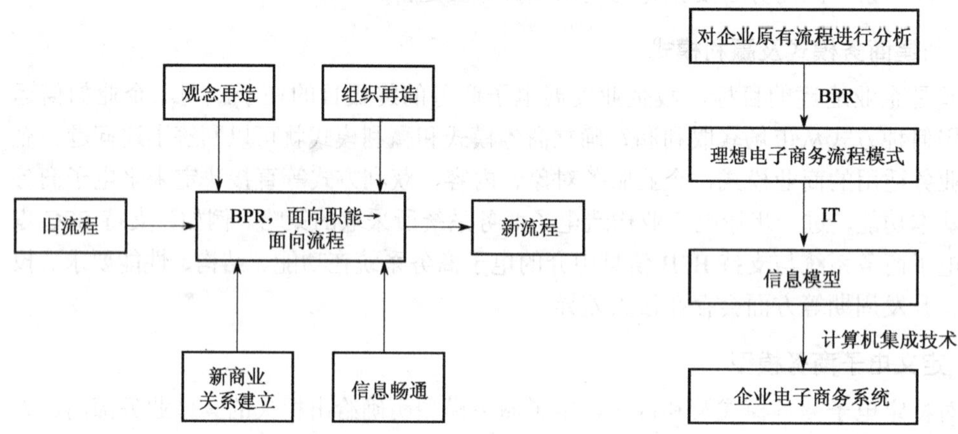

图 10.2　流程再造示意图　　　　图 10.3　基于 BPR 的电子商务系统规划过程

业务流程重组应该分阶段不断改进、不断提升，是一个螺旋式循环上升的过程。根据企业在 BPR 和电子商务系统结合中存在的问题，采用基于 BPR 的方法来规划电子商务系统，如图 10.3 所示。

基于 BRP 的电子商务规划方法，一方面提供了先进的系统分析方法论，另一方面可以在改善企业管理绩效、提升管理水平方面达到事半功倍的效果。

4．制定电子商务系统开发策略

开发策略也称构建方式。电子商务系统的构建方式多种多样，归纳起来可分为自主开发、外包和租用三种类型。

（1）自主开发，也称为内包方式，是指企业内部信息部门组织相关的技术人员根据需要建设电子商务系统。这种方式的优点在于：系统个性化程度高，与企业业务契合度高，应对业务变化的能力强；同时，自主开发的系统具有独创性和差异性，使其难以被模仿，能在一定程度上保证企业保持差异化的竞争优势。此外，自主开发的电子商务系统具有全部知识产权，促进企业内部人员有效采纳吸收，积累充足的信息技术和经验，以应对未来的业务需求。自主开发建设电子商务系统的不利之处主要表现在：对企业人员的素质要求较高；开发周期长，面对问题较复杂，成本高；最关键的在于难以保证系统性能及其稳定性。

（2）外包，即指将构建电子商务系统的任务完全由专业化的技术企业承担，根据企业的需求，专业公司完成电子商务系统的建造。专业化企业具有较强的技术实力，具备较为成型的产品和相关行业的成功经验，以及强大的配套支持能力。外包服务方式灵活多样，可以为客户量身定制最佳性价比的特色服务，如按时/按次定价、整体/分块外包。除满足客户要求之外，外包服务商还具有专业的队伍、渠道、行业经验、服务体系，以及丰富的项目管理经验，能够清晰地划分与企业之间的义务和责任，项目进度易于控制，这些不仅能够降低企业的风险，还能带来更多的潜在利益。因而，科学合理地利用外包公司的服务与技术，企业可以集中精力于主营业务，提高核心竞争力，同时降低成本。外包方式的缺点和风险主要表现在：对需求理解的偏差，产品的版权或知识产权及系统使用后的追加成本等。总之，IT 外包已是近年来的热门话题，也是非 IT 行业企业信息化建设方式的一个大趋势。

（3）租用，是指企业通过向应用服务提供商租用设备、软件的使用权，开展电子商务活动。电子商务系统一次性投资规模较大，对预期收益不甚明朗，对于资金实力较弱的企业而言，租用服务的方式是上选。采取租用方式，企业免去了建设电子商务系统的一次性大规模投资，且系统运行成本低，系统性能有保障，系统灵活性好、伸缩性强，系统建设周期短，企业信息化投入的潜在风险大大降低，以低成本博取高收益。租用方式的最大缺点在于如何保障数据安全性，而企业电子商务特色、效率等也受限于服务商的能力与环境，此外，租用的设备和应用软件通用性较高而缺乏针对性及特色。

上述三种方式各有自身的优/缺点，通常，企业建设电子商务系统的开发战略会采用综合的方式，例如大部分功能采用自主开发的方式，而部分功能或部分软件组件选择外包或购买。企业选择开发策略时，除了考虑通用需求、技术需求和功能需求外，还要考虑企业战略、核心能力、信息和流程的可靠度、成本效益和技术力量等因素。

10.2.3　电子商务系统规划的特点

构建企业电子商务系统是一项耗资大、历时长、技术复杂且涉及广泛的系统工程。电子商务系统规划的科学性、合理性直接影响到整个系统建设的成败。因此，认识并理解电子商务系统规划的特点，将有助于提高规划工作的效率和有效性。通常，电子商务系统规划具有如下特点。

1．服从企业整体发展规划，随企业的发展而发展

电子商务系统的规划依据企业实施电子商务的目标来完成，服从于企业的整体发展战略。规划中提出的系统结构、实施方式、投资效益分析也是企业电子商务战略实施的重要参考依据。

2．强调从战略或决策层出发做出规划

电子商务系统规划主要是描述系统总体概貌和发展进程，重点不在于解决系统开发中的具体业务。因此，规划主要解决概要性的、整体性的问题。例如，明确系统目标、

定位、战略和分析可行性等，并不涉及系统实现的细节和技术要点。

3. 具有高度的综合性

电子商务系统规划综合考虑企业内外环境，兼顾企业内部管理环境与外部运作，特别是内部和外部环境的信息交换和接口，是对企业资金流、信息流和物流的综合计划，是利用先进信息技术有效地支持管理决策和业务活动的总体方案。这一过程充分体现商务、管理和技术的融合。

4. 规划人员的管理与技术素养是影响成败的重要因素

制定电子商务系统规划的人员主体应是企业中高层信息管理人员。他们对管理与技术环境的理解程度，对信息技术促进管理发展的认知水平及其创新的精神与端正的态度等，都是规划取得成功的重要影响因素。

总之，电子商务系统规划面向长远的、未来的、全局性和关键性的问题，具有较高的不确定性及非结构化特性，应随企业发展、企业商务模式的更改而不断变化，定期更新。

5. 分析可行性

可行性分析是通过各种有效的方法，从技术、经济、财务等方面，对工程项目进行剖析并加以评价，最终给决策者提供是否进行该项目的依据。可行性分析的关键是客观、全面，要有多种方案并对其进行比较。分析电子商务系统规划的可行性，需要根据企业建设电子商务系统的环境、资源等客观条件，评估系统建设的成本及收益，探讨系统关键技术的先进性、可靠性等，从而判定企业建设电子商务系统的必要性，以及未来是否有可能获得成功。

10.3 电子商务系统规划的方法

现实中，经常使用的电子商务系统规划方法有下列几种，即关键成功因素法、企业系统规划法、战略目标集转化法、战略栅格法、价值链分析法和战略信息系统规划。此外，还有企业信息分析与集成技术（BIAIT）、产出/方法分析（E/MA）、投资回收法（ROI）、征费法（charge-out）、零线预算法、阶石法等。下面将对常用的三种方法逐一介绍。

10.3.1 关键成功因素法

关键成功因素法（Critical Success Factor，CSF）是由哈佛大学的 William Zani 教授和 MIT 的 John Bockart 教授提出的一种结构化的方法，能够帮助管理人员确定影响企业战略发展的关键成功因素和信息需求。

影响企业生存和发展、对企业成功起关键性作用的因素，称为关键成功因素。企业的关键成功因素不是一成不变的，具有较高的不确定性。在不同类型的业务活动中，关键成功因素会有很大的不同，即使在同一类型的业务活动中，在不同时间内，其关键成功因素也会不同。行业特性、企业特性、环境因素、时间因素等决定了在不同的行业、同企业不同的业务活动中，关键成功因素会有很大的差别；即使在企业同一类型的业务活动中，不同时刻、不同环境下的关键成功因素也不相同。因而，要针对特定时间与特定情境，甄别与选择企业的关键成功因素。通常，行业、竞争策略、行业地位及地理位置、竞争环境、管理职能等是获取关键成功因素的主要来源。

对大多数企业而言，关键成功因素只有 3～6 个，数目虽少但能确保企业具有核心竞争力。例如，对于汽车行业的企业而言，燃油价格、产品设计、营销渠道和生产成本就是需要关注的关键成功因素；而对 IT 行业企业而言，关键成功因素则包括产品创新、销售人员素质、市场营销、售后服务和产品易用性；对零售行业企业而言，库存、产品组合、价格及促销活动是其需要不断进行监控、度量并将度量信息反馈的关键业务活动区域。

电子商务系统规划要描绘企业实施电子商务系统的期望目标，关键成功因素则为其提供达到目标的关键及其度量标准。企业电子商务系统规划要获得成功，就需要对关键成功因素持续地进行认真度量和调整。关键成功因素法的实现步骤如图 10.4 所示。

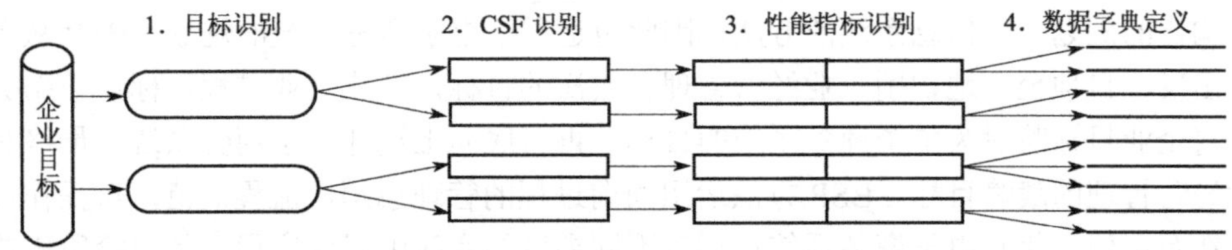

图 10.4　关键成功因素法的实现步骤

第一步是确立企业电子商务系统的战略目标，通常由高层决策者完成。

第二步，要根据战略目标，识别出与之相关的所有成功因素。标识关键成功因素需要一定的工具和方法，最常用的是树状因果图，按自顶向下的顺序，逐层画出影响战略目标的各种因素及影响这些因素的子因素。例如，企业总目标是提高市场占有率，其各种影响因素及子因素可由以下树状因果图表示，详见图 10.5。

第三步是在确定关键成功因素的基础上，对所有识别出的成功因素进行评价，根据企业现状与目标确定出关键成功因素集。在群体决策的环境下，由于决策者的偏好存在差异，即便使用同样的工具，得到的关键成功因素也不尽相同。通常采用德尔斐法或模糊综合评判法等考虑来自不同决策者的关键成功因素集。

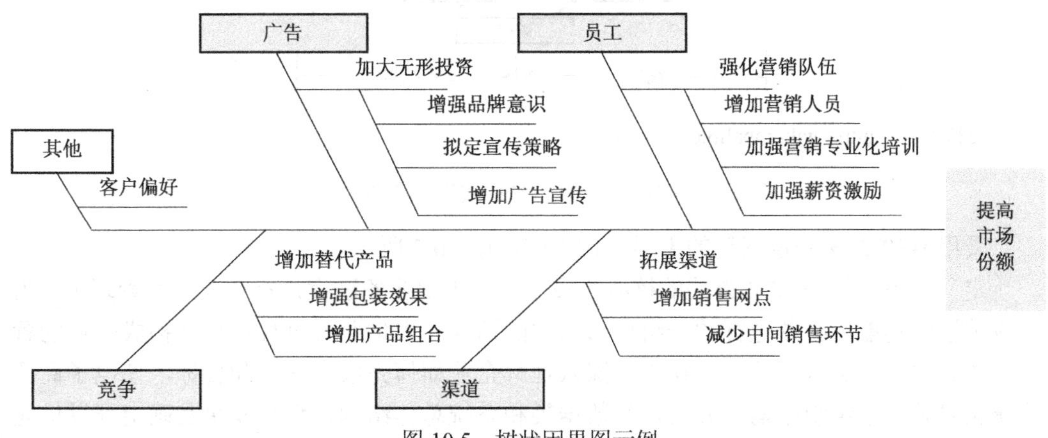

图 10.5　树状因果图示例

最后要进一步识别度量各个子因素的性能指标与标准，即给出关键成功因素的性能指标体系与测试标准集，形成数据字典。在此基础上，确定系统建设的优先级别。

关键成功因素法能够为电子商务系统建设提供影响战略目标实现的关键因素和科学合理的度量标准。企业要想获得系统建设的成功，就需要对关键成功因素进行认真的识别、选择和度量，关注因素之间的动态联系及发展。在实践中，关键成功因素法能够有效地帮助企业高层管理者利用所掌握的重要信息规划电子商务系统建设，有利于确定企业的管理目标。特别要注意的是，关键成功因素法适用于熟悉企业整体运作情况及外部环境的高层管理者，而对于中层管理人员不太适用。

10.3.2 企业系统规划法

企业系统规划法（Business System Planning，BSP）是由 IBM 公司提出并发展的一种结构化的规划企业信息系统的方法，因此也适用于电子商务系统的规划。BSP 从企业目标出发，自顶至下地识别企业经营管理各层次的目标，细化企业过程，标识数据类，从而将企业目标映射为电子商务系统的目标，再自底向上设计电子商务系统，最终实现企业经营管理的战略目标。BSP 方法运用面向过程的管理思想，流程规范，可操作性很强，在企业信息化和电子商务系统规划等不同领域的实践中得以应用，是现阶段影响最广的方法。

BSP 方法能够帮助规划者确定电子商务系统的总体结构，统一规划数据资源和管理控制过程，明确系统的组成部分、各子系统之间的数据交换关系及各子系统的开发顺序。采用 BSP 方法，系统规划能够始终围绕企业总体目标和业务过程，表达所有管理层的信息需求，为企业提供一致性信息内容，对组织结构的变更具有一定的适应性，具体实现如图 10.6 所示。

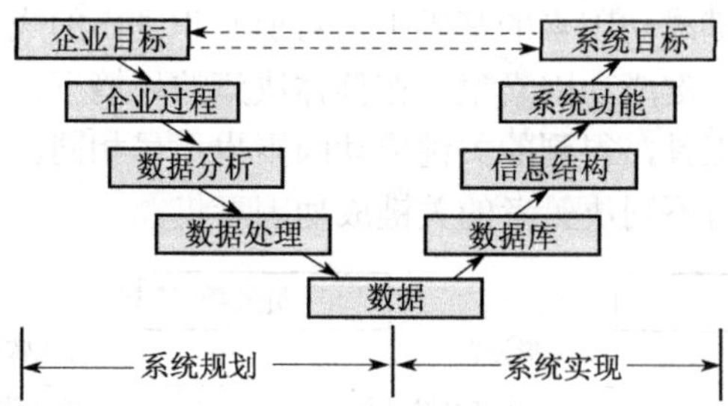

资料来源：http://wiki.mbalib.com/wiki.

图 10.6　BSP 方法的实现示意图

采用 BSP 方法制定规划的主要工作步骤如图 10.7 所示。

定义业务过程是 BSP 方法的核心阶段之一。所谓业务过程是指企业经营管理中，为完成某管理功能而必须进行的一组逻辑相关的活动。大量业务过程集合就构成企业的管理职能。定义业务过程的目的在于：深入理解企业如何完成其使命和目标，使电子商务系统相对独立于组织结构，并为定义数据类和系统总体结构、划分模块及确定开发优先次序等后续任务奠定基础。

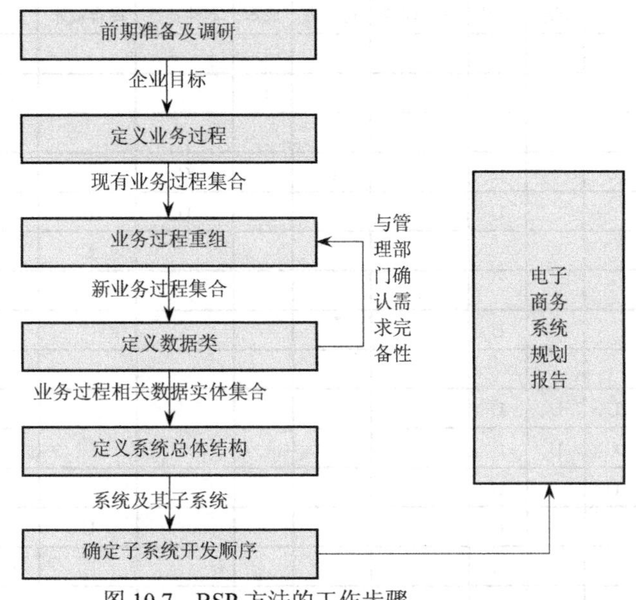

图 10.7　BSP 方法的工作步骤

业务过程重组是在定义业务过程的基础上，在信息技术条件下对现有业务过程进行评价，明确哪些过程是冗余的，哪些过程是低效的，再对其进行增、删、改、合并等处理，从而实现业务流程的总体优化。

定义数据类要以优化的新业务流程为对象。数据类是指支持业务过程所必需的逻辑上相关的数据。必须按业务过程对其产生、控制和使用的数据进行分类，即从完成业务过程的角度出发，提取与该业务过程相关的输入数据和输出数据，并按其逻辑关系进行整理，最终归纳成数据类，从而全面地掌握企业电子商务系统的信息需求，为进一步定义电子商务系统信息结构提供依据。

过程和数据类定义完以后，要设计系统的总体结构。定义系统总体结构的目的是描述未来信息系统的结构及功能框架。总体结构要能够展现子系统的范围，各子系统内产生、控制和使用的数据，子系统间的关系（如数据共享），子系统与过程联系等。子系统的划分原则是：尽量把产生信息的企业过程和使用信息的企业过程划分在一个子系统中，以减少各子系统之间的信息交换。

通常，采用 U/C 矩阵等工具进一步划分子系统。U/C 矩阵中的行表示数据类，列表示过程，并以字母 U（Use）和 C（Create）来表示过程对数据类的使用和产生，如图 10.8 所示。利用 U/C 矩阵方法划分子系统时，可先用表的行和列分别记录数据类和业务过程，过程与数据类交叉点上的符号表示这类数据由对应的过程产生；然后要对初步建立的矩阵进行完备性、一致性及冗余性检验，确认每个数据类有且只有一个产生过程，每个过程都对应一个产生或使用的数据类；最后反复调整 U/C 矩阵，使绝大多数 C 排在对角线上，将企业过程和数据类划分为若干组，并用粗线条框起来，即划分出若干子系统，大体形成电子商务系统的结构。

	客户	订单	产品	加工路线	材料表	成本	零件规格	库存成本	员工	销售区域	财务	计划
经营计划						U					U	C
财务计划						U			U		U	U
产品预测	U		U							U		U
设计开发	U		C		U		C					
制定工艺			U		C		U	U				
控制库存								C	C			
产能计划				U								
材料需求			U		U							
作业流程				C								
销售	U	U	U									
销售区管	C	U	U									
订货服务	U	C	U									
发货		C	U					U				
会计	U		U						U			
成本会计		U			C							
人员计划									C			
招聘考核									U			

资料来源：http://wiki.mbalib.com/wiki.

图 10.8　U/C 矩阵

确定总体结构中的优先顺序，即对信息系统总体结构中的子系统按先后顺序排出开发计划，并进一步完成 BSP 研究报告，向最高决策层提交完整和规范的电子商务系统规划报告。

企业系统规划法（BSP）虽然也首先强调目标，但它没有明显的目标导引过程。它通过识别企业“过程”引出了系统目标，企业目标到系统目标的转化是通过对业务过程/数据类等矩阵的分析得到的。由于数据类也是在业务过程基础上归纳出的，所以说识别企业过程是企业系统规划法战略规划的中心内容，而不能把企业系统规划法的中心内容当成 U/C 矩阵。

10.3.3　战略目标集转化法

William King 于 1978 年提出战略目标集转化法（Strategy Set Transformation，SST），为电子商务系统的战略规划提供了一种有效的分析手段。该方法把整个战略目标看成“信息集合”，由使命、目标、战略和其他战略变量（如管理水平、发展趋势、环境约束等）组成。从另一个角度识别管理目标，它反映了各种人的要求，而且给出了按这种要求的分层，然后转化为信息系统目标的结构化方法。它能保证目标比较全面，疏漏较少。电子商务系统的战略规划过程是把组织的战略目标转变为系统战略目标（系统目标、约束和设计原则等）的过程，进而指导电子商务系统的设计和开发。具体实施步骤如下所述。

（1）标识并解释企业的战略集。从研究组织的发展战略和长期规划出发，首先识别与企业有联系的利益相关人，如债权人（Creditor）、客户（Customer）、公众（Public）、股东（Shareholder）、政府（Government）、雇员（Employee）和管理者（Manager）等，然后列出每类利益相关人对企业战略目标的要求，并进一步列出对应约束和策略。

（2）把识别出的企业战略集转换成电子商务系统战略集。转换过程是关键，要针对企业战略集的每一要素确定其对应的电子商务系统战略集要素，然后根据电子商务系统战略集中定义的目标、约束和设计原则建立各种可供选择的总体结构，并反馈至管理部门，如图 10.9 所示。

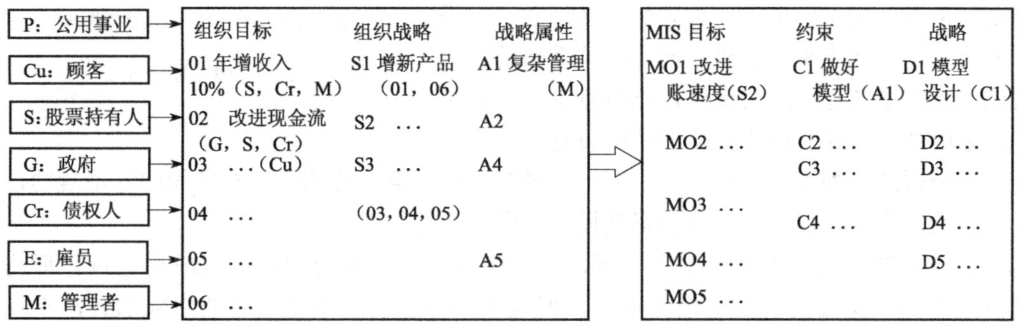

资料来源：http:// web.nuist.edu.cn.

图 10.9　战略目标集转化法的实施步骤

前面介绍了关键成功因素法、企业系统规划法和战略目标集转化法这三种常用的电子商务系统规划方法。相比较而言，关键成功因素法更能抓住主要矛盾，突出重点，且与高层管理者日常工作比较相近，简单易用，所以在高层管理者中应用比较广泛，但对于中层管理者不大适合。企业系统规划法也强调目标，但缺乏明确的目标引出过程，而是通过人为的、抽象的“业务过程”这一概念引出系统目标，通过定义出新的系统以支持企业业务流程，因此业务过程识别是该方法的核心。战略目标集转化法从全新的角度识别管理目标，反映不同利益相关者的要求及其约束，并且能够建立相应的层次模型，归纳总结出企业战略集合，进而转化为电子商务系统目标集，其优点在于全面，即能保证确定的目标疏漏较少，但重点不突出。

实践中，通常会根据企业现实状况选用不同的方法，或将这三种常用方法结合起来使用，取长补短，有文献称之为 CSB 方法（CSF、SST 和 BSP 结合）。CSB 方法首先用 CSF 方法确定企业目标，然后用 SST 方法完善企业目标集，并将这些目标转化为电子商务系统目标，再用 BSP 方法对其进行检验，并确定电子商务系统结构。CSB 方法弥补了各方法的不足，但过于复杂且缺乏灵活性。

10.3.4　战略栅格法

战略栅格法（Strategic Grid）是 McFarlan 等学者于 20 世纪 80 年代初提出的一种 IT 规划方法，该方法是一种了解企业中信息系统作用的诊断工具，可以用于电子商务系统的规划活动。它利用栅格表（如图 10.10 所示），依据现行的应用项目和预计将开发的应用项目的战略影响，确定四种不同的电子商务系统战略规划条件，即战略型、转变型、工厂型、支持型。栅格表中每一方格确定了企业中信息活动的位置，通过对当前应用项目和将开发应用项目可能产生的影响进行分析，可达到诊断当前状态和调整战略方向的作用。

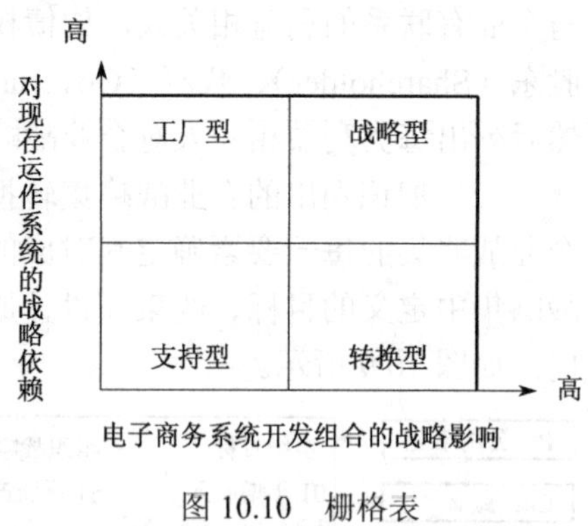

图 10.10　栅格表

若分析结果表明组织的电子商务系统处于“战略型”位置，则说明电子商务系统的工作对组织当前的竞争策略和未来的战略方向是至关重要的，应对电子商务系统进行连续投资，维持竞争优势，且不宜采用外包方式，避免竞争者获取或复制。

若分析结果处于“支持型”位置，则说明电子商务系统的应用对组织的各项活动是一种辅助，不应该得到任何新的资金投入，应降低其成本。

若分析结果处于“工厂型”位置，则说明电子商务系统的应用对成功地执行那些严格规定和广泛接受的活动极为重要，但电子商务系统还不是战略的组成部分，不宜过分强调连续投资，能跟上技术发展和竞争者即可，保证有效的资源利用，注重考虑效率效益。

若处于“转换型”位置，则说明电子商务系统正在从辅助地位转向战略地位，对投入应进行成本控制，如何成功应用需进一步确认，着重点是过程创新而不是产品创新。

10.4　电子商务系统规划报告

无论采用哪种方法规划企业电子商务系统，最终都要形成“电子商务系统规划报告”。该报告的主要内容是对企业电子商务系统的商务模式、电子商务系统的体系结构和各个组成部分进行阐述，初步拟订电子商务系统开发指导方案。

10.4.1　规划报告的主要内容

电子商务系统规划报告的基本内容主要包括以下几个方面。

（1）电子商务系统开发项目背景介绍及需求描述。主要介绍电子商务系统规划涉及的企业内部组织结构、管理流程、经营环境等基本情况，阐述企业发展电子商务的动因及预期等，详细描述企业的核心业务过程，以及拓展电子商务对核心业务的影响等。

（2）开发电子商务系统的原则及目标。主要论述企业建设电子商务系统采取的策略、预期目标、制订规划过程中需要遵循的原则，这部分内容是后续实现电子商务系统的基本指导思想。

（3）电子商务系统的核心商务模型。围绕未来的商务模式，阐述赢利模式，归纳总结企业商务模型构建的结果。

（4）电子商务系统的体系结构。主要阐述未来电子商务系统的体系结构，定义其逻辑层次及各个部分的作用、相互关系等。

（5）电子商务系统的功能结构。通过对业务过程的梳理，定义未来应用软件系统功能结构，包括粒度较大的功能模块及其分布。

（6）网络基础设施。描述电子商务系统运行所需要的网络基础设施的基本构成。在这一部分需要阐明支持电子商务系统运行的网络结构、组成、特征、互连方式等。

（7）联机交易中的支付与认证。侧重阐述联机交易中的支付和认证的实现方案，说明保证交易安全的方法。

（8）系统安全及管理。说明保证电子商务系统安全的整套体系、系统的管理等，其目的是说明电子商务系统的安全性和可管理性。

（9）系统性能优化及评估。阐述保证系统高可靠性、可用性和高性能的方案。

（10）系统集成方案。说明应用系统软/硬件平台的选择及集成方式。

（11）实施方案。论述建设系统所要投入的人、财、物等资源，以及资源使用计划，并说明电子商务系统实施的基本过程及相关的保障措施。

（12）商务系统收益分析。对系统投产后可预见的收益进行预测。

（13）其他说明。电子商务系统涉及面广，涉及技术、组织、管理甚至法律、人文环境等诸多领域，所以对于相关领域都要给予考虑。

10.4.2　可行性分析

可行性分析在初步调查、分析及电子商务系统规划报告拟定的基础上，从技术、经济和社会效应等方面分析电子商务系统开发方案的可行性。可行性分析包括以下几个内容。

1．技术可行性

技术可行性主要是确定提出的开发方案在现有的技术条件下是否有可能实现。这里的现有水平是指社会上已经比较普遍使用的技术，不应该把尚在实验里的新技术和尚不确定的管理方法作为分析的依据。技术上的可行性分析可从设备条件和技术力量两方面进行。设备条件方面的分析内容应包括：计算机的内、外存容量、网络性能、主频速度、输入/输出设备、可靠性、安全性等能否满足系统开发的需要。技术力量方面主要考虑从事系统开发与维护工作的技术力量。在系统开发、使用和维护各阶段需要提供的人员、系统分析员、系统设计员、程序员、操作员、录入员及软/硬件维护员等各类专门人员能否满足要求。

2．经济可行性

经济可行性主要是对开发电子商务系统项目的投资与效益做出预测分析，从经济的角度分析电子商务系统有无开发价值，开发后带来的经济效益是否超过开发和维护成本。可以从成本估算和效益估算两方面来分析资金可行性和经济合理性。成本估算主要考虑固定成本和可变成本，效益估算可从直接经济效益和间接经济效益两方面考虑。电子商务带来的直接经济效益包括：管理成本的降低、库存成本的降低、采购成本的降低、交易成本的降低及实效效益和销售量的扩大等。间接经济效益包括：提高管理水平带来的综合效益、提高企业知名度带来的综合效益及客户满意度大幅提高等。

3．社会可行性

由于电子商务系统是在社会环境中工作的，除了受技术因素和经济因素的影响，还有许多社会因素对项目的发展起着制约作用。社会可行性就是评估所建立的电子商务系统能否在该企业实现，在当前操作环境下能否很好地运行，即组织内外是否具备接受和使用新系统的条件。

在可行性研究结束后，应该将分析结果以报告的形式编写出来，形成正式的工作文件，作为以后论证和进一步开发的依据。可行性分析报告主要包括：绪论，系统建设的背景、必要性和意义，系统的候选方案及其可行性分析，并比较这几种方案的优劣，最后得出结论。

本章小结

本章首先提出电子商务系统的基本概念、体系结构及其特点。在此基础上，对电子商务系统规划问题进行深入探讨，给出电子商务系统规划定义、目标，并对常见的若干种电子商务系统规划方法进行归纳总结，最后探讨电子商务规划报告的内容及可行性分析的过程。通过本章的学习，读者能够了解并掌握规划电子商务系统的方法及过程，明确规划文档报告撰写的内容，有助于解决实际电子商务系统规划问题。

问题与讨论

1. 试举例说明什么是电子商务系统，并描述其特点。
2. 简述电子商务系统的体系结构。
3. 电子商务系统规划的目标是什么？
4. 电子商务系统规划的主要内容包括什么？
5. 阐述常见的几种电子商务系统规划方法。
6. 撰写电子商务系统规划报告时应考虑哪些主要问题？

案例：某综合旅游网电子商务系统规划

1．背景

随着人们生活水平的不断提高及消费观念的转变，以及政府积极推行的扩大内需、刺激消费的节日长假制度，外出旅游已成为消费热点。据统计，2003 年中国旅游总收入就已达 5566 亿元。凭借丰富的旅游资源，中国已被世界旅游组织认定为 21 世纪全球最大的旅游市场之一。旅游业已成为中国的朝阳产业。

旅游业是目前公认的最能与电子商务整合的行业之一。随着信息技术的发展，旅游电子商务已成为全球电子商务的第一大行业。全球旅游电子商务连续 5 年以 350%以上的速度增长，2002 年全球旅游业电子商务销售额突破 630 亿美元，占全球电子商务总额的 20%以上。互联网已成为发达国家旅游者最主要的信息来源渠道。全球现有约超过 17 万家旅游企业在网上开展旅游服务，享受过旅游网站服务的游客超过 8500 万人次。伴随着互联网在中国的普及，网上规划旅游线路，网上预订机票、酒店等，对国内居民来说已不再陌生。依托互联网的旅游电子商务必将成为未来国内旅游市场的主导方向。

2. 现状分析及定位

国内较大规模的旅游电子商务网站有：携程旅行网（http://www.ctrip.com/）、TOM 旅游网（http://life.news.tom.com/travel/）、艺龙旅游网（http://www.elong.com/）。通过比较，归纳总结出类似网站的不足如下：

- 虽然目前的旅游网站很多，但专做旅游电子商务的网站却很有限；
- 个性化自助旅游体现不出本质来；
- 一些旅游经营机构缺少促销方面的投入，而更多采用削价竞争策略争取市场份额；
- 大多数酒店预订集中在星级酒店，消费层次比较高；
- 资料更新不够及时；
- 旅游线路只提供行程简介、食宿标准及其他花费、所需资料、相关评论，而缺乏对评论的回答；
- 提供的旅游线路缺乏详细的景点图片介绍，一条旅游线路往往包含好几个景点，而网站往往只提供一张图片。

把旅游市场中分散的利润点整合起来，提高资源利用率，汲取旅游过程中“被遗忘的利润”，使旅行者出行应用最优化的方案；实现旅游者、旅行社、航空业、租车业、旅游景点、酒店等利益相关者的共赢，在自身利益最大化的同时为合作伙伴更好的赢利创造条件，实现旅游信息的最大化耦合；企业商务模式既包括 B2B，又包括 B2C 及将来可能扩展的 B2G 模式，因此网上业务的服务对象既有普通消费者，又有企业客户，在以后的发展当中也可能与政府合作。

3. 赢利模式

鉴于国内的电子商务发展现状，未来旅游电子商务系统采取综合、多渠道的赢利模式，利润主要有以下几个来源。

（1）广告收入。为旅行社、宾馆、旅游景点、航空公司、租车公司等企业提供信息发布、广告等服务的收入。

（2）预订收入。为会员提供在线预订的收入，包括提供网上订房、订国际国内机票、列车票等服务的收入。例如，预订火车票统一收费 2 元/张，酒店预订收取住宿费的 2%～5%。

（3）旅游产品交易收入。为会员提供网上购买旅游产品在线支付或货到付款的服务费，如个性化旅游线路产品的定制费用。

（4）租赁业务收入。为个人及单位出行提供的租车服务的费用及户外野营生存用品租用的费用。

4. 系统功能规划

系统的基本功能模块包括：网页浏览、信息查询、在线咨询、景点地区电子地图及会员社区和客户服务。核心业务模块是在线预订，针对三类交易对象为客户提供预订服务，主要包括以下几项。

（1）机票、车票、酒店房间、旅行团线路等常规旅游产品。由于与酒店、航空公司等合作，可以为客户提供更优惠的折扣价格。同时，利用网站整合电话、传真、电子邮件等预订渠道，有效地提高预订服务的便利性。

（2）租用旅游用具。例如，野外探险或登山等活动中需要的旅游用具，像登山包、滑翔伞、户外运动装（丛林裤、滑雪裤、风雨裤等）、睡袋、帐篷、公路自行车、山地自行车等。

（3）户外租车。与租车公司合作，以网站为平台展示各种车型及报价，满足偏好自驾游的消费群体日益增长的需求。

除此以外，系统还面向未来发展设置特色业务模块和扩展业务模块。特色业务模块主要提供虚拟旅游、旅游纪念品超市等服务。扩展业务模块则要根据未来业务发展状况，逐步实现旅游纪念品、收藏品的拍卖交换平台，以及网上旅游博览会、网络旅游知识讲座、在线旅游保险等功能。

（来源：http://esoftbank.com.cn/zl/75_37807.html，部分删节）

思考题：

（1）上述案例主要完成了电子商务系统规划的哪些内容？

（2）试进一步完善该电子商务系统规划。

参考文献

[1] 沈凤池. 电子商务基础. 北京：清华大学出版社，2005.
[2] 叶健. 电子商务案例分析. 北京：高等教育出版社，2004.
[3] 沈美莉，陈孟建. 电子商务网站建设与管理. 北京：清华大学出版社，2004.
[4] 周学毛. 网站规划建设与管理维护. 北京：电子工业出版社，2001.
[5] 肖萍. 电子商务网站设计与管理. 南京：东南大学出版社，2002.
[6] 陈孟建，商玮，盘宏华，徐慧剑，葛宝琴. 电子商务网站建设与管理实训. 北京：清华大学出版社，2005.
[7] 徐天宇. 电子商务系统规划与设计. 北京：清华大学出版社，2005.
[8] 常广庶. 企业信息系统规划与电子商务. 西安：西北工业大学出版社，2005.
[9] 骆正华. 电子商务系统规划与设计. 北京：清华大学出版社，2006.
[10] 黄京华. 企业电子商务系统关键成功因素. 北京：清华大学出版社，2009.
[11] 令狐佳. 电子商务系统分析与建设. 北京：人民大学出版社，2006.
[12] 李志刚. 基于 BPR 的企业电子商务系统规划策略与方法. 2006.

第 11 章 电子商务网站设计

引言

据 CNNIC 2015 年的报告，截至 2015 年 6 月，中国网民规模达 6.68 亿，中国网络购物用户规模达到 3.74 亿，中国手机网络购物用户规模增长迅速，达到 2.70 亿。目前，中国的互联网发展正处在深化阶段，越来越多的人接受基于网络进行商务活动的观念，并将之付诸行动。2014 年 11 月，李克强总理提出并强调“互联网+”的概念。可见，无论是政策还是社会需求，未来，势必越来越多的业务将在互联网上开展，电子商务网站的重要性也日益凸显。同时，随着应用场景的不断深化，电子商务的实现技术、架构和平台也在不断发展，以适应社会需求，支持更好的用户体验。作为电子商务网站的开发者，要深入理解不同类型网站的基本构成、主要特征和作用，掌握网站设计的基本思路、过程和主要内容，把握电子商务网站设计的重点和要点，同时与时俱进，紧跟前沿技术思想。

本章重点

- 电子商务网站与电子商务系统
- 电子商务网站的类型
- 电子商务网站设计的基本原则
- 电子商务网站设计的主要内容
- 电子商务网站结构设计的基本思想
- 电子商务解决方案
- 电子商务网站设计技术发展

11.1　电子商务网站概述

11.1.1　电子商务网站与电子商务系统的关系

在第 10 章已经介绍过电子商务系统。电子商务系统是以 Internet 为基础并支持企业全业务过程的信息系统，不仅包括企业开展商业活动的外部电子化环境（Web 服务器、与其他中介的接口等），而且包括企业内部业务活动的电子化环境。电子商务网站是发布信息、实现商业活动管理和商业交易，直接为客户提供服务的重要渠道和平台。网站是其中的重要组成部分。所以，网站并不等于电子商务系统。直观上，企业及其用户通过网站交流双方的信息，实现商务交易活动。所以有人将网站形象地比喻为电子商务系统的“窗口”。网站与电子商务系统的关系如图 11.1 所示。

一般来说，电子商务网站由一系列网页、后台服务器、网络设备和数据库等软件和硬件组成，在技术上以 WWW 服务器为核心，综合运用 TCP/IP 协议应用层的多种服务方式。二者的充分结合是企业在互联网上完成商务活动的必要条件。在实际应用中，企业的规模、服务方式不同会使其电子商务系统所具备的功能差异很大，而网站通常是必须构建的。当企业规模较小时，其电子商务系统支持业务处理的功能会比较弱。以网站为例，往往仅提供静态信息发布的功能，帮助企业在互联网上树立形象，扩大影响。此时构建电子商务网站的重点是网站的软件结构、网页设计及数据库系统的选择与开发，而无须过多考虑网络基础设施建设，可以借用公众的网络多媒体平台搭建网站运行平台。

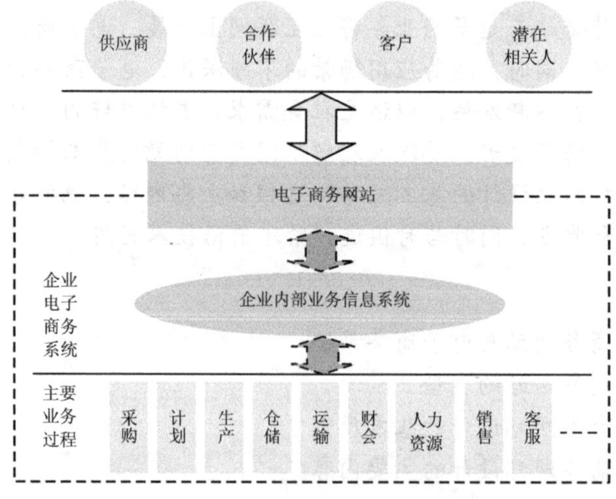

图 11.1　网站与电子商务系统

11.1.2　电子商务网站在电子商务系统中的作用

网站是电子商务系统的重要组成部分，是连接企业内部系统和外部系统的桥梁之一。一方面，企业内部信息系统的各种信息通过网站向外发布，支持商务活动完成，提高信息利用效率，扩大对外影响；另一方面，利用网站这一互动平台，外部信息（如客户、供应商的意见建议反馈等）能够及时有效地传递到企业内部信息系统，从而影响并改变企业经营管理活动。可以说，没有网站的电子商务系统是不完整的，而将电子商务系统等同于网站是片面的。在互联网飞速发展的今天，网站已成为电子商务系统重要组成部分之一，是完成商务活动的基础平台，但只有依托完整的电子商务系统才能实现优化业务流程、降低成本、提高效率的最终目标。网站在电子商务系统中的重要作用具体表现在以下几方面。

（1）电子商务网站能够增加企业与其客户的接触，为客户提供更为直接的主动沟通途径，这有助于企业加强客户关系管理的力度，为客户提供更高水平的服务。

（2）电子商务网站为企业提供了获取客户偏好信息的一个新渠道，以便企业能够定制产品，提高其产品或服务个性化的水平。

（3）电子商务网站为企业搭建包括供应商、合作伙伴、客户等在内的商务网络奠定了基础。

（4）电子商务网站是提供 7×24 持续式服务的支持平台，这种服务方式能够有效地提高业务活动的效率，同时降低企业运营成本。

11.1.3　电子商务网站的分类

按不同的标准，电子商务网站可以划分成很多种。例如，按交易的规模划分，可以分成 B2B 电子商务网站、B2C 电子商务网站等；按照网站的拥有者划分，可以分成政府网站、企业网站等；按照服务对象划分，可有对内部员工的电子商务网站，对客户、合作伙伴的电子商务网站，对供应商的电子商务网站；按照服务所支持的业务活动划分，可分为简单信息发布网站、产品或服务销售网站、信息互动站点等。

通常，电子商务系统中的网站的服务对象主要包括：

（1）内部员工；

（2）普通（信息/服务/商品）消费者；

（3）供应商；

（4）零售商。

上述参与者通过电子商务网站完成相互之间的交流、合作、买卖交易等业务活动。如果从业务内容和网站服务对象这两个维度考虑，电子商务网站可划分为以下几类，如图 11.2 所示。

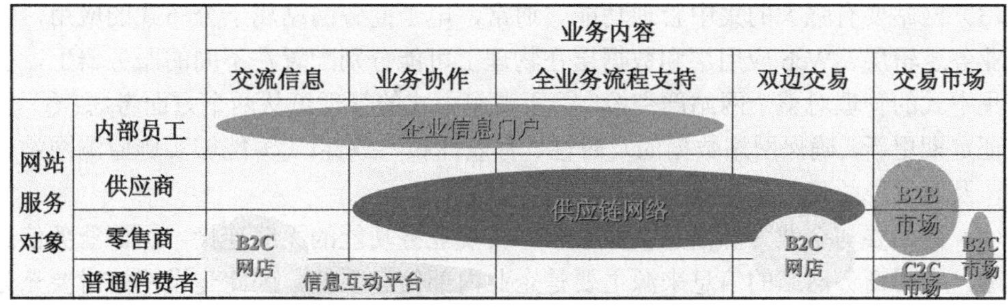

图 11.2　电子商务网站的二维分类

其中，大家较为熟悉的是 B2C 网站，如 Amazon、天猫、京东、china-pub 等；淘宝网是近两年发展迅速的 C2C 市场类型的电子商务网站；豆瓣网、土豆网等则是比较红火的信息互动平台，每天都有大量的文本、音频、视频信息产生并在互联网上传播。

为满足各类服务对象的要求，电子商务网站主要利用 Web 等信息技术将分散的信息资源和处理过程集成在一起，形成广泛的、相互关联的应用环境，从而缩短业务过程的响应时间。例如，近年来流行的企业信息门户，主要采用标准浏览器，如 Internet Explorer，提供对企业的 Intranet 和 Extranet 的单点访问，使内部员工每个人能通过统一的应用界面访问经授权的内部信息和外部信息，这些信息分散在不同地域的企业信息系统中，整合后通过企业信息门户有组织地供给来自 Internet、Intranet 和 Extranet 的企业员工和客户使用。

随着电子商务应用场景的不断丰富，电子商务网站平台也越来越丰富，如 PC 端网页、移动端网页、移动端 APP。不同平台的电子商务网站仍然是商家与用户之间沟通和交易的平台，但是基于不同的应用场景和服务类型，需求不同也要求不同的技术支持和解决方案。

11.1.4 电子商务网站设计的基本原则

相对于其他类型的信息系统，电子商务网站的功能比较简单，流程的复杂度较低，但其性能要求较高且直接影响网站建设的成功与否。因此，设计电子商务网站时，需要遵从以下几个原则。

（1）网站必须有良好的可扩充性。电子商务网站建设不可能一步到位，企业业务变动、信息技术发展、市场容量的变化等多方面因素，都会引起网站的功能、结构发生变化，对网站的性能有新的要求，这要求建设电子商务网站建设时要谨慎选择开放的、具有良好兼容性的应用服务器，并采用标准的电子商务技术，设计体系结构要灵活，要考虑未来应用功能模块的增减及访问容量的弹性变化。

（2）网站必须具有高效率的并发处理能力。每日海量的并发访问是基于互联网的应用系统的一个基本特征。对于企业而言，在互联网范围内，其用户、潜在用户或相关人的数量及访问时间是难以准确估算的，尤其是高峰期的访问量。因此，设计电子商务网站时要建立良好而可靠的性能模型，以防止大规模并发访问造成交易失败、系统崩溃等情况。

（3）网站要有强大的集中管理功能。通常，电子商务网站属于分布式的应用，表现层、业务逻辑层、Web 应用层和数据层在物理上可能分别配置在不同的服务器上，但应采取集中式的管理对整个网站严密控制。所谓集中式的管理可从两个方面考虑：① 内容要保证定期更新，确保网站数据的及时性、有效性和一致性；② 能够实施监测网站运行状态，及时发现故障并进行故障修复。

（4）网站要与企业内部信息资源整合，实现业务功能的无缝连接，保证业务信息传递通顺。电子商务网站的信息来源主要是企业内部信息系统，因此建设网站时要充分考虑其与企业现有应用系统的集成，确保电子商务系统的完整性和有效性。

（5）网站必须具有高可靠性，确保提供 7×24 小时的服务。在互联网范围内，企业的合作伙伴及客户遍布全球范围，订单的产生及交易的完成已超越传统的时间约束。因此，构建电子商务网站时必须采用一定的信息技术，如 Cluster（集群）技术等，以保证网站能够不间断地提供可靠服务。

（6）网站要有良好的容错能力。网站的主要功能之一是支持在线交易的完成，交易过程中产生的数据是重要的、不可或缺的。因此，要采用特殊的硬件、软件技术，如复制、同步等，保证故障发生时系统不会崩溃，且由故障导致的数据损坏和丢失能够及时得以恢复。

（7）网站要支持多种客户终端。异构性是基于互联网应用的重要特征之一。根据 CNNIC 的报告，截至 2015 年 6 月，中国手机网民规模达 5.94 亿，较 2014 年 12 月增加 3679 万人。网民中使用手机上网的人群占比由 2014 年 12 月的 85.8%提升至 88.9%。涨势迅猛，未来移动电子商务的发展具有广阔空间。用户可以选择不同类型的终端访问电子商务网站，如 WWW 浏览器、手机、PALM 等。

（8）网站必须有高可信性。病毒、木马、账号或密码失窃等是常见的网络安全问题。网络安全隐患是网民对互联网失去信任的主要原因，统计显示仅有 29.2%的网民认为网上交易是安全的，这意味着网站若缺乏良好的安全保障措施，将会极大地制约其支持电子商务活动、网络支付等交易类应用的发展。电子商务网站的社会经济功能要求其必须提供足够的安全保障。继可用性之后，网站的可信性已成为另一备受关注的衡量指标。

（9）网站应注重良好的用户体验。电子商务网站是商家与用户之间的桥梁，也是商家的门面。除了性能的因素，直观的用户体验也是留住用户很重要的一方面。流程的合理简洁、快捷方便，都是网页在设计过程中应该注重的问题。

11.2　电子商务网站结构设计

作为一种较特殊的软件系统，电子商务网站的结构设计也应符合一般软件系统设计的要求，即结构稳定、可扩展且可复用等。完成体系结构的设计后，应在一段时间内保持稳定不变，从而保证后续开发工作顺利进行。若体系结构经常变动，那么根植于体系结构之上的用户界面、功能模块、数据库、数据结构等也随之发生变动，这会使程序设计人员无所适从，导致开发项目失败。结构稳定与结构可扩展是比较难以处理的矛盾。如果系统不可扩展，就无法应对未来业务发展的变化，所以不能只关心稳定而忽视可扩展性；但要注意的是，“可扩展”的前提是“保持结构稳定”，否则系统难以按计划开发出来，结构稳定是系统得以持续发展的基础。可复用是指可以重复使用已有的结构部件，这是在稳定、可扩展的基础上，对优良结构更进一步的要求。

电子商务网站面临海量的信息量、巨额的资金流及快速更新的商品信息，因此电子商务网站必须在架构上能够适应市场的快速发展，同时应该具有较强的扩展性，支持日益庞大的商品种类、高负荷的用户访问，以及高并发的交易。选择高可用性、高伸缩性、高维护性的分布式电子商务网站成为最佳选择。

11.2.1　基本设计思想

如何保证网站结构稳定且具有一定的灵活性及良好的可扩展性？进行网站结构设计

所依赖的基本指导思想很重要。结构化程序设计强调应用程序模块化，模块之间低耦合，模块内部高度聚合。而 MVC（Model-View-Controller）就是这一思想的延伸。MVC 最初用于分析分布式应用程序的特征，通过将应用程序分割成控制器、视图、模型等若干逻辑部件，保证程序设计更加容易。

MVC 模式提供了一种按功能对各种维护和表现数据的对象进行分割的方法，其目的是为了将各对象间的耦合程度减至最低。MVC 模式将传统的输入（Input）、处理（Processing）、输出（Output）任务划分方式，运用到图形化用户交互模型，这也适合运用于基于 Web 的企业级 *N* 层应用领域。

在 MVC 模式中，模型（Model）代表应用程序的数据（Data）和用于控制访问和修改这些数据的业务规则（Business Rule）。当模型发生改变时，它会通知视图（View），并且允许其查询模型的相关状态。同时，它也允许控制器（Controller）访问封装在模型内部的应用程序。

视图（View）从模型处获得数据并指定这些数据如何表现。当模型变化时，视图负责维持数据表现的一致性，同时将用户请求传递至控制器（Controller）。控制器（Controller）负责定义应用程序的行为，解释视图传递过来的用户请求，并将其映射成相应的行为，而这些行为由模型负责实现。例如，在独立运行的 GUI 客户端，常见的用户请求包括鼠标单击或菜单选择等操作。而在 Web 应用程序中，用户请求可表现为来自客户端的 GET 或 POST 的 HTTP 请求。

模型所实现的行为主要有处理业务和修改模型状态。根据用户请求和模型行为的结果，控制器选择某个视图作为对用户请求的应答。图 11.3 描述了 MVC 模式中三个元素间的逻辑关系。图中实线表示高耦合的依赖关系，虚线表示低耦合的消息关系。业务模块是不依赖用户界面的，这样就隔离了用户界面的变更对业务程序的影响。用户界面负责收集用户的输入，显示用户需要的数据；控制器负责将用户的请求调用到实际的业务程序，也将业务程序处理的结果回送给用户界面；业务程序具体处理业务操作。同时业务模块可能主动发送消息到用户界面，通知界面显示数据。

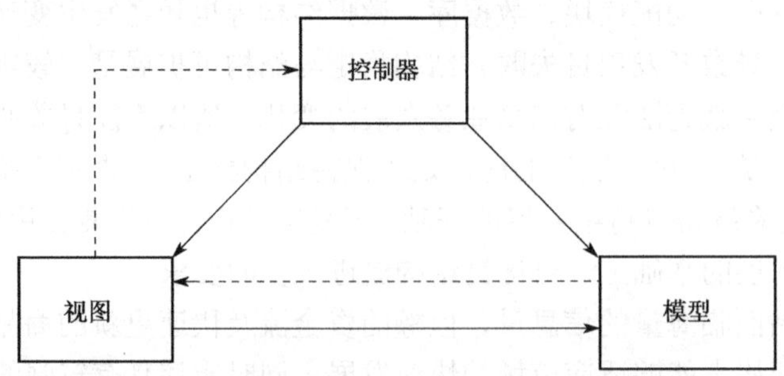

资料来源：http://zh.wikipedia.org/zh-cn/MVC.

图 11.3　MVC 模式中三个元素间的逻辑关系

对于电子商务网站这类典型的 Web 应用，由于其用户界面是在浏览器上运行的，而界面的控制和业务模块在服务器上运行，所以，通常采用这种典型的 MVC 模式。并且，在 Web 应用中，不存在服务器主动向客户端“推”数据，因此从模型到视图之间的虚线也是不存在的。

Web 应用的开发往往是混合的数据编程。最常见的形式就是，直接向数据库发送请求并用 HTML 显示相应的结果。这种模式下开发速度通常比较快，但由于没有直接分离数据、页面，因而很难体现出业务逻辑模型，更谈不上重用。这必然导致设计的系统弹性小，难以满足用户需求的变化。在 MVC 设计思想的指导下，对系统这一复杂问题进行分层，虽然要做额外的工作，但系统结构清晰，能够满足稳定、可扩展及可重用等系统结构设计要求。

11.2.2　层次结构设计

基于 MVC 的设计思想，电子商务网站这类应用广泛采用分层的系统体系结构。层次结构体现了“分而治之”的思想，即将复杂的大问题切分成若干相对简单的小问题，然后逐一攻克。其优点是具有良好的可扩展性，易于扩充或修改功能而避免破坏原有结构的稳定性。但其缺点已不容回避，如划分层次较多，会增加管理复杂度及系统开销、降低系统性能；再如级联修改，若在表示层中增加功能，为保证分层式结构，可能需要在相应的业务逻辑层和数据访问层中都增加相应的代码。层次结构良好的系统要具备恰当数目的分层。三层结构和 N 层结构是目前应用较多的形式。

1．三层结构

浏览器/服务器（B/S）三层结构是最常见的 Web 应用系统体系结构，如图 11.4 所示。三层结构的特点是在两层结构的基础上加入一个中间件层。它将原本运行于客户端的应用程序移到了中间件层，客户端只负责显示与用户交互的界面及少量的数据处理（如数据合法性检验）工作。客户端将收集到的信息（请求）提交给中间件服务器，中间件服务器进行相应的业务处理（包括对数据库的操作），再将处理结果反馈给客户机。

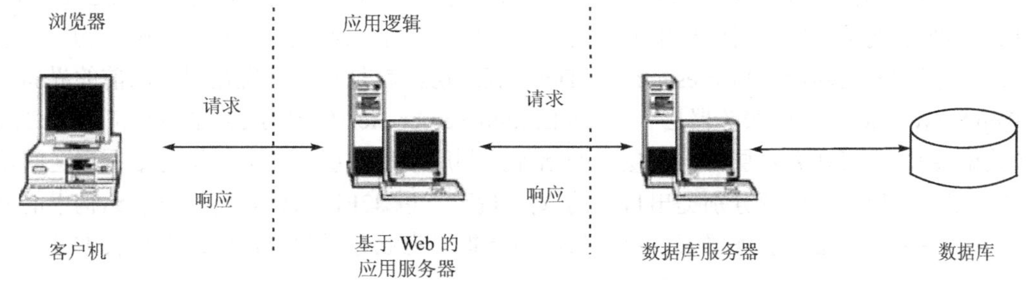

图 11.4　B/S 的三层体系结构示意图

三层结构主要由如下三部分组成。① 表示层，客户端的主要任务是显示用户界面，接收用户事件。三层体系结构中，用户界面通过浏览器显示，Web Server 将应答最终以 HTML 为载体下载到客户端浏览器，经浏览器（如 IE、NetScape）进行解释，得到最终的用户界面。② 应用层，由 Web Server 和 Java Application Server 两部分组成，有的中间件将这两部分集成到了一起。③ 数据层，数据库服务器是业务对象的属性得以永久性保存的载体。

在实际应用中，三层体系结构表现出很多优势。

（1）客户端零维护。在三层体系结构中，几乎所有的业务处理都是在中间件 Web Server 上完成的，客户端只需要安装浏览器即可。处理业务时，操作员可以直接通过 Web 浏览器访问 Web Server 进行业务处理工作。

（2）可扩展性好。由于三层体系结构的客户端零维护的特点，使增加一个工作节点的工作简单到了只需增加一台装有 Web 浏览器的 PC 即可。三层体系结构采用面向对象的分析和设计模式，将业务模块都封装到了业务类和服务类中，所以如果业务流程改变或增加新的业务模块，只需替换或增加新的业务类和服务类即可。业务逻辑与用户界面及数据库分离，使得当用户业务逻辑发生变化时只需更改中间层的控件/组件/JB/EJB 即可。客户端不直接访问数据库，而是通过一个中间层进行访问，所以在改变数据库、驱动程序或存储方式时无须改变客户端配置，只要集中改变中间件上的持久化层的数据库连接部分即可。

（3）系统安全性好。在三层体系结构中，客户端只能通过 Web Server 而不能直接访问数据库，这大大提高了系统的安全性。如果对系统提出更高的安全性要求，还可以通过防火墙进行屏蔽。

（4）资源重用性好。由于将业务逻辑集中到 Web Server 统一处理，三层体系结构可以更好地利用共享资源。例如，数据库连接是一项很消耗系统资源、影响响应时间的事件，在三层体系结构中，可以应用缓冲池，统一管理数据库连接，由不同应用共享，并有效控制连接的数量。

（5）从系统开发项目管理的角度来看，三层体系结构可以使开发人员的分工更加明确，有效提高开发效率。一旦定义好各层次之间的接口，负责不同逻辑设计的开发人员就可以关注不同部分，齐头并进。例如，用户接口设计人员只需考虑用户界面的体验与操作，领域的设计人员仅关注业务逻辑的设计，数据库设计人员也只需关注数据访问层的设计。

2. *N* 层结构

为适应当前 B/S 模式 Web 应用的需要，业界在三层结构的基础上进一步提出 *N* 层结构，其实质就是在原三层架构中增加若干中间层。例如，*N* 层架构（N-Tiers 结构，多层式运行架构）的四层是指 Presentation Tier（表示层，就是直接呈现在用户面前的界面）、Web Server Tier（Web 服务器层）、 Application Server Tier（应用服务器层）和 Data Tier（数据层）。也可在表示层和应用层之间增加控制层或中介层，在应用层与数据层之间增加数据映射层。各厂商分别提出自己的 *N* 层规范。以 J2EE 为例，将原三层结构中的表示层扩展为客户层和服务器表示层，将应用层扩展为业务层和整合层，详见表 11.1。

表 11.1　J2EE 提出的 *N* 层规范

J2EE 分层	对应程序部分
客户层	浏览器 HTML 页面、XSL、手机客户端等
服务器表示层	JSP 及 ActionForm、XML、Controller 控制器及 Action
业务层	Javabeans / SessionBean /Session Facade
整合层	EntityBean / JDO / Hibernate / JDBC
资源层	RDBMS 数据库

资料来源：http://www.javanb.com/struts/1/20206.html.

J2EE 规范的基本原则是尽量降低各层的实现耦合度，最终目标是可以任意地切换至某个层的功能。根据具体的部署环境，采用不同的实现技术，如整合层，可以采用 EJB，也可以采用 Hibernate 等实现 O/R 映射，或者直接采用 JDO。

与三层结构相比，*N* 层架构的核心是提供可规模化特性，一方面是服务负载上的可规模化，能同时为极大规模的用户提供服务，如门户网站；另一方面是服务功能上的可规模化，可形成极大规模的软件群系统，各分系统可以共享信息、服务，形成企业级的信息高速公路。*N*层可以分别放在各自不同的硬件系统上的，所以灵活性很高，能够适应客户机数目的增加和处理负荷的变动。例如，在追加新的业务处理功能时，可以相应增加装载功能层的服务器。因此，系统规模越大这种体系结构的优点就越显著。此外，*N*层结构的各部分从逻辑上相互独立，某一层的变动通常不影响其他层，具有很高的可重用性。*N* 层结构还有维护升级方便及具有良好的开放性、可支持异种数据库等诸多优点。

建设电子商务网站时，确定系统的体系结构要考虑以下几个因素：被开发的系统特点、网络协议、可以使用的软件产品、构建成本、开发人员对所选体系结构实现技术掌握的熟练程度及时间约束等。

11.3　电子商务网站功能设计

电子商务网站的功能设计是网站建设的主要内容之一，也是整个网站策划中最核心的一步。设计出新颖强大的功能，对于网站未来推广营销很关键。同时，网站功能的数目多少及质量的优劣也能够在一定程度上反映出企业实力的强弱。网站功能设计要紧紧把握两个要点：其一，功能的可用性；其二，功能的实用性。因此，评价具体模块时，可考虑如下几方面：新模块的互动形式带来的信息流是否符合网站主题的需求；功能模块与网站现有功能是否重合，是否冲突；功能模块的实施与网站流量、人气等现状是否相符；功能模块的实施成本，如硬件资源消耗、制作和维护成本等。

通常，电子商务网站的功能包括信息发布、账户管理、搜索、浏览、交易等，表 11.2 对电子商务网站前台功能进行了简单归纳。

表 11.2　电子商务网站前台功能

类　别	功　能	描　述
一般性功能	登录	登录站点
	注册	新用户注册
	搜索	搜索站点商品数据库
	选择	查看搜索结果的具体信息
	浏览	由链接浏览站点
B2C 型功能	订购商品	将商品放入购物车
	取消订购	将商品移出购物车
	查看订购商品	查看购物车中商品的信息
	订购新用户的商品	将商品放入用户的购物车
	付款	购买购物车中的商品
	查询	查询历史订单、交易记录

续表

类　别	功　能	描　述
B2B 型功能	获得报价	获得实时或曾经的报价
	获得公司运行报告	获得交易公司的运行状态
	检查成交价格	查看完成交易的价格信息
	查看货物信息	查看交易商品的信息
	进行交易	双方完成资金和物品交易
信息互动	下载信息	下载有关的各种信息
	订阅信息	订阅有关商贸信息
	在线收听	在线收听有关音频节目
	在线收视	在线观看有关视频节目
	网上社区	在网络社区进行互动讨论
	线上沟通	线上客服

网站功能设计时要尽量以工程化的标准进行，明确开发规范，设计及后期编程和维护要有章可循。还要强调面向用户的原则，加强设计人员和用户之间的信息交流，从而有利于及时发现并解决问题，保证功能设计的质量。功能结构的设计要遵循模块化的原则，分解复杂的大问题，将整个网站系统功能划分为若干个模块，逐个完成各个子模块的设计工作，最后达到完成全部的目的，从而有效地降低网站建设工作的复杂度，简化其设计、调试和维护等工作。

11.4　网站容量设计

除功能设计之外，建设电子商务网站的另一重要内容就是网站的容量设计，科学合理的容量设计是确保运行期间电子商务网站的处理能力与访问站点的用户数量相匹配的关键。随着时间的推移，大多数网站都会碰到用户数量和访问的内容总量大大增加的情况。当高峰用户数量访问网络上的应用程序和服务时，容量设计对于确保系统能够充分运行至关重要。因此，必须充分规划网站容量，使其能够满足最大数量用户并发访问网站的请求。

为用户提供优质服务，确保交易顺利完成，是电子商务网站的主要目标之一。请求响应速度慢、超时和错误、链接断开等故障会使用户失去耐心，甚至放弃交易而转向其他网站。为避免因网站性能问题而产生客户流失，就必须提供一个不但能处理常规需求水平，而且能处理高峰需求水平甚至更高水平的基础结构。容量设计就是计算满足用户需求所需的硬件开销要求，识别网络设计中造成性能降低和导致服务质量降低的关键，并采用一定的技术方案消除影响。

网站容量是由用户数量、服务器容量、硬件和软件配置及网站内容来确定的。容量设计可被表述为一个简单等式：支持用户数量=硬件容量/硬件的人均用户负载。在这个等式中，支持用户数量指同时访问网站的用户数量，硬件容量指服务器和网络容量，硬件的人均用户负载是指访问用户的人均硬件开销。

如果网站内容复杂性提高，就会增加人均用户的硬件负载，若仍然要保持可支持的用户数量，就必须增加硬件容量。可以通过扩展和升级两种方法解决；如果希望能够支持更多的用户，就要增加硬件容量或降低硬件的人均用户负载。通过统计访问网站的用户数量并测量每位用户对服务器的需求，然后对支持当前和将来使用水平的计算资源（CPU、RAM、磁盘空间和网络带宽）进行计算，这样可以确定网站的容量水平。通常，要考虑两个影响网站容量的最重要的因素。

（1）浏览器与 Web 服务器之间的通信。当浏览器向 Web 服务器发出请求时，浏览器首先会与服务器建立一个传输控制协议（TCP）连接，然后浏览器通过该连接发出请求，服务器则对应请求发出页面。这种输入请求与输出不可完全预测。例如，很多站点在工作日开始及结束时会有活动高峰，而其他时间段的活动水平则较低，同时，每天的高峰规模也不同。通信量与支持的网络带宽之间也存在直接的联系。站点访问者越多，服务器提供的页面就越多，从而就要求更多的网络带宽。

（2）Web 应用程序的性能。这对确定网站容量至关重要，而测试是唯一的方法。常用测试工具有：公用程序 Web 容量分析工具（WCAT）和 Web 应用程序 STRESS 工具（WAST）。

确定网络容量时，首先要确定站点的用途和类型，以及确定站点是否要支持某些形式的动态内容。例如，创建事务处理站点，允许用户检索并存储信息，就需要考虑可靠性和安全性的要求，而其他类型的站点则没有这样的要求。动态内容通常有很多形式，涉及 Web 服务器与数据库联系、检索数据、数据格式化及发送 Web 页面到用户浏览器等多个环节。例如，如果用户检索某个产品的信息，服务器就会请求数据库检索该产品的说明、照片、价格信息及该产品是否还有库存。检索结果会以 HTML 页面返回给用户并在其浏览器上显示，从表面上看与静态 Web 页面一样，但实际需要更强的处理能力。

其次，要通过分析确定用户基数，即借助市场分析报告来预测站点发布初期及以后的预期通信量。若站点已建立且运行，也可分析 Web 服务器的日志文件，了解站点在不同时间的点击数及可以表明站点内容的受欢迎程度是否增加的所有使用趋势。通常，市场调研报告或服务器日志中对 Web 商用站点度量的标准有以下几个。

（1）点击率。测量站点每秒钟内请求服务对象的次数。但仅凭点击率还不能确定用户真实的请求数。原因在于，页面通常由一个 HTML 文件和若干图像文件的链接组成，用户浏览一次页面往往会导致 Web 收到多个请求，故页面的图片链接数越多，点击率偏差越大。

（2）页面日均访问数。这个指标反映页面每天被调用的总次数，比点击率更能准确地反映网站的受欢迎程度。因此，网页的日均访问数越高，在其上发布的付费广告受众面就越广。一般来说，非常受欢迎的站点每天可以有 1 亿次左右的页面访问次数。

（3）点击进入百分率（Click-throughs）。这个度量标准用于估计在线广告的影响，即测量观看在线广告并点击进入广告页面的用户数占总用户数量的百分比。该指标不仅被网站受欢迎度影响，若标语广告相对概括或广告用语鲜明且有吸引力，可能会获得相对多的点击，并吸引到有兴趣的客户深入浏览广告内容，那么指标值也会有很大提高。

（4）单一客户数。该指标主要计量一段时间内有多少不同的客户访问站点，即尽量排除重复访问造成的虚假繁荣。大多数情况下，这个指标比访问总数更客观且更重要。

（5）站点收益率（Revenue Throughput）。这是度量站点经济性的重要指标。它测量了电子商务站点每秒钟销售获得的货币数量。通常，客户若对站点的服务质量（如响应时间）满意度较高，则更倾向于进行交易活动，站点的营业收入随之增加了。因此，站点收益率能够在一定程度上反映客户行为与站点性能状况。

（6）潜在损失（Potential Loss）。通过测量客户购物车中未结算商品的货币量来度量潜在的销售流失。以该经济指标为基础，可进一步探究产生客户流失的原因，如网站性能低劣等。

值得注意的是，计算站点当前用户数时，要以高峰使用值为准，而非根据典型使用值或平均使用值。

在测算用户基数的基础上，可确定网站的硬件容量，即 CPU 处理能力、内存量、存储量、数据服务器和磁盘数量及网络带宽。明确硬件容量后，可以以此为约束条件，通过分析寻找可能会发生瓶颈的节点，具体可从以下几方面考虑。

（1）标示所有进入站点路径，包括 FTP 下载站点的链接、其他 URL 等。

（2）确定容纳各个功能组件（数据库、邮件、FTP 等）的硬件设备。

（3）给出硬件设备的网络连接示意图，并结合站点进入路径等数据确定吞吐量、链接可能的速度等。

（4）测算页面相关数据，包括用户在该页面的停留时间、页面传入及传出数据等。

确定站点每台服务器可支持的用户数量以后，可以进一步优化原有的容量设计方案，以支持更多用户或向现有用户提供更好的服务。具体可通过优化动态内容、增加缓冲层并优化性能处理模型、提高服务器性能、增加服务器数量等多种方式，尽可能地增加每台服务器可支持的用户数量，增加站点可支持的并发用户数量，缩短站点的延迟时间以提高响应速度。

11.5 网站风格设计

风格（Style）是抽象的，是指站点的整体形象给浏览者的综合感受。“整体形象”受诸多因素的影响，包括站点的 CI（标志、色彩、字体、标语）、版面布局、浏览方式、交互性、文字、语气、内容价值、存在意义、站点荣誉等诸多因素。例如，网易是平易近人的、迪斯尼是生动活泼的、IBM 是专业严肃的，这些都是网站风格给用户留下的不同感受。

商务网站的风格应该是独特的，以区别于其他商务网站。这种独特的风格可能由色彩、技术或交互方式构成，浏览者即使只看到其中一页，也会迅速明确分辨出该网站。风格是人性化，通过网站的外表、内容、文字、交流可以概括出站点的个性。对商务网站而言，简洁、明朗、专业等特性能够增强用户对站点的信任感。

如何确立网站的风格？有两点要把握：其一，风格应当是内在有价值内容的体现；其二，作为电子商务网站的所有者，企业希望在网络环境下树立怎样的形象。从这两点出发，可以进一步设计网站整体风格方案。网站风格设计过程中，有几个比较关键的环节。

（1）确定网站的主题和名称。网站的主题就是网站的题材，是网站设计开始首先遇到的问题。商务网站的主题就是交易，所有内容都要围绕交易活动安排，可谓主题明确。主题明确后，就确定网站的名字。网站名称是很关键的要素，是否正气、响亮、易记且有特色，对网站的形象和宣传推广有很大影响。电子商务模式的组合可提高企业的综合竞争优势。

（2）设计网站的 CI 形象。所谓 CI（Corporate Identity），意思是通过视觉来统一企业的形象。同实体公司一样，网站需要整体的形象包装和设计。准确而有创意的 CI 设计，对网站的宣传推广有事半功倍的效果。CI 设计的主要内容包括：网站的标志（Logo）、标准色彩、标准字体和宣传标语。就如同商标一样，标志是站点特色和内涵的集中体现，促使用户联想起站点。标志的设计创意通常来自网站的名称和内容，若网站有代表性的人物、动物、花草等，可以用它们作为设计的蓝本，加以卡通化和艺术化，如米老鼠、唐老鸭。或者网站专业性较强，可以以本专业有代表的物品作为标志，如中国银行的铜板标志，奔驰汽车的方向盘标志等。最常用和最简单的方式是用网站的英文名称作为标志，采用不同字体、字母变形或字母组合制作标志。

网站给人的第一印象来自视觉冲击，确定网站的标准色彩是相当重要的一步。不同的色彩搭配产生不同的效果，并可能影响到访问者的情绪。例如，IBM 的深蓝色、肯德基的红色线条、Windows 视窗标志上的彩色色块，给人感觉很贴切、和谐。一般来说，网站的标准色彩不超过 3 种，太多则让人眼花缭乱。标准色彩适用于网站的标志、标题、主菜单和主色块，力求给人以整体统一的感觉。适用于网页标准色的颜色有：蓝色、黄/橙色、黑/灰/白色三大系列色，要注意色彩的合理搭配。标准字体是指用于标志、标题、主菜单的特有字体。网页默认的字体是宋体。为了体现站点的“与众不同”，可以根据需要选择一些特别字体。例如，为了体现专业可以使用粗仿宋体、体现设计精美可以用广告体、体现亲切随意可以用手写体等。宣传标语则凝聚着网站的精神和目标，通常要用一句话甚至一个词来高度概括。

（3）定义网站栏目，即为网站内容制定提纲，以确保网站主题明确、层次清晰。如果网站结构不清晰，目录庞杂，不但浏览者看得糊涂，维护网站也相当困难。网站栏目安排要注意以下几方面：① 要紧扣主题，突出网站的主栏目，主题栏目个数在总栏目中要占绝对优势，使网站凸显专业、主题突出的特点，从而给人留下深刻印象。② 设立最近更新或网站指南栏目，为访客提供更人性化的服务。③ 设立可以双向交流的栏目，如留言本、邮件列表等。④ 还要设立下载或常见问题回答栏目，提高信息的共享度，便于访问者下载所需资料，也可以节约很多维护时间。

（4）定义网站目录结构。网站目录是建站时设立的目录，如默认建立的根目录和 images（存放图片）子目录。目录结构的好坏，对浏览者来说并没有什么太大的感觉，但是对于站点本身的上传维护、内容未来的扩充和移植有重要影响。因此，建立目录结构时，不要将所有文件都存放在根目录下，以避免造成文件管理混乱，提高更新速度；要按栏目内容建立子目录，所有程序一般都存放在特定目录下；在每个主栏目目录下都建立独立的 images 目录以方便管理；值得注意的是，目录的层次不要太深，最好不超过 3 层，且不要使用中文目录。

（5）确定网站的链接结构。网站的链接结构是指页面之间相互链接的拓扑结构。它建立在目录结构基础之上，但可以跨越目录。建立网站的链接结构有两种基本方式：树状链接结构和星状链接结构。树状结构类似 DOS 的目录结构，首页链接指向一级页面，一级页面链接指向二级页面。这样的链接结构在浏览时要一级级进入、一级级退出。优点是条理清晰，访问者明确知道自己在什么位置，不会“迷路”。缺点是浏览效率低，一个栏目下的子页面到另一个栏目下的子页面，必须绕经首页。星状结构类似网络服务器的链接，每个页面相互之间都建立有链接。这种链接结构的优点是浏览方便，随时可以到达自己喜欢的页面。缺点是链接太多，容易使浏览者“迷路”，搞不清自己在什么位置、看了多少内容。在实际的网站设计中，通常会混合使用这两种结构，以达到比较理想的效果。例如，首页和一级页面之间用星状链接结构，一级和以下各级页面之间用树状链接结构。

观察并分析目前较流行的电子商务网站，会发现它们在风格设计上有若干共同的特征，归纳整理如下，可作为实际应用开发的参考。

（1）布局简单。普遍认同简单的页面表现更好，使浏览过程更加平和、稳定，更易搜索到期望内容。

（2）有节制地使用 3D 效果。利用 3D 图标或效果来进行网页的区分，或者使用带浮雕和阴影的图标，增加一点点空间感。

（3）页面风格和背景色要柔和自然。在柔和朴素背景的基础上，可以用突出色调对比度的形式表现页面上的其他重要元素，引导用户的目光。

（4）页面保留适当空间。合适大小的留白，页面上需要被注视的元素周围有足够的空间，力求网页设计风格简单、清新而明确。便于用户浏览、查找及阅读主要内容。

（5）明确的大字体。重要的文字比一般的文字更大，用大字体可以让访客迅速地了解页面是关于什么的，什么是重要的，并引导他们查找目标内容。

11.6　网站运行环境设计

所有商务网站的运行平台都必须以计算机、网络设备硬件和应用软件为基础。从逻辑上看，如果把与网站运行平台相关的硬件、软件、开发维护和提供的资源信息都抽象为逻辑组件，那么电子商务网站要能够正常运行，其运行平台中至少应包括计算机、网络接入设备、操作系统、Web 服务器软件及其他资源，这些是网站正常运行必备的 5 个组件，即构成网站的最小配置。在此基础上，根据商用目的、层次和深度，可适当地扩充局域网、大型存储设备、数据库存储及检索系统、E-mail 服务器、FTP 服务器、应用服务器及程序、控制系统、群集系统、安全系统、备份系统及维护系统等各类组件。

通常，网站组件按照功能可分为 6 个部分：网络接入部分、服务器部分、数据存储部分、应用服务器软件、商务应用软件及安全部分。电子商务网站运行环境如图 11.5 所示。

任何商务网站的开发、运行与管理都是在一定的软/硬件平台上进行的，因此其运行平台的选择和搭建是整个网站建设的基础，平台性能直接影响站点的实施性能，高时效、高运转的软/硬件平台是企业成功建设电子商务网站的重要影响因素。构建商务网站运行平台是指在电子商务网站体系结构、功能结构、容量性能等设计已确定的基础上，调配资金，进行硬件（服务器和网络设备）的选择、连接与配置及软件（操作系统、服务器软件等）的选择和使用。此时，要关注网站的性价比、可维护性、可扩展性、安全性、可管理性等因素，避免资源浪费、降低投资成本，从而实现合理配置资源及提供最优服务的目的。

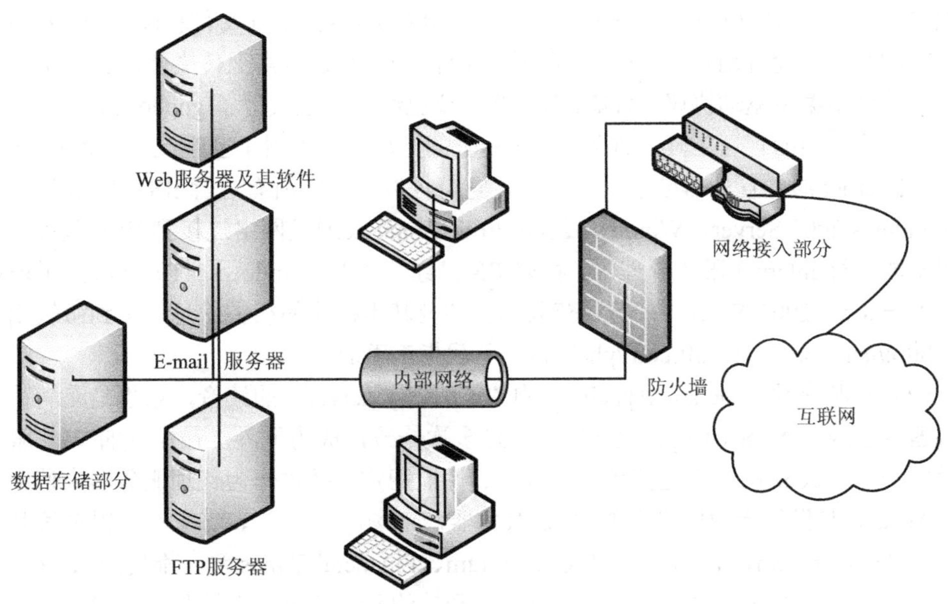

图 11.5　电子商务网站运行环境

11.6.1　硬件平台

通常，建立电子商务网站过程中要考虑很多因素。其中，硬件起着很重要的作用，是整个电子商务网站日常运行的基础，这个基础的稳定可靠与否，直接关系着网站的访问率及网站的扩展、维护和更新等问题。前面已谈到，建站至少需要一台 Web 服务器，用于网站发布。规模较大的网站还要增加邮件服务器、数据库服务器、DNS 服务器、防火墙服务器等。而中小型应用，可以把上述若干种服务放置在一台服务器上。其中，Web 服务器和数据库服务器由于信息处理量较大，对机器处理能力要求较高，专业网站甚至使用小型机。除网站运行所要的服务器外，还需要把各种服务器和工作站连接在一起的网络设备。确定硬件种类后，还需要对各种设备进行选型。对于硬件的配置，通常需要考虑的因素有网站的规模、服务类别与内容、访问流量等容量要求、对安全性与稳定性的要求、系统的可扩展性和可升级性、资金约束、网站开发的时间约束。

11.6.2　Web 服务器软件

在确定商务网站运行的硬件平台以后，就要考虑网站运行的软件环境，即安装何种操作系统、Web 服务器软件及数据库等。其中，最重要的是电子商务网站服务器软件的选择。服务器软件是指建立电子商务网站的软件平台，它提供网站运行的软件环境，通常又被称为 Web 服务器软件。常见的 Web 服务器软件有 IIS（Internet Information Server，Internet 信息服务器）和 Apache，它们占据了服务器软件市场的前两位，几乎垄断了整个市场。

（1）微软 IIS。允许在公共 Intranet 或 Internet 上发布信息的 Web 服务器。IIS 通过使用 HTTP（超文本传输协议）传输信息，可配置 IIS 以提供 FTP（文件传输协议）和 gopher 服务。FTP 服务允许用户从 Web 节点下载文件或到 Web 节点上传文件。gopher 服务为定位文档使用菜单驱动协议。目前，HTTP 协议已经基本上代替了 gopher 协议。IIS 提供了一个图形界面的管理工具，称为 Internet 服务管理器，可用于监视配置和控制 Internet 服务。Internet 服务管理器处于中心位置，它可控制组织中所有运行 IIS 的计算机。安装有 Windows 2000 Server、Windows 2000 Professional 及通过网络连接到 Web 服务器的计算机都能运行 Internet 服务管理器。微软 IIS 已经从 4.0（Windows NT）升级到了现在的 6.0（Windows 2003 Server），若要获取其安装及基本操作的相关信息，可到微软相关网站（http://support.microsoft.com/ph/2097）下载指南手册。

（2）开源项目 Apache。Apache 取自"a patchy server"的读音，意思是充满补丁的服务器。它源于 NCSA Httpd 服务器，经过多次修改，成为世界上最流行的 Web 服务器软件之一。Apache 的特点是简单、速度快、性能稳定，并可作为代理服务器来使用。目前，Apache 是世界上使用最多的 Web 服务器，市场占有率在 60%左右。很多著名的网站，如 Amazon.com、Yahoo!、W3 Consortium、Financial Times 等，都使用 Apache。其成功之处主要在于它的源代码开放、有一支开放的开发队伍、支持跨平台的应用（可以运行在几乎所有的 UNIX、Windows、Linux 系统平台上）及它的可移植性等。

11.6.3 服务器端语言

用于实现电子商务网站的技术很多，主要有 CGI、PHP、ASP、J2EE 等几种。公共网关接口技术（Common Gateway Interface，CGI）是最早的动态生成网页技术。1994 年，个人网页（Personal Home Page，PHP）语言诞生。与 CGI 技术不同，PHP 将它的代码嵌入到 HTML 中，因此 PHP 的执行效率要比 CGI 技术高。除此之外，PHP 技术支持多种数据库，同时跨平台是它很大的优势。PHP 语言的网站整体运行速度要快得多，最佳运行环境是 Linux，但维护费用相对较高，系统漏洞少，安全可靠性高，可同时在 Linux 下和 Window 下运行，但是，PHP 技术不属于分布式的应用体系结构，对于大型商务网站的开发有一定的局限性。1996 年，微软公司推出了一种动态网页开发技术（Active Server Page，ASP），ASP 多用于中小型对安全性、技术性要求不是很高企业，运行服务器维护简单，空间价格比较低，但网站建设速度快，其最大的缺点就是不具有跨平台的特性，只适应 Win32 环境，不利于网站持续升级。1998 年，美国的 Sun 公司推出了另一种动态网页开发技术 JSP。JSP 与 SAP 技术有很多相似之处，然而 JSP 技术可以跨平台，也使其复杂度增加。一般来说，JSP 多用于对安全性、稳定性及速度较高的电子商务类网站，几乎可以在所有系统下运行，但其入门比较难，开发周期长，费用最高。

本书前面章节对电子商务系统开发技术已做了较为详尽的阐述，这里仅从服务器端运行环境的角度比较三种常见的面向 Web 服务器的技术，见表 11.3。

表 11.3　三种面向 Web 服务器的技术比较

	PHP	ASP	JSP
操作系统	均可	Win32	均可
Web 服务器	数种	IIS	均可
执行效率	快	慢	快
稳定性	佳	中等	最高
开发时间	短	短	长
修改时间	短	短	长
程序语言	PHP	VB	Java
网页结合	佳	佳	差
学习难度	低	低	高
函数支援	多	少	不定
系统安全	佳	极差	最佳
使用站点	国内少（国外多）	国内多（国外少）	少
改版速度	快	快	慢
维护费用	中等	低	高

资料来源：http://www.bainiu.com/site_commonsense_show.php?id=405.

除此之外，随着电子设备的发展，移动互联网已经势不可挡。所以，移动电子商务网站的建设也是不可忽略的一大方面。移动电子商务网站包括：移动 Web 应用和 APP（移动应用程序）。移动 Web 通过浏览器和 HTML5 技术提供一定的平台和解决方案。

在 HTML5 移动的基础上对 Web 进行技术开发已经成为未来电子商务网站进行技术开发的一个方向。移动电子商务网站源于传统电子商务网站，但是因设备、场景等因素，更应该具备其他性能以满足需求。HTML5 是在 HTML 的基础之上的升级本版，标准严格，且具有良好的跨平台性，这对于面对多种智能终端无疑是很大的优势，使得维护工作更加简单，还同时支持传统 PC 和移动设备。

APP 可以开发出更加丰富的功能，运行效率也更高，但必须基于不同的手机平台。对于移动电子商务网站，经常可以看到 APP 与 HTML5 混合开发，为用户提供最良好的体验。

11.6.4　数据库服务器软件

关系型数据库因其产品化程度高、性能稳定，在网站建设过程中广为使用。关系型数据库通常包含客户端应用程序（Client）、数据库服务器（Server）和数据库（Database）3 个组件。

在客户机上，除了标准的计算机硬件外，还要安装操作系统、用户界面、网络适配器和驱动器、数据库访问工具和应用程序。在服务器上，除了安装操作系统、网络适配器及驱动器外，还要安装数据库管理系统、容错装置、网络和数据库管理工具等。数据库服务器是数据库的一个载体。

客户机和服务器是松散耦合的系统，它们之间的相互作用是通过一个信息传递机制来实现的，即服务请求和响应的传递机制。一个服务器可以同时为多个客户机服务，并负责管理对共享资源的访问。通常都是客户机先提出一个服务请求而开始对话，服务器总是被动地等待来自客户机的请求。一个客户应用软件可以向多个服务器提出请求，甚至可以并行地提出这些请求。服务器为了响应来自客户的初始请求也可以向其他服务器发出第二次请求，这时发出请求的服务器本身也是客户机。比较流行的大中型关系型数据库有 DB2、Oracle、SQL Server、Sybase、Informix 等，小型数据库有 Access、Paradox、Foxpro 等。

1. SQL Server

微软的数据库产品 SQL Server 易用性较高。区别于小型数据库，SQL Server 是一个功能完备的数据库管理系统，包括开发引擎、标准 SQL、复制、ONLP 分析等功能。其中，存储过程、触发器等特性是某些大型数据库才具备的。Microsoft SQL Server 的特点显著。① 容易学习掌握，符合 Windows 风格，使用方便。而其他大型数据库对设备、平台、人员知识的要求往往较高，并不是每个人都具备这样的条件和机会去接触它们。② SQL Server 除了具有扩展性和可靠性以外，还具有可以迅速开发新应用的功能，尤其是它可以直接存储数据、可以将搜索结果以 XML 格式输出，有利于构建异构系统的互操作性，适合面向互联网的企业应用和服务，这些特点在.Net 战略中发挥着重要的作用。③ 具有强大的联机分析处理功能，可以通过多维存储技术对大型、复杂数据集执行快速、高级的分析工作。④ 数据挖掘功能能够揭示出隐藏在大量数据中的倾向及未来趋势，允许组织或机构从数据中最大限度地获取价值。⑤ 提供日志传送、在线备份和故障切换群集的措施，通过自动优化和改进后的管理特性，可以迅速部署并有效管理在线商务应用程序。

2. Oracle

Oracle 是以高级结构化查询语言为基础的大型关系数据库。通俗地说，它用方便逻辑管理的语言操纵大量有规律的数据的集合，是目前最流行的客户/服务器体系结构的数据库之一，其主要特性有：引入共享 SQL 和多线索服务器体系结构，减少资源占用并增强能力，使之在低档软/硬件平台上用较少的资源就可以支持更多的用户，而在高档平台上可以支持成百上千个用户；提供基于角色分工的安全保密管理，在数据库管理功能、完整性检查、安全性、一致性方面都有良好的表现；支持大量多媒体数据，如二进制图形、声音、动画及多维数据结构等；提供了与第三代高级语言的接口，能在 C、C++等主语言中嵌入 SQL 语句及过程化语句，对数据库中的数据进行操纵，可以快速开发生成基于客户端 PC 平台的应用程序，并具有良好的移植性；提供新的分布式数据库能力，有对称复制的技术。

3. DB2

IBM 的 DB2 进入客户/服务器数据库市场较晚，但以更快的速度向市场推出了更多的高质量数据库系统。DB2 系统的特点主要有：能支持文件、图像、声音、视频等多媒体数据；通用数据库结合 Web 技术，能够轻松而安全地从互联网获得数据；提供整套

GUI 管理工具，安装、管理及远程操作简单易行；DB2 通用数据库几乎可以通过任何网络在任何客户机工作站上访问，为大型机和中型机数据服务器提供业内最有效和无缝的数据集成功能。

4．Sybase

Sybase 主要有三个版本：一是 UNIX 操作系统运行的版本；二是 Novell Network 环境下运行的版本；三是 Windows NT 环境下运行的版本。Sybase 系统的特点是：基于客户/服务器体系结构，支持共享资源在多台设备间平衡负载，允许容纳多个主机的环境，充分利用企业已有的各种系统；开放性好，客户端的应用不必是 Sybase 公司的产品；提供存储过程，创建可编程数据库，查询速度快；事件驱动的触发器，通过触发器可以启动另一个存储过程，从而确保数据库的完整性；不依靠操作系统管理与数据库的连接，当多用户连接时，能够保证系统性能不会大幅下降。

11.7　电子商务解决方案

电子商务解决方案是指用于特定类型的电子商务系统或针对电子商务的某些环节的全套解决方案，通常包括开展电子商务所需的全部软件、硬件、系统集成方案及相关服务。电子商务解决方案一般建立在对相关行业和某种类型的电子商务应用的专业分析研究和成功经验的基础上，具有很高的专业性、标准性、成熟性。比较专业的电子商务解决方案一般可以理解为电子商务系统。电子商务解决方案具有以下特点：开放体系、模块化结构、良好的移植性和扩展性、服务的有效性、功能的全面性、执行的有效性。

很多大型企业解决方案提供商都在积极创新电子商务解决方案，而且有很多成熟的电子商务解决方案，下面介绍 IBM 的 WebSphere 和 Oracle 的 WebCenter。

11.7.1　IBM WebSphere

IBM WebSphere Commerce 是行业领先的客户交互平台，提供了下一代 B2B 电子商务性能，这些性能可以重新定义企业电子商务战略：

（1）流线化和自动化业务流程以提高运营管理效率；

（2）使用以购买者为中心的营销方式优化销售和营销流程；

（3）用丰富的客户体验增强关系和提高客户满意度；

WebSphere 是一个模块化的平台，基于业界支持的开放标准。可以通过受信任和持久的接口将现有资产插入 WebSphere，可以继续扩展环境。WebSphere 可以在许多平台上运行，包括 Intel、Linux 和 z/OS。WebSphere 用于企业开发、部署和整合新一代的电子商务应用，如 B2B，并支持从简单的网页内容发布到企业级事务处理的商业应用。WebSphere 可以创建电子商务站点，把应用扩展到联合的移动设备，整合已有的应用并提供自动业务流程。

Websphere 具有以下特点。

（1）随需应变。从业务流程到与关键合作伙伴、供应商和客户进行端到端集成，能够快速响应任何客户需求、市场机遇或外部威胁。可以使用 WebSphere 构建和监视基础设施以支持随需应变业务，以及构建和扩展在该基础设施上运行的应用程序。

（2）交互功能。人员集成功能允许客户、雇员和业务合作伙伴随时随地与业务信息、应用程序和业务流程交互。WebSphere 提供了人员集成（或交互）功能的产品有：WebSphere Portal、WebSphere Everyplace、WebSphere Voice。

（3）流程集成。企业可以使用流程集成功能对业务流程进行建模、编排、监视和优化，以使它们与战略业务目标保持一致。例如，对某个关键业务流程建模，然后模拟、细化，与人交互，投入生产应用，监视，优化，之后在业务需求发生变化时快速和智能地调整。WebSphere 产品提供了流程集成功能的产品有：WebSphere Business Modeler、WebSphere Business Monitor、WebSphere Process Server、WebSphere Integration Developer。

（4）信息集成。信息集成功能允许创建不同来源的结构化和非结构化信息的一致和统一视图，以及管理和同步产品参考信息。例如，创建跨所有信息资产的自由格式的搜索，这些资产包括 Web 站点、关系数据库、文件系统、新闻组、门户、协作系统和内容管理系统。WebSphere 产品提供了信息集成功能的产品有：WebSphere Product Center、WebSphere Information Integration、WebSphere Commerce。

（5）应用程序集成。应用程序集成功能提供广泛的服务来支持跨应用程序的可靠和灵活的信息流，这些应用程序可能在不同的企业中运行。例如，在应用程序之间交换消息；如果业务需求更复杂，创建一个灵活的、面向服务的体系结构，以支持跨广泛应用程序的系统性信息交换，这些应用程序在不同的公司服务器和平台上运行，并使用不同的语言。提供应用程序集成功能的部分 WebSphere 产品有：WebSphere MQ、WebSphere Message Broker、WebSphere Partner Gateway、WebSphere Application Server。

11.7.2 Oracle WebCenter

Oracle WebCenter 套件是一款企业在前端和后端统一交互的互联网建设平台，注重连贯的客户在线体验。

WebCenter 包括四类产品：WC Sites、WC Portal、WC Connect、WC Content，分别负责在线内容发布、体验管理，应用集成、混搭，企业内部社会化协作，企业级内容管理等功能模块。

（1）WC Sites。这是比较全面的在线体验管理解决方案。WC Sites 能够方便、快捷地为企业提供多语言环境的网站，提供有针对性的内容，并进行分析，优化网页内容的有效性；同时，WC Sites 网站覆盖内容产生和监管的全过程，支持多渠道、多种移动设备。

（2）WC Portal。能够将企业已有的应用系统扩展到门户网站，从不同层面将应用系统进行集成，同时，丰富的社会化工具能够使用户获得基于上下文访问的内容和动态的个性化解决方案。

（3）WC Content。内容管理为企业各种非结构化的数据提供全生命周期的管理解决方案。

（4）WC Connect。又名 Oracle Social Network，能够集成分散的应用与企业业务活动，使得员工和团队之间基于业务活动良好地进行协作，消除隔阂。

11.8　电子商务网站技术现状与发展

最初电子商务只是以简单的网站技术为支撑，完成信息展示、数据交换的功能即可，可以看成是“门户网站”+“信息管理系统”，网站的维护也是简单的信息系统的维护。但是随着互联网与各行业不断的融合，与生活方方面面的渗透，电子商务网站的功能更加丰富完善，镶嵌了更多先进的科学技术来为人们更逼真地模拟现实生活，提供更好的用户体验：虚拟现实技术（Virtual Reality，VR）、增强现实技术（Augmented Reality，AR）、指纹识别技术、语音识别技术等。科学技术是第一生产力，电子商务的迅猛势头，互联网的不断渗入，都离不开科学技术的支持和应用。

在技术驱动的基础上进行不断地创新，这些技术已经不局限于在电子商务网站建设的过程中，也不局限于架构和编程语言。在电子商务网站维护和管理过程中，在电子商务活动运营过程中，也越来越需要先进的各学科技术作为支撑和突破口。这里对大数据和云计算技术进行介绍，它们对电子商务的创新与突破极具价值。

11.8.1　大数据时代下的电子商务

大数据是对大量、动态的数据，运用新系统、新工具、新模型进行挖掘，从而获得具有洞察力和新价值的信息。以前，面对庞大的数据，人们可能会一叶障目，因此不能了解到事物的真正本质，从而在工作中得到错误的推断，而大数据时代的来临，一切真相将会展现在我们面前。

经历了基于用户数量的时代，基于销量的时代，目前的电子商务市场交易已处于基于数据的时代，电子商务的竞争在很大程度上就是大数据的竞争。大数据具有 5V 特点：Volume（大量）、Velocity（高速）、Variety（多样）、Value（价值）、Veracity（真实性）。平台所产生的巨大信息量及其收集到的用户信息具有真实性、确定性和对应性，使得电子商务具有利用大数据的天然优势。大数据的应用将贯穿整个电子商务的业务流程，成为公司的核心竞争力。

1. 大数据的应用

大数据已经在电子商务行业有了广泛的应用，并且有更大可挖掘的空间。

（1）用户画像。

通过用户在电子商务网站上的行为，可以有针对性地描绘出每一个用户或每一片区用户的消费习惯，并预测用户对产品的需求或潜在需求，为电子商务企业深入了解用户提供渠道。用户画像可以涉及多个层次，如用户的购买习惯、品牌偏好、消费水平等，完整地描述个人或群体的全面特征。互联网是虚拟的，但是数据留下的痕迹、电子商务企业大数据的应用，使得企业对用户能够更加直观地认识，并且进行大胆的预测。用户和群体画像的建立对于企业电子商务的全部活动都具有很大的价值，从推荐、销售，甚至物流环节，都能够极大地提高效率、降低成本。

（2）精准营销。

电子商务企业对用户的数据进行收集、分析和整合，对数据库进行实时更新，为用户推送更加有针对性的广告和消息，甚至为不同用户改变页面展示内容，在信息海洋中为用户提供有用、及时的信息，对产品与服务进行有针对性的调整与优化，为消费者提供个性化和精准的服务，极大地提升了用户体验。

（3）舆情分析。

随着网络技术和电子商务平台的日趋完善，消费者对电子商务平台的口碑评价越来越关注，也使得电子商务平台口碑评价成为打造电子商务品牌的重要途径。网民对电子商务舆情的关注焦点主要集中在电子商务价格、商品质量、物流速度、售后服务等方面。电子商务网站可以有针对性地利用口碑数据进行研究，更有方向性地提升。

相比于线下零售，电子商务网站具备非常丰富的客户历史数据。通过对这些数据的分析，能够进一步了解客户的购物习惯、兴趣爱好和购买意愿，并可以对客户群体进行细分，从而针对不同的用户对服务进行调整和优化，进行有针对性的广告营销和推送，实现个性化服务。在此基础之上，电子商务企业也在充分地利用用户数据推动商品和服务的设计，形成 C2B 模式。

2. 大数据技术

电子商务网站作为大数据的入口，背后需要有强大的技术架构作为支撑，才能充分发挥价值。大数据需要特殊的技术，以有效地处理大量的数据。适用于大数据的技术包括大规模并行处理（MPP）数据库、数据挖掘电网、分布式文件系统、分布式数据库、云计算平台、可扩展的存储系统。

为了提高用户服务质量，面对海量数据存储和处理的需求，Hadoop 是一个能够对大量数据进行分布式处理的软件框架。Hadoop 是一个分布式系统基础架构，用户可以在不了解分布式底层细节的情况下开发分布式程序，充分利用集群的威力完成高速运算和存储。

从技术上看，大数据与云计算的关系就像一枚硬币的正反面一样密不可分。大数据必然无法用单台计算机进行处理，必须采用分布式架构。它的特色在于对海量数据进行分布式数据挖掘，但它必须依托云计算的分布式处理、分布式数据库和云存储、虚拟化技术。

11.8.2　基于云计算的电子商务

“云计算”这个概念最早是由 Google 公司于 2007 年提出的。这个概念一经面世就引起了巨大的轰动。云计算的诞生可以说是信息技术领域的一次革命，它的出现使得计算机存储等技术有了巨大的突破。

1. 云计算的概念

“云计算”基于互联网相关服务的增加、使用和交付模式，通常涉及通过互联网来提供动态易扩展且经常是虚拟化的资源，主要通过计算机网络庞大的计算处理能力，将待处理程序自动拆成无数个较小的子程序，再交由多部服务器所组成的庞大系统经搜寻、计算和分析，最终将处理结果回传给用户。在这种计算模式下，用户无须考虑终端的运算能力、存储能力、负载能力等问题，这些工作都将交给网络中超大规模的“云”来完成，实现资源共享和网络系统工作，从而大幅提高网络资源的利用率，并能实现降低成本、提高运行效率的目的。它主要为用户提供一种共用性质的信息服务，它是分布式计算（Distributed Computing）、并行计算（Parallel Computing）、效用计算（Utility Computing）、网络存储（Network Storage Technologies）、虚拟化（Virtualization）、负载均衡（Load Balance）、热备份冗余（High Available）等传统计算机和网络技术发展融合的产物。

关于云计算的定义还没有一个统一的标准，可以肯定云计算具有以下几个特点。

（1）超大规模。“云”具有相当的规模，Google 云计算已经拥有 100 多万台服务器，Amazon、IBM、微软、Yahoo！等的“云”均拥有几十万台服务器。企业私有云一般拥有数百上千台服务器。“云”能赋予用户前所未有的计算能力。

（2）虚拟化。云计算支持用户在任意位置、使用各种终端获取应用服务。所请求的资源来自“云”，而不是固定的、有形的实体。应用在“云”中某处运行，但实际上用户无须了解也不用担心应用运行的具体位置。只需要一台笔记本或一个手机，就可以通过网络服务来实现需要的一切，甚至包括超级计算这样的任务。

（3）高可靠性。“云”使用了数据多副本容错、计算节点同构可互换等措施来保障服务的高可靠性，使用云计算比使用本地计算机可靠。

（4）通用性。云计算不针对特定的应用，在“云”的支撑下可以构造出千变万化的应用，同一个“云”可以同时支撑不同的应用运行。

（5）高可扩展性。“云”的规模可以动态伸缩，满足应用和用户规模增长的需要。

（6）按需服务。“云”是一个庞大的资源池，可按需购买；云可以像自来水、电、天然气那样计费。

（7）极其廉价。由于“云”的特殊容错措施，可以采用极其廉价的节点来构成云，“云”的自动化集中式管理使大量企业无须负担日益高昂的数据中心管理成本。“云”的通用性使资源的利用率较传统系统大幅提升，因此用户可以充分享受“云”的低成本优势。

一般认为，“云计算”包括以下几个层次的服务：基础设施即服务（IaaS）、平台即服务（PaaS）和软件即服务（SaaS）。

（1）基础设施即服务（Infrastructure-as-a-Service，IaaS）。消费者通过 Internet 可以从完善的计算机基础设施获得服务。例如硬件服务器租用。

（2）平台即服务（Platform-as-a-Service，PaaS）。PaaS 实际上是指将软件研发的平台作为一种服务，以 SaaS 的模式提交给用户。因此，PaaS 也是 SaaS 模式的一种应用。但是，PaaS 的出现可以加快 SaaS 的发展，尤其是加快 SaaS 应用的开发速度。例如软件的个性化定制开发。

（3）软件即服务（Software-as-a-Service，SaaS）。它是一种通过 Internet 提供软件的模式，用户无须购买软件，而是向提供商租用基于 Web 软件来管理企业经营活动。例如阳光云服务器。

2．云计算与电子商务

电子商务在全球急剧增长，给电子商务的信息系统提出了满足大规模存储、访问和数据处理的需求。在日常业务中，电子商务的信息系统除了对系统稳定性和安全性的高标准，还需要低成本地应对突发流量，提供弹性的计算资源。电子商务领域一个非常典型的业务需求就是促销活动带来的流量暴涨。这些成为电子商务发展的技术瓶颈，但也正是这些需求驱动了云计算技术的成熟。云计算能够为电子商务企业带来如下价值。

（1）为客户解决了构建大规模分布式系统的难题。云计算的服务提供了足够大的计算能力和存储能力。

（2）使得用户的整体成本大幅降低，客户不需要为峰值流量配备闲置的资源，随时可以释放掉不使用的资源。例如阿里云是按照资源的实际使用情况来收取费用的，大大降低了用户的整体成本。

（3）对于中小规模的互联网企业和电子商务企业而言，在建设自己的信息系统时，云计算可以提供统一的解决方案，让电子商务和更多中小企业在云计算平台上部署应用。

目前，谷歌、IBM、亚马逊、微软、阿里巴巴等著名互联网企业都加入了云计算的开发行列。谷歌允许第三方在谷歌的云计算中运行大型并行程序；IBM 推出了蓝云计划，让人们创建的新型应用程序能够访问大型共享的 S3 和 EC2，为小型企业提供计算和存储服务；微软推出了 Windows Azure 操作系统，通过在互联网架构上打造云计算平台，让 Windows 个人计算机延伸到 Windows Azure 上；阿里巴巴推出的“阿里云”重点关注电子商务云计算中心，形成服务器集群的“商业云”体系。除了这些云计算服务的提供商，加上作为云计算服务使用者的电子商务中小型企业，形成了现在基于云计算的电子商务现状。

但是，“云计算”作为近几年来国内外 IT 企业竞相追逐的主要目标，虽然逐步发展与完善，具有广阔的发展前景，但目前来看还有若干问题需要解决。

（1）数据隐私问题：如何保证存放在云服务提供商处的数据隐私不被非法利用，不仅需要技术的改进，也需要法律的进一步完善。

（2）数据安全性：有些数据是企业的商业机密，数据的安全性关系到企业的生存和发展。如果云计算数据的安全性问题解决不了，会影响云计算在企业中的应用。

（3）用户的使用习惯：如何改变用户的使用习惯，使用户适应网络化的软/硬件应用是长期而且艰巨的挑战。

（4）网络传输问题：云计算服务依赖网络，云计算的普及依赖网络技术的发展。

（5）缺乏统一的技术标准：云计算的美好前景让传统信息技术厂商纷纷向云计算方向转型。但是由于缺乏统一的技术标准，尤其是接口标准，各厂商在开发各自产品和服务的过程中各自为政，这为将来不同服务之间的互连互通带来了严峻的挑战。

综上，电子商务企业在利用云计算技术的同时，也需要综合考虑云计算给企业带来的各种利弊，才能够更好地利用云计算这个巨大的发展平台，提升自身竞争力。

本章小结

电子商务网站是企业开展电子商务活动的基础设施和信息平台，是在互联网上宣传企业形象和文化的重要窗口，因此，电子商务网站的设计显得尤为重要。本章首先阐述网站与电子商务系统之间的关系，论述电子商务网站的分类和设计原则。随后，分别就网站结构、功能、容量、风格及运行环境等网站设计重要内容进行深入探讨，其中详细介绍了几种电子商务网站实现技术，并讨论了移动电子商务网站的实现技术。最后介绍了在大数据背景下的电子商务和基于云计算的电子商务的现状和发展。通过本章的学习，读者能够较全面地掌握商务网站设计的相关内容，并对电子商务整体有更全面的认识。

问题与讨论

1. 电子商务网站结构设计的主要思想是什么？实际项目中，如何能够更好地贯彻这种思想？
2. 电子商务网站功能设计的主要内容是什么？
3. 如何进行电子商务网站的容量设计？
4. 电子商务在建设与运营的过程中涉及哪些新技术？

案例：××信息服务公司网站设计

XX 信息服务公司为进一步拓展业务，顺应电子商务发展的潮流，拟基于 Internet 建设网站，面向个人或组织机构客户，每周 7 天、每天 24 小时，不间断地提供数字信息服务。客户在网上付款之后就能获得文档资料的下载权，即通过网站与客户实时完成数字化专业资料的交易。网站支持第三方的广告链接及网上付款服务。网站需要管理的信息主要包括文档资料、客户资料、订单信息等。对于文档资料，除文件本身外，还要有总量数据、分类及子分类数据，以及一定时间段内（每周/每月）的每份（每类/每个子类）文档资料的销售统计和查询统计数据。对于客户信息，除基本注册数据外，还要记住并保存客户的偏好和支付数据。

（1）客户在站点的行为可能表现为图 11.6 所示的情况。

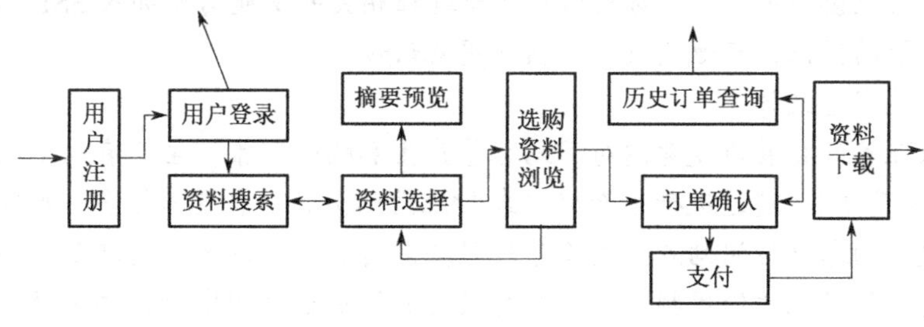

图 11.6　付费资料网站客户网络购物行为描述

（2）系统体系结构设计，如图 11.7 所示。

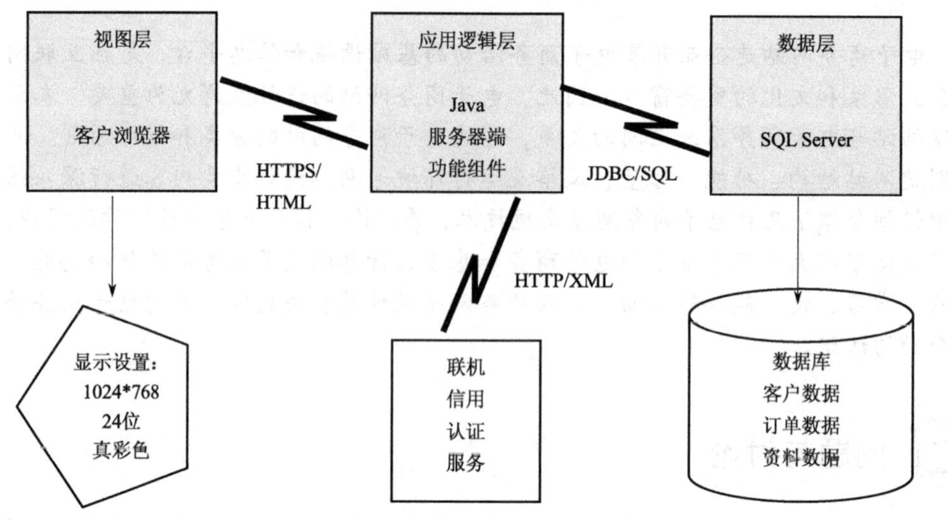

图 11.7　付费资料网站体系结构图

（3）系统功能设计。付费资料网站功能结构图如图 11.8 所示。

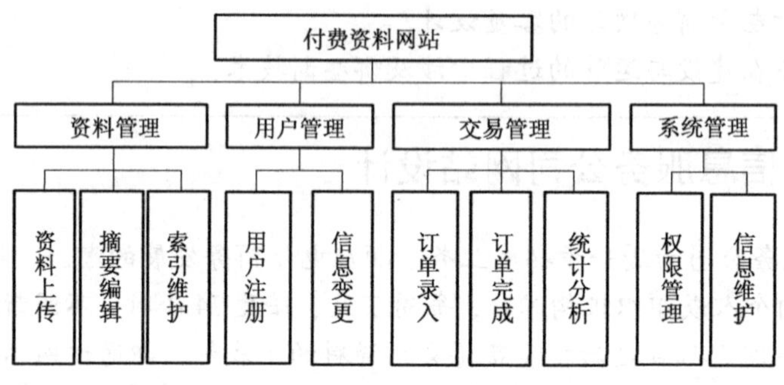

图 11.8　付费资料网站功能结构图

其中，资料管理、系统管理主要面向网站管理者，用户管理和交易管理主要面向消费者。消费者在完成订单的过程中，还需要使用资料搜索、资料选择、资料摘要预览、选购资料浏览、选购资料确认、支付和资料下载等子功能，用户注册功能模块主要为用户注册信息填写提供支持。此外，系统还要提供以往订单查询的子功能。在图 11.8 列出的功能模块中，与交易及用户注册过程相关的功能需要加入 SSL 认证，以提高系统安全性的保证，其他模块则无须使用此认证。

（4）系统容量设计。

从未来业务的拓展角度考虑对网站容量产生影响的因素，主要有以下几个。

① 业务量增长。通过进行平面媒体或其他网站上的广告宣传等多种形式的网站推广，吸引更多的客户访问站点，这将导致服务器负担明显加重，尤其是在高峰期。最先增加的是查询功能的使用频率，待广告效应的影响逐渐稳定后，购买功能和下载功能的使用频率会有很大增长。

② 资料数量和种类增加。一方面，随着业务的正常开展，会不断添加最新的资料，并补充过去遗漏的资料，这将使基本格式的文档资料数量匀速增加；另一方面，为顺应客户对资料的新需求，进一步拓展市场，会增加其他格式的资料，如音频资料、影像资料，这将导致资料库容量的激增，文件格式更复杂，并且对存储器及带宽有更高要求。

③ 建立客户论坛。为提高网站的吸引力和关注度，增强客户之间的互动，特别是对同一类资料感兴趣的客户，需要增加“用户论坛”这一功能。这可能要增加一台论坛服务器及额外的带宽。

④ 基于客户偏好的资料推荐。网站通过查看该用户的历史订单，再结合其他因素，为用户推荐可能感兴趣的资料。以智能推荐的方式辅助客户购买，降低网上购买的难度，增强客户网购的意愿。这一功能的增加将加重服务器的 CPU 负荷，降低响应客户的时间，因此需要考虑为服务器增容。

（5）运行环境配置（略）。

思考题

1. 请结合实际应用，为该网站的风格设计提出建议。
2. 试根据案例提供的信息配置网站的运行环境。

参考文献

[1] 赵卫东. 电子商务模式. 上海：复旦大学出版社，2006.

[2] 吴叔平. 电子商务价值链与赢利模式. 上海：上海远东出版社，2006.

[3] 大卫.波维特，约瑟夫.玛撤，R.柯可.克雷默，等. 价值网——打破供应链数据挖掘利润. 仲伟俊，等，译. 北京：人民邮电出版社，2002.

[4] 高媛，欧阳志明，石晓军. 电子商务. 北京：企业管理出版社，1999.

[5] 吴卫华. 云计算环境下电子商务发展模式研究. 2011.

[6] Charles CP, Michael J B. 电子供应链管理. 北京：机械工业出版社，2002.

[7] Michael R. Managing the Digital Enterprise-business Models in the Web.Http://ditigalenterprise.org/models/models.html.

[8] Chesbrough H, Rosenbloom R S. The Role of the Business Model in Capturing Value from Innovation:Evidence from XEROX Corporation’s Technology Spin-off Companies. Industrial and Corporate Change,2002.

[9] Petrovic O,Kittl C,Teksten R D.Developing Business Models for E-business.Proceedings of the International Conference on Electronic Commerce.Vienna,Austria,2001.

[10] Linder J C,Cantrell S. Changing Business Models:Surveying the Landscape.Institute fro Strategic Change,Accenture,2000.

[11] Afuah A,Tucci C.Internel Business Models and Strategies.New York:McGraw-Hill International Editions,2001.

反侵权盗版声明